国家社科基金重点项目"整合城乡基本医疗保险的法律制度研究"（13AFX027）的结项成果

国家社科基金丛书
GUOJIA SHEKE JIJIN CONGSHU

整合城乡基本医疗保险的法律制度研究

Research on the Legal System of Integrating Urban and
Rural Basic Medical Insurance

孙淑云　著

人民出版社

目　　录

前　　言

　　本书如实记录了中国城乡基本医疗保险建制从区分建设到整合近 30 年的历程,是整合城乡基本医疗保险法律制度的专题研究。

　　2013 年 6 月,我主持国家社科基金重点研究项目"整合城乡基本医疗保险的法律制度研究"(批准号:13AFX027),经过 4 年的艰苦工作,带领课题组发表了系列论文 20 余篇,其中,被 CSSCI 期刊收录 17 篇,被《新华文摘》全文转载 3 篇,被人大复印资料《体制改革》全文转载 2 篇,被人大复印资料《社会保障制度》全文转载 1 篇,2018 年 6 月项目研究成果通过了国家社科规划办的验收(结项证书号:20182007)。本书是对课题研究成果的系统化和理论化整理。

　　基于转型时期我国特色社会主义初级阶段的国情,1994 年、2002 年、2007 年,职工基本医疗保险制度、新型农村合作医疗制度、城镇居民基本医疗保险制度等城乡三项基本医保制度分别建制,并在国家政策主导下,依循政策建构、试点探索、法律总结的路径,渐进性探索近 30 年。新世纪初,与城乡医保制度分别建制几乎同一时间维度,伴随中国城乡一体化体制机制加速转型,整合城乡医保制度也渐进性演进了近 20 年。城乡基本医保制度从区分建设走向整合的渐进性改革和制度演进,凸显中国基本医疗保险制度过渡型、未定型的时代性,造成基本医保法律及其实施性法规的立法面临诸多矛盾和冲突,多少影响了已经出台的《社会保险法》相关基本医疗保险规范的实施。本书回应中国基本医保立法难题,简述城乡医保"分割"建制历程,爬梳整合城乡医保的理论范畴,参酌镜鉴境外整合城乡医保制度的经验,客观系统地分析和综述我国"整合"城乡基本医保制度的现状,并以地方整合的政策和试验立法为例,辨析整合城乡基本医保地方立法和全国性立法的脉动、难题、症结及其出路。

本书主要内容聚焦以下几方面:

其一,围绕基本医保的要素制度,析论整合城乡医保的实施机制。针对现行《社会保险法》相关基本医保法律的原则性、方向性、授权性、可操作性较弱的局面,以及"基本医疗保险条例"实施性立法迟缓的情况,遵循立法原理,在《社会保险法》之下,重点论证整合城乡基本医保实施性立法的规范设计——即围绕"基本医疗保险条例"的参保对象、基金筹集、经办服务、待遇支付、管理监督等关键要素制度,设计整合型、过渡型的"基本医疗保险条例"、"有差别的统一"的法律规范。

其二,以统一医保行政管理为突破口,论证整合基本医保管理体制。针对城乡基本医保管理在人社部门和卫生计生部门之间分权管理的体制,以统一医保行政管理为突破口,论证整合基本医保管理体制。整合和统一城乡医保行政管理,意味着统一基本医保规则制定权,牵一发而动全身,避免城乡医保制度区分建设的状况。在此基础上,重点论证了整合和构建"大部制"管理机制,将医保管理和医疗服务价格管理职能内部化,形成医保基金控费和医疗服务质量协调管理的体制。

其三,以医保经办社会保险法人化为路径,析辨整合医保经办机制。重点论证三方面内容,一是朝着《社会保险法》第九章已经明确的社会化、法人化方向,重塑医保经办机构的社会保险法人地位,将分属于医保行政主管部门、财政部门等的医保经办机构的人事权、基金财务控制权、重大事务决策权,整合回归医保经办机构,重塑其法人自主权。二是构建医保经办机构的法人治理机制,以医保参保人、雇主、政府和专家学者选举同数代表组成代表大会,即医保经办机构的最高权力机关,制定章程,选举理事会和监督委员会,并构建医保经办的决策、执行、监督规则,形成医保经办的法治机制。三是建构政府部门公正决策、监督管理、经办机构照章办事、(医保)买卖双方(的联合会)平等协商、医疗医药科学机构中立评价的医保"第三方团购"机制等。

其四,以居住证与从业形式为识别标准,论证医保筹资和待遇的整合机制。一是在医保基金属地化管理原则下,以参保人身份平等为起点,消除城乡户籍待遇差别,将居住证作为识别参保人的唯一标准。二是整合多元交叉的参保人分类标准,以从业形式为唯一标准将参保人分为正式从业人员、非正式从业人员、居民状态的个人,建立职业类分基础上的量能负担筹资机制。三是将社会团结和社会保险激励原则相结合,实施"有差别统一"的"过渡型"量能负担筹资和待遇实施机制,即以收入为基准设立"一制多档"的过渡型筹资制度,强制正式从业者参加最高档次,收入缺乏客观测定标准的城乡非正式从业者、居民状态的个人量能"自愿选择"参保档次;同步完善向居民状态的个人和低收入群体倾斜的保费补贴制度。与此同时,将筹资的社会团结原则与保险的激励原则相结合,将社会保险待遇公平原则与社会衡平原则相结合,短期内先建立"一制多档"的过渡型医保待遇制度,在城乡一体化体制机制成熟之际,最终实现城乡居民统一的医保待遇制度。

本书具有如下特点:

一是提出了城乡居民初级医疗保险理论,深化医保法理对话。本书提出和论证了"城乡居民医保的初级社会保险理论",在"基本医疗保险条例"这一"综合性实施条例"之下,论证制定"城乡居民医保管理条例"的专项实施性条例,能够很好地解释整合后的城乡居民基本医保制度的法律属性、立法宗旨和规范设计着力点,廓清了"基本医疗保险(实施性)条例"与"城乡居民初级医保(专项)管理条例"的界限,并以专项行政管理条例来处理城乡居民医疗保险从"初级"医保向"基本"医保"过渡"的规范。希望这一系列论证,与其他学者提出的并列制定"城乡居民基本医疗保险条例"和"职工基本医疗保险条例"的观点,能够形成理论对话,以期深化基本医保法学理论研究。

二是从外部研究中国特色基本医疗保险法制的形成,丰富和完善基本医保法学体系。法律规定的"是什么",立法解决的是"为什么"。包括基本医疗保险在内的社会保障法制是将国家领导和社会力量结合一起发挥作用的社会保障制度,社会保障存在于社会经济政治之中,并为文化和理念所浸染。本书的研究立足于"法外求法",以厘定医保领域法的特征为基础,运用社科法学方法,吸取其他学科研究城乡基本医疗保险制度的精华,析论基本医疗保险制度与经济社会体制之间的关联,在经济社会政治体制变革中透视城乡医保法制形成和变革的逻辑理路、价值理念,试图从经验维度认识复杂的城乡医保法律现象,探寻微观设计整合型基本医疗保险法律规范的依据,并在全面整合城乡基本医疗保险法律的研究中,丰富和完善社会保险法学体系。

三是创新基本医保法学的多元实证研究方法,弥补医保法学研究方法的缺憾。本书把规范性和实证性两种法学研究方法相联系,契合基本医保领域法学、新兴交叉学科研究的特点,希望能够自成一体,摆脱法教义学简单固化、静止不变的概念工具束缚,综合运用社科法学、政策分析、社会调查、制度主义分析等多种研究方法,对区分建设与整合中的城乡医保法律建制进行实证研究,回观纵览了城乡三项基本医保的制度变迁、立法路径和立法内容,为解释和解决过渡型的初级医保立法奠定了实证研究基础。并基于"多重转型"和城乡一体化加速的宏观经济社会国情,将基本医保法律置入我国社会变迁的历史背景和宏观体制中,将基本医保法律研究与不断调整变动的公共政策相结合,对中国转型社会的基本医保法学问题进行深度挖掘和探讨。

四是对整合城乡医保立法尝试了开拓性研究,力图丰富改革智识。本书检省我国城乡三项医保法制区分建设运行的局面及症结,积极回应整合城乡基本医保制度难题,以法社会学方法分析城乡基本医保法制的具体表现,即参保人制度、筹资制度、待遇支付制度、基金经办制度、管理监督制度等城乡医保要素制度,厘清了整合城乡基本医保立法的路径,从而着力于将要素制度进行系统化整理、融合,最终实现城乡基本医保制度统一。在此基础上,明晰整合城乡居民基本医保制度的路径、重点和难点,提出整合城乡医保制度的目标、基本原则及其具体法律规范建构,希望能够为近年来整合城乡居民医保的改革实践提供有力的智识支持。

中国城乡基本医疗保险正处于变革时代,相关基本医保的各种纷繁复杂新法律现象还在不断呈现,之于中国基本医保立法的完善,整合城乡基本医疗保险法律发展历程的知识显得尤为重要,本书希望对此作出积极回应,并仍然在研究中国特色医保法律的"路上"跋涉。期待读者的批评指正,期望学者同仁加入探讨,共同带来基本医保法学和中国医保立法的重大发展。

孙淑云

2021 年 12 月 26 日

导　　论

一、研究背景

基本医疗保险①是应对疾病风险而给予国民保护、由国家行政主导推行的、社会共同承担责任的社会保障制度。2010 年 10 月 28 日我国颁布了《中华人民共和国社会保险法》(以下简称《社会保险法》),确立了"基本医疗保险"为我国社会保障体系中最基本、最重要的支柱项目。由于疾病风险的普遍性、被保险对象的广泛性、社会性以及巨额给付的规模,决定了基本医疗保险建制对整个社会保障制度的成败具有根本性影响,表明了基本医疗保险具有解决国民"病有所医"、增进国民福利、推进社会公平、强化国家认同等多重功能。

(一)中国城乡基本医保从"区分"建制走向"整合"

改革开放以来,在对计划经济体制下的公费医疗、劳动保险、传统农村合

---

① 基本医疗保险即社会医疗保险,社会医疗保险一般为学术文献用语。《中华人民共和国社会保险法》设立单章规定了社会医疗保险,并以"基本医疗保险"命名,具体包括职工基本医疗保险、城镇居民基本医疗保险、新型农村合作医疗制度。用"基本"一词在于突出社会医疗保险的保障水平、保障目标的"保基本"特征。若无特指,本书以"基本医疗保险"为关键词述说中国城乡基本医疗保险制度。但是,在学术叙述和国外医保制度介绍中,则多用"社会医疗保险"一词。

作医疗修补、改革经验教训基础上,城乡三项基本医保制度于 1994 年、2002 年、2007 年在顶层政策主导下,分项探索建制①,至 2010 年,三项医保制度覆盖 2.37 亿、8.36 亿、1.95 亿参保人,实现了"制度覆盖"全国的目标,实现了"全民医保"。

城乡三项基本医保渐进性探索建制近 30 年,依据社会主义初级阶段国情,以城乡不同参保人的户籍、职业身份交叉区分为"经",以医保行政管理层级为"纬",部门政策与地方政策分别实施,对"参保、筹资、待遇、管理、经办、监督"等医保要素环节制度"区分"设计,形成了城乡二元、三三制格局以及纵横交错的医保制度体系。面对我国转型时期农村和城市劳动人口跨城乡、跨地区、跨部门流动以及自由职业群体的扩大等新常态,医保制度还存在公平性、经济便捷以及可持续性等不足。"医疗保险由于是不同部门分割管理,在绝大多数地区也处于城乡分割经办状态,即同一地区往往并存着城镇居民与职工医疗保险经办机构和新型农村合作医疗经办机构,并运用着相互分割的两套信息系统"②的情况。

为此,党和政府持续努力,出台系列政策,强调整合城乡基本医疗保险制度。早在 2007 年,国务院《关于开展城镇居民基本医疗保险试点的指导意见》(国发〔2007〕20 号)提出:"鼓励有条件的地区结合城镇职工基本医疗保险和新型农村合作医疗管理的实际,进一步整合基本医疗保障管理资源。"2009 年中共中央、国务院发布的《关于深化医药卫生体制改革的意见》中重申:"探索建立城乡一体化的基本医疗保障管理制度",要求"有效整合基本医

---

① 1994 年出台了《国务院关于建立城镇职工基本医疗保险制度的决定》和《关于职工医疗制度改革的试点意见》,建立了城镇职工基本医疗保险制度。2002 年《中共中央、国务院关于进一步加强农村卫生改革的决定》提出改革传统农村合作医疗制度,建立了新型农村合作医疗制度。2007 年国务院印发《关于开展城镇居民基本医疗保险试点的指导意见》,建立了城镇居民基本医疗保险制度。

② 参见郑功成:《从城乡分割走向城乡一体化(上):中国社会保障制度变革挑战》,载《人民论坛》2014 年第 1 期。

疗保险经办资源,逐步实现城乡基本医疗保险行政管理的统一"。"十二五"开端,在城乡三项基本医保制度覆盖全国的条件下,从整合行政和经办资源扩展到整合城乡基本医保制度不仅是全社会的共识,更成为党的十八大报告决策①和政府工作的主题②。但是,怎么整合? 牵动面甚广、全面的整合制度如何构建? 有关政府主要在整合基本医保行政管理和经办资源上"做文章"。

在学术界,用"整合"与"分割"概念来表述城乡医疗保险制度建立过程,是概括我国"渐进性"探索建构城乡三元医疗保障制度的常用研究范畴,类似表述的关键词还有"碎片化"③及"一体化"、"统筹"、"扩面"、"衔接"等多种研究范畴,并常常交叉或混用。而且,相关整合城乡基本医保制度的研究成果多集中关注地方整合的试点经验,论证多元整合模式,分析不同整合路径等④。这是我国城乡三元医疗保障制度"渐进性"探索建构的必然现象。⑤ 也是引致整合的地方政策名称多样化、行动方案多模式、制度规范不成熟的重要

---

① 党的十八大报告和十八届三中全会公报都提出:"要以增强公平性、适应流动性、保证可持续性为重点,全面建成覆盖城乡居民的社会保障体系",同时,明确"整合城乡基本医疗保险制度"是"今后一个时期我国社会保障制度改革的重点任务"之一。党的决策明确了整合城乡基本医保的基本原则。

② 《社会保障"十二五"规划纲要》和《"十二五"期间深化医药卫生体制改革规划暨实施方案》都作了相同、相近规定:"探索整合城乡基本医疗保险管理职能和经办资源";"以促进城乡统筹、更好适应流动性要求为目标,加快社会保障制度整合"。上述两个"十二五"规划,提出了整合管理职能和经办资源,但尚未在制度整合方面提出具体方案。

③ 参见郑秉文:《中国社保"碎片化制度"危害与"碎片化冲动"探源》,载《甘肃社会科学》2009 年第 3 期。

④ 学术界相关整合城乡基本医保的时序、路径、内容的论证。主要有三种代表性观点:一是郑功成的"二加一"、三步走整合说认为,新农合与城镇居民医保"两板块"先行并轨后再与城镇职工医保整合;具体要整合经办管理体制,协调部门利益与阶层利益,调整城乡医保待遇,提高医保统筹层次。二是王东进的"三板块"整合说提出,应建立城乡既统一规范又开放兼容的基本医保制度。三是王虎峰的"多层次"医保体系说强调,要打破身份限制,建立缴费、待遇水平不同的多层次医保体系。参见郑功成:《中国社会保障改革与发展战略·医疗保障卷》,人民出版社 2011 年版,第 22 页;王东进:《基本医疗保障制度建设的城乡统筹》,载《中国医疗保险》2010年第 2 期;王虎峰:《中国新医改现实与出路》,人民出版社 2012 年版,第 217 页。

⑤ 基于此,本书第五章第二节"整合城乡医保制度政策变迁与范畴诠释"梳理剖析这些研究范畴及其基本含义,并以这些范畴的语义分析及其蕴含的政策变迁考察作为支撑,集中对各种范畴的不同与联系作了详细分析。

原因,是全国整合城乡基本医保的顶层政策设计和法律规范未能顺利出台的原因之一。

自 2000 年始,深圳、佛山、东莞等地以城镇职工医保或新农合参保"扩面"①形式,或者以整合城乡医保管理经办资源为形式,自发探索整合城乡医保制度。截至 2013 年初,"全国已经有 6 个省级地区和另外 30 多个地市、150 多个县已经实行了城乡居民基本医疗保险的一体化,在解决城乡居民基本医疗保险公平性方面迈出了重要一步。"②但是,"十二五"期间,分属于原人力资源和社会保障部③与卫生和计划生育委员会④,二者之间未能理顺,城乡二元化的管理体制影响了城乡医保的整合、成熟和定型。从党的十八大召开至 2015 年,整合城乡居民医保的目标,仅仅有山东、上海进行了制度整合,加上党的十八大之前先行整合的省份,实施城乡居民医保整合的共有 9 个省区,其余 22 个省级地区依然处于管理、制度、资源分散未整合的状态。⑤ 截至 2015 年底,除了 9 个省级地区整合外,其他省的 39 个地市以及 42 个地市的 91 个县(区)也实现城乡医保整合。⑥ 由于缺乏统一规范,仍然未能进入基本医保

---

① 即:扩大制度覆盖面和保障对象的覆盖率。

② 这是人社部于 2013 年 3 月 14 日在十二届全国人大一次会议新闻中心于梅地亚中心多功能厅记者招待会上发布的消息。《全国 6 个省级地区和 30 多个地市已实行城乡居民基本医疗保险的一体化》,2013 年 3 月 14 日,见新华网。

③ 人力资源和社会保障部,全称中华人民共和国人力资源和社会保障部,简称人社部。原为中华人民共和国劳动部,1998 年 3 月在原劳动部基础上组建劳动与社会保障部,2008 年,根据十一届全国人大一次会议批准的国务院机构改革方案,原人事部、劳动和社会保障部整合为人力资源和社会保障部。本书不同章节论证,遵循该部门的时代称呼。

④ 卫生和计划生育委员会,全称中华人民共和国卫生和计划生育委员会,简称卫生计生部。2013 年,国务院机构改革中,原卫生部与计划生育委员会机构和职能合并,设立卫生和计划生育委员会,2018 年,根据党的十九届三中全会审议通过的《中共中央关于深化党和国家机构改革的决定》《深化党和国家机构改革方案》和十三届全国人大一次会议批准的《国务院机构改革方案》,卫生和计划生育委员会职能改革,改称为中华人民共和国国家卫生健康委员会,简称卫健委。本书不同章节论证,遵循各部门的时代称呼。

⑤ 郑功成:《理性促使医保制度走向成熟——中国医保发展历程及"十三五"战略》,载《中国医疗保险》2015 年第 12 期。

⑥ 金维刚:《依法推进城乡居民医保整合》,载《中国劳动保障报》2016 年 2 月 5 日。

制度的统一。

及至"十三五"开端,整合城乡基本医保的"十二五"规划尚未实现全部目标,"整合城乡居民医保政策和经办管理"①又延展成为"十三五"社会保障规划的目标任务。2016年1月3日,国务院在总结地方自发整合城乡医保经验教训的基础上,出台《关于整合城乡居民基本医疗保险制度的意见》(以下简称《意见》)要求:"按照全覆盖、保基本、多层次、可持续的方针,加强统筹协调与顶层设计,遵循先易后难、循序渐进的原则,从完善政策入手,推进城镇居民医保和新农合制度整合,逐步在全国范围内建立起统一的城乡居民医保制度。"《意见》还明确:"各省(区、市)要于2016年6月底前对整合城乡居民医保工作作出规划和部署,明确时间表、路线图,健全工作推进和考核评价机制,严格落实责任制,确保各项政策措施落实到位。各统筹地区要于2016年12月底前出台具体实施方案。"但是,《意见》对于长期处于人力资源和社会保障、卫生和计划生育委员会之间的基本医保管理体制问题仍然没有解决,只是建议"鼓励有条件的地区理顺管理体制,创新经办管理,提高管理效率和服务水平"。实际上对"整合"的实施主体和责任主体仍未明确。② 城乡医保管理体制整合政策的现状,使学术界关于城乡基本医保的管理和经办体制整合以及医保支付方式、"三医联动"改革③等出现新一轮争执和讨论。截至2016年底,重庆、天津、青海、陕西、甘肃等30个省(区、市)印发了关于整合城乡基本医保制度的具体实施方案,但城乡医保行政管理的归口问题仍僵持不下,其中有22个省(市、区)归于人社部门,陕西

---

① 参见《中共中央关于制定国民经济和社会发展第十三个五年规划的建议》(2015年10月29日中国共产党第十八届中央委员会第五次全体会议通过)第七(六)和《中华人民共和国国民经济和社会发展第十三个五年规划纲要》第六十章第二节作了相同的规定:"整合城乡居民医保政策和经办管理"。

② 王东进:《管理体制回避不得也回避不了——关于整合城乡居民医保制度的深度思考》,载《中国医疗保险》2016年第6期。

③ 特指医保、医疗、医药体系的联动、协同改革。

省归于卫生部门,福建省成立医保管理委员会,挂靠于财政部门,其余省份徘徊观望。① 从全国来看,在省级层面以下,部分县市也将城乡居民医保交由卫生计生部门管理。以安徽省为例,全省已有超过26个县实现了新农合和城乡居民医保整合,整合后的城乡居民医保均由当地卫生计生部门通过"一手托两家"的方式主管。② 截至2018年初,全国共有23个省份实现了城乡居民基本医保制度的统一。

2018年,根据十三届全国人大一次会议决定,国务院组建"国家医疗保障局",将分别设在人社部门、卫计委、发改委、民政部门的医保管理职能整合统一,走出了建立统一的医保"大部制"管理体制的第一步,城乡医保在统一管理下,开始统筹规划、统一经办、统一信息,2021年8月13日,国家医保局、财政部《关于建立医疗保障待遇清单制度的意见》,将着力建立制度化的城乡医保待遇动态调整机制,并将促进城乡医保由机械整合走向深度融合。

(二)中国基本医保立法的渐进性历程

城乡三项基本医保从"区分"建制走向"整合"近30年渐进性制度演进,是基本医保立法的基础和背景,"区分"建制与整合的矛盾贯穿于《社会保险法》的起草、出台和实施。

其一,"区分"建制还是"整合"是《社会保险法》立法草案关注的焦点问题之一。《社会保险法》二审稿第24条规定:"省、自治区、直辖市人民政府根据实际情况,可以将城镇居民基本医疗保险和新型农村合作医疗统一标准,合并实施。"审议中三种观点争执交锋。"整合"论认为:"居民医保与新农合要不要并轨,这不只是简单的技术操作问题,而是关系到城乡医疗保障制度建构的理念和目标问题……目前城乡医疗保障制度的二元结构造成严重的不平

---

① 人社部:《到去年底30个省份已部署城乡居民医保整合》,见2017年1月23日,http://www.chinanews.com。

② 李唐宁:《16省明确整合城乡居民医保》,载《经济参考报》2016年6月24日。

等,和正义原则背道而驰,必须用正义原则来规范医疗保障制度,无论城市、农村,应该选择一体化的医疗保障制度。因此,在通过以职工医保、居民医保与新农合为框架的基本医疗制度实现全民覆盖的过程中,必须要考虑不同制度之间的整合。"①"区分"建制论认为:"在我国城乡社会经济发展极不平衡、城乡居民医疗需求和医疗消费水平差异很大的社会背景下,强调统一城乡医疗保障的标准,会造成城镇居民利用水平过多而侵占农民利益,带来'穷帮富'的结果,产生明显的不公平。"②郑功成教授则"折中"分析:"城镇居民基本医保和新农合是两种不同的制度,统一标准需要一个渐进性过程,当务之急是尽快统一经办机构。"为此,在《社会保险法(草案)》删去草案二审稿第 24 条的规定,同时增加规定"新农合管理办法,由国务院规定"。③ 这一审议结论为2010 年出台的《社会保险法》所确定,为人社部门和卫生部门争执和分治城乡基本医保留下了法律依据。

其二,基本医保法律规范"区分"与"整合"的矛盾和冲突。"鉴于我国在相当长时间内局限于城乡二元经济社会差异,虑及就业形式、劳动关系复杂多样性"④以及城乡医保"还处于未定型、未定性、未定局的阶段"⑤,《社会保险法》相关医疗保险的规范具有明显的制度弹性化、规范政策总结化、行政权力优位化等特征。维持城乡社会保险制度"分割"的基本特征,该法第三章继续以城乡户籍、职业身份、城乡管理等为要素,区分规定了城乡三项基本医保制度。同时,《社会保险法》还规定了一些"整合"城乡医保的规范,只是整合规

---

① 王宝杰:《社保随人走,政府担责任,医保望统一——首都经济贸易大学社会保障研究中心副主任朱俊生谈〈社会保险法〉草案》,载《中国劳动保障报》2009 年 2 月 3 日。
② 辜胜阻:《城乡医保统一步伐不宜过快》,载《中国社区医师》2009 年第 2 期。
③ 2008 年 12 月 22 日《第十一届全国人民代表大会法律委员会关于〈中华人民共和国社会保险法(草案)修改情况的汇报〉》,载《全国人民代表大会常务委员会公报》2010 年第 7 期。
④ 参见 2007 年 12 月 23 日第十届全国人民代表大会常务委员会第三十一次会议关于《中华人民共和国社会保险法(草案)》的说明。
⑤ 郑秉文:《〈社会保险法〉草案未定型、未定性、未定局》,载《中国报道》2009 年第 3 期。

范"具有明确的导向性但缺乏可操作性",①相关整合城乡基本医保主要以原则性、发展性、方向性、授权性、弹性规范呈现,②未能体现《社会保险法》规范的统一性和有效性。

其三,基本医保实施性法规未能及时出台。由于《社会保险法》的法律规范性不足,尚未有效满足社会实践的需求。为此,人社部门和卫生计生部门分别起草了城乡基本医保的实施性条例。2011 年,卫生计生部门将"新农合条例"(草案)上报了国务院审议;③2011 年 12 月,人社部也起草了"基本医疗保险条例"报送国务院。④ 同属基本医疗保险的城乡三项医保制度,分别由两个部门起草实施性条例,说明城乡三项基本医保制度还存在不同部门之间的争议。

其四,医保政策和地方立法实施主导了法律实施。由于《社会保险法》的实施性法规未能及时出台,为应对社会实践需求,在国家层面,人社部门和卫生计生部门不约而同地围绕城乡医保付费方式、异地就医结算、信息平台建设、医疗服务智能监控、城乡大病医疗保险、整合城乡居民基本医保等出台了一系列政策。特别是 2016 年 1 月国务院出台整合城乡医保政策后,两部门基于本部门视角、本部门目标分别出台了具体政策或规章。在地方层面,一些省、市尝试对城乡三项基本医保分别发布了有关条例和办法。⑤ 从形式上来说,有地方行政规章、地方法规等,大多地方的立法形式、立法内容、立法程序

---

① 郑尚元、扈春海:《中国社会保险法立法进路之分析》,载《现代法学》2010 年第 3 期。

② 孙淑云:《我国城乡基本医保的立法路径与整合逻辑》,载《河北大学学报》(哲学社会科学版)2015 年第 2 期。

③ 詹晓波:《新农合立法进程的示范效应》,载《健康报》2011 年 8 月 29 日。

④ 袁山:《法贵必行——社会保险法配套法规政策制定工作情况》,载《中国社会保障》2012 年第 7 期。

⑤ 2011 年江苏省出台了《新型农村合作医疗条例》;2010 年青岛市颁布《新型农村合作医疗条例》;2008 年成都将新农合和城镇居民医疗保险"两险合一"出台了《成都市城乡居民基本医疗保险暂行办法》;2012 年天津将新农合、城镇居民医保、城镇职工医保"三险合一"发布了《基本医疗保险规定》。

介于地方立法与行政规范文件之间,是以政府红头文件形式下发的"实施办法",且大都根据上级政策和地方经济社会发展情势而变动不居。① 这些部门政策规章与地方立法的频繁出台,主导了医保法的实施,也说明医保基本法律的实施迫切需要整合规范。

那么,整合城乡基本医疗保险的法律如何建制? 基本医疗保险法律实施机制如何构建? "基本医疗保险条例"基本内容如何构建?

二、研究现状

(一)国内研究现状

三项基本医保制度建设 30 余年来,从"区分"建制走向"整合"。三项基本医保制度分化建设,与经济体制改革以及城乡二元向一体化体制"转型"相伴随,在城乡分治的社会保障体制下,嵌入职业身份分类、地域界限、部门管理分属不同部门等因素交叉影响而形成医保制度体系。分化的逻辑隐藏着"整合"的逻辑,影响甚至决定了"整合"的逻辑,在 2002 年党的十六大"统筹城乡、全面协调可持续的科学发展"的方针政策指导下,在"二元"体制松动的背景下,我国基本医保制度在构建的同时,"整合"就在一些地方开始试验探索,非正式"整合"自 2000 年始,深圳、佛山、东莞等地以城镇职工医保向农民工"扩面"为形式。正式"整合"自 2003 年新型农村合作医疗制度试点向城镇居民自发"扩面"开始。地方自发"整合"城乡医保以"地域化"试验、"单项化"突破为主,并推动全国整合城乡医保的政策与法律规范的出台。三项基本医保制度建设从"区分"走向"整合",主要由党和国家的政策、行政法规、部门规章以及地方立法、地方政策表现。《社会保险法》总结三项基本医疗保险制度从"区分"走向"整合"的政策和行政立法、地方立法的经验和教训而成。因

---

① 孙淑云:《我国城乡基本医保的立法路径与整合逻辑》,载《河北大学学报》(哲学社会科学版)2015 年第 2 期。

此,相关整合城乡基本医保的法律制度建设研究和争论,主要围绕《社会保险法》的起草、《社会保险法》的实施性条例——"基本医疗保险条例"和"新型农村合作医疗条例"的起草及其整合展开的。实际上,自20世纪90年代城镇职工基本医疗保险制度试点以来,国内相关基本医疗保险制度的城乡二元建设、衔接整合及其立法的研究零散展开,及至21世纪初,地方开始试验整合城乡医保,以及2006年《社会保险法》(第三稿)起草,整合城乡医保的立法研究才逐步成为理论界研究热点。以学术界争议的焦点问题为依据,整合城乡医保的研究时期分为两大阶段:

1.第一阶段(2006—2010年),从2006年《社会保险法》(第三稿)起草起始,到2010年10月《社会保险法》颁布。争议焦点主要围绕城乡基本医保制度是否进行一体化建设展开

我国社会保障法学研究起步较晚,2006年全国社会法学研究组织才初建,2009年,社会法的主干部分即劳动和社会保障法学才成为法学本科专业核心课程,高校至今没有独立的社会法学硕士、博士点设置,人才培养机制短缺,社会法学研究在我国法学界处于后进,研究力量严重不足。现有社会法学研究队伍中,大多数学者还集中于劳动法学研究,相关社会法研究非常稀少,研究基本医保的法学成果更少。相关基本医保的学术研究成果主要集中于社会保障学、公共管理学、公共卫生管理等学科领域,学者们围绕《社会保险法》起草展开多学科、多视角初步研究。围绕2006年《社会保险法》(第三稿)起草这一时间节点,①之前学界以否定城乡基本医保制度一体化建设的"否定

---

① 1994年《社会保险法》立法工作被第八届全国人大常委会列入立法计划;1995—2001年,劳动部门起草的《社会保险法(草案)》两度上报国务院,皆因争议太大未通过。2006年10月党的十六届六中全会通过的《中共中央关于构建社会主义和谐社会若干重大问题的决定》提出,到2020年基本建立覆盖城乡居民的社会保障体系的目标,并将"健全社会保障法律法规"确定为"夯实社会和谐的法治基础"之一,此后,社会保险法步伐明显加快。2006年12月由原劳动和社会保障部门(2008年劳动部与人事部合并)牵头的《社会保险法》起草小组,在四次大范围征求意见和实施调研的基础上,向国务院提交了《社会保险法(草案)》第三稿。

说"为主流,他们认为,基于国际比较和我国多年来城乡经济社会二元的现实,现阶段还不具备建立一体化基本医保制度的客观条件,城乡居民在基本医疗保险方面还不能享受同等的医疗保障,城乡基本医保制度应进行二元化建设。该观点以学者乌日图、杨翠迎、王红漫、刘翠霄等为代表①;"否定说"又分社会保障"虚无说"和社会保障城乡"二元说"两种。2006 年,党的十六届六中全会发布《中共中央关于构建社会主义和谐社会若干重大问题的决定》,在构建社会主义和谐社会思想指导下,进一步明确了社会保障体系建设的目标是"适应人口老龄化、城镇化、就业方式多样化,逐步建立社会保险、社会救助、社会福利、慈善事业相衔接的覆盖城乡居民的社会保障体系"。当年,《劳动和社会保障事业发展"十一五"规划纲要》和 2007 年党的十七大报告均提出,要重点完善城乡基本医疗保险和医疗救助相互衔接的医疗保障体系,而且,顺应全国各地自发探索城乡基本医疗保险制度衔接与整合的实践,这一阶段,主张城乡基本医疗保险制度一体化建设的"肯定说"跃为学界主流观点,以学者董保华、郑功成、林义、唐旭辉等为代表②。他们基于加快覆盖城乡居民社会保障的宏观战略视角,认为由多元制度组成的覆盖城乡居民的基本医疗保险制度,向一体化的覆盖全民的基本医疗保险制度迈进,不仅是基本医疗保险制度合理的现实选择,也是社会保障整体优化制度设计的需要;主张在统筹城乡、整体设计、循序渐进的原则下,建立覆盖全民的基本医疗保险制度。2008 年 12 月《社会保险法》(二审稿)向全民征询修改意见,以及 2009 年 4 月《中共中央国务院关于深化医药卫生体制改革的意见》发布时,"否定说"与

①　参见乌日图:《医疗保障制度国际比较》,化学工业出版社 2003 年版,第 252 页;杨翠迎:《中国农村社会保障研究》,中国农业出版社 2003 年版,第 120 页;王红漫:《大国卫生之难》,北京大学出版社 2004 年版,第 345—346 页;刘翠霄:《天大的事——中国农民社会保障制度研究》,法律出版社 2006 年版,第 273 页。

②　参见董保华等:《社会保障的法学观》,北京大学出版社 2005 年版,第 276 页;郑功成:《中国社会保障改革与发展战略——理念、目标与行动方案》,人民出版社 2008 年版,第 195 页;林义:《农村社会保障的国际比较及启示研究》,中国劳动社会保障出版社 2006 年版,第 128 页;唐旭辉:《农村医疗保障制度研究》,西南财经大学出版社 2006 年版,第 161 页。

"肯定说"的争论越发激烈。主要围绕以下两个主题进行交锋：

（1）三项基本医保制度是"区分"还是"整合"立法

围绕这一主题，主要有三种代表性观点：

一是"否定说"。以辜胜阻和周寿祺为代表。他们认为，社会保险法不宜过快统一城乡医保。同时，立法中也不宜提出城镇医保与新农合统一标准，合并运行。① 主要论据在于，与城镇职工基本医保相比，新农合在管理体制和制度框架上都不同，诸如参保主体结构、基金筹集模式、基金的管理和运行上差异较大；加之，在我国城乡经济社会发展极不平衡，城乡居民医疗需求和医疗消费水平差异很大的社会背景下，强调统一城乡基本医疗保障的标准，会造成城镇居民利用水平过多而侵占农民利益，带来"穷帮富"的结果，产生明显的不公平。从典型国家立法实践上看，大多根据不同社会保险险种的特性，采取社会保险分项立法。社会保险立法应该为探索最优的基本医疗保险管理体制留有余地，建议留下立法空间。② 学者周寿祺则是基于社会医疗保险的微观视角予以论证，根据保险学费额或费率与权利责任相一致的原则，不同费额或费率之间是不能"衔接"的，城镇职工、城镇居民、农村居民三个医疗保险制度之间，由于筹资缴费标准（费额或费率）不同，它们之间是难以"衔接"的。③

二是"肯定说"。以王禄生等为代表，在对我国十个城乡居民医保衔接试点地方经验总结的基础上，他们认为，从城乡经济社会发展水平、城乡医疗服务体系建设、城乡居民人口结构和职业特点、新农合与城镇居民医保的筹资机制等条件上看，新农合与城镇居民医保制度应先行并轨实施。④

三是"折中说"。以王东进、仇雨临、熊先军为代表。他们认为，基本医

---

① 辜胜阻：《农村医保的国情选择》，载《瞭望新闻周刊》2009年2月24日。
② 辜胜阻：《社会保险法不宜过快统一城乡医保》，载《今日中国论坛》2010年第1期。
③ 周寿祺：《城乡医保制度能否衔接》，载《健康报》2010年7月16日。
④ 王禄生、苗艳青：《城乡居民基本医疗保障制度需并轨》，载《健康报》2010年5月13日。

保体系建设的城乡统筹与制度完善,是一个与时俱进的过程,也是一个内容广泛的系统工程,不可能一蹴而就,又不能等某一天万事俱备时再作定夺,应根据工作基础和现实条件的可能,分清主次,抓住重点,循序渐进,梯次推进。① 在城乡"一体化"加快的背景下,三大医保应分阶段、分步骤地化异趋同,应该逐步提高城乡居民医保的筹资和待遇水平,在条件成熟时,统筹城乡医保制度。② 持这一观点还有的学者强调,城乡医保统筹应从整合城乡基本医疗保险管理到实行基本制度的统一,当务之急是尽快统一管理和经办机构。③

　　实际上,"折中说"是对"否定说"和"肯定说"的折中和补充,这一观点曾深刻影响了人保部门与卫生部门关于三项医保制度整合和衔接的试点政策制定。"否定说"则深刻影响了《社会保险法》制定时的取舍,在《社会保险法(草案)》三审时,提出了新型农村合作医疗待遇标准低,而城镇职工和城镇居民医疗服务需求和成本都远远高于农村居民。如果三项医保制度合并实施,可能会造成城镇居民伤害农村居民的利益,与国家提倡的"城市反哺农村"的宗旨不一致。为此,有关部门建议《社会保险法(草案)》删去草案二审稿第 24 条的规定:"省、自治区、直辖市人民政府根据实际情况,可以将城镇居民基本医疗保险和新型农村合作医疗统一标准,合并实施。"2010年颁布的《社会保险法》第 24 条规定,新型农村合作医疗的管理办法由国务院规定。④

　　(2)整合城乡三项医保如何进行立法

　　这一主题曾经是《社会保险法(草案)》2009 年在全国人大三审时的一

---

① 王东进:《关于基本医疗保障制度建设的城乡统筹》,载《中国医疗保险》2010 年第 2 期。

② 翟绍果、仇雨临:《城乡医疗保障制度的统筹衔接机制研究》,载《天府新论》2010 年第 1 期。

③ 熊先军:《公立医院改革首先应从体制外做起》,载《中国医疗保险》2010 年第 9 期。

④ 赵超、刘铮:《关注社会保险法草案:城镇居民医保和新农合不合并实施》,载《健康报》2009 年 12 月 23 日。

大焦点,而且,随着 2009 年 3 月"新医改"①政策和 2010 年"十二五"规划关于建立城乡统筹医疗保险制度方向的明确,整合城乡医保制度成为社会共识,成为"十二五"规划的重点内容。围绕这一主题,主要有以下三种代表性观点:

第一种观点,城乡三项医保制度"整合"为统一的基本医疗保险制度。这一观点认为,基于我国多年来城乡经济社会二元的现实,城镇职工基本医保、城镇居民基本医保和新农合三项医保制度应长期"区分"建设并存在,其"整合"的目的是为了保障流动人口基本医疗保障转移权的实现,应在城镇职工医保、城镇居民医保和新农合三项医保制度之间,各个医疗保险制度统筹区域之间建立流动人口基本医疗保障权衔接的一系列规范体系。将来待条件成熟时,建立全国统一的基本医疗保险制度。这一观点为人力资源和社会保障部门认同。②

第二种观点,城镇居民医保和新农合两项医保制度先行"并轨"为城乡居民基本医疗保险制度。即将城镇居民医保和新农合"两板块"先行"并轨"为城乡居民基本医疗保险制度,并与城镇职工基本医疗保险制度之间建立衔接制度。这一观点认为,基于社会保障制度合并原则和国内外正式从业者、非正式从业者基本医疗保险"区分"建立的经验考虑,制度内容相似的"两制"应全面"并轨"衔接为统一的城乡居民基本医疗保险制度。当然,覆盖正式从业者的城镇职工基本医疗保险,因与"两制"制度内容差异较多,特别是正式从业者与非正式从业者职业特点、收入差距较大,在现阶段和今后长时间内,"三

---

① "新医改"指 2009 年中共中央、国务院发布的《关于深化医药卫生体制改革的意见》,提出"建立健全覆盖城乡居民的基本医疗卫生制度","新医改"的"新",是针对 2009 年之前三轮医改的不同理念、不同政策而言。1979 年卫生部、财政部、国家劳动总局联合发布《加强医院经济管理试点工作的意见》,标志着我国医疗改革第一阶段的开始;1997 年中共中央、国务院发布《关于卫生改革与发展的决定》,是我国医疗改革第二阶段的开始;2000 年国务院体改办等 8 部委联合公布《关于城镇医药卫生体制改革的指导意见》是第三轮医改的开始。

② 《三项医保制度整合衔接为哪般》,见 2008 年 5 月 13 日劳动社会保障网 www.molss.gov.cn。

板块"基本医疗保险制度并轨为统一的基本医疗保险制度还不具备社会经济条件;但是,为了流动人口基本医疗保障转移权的实现,应建立城镇职工基本医疗保险制度与城乡居民基本医疗保险衔接的制度规范。① 这一观点的基本内容也为 2008 年 12 月《社会保险法》(第二稿)第 24 条所采纳:"省、自治区、直辖市人民政府根据实际情况可以将城镇居民基本医疗保险和新型农村合作医疗统一标准、合并实施。"②

第三种观点,三项医保制度分步骤渐进为统一的基本医疗保险制度。这一观点认为,在当前城乡差距较大的情况下,实行城乡一体化的基本医疗保险制度还需要一个过程。在城乡统筹发展的方向下,应分阶段、有步骤地化异趋同,最后实现以城乡居民健康受益为导向的国民健康保障制度。但是,就整合的路径,又有两种说法差异:第一种说法以仇雨临为代表,他们认为,首先应是城镇居民医保与新农合整合为城乡居民基本医疗保险制度;然后在统筹地区推进城乡居民医保与城镇职工医保的并轨,并逐步向全国过渡,最终实现国民基本医疗保险制度。③ 第二种说法是世界银行研究报告,认为要"建立以家庭为单位的基本医疗参保制度",基于相同的行政管理体制,应首先将城镇居民医保与城镇职工医保并轨,"以家庭为参保单位"可以是城镇统一的医保与新农合并轨的连接点。④

三种观点纷争是 2009 年、2010 年《社会保险法(草案)》第三稿、第四稿的热点问题。最终,《社会保险法》将城乡医保都纳入调整范畴,开启城乡

---

　　① 王禄生、苗艳青:《城乡居民基本医疗保障制度改革引发的理论思考》,见卫生部农村卫生管理司、中国卫生经济学会编:《基本医疗卫生制度建设与城乡居民基本医疗保障制度研讨会会议资料汇编》,2010 年 4 月编印,第 41—42 页。

　　② 参见卫生经济研究所编:《新型农村合作医疗与城镇居民基本医疗保险衔接试点地区调研报告及摘要汇编》,2010 年编印,第 89—92 页。

　　③ 翟绍果、仇雨临:《城乡医疗保障制度的统筹衔接机制研究》,载《天府新论》2010 年第 1 期。

　　④ 世界银行:《中国卫生政策报告系列三——通向综合的医疗保险之路》,见 2010 年 12 月 16 日 www.woldbank.org。

医保"整合式"立法之先河。但是,各个纷争观点都未提出整合城乡社会保险制度的实施机制及其可操作规范。实践中,各地整合城乡医保的"先行先试"也模式多样,《社会保险法》立足现实,对整合城乡医保只是做了原则性、授权性、发展性、方向性的规范,没有充分实现"全面整合"城乡基本医保规范。这是我国《社会保险法》选择"统分结合"立法体例的结果。①

2. 第二阶段(2010 年至今),从 2010 年 10 月《社会保险法》颁布起始,围绕着如何制定《社会保险法》实施条例,具体围绕如何起草"基本医疗保险实施性条例"和"新型农村合作医疗条例"及其整合展开研究和学术讨论

2010 年 10 月《社会保险法》颁布后,学者们集中讨论和研究《社会保险法》颁布的现实意义、实施性条例制定的必要性及其内容等。由于基本医疗保险涉及的"法律关系主体过多、法律关系结构过于复杂,不仅要构建庞大的社会保险关系,而更为复杂的是医疗机构和医师的进入,药品及医疗器械、辅助器具的进入使这样的法律关系变得错综复杂。……"②而相关的基本医疗保险法律研究处于几乎空白状态,三项基本医疗保险整合的更为复杂的法律制度建设,研究者就更为稀少,缺乏深入细致的研究。尽管如此,认真梳理这些零散研究,仍然可以看到相关研究集中于四个主题。

(1)相关基本医疗保险的实施条例如何起草

2010 年 10 月《社会保险法》颁布后,对该法立法的特征,学者们几乎达成共识,即该法采取"统分结合"的立法模式,首先制定社会保险基准法,然后再制定各项社会保险单行法。③《社会保险法》作为一部原则性、综合性、框架式的立法,是一部立足社会保险制度探索性、阶段性的立法,由于缺乏具体规范,

---

① 孙淑云:《整合城乡基本医保立法及其变迁趋势》,载《甘肃社会科学》2014 年第 5 期。

② 李文静:《医疗保险法律制度研究》"序",中国言实出版社 2014 年版,第 3 页。

③ 参见岳宗福:《新中国 60 年社会保险立法的回顾与展望——兼评〈社会保险法(草案)〉的立法模式》,载《山东理工大学学报》(社会科学版)2009 年第 4 期。

更多价值在于"里程碑"式的宣示。① 基于《社会保险法》的初级立法状态,需要制定相关基本医疗保险、基本养老保险、工伤保险、失业保险、生育保险的实施性条例。就整合城乡三项基本医疗保险的法律制度建设,主要围绕"基本医疗保险条例"和"新型农村合作医疗管理条例"的起草展开。围绕这一主题,近年来学术界主要有两种代表性观点:

第一种观点认为,整合城乡医保,制定"城乡居民基本医疗保险条例",并单独制定"职工基本医疗保险条例",待条件成熟时,再制定统一的"基本医疗保险条例"。这一观点以彭高建为代表。《社会保险法》颁布后,彭高建撰文认为,城镇居民医疗保险制度与新农合制度在筹资模式、待遇标准、管理方式上都有很大的相似性,近期需要统筹整合城乡居民基本医疗保险制度,可先考虑制定"城乡居民基本医疗保险条例";与城乡居民基本医疗保险制度相比,职工基本医疗保险制度在筹资模式、待遇标准、管理方式等方面均有自己的特点,需要制定单独的"职工基本医疗保险条例";但是,在区分制定这两个条例时,需提前作好制度的衔接性安排,为下一步制定统一的"基本医疗保险条例"作好铺垫。②

第二种观点认为,制定统一的"基本医疗保险条例",并针对新农合的初级性,制定"新农合管理条例"。这一观点以笔者为代表,笔者长期跟踪研究新农合,基于对新农合制度的历史变迁、新农合的社会保险初级性及其制度框架特征的论证,得出结论是:"基本医疗保险条例"是调整城乡"三板块"医保制度的"综合性实施细则",新农合当事人的基本权利义务应纳入"基本医疗

---

① 参见郑尚元:《我国社会保险制度历史回眸与法制形成之展望》,载《当代法学》2013年第2期;岳宗福:《新中国60年社会保险立法的回顾与展望———兼评〈社会保险法(草案)〉的立法模式》,载《山东理工大学学报》(社会科学版)2009年第4期;韩桂君、沈大力:《〈社会保险法〉制度创新及其完善研究》,载《财经政法资讯》2011年第4期;芮立新:《浅谈社会保险法的原则性和授权性规定》,载《中国社会保障》2010年第12期;胡继晔:《社会保险法亟待"添翼"》,载《中国社会保障》2011年第2期;柯卉兵、李静:《〈社会保险法〉的实施困境》,载《社会保障研究》2013年第1卷(总第17卷)。
② 彭高建:《对基本医疗保险立法问题的几点思考》,载《中国医疗保险》2012年第9期。

保险条例"调整。但是,鉴于新农合制度的基本构成要素和关键环节还未定型,具有初级性特点,根据 2010 年 10 月 28 日颁布的《社会保险法》第 24 条授权国务院制定"新型农村合作医疗管理条例"的规定,在统一的"基本医疗保险条例"之下制定"新农合管理条例",该条例是规范新农合从"初级"医保向"基本"医保"过渡"的"专门实施细则"和行政管理规范。①

(2)相关城乡医保管理体制整合

城乡三项基本医疗保险的行政管理长期分设,由人力资源和社会保障部(以下简称"人社部")管理城镇两项基本医疗保险制度,由卫生和计划生育委员会(以下简称"卫计委"或者"卫生部")管理新型农村合作医疗保险制度。两个行政主管部门制定的基本医保政策和规章制度各成体系,具体实施操作各有办法,在《社会保险法》起草、审议时多有讨论,由于分属不同的部门,部门政策方向不同,加剧了医保制度是"区分"还是"整合"的纷争,对此,《社会保险法》第 24 条授权国务院另行规定"新型农村合作医疗管理条例"。随着三项基本医保制度覆盖全民,对医保管理职责先行进行整合,从而为职工医保、新农合、居民医保三大制度最终并轨奠定前提和基础,成为越来越多学者的共识,也成为党的十八大报告、收入分配改革方案、社保和卫生事业"十二五"规划中明确规定的社会保障制度改革的重点任务。究竟如何整合,却成为争执较多的问题。2013 年的全国两会期间,围绕国务院部分部委合并与职能改革,特别是卫生部与计划生育委员会合并的职责、内设机构、人员编制的"三定"方案拟定过程中,是将新农合从卫生部门划出,并入人社部门? 还是将职工医保、居民医保从人社部门划出,统一归口卫生部门? 针对这一问题,2013 年 4 月中央编办曾召开会议多次征询意见,在部委争论和相关学者分歧论辩中,②国务院办公厅 2013 年 6 月印发《国家卫生和计划生育委员会主要

① 孙淑云:《论"新农合管理条例"的制定》,载《理论探索》2012 年第 6 期。
② 龙玉琴、彭美:《三大医保收入 2020 年或超万亿元,人社部卫计委争夺》,见 2013 年 4 月 20 日南方新闻网。

职责内设机构和人员编制规定》,提出"整合城镇职工基本医疗保险、城镇居民基本医疗保险、新型农村合作医疗,是一项系统工程。有关部门正在多方听取意见,审慎研究。具体管理体制问题不在本次'三定'范围内,将另行规定。在管理体制明确前,国家卫计委将继续承担新农合管理职责"。① 2016 年 1 月12 日,国务院发布《关于整合城乡居民基本医疗保险制度的意见》,对于长期争执的基本医保管理体制,建议"鼓励有条件的地区理顺管理体制,创新经办管理,提高管理效率和服务水平"。可见,围绕三项基本医保管理体制整合的争执,可以看出三项基本医疗保险制度整合以及基本医疗保险下位法制定的复杂性。这些问题的解决,是基本医疗社会保险立法绕不开的问题,是城乡医保整合"牵一发而动全身"的前提条件和关键环节。围绕整合城乡医保管理体制,大多数研究者肯定了医疗保障与其他社会保障项目的重大差异,②有学者还认为由于医疗保险的特殊性,医疗保险与医疗、医药卫生工作的不可分割性,可以将其从社会保险子系统中分出,纳入统一的医疗保障子系统。③ 有研究者将世界范围内的社会医疗保险管理体制概括为政府调控下的医疗保险部门和卫生部门分工合作模式、社会保障部门主管模式、卫生部门主管模式三种。④ 但是,就我国社会医疗保险改革进程中城乡医保管理体制如何整合,整合后具体归属哪个部门来管理,理论界和实际工作部门存在着激烈的争论与意见分歧。主要有以下四种观点:

第一种观点认为,城乡基本医疗保险管理整合后应由卫生部门主管,采用"一手托两家"的管理,即卫生部门既管医疗机构,又负责医疗保险资金偿付。⑤

---

① 韩璐:《国家卫生计生委"三定"规定公布》,载《健康报》2013 年 6 月 19 日。

② 单大圣:《中国医疗保障管理体制研究综述》,载《卫生经济研究》2013 年第 1 期。

③ 郑功成:《论中国特色的社会保障道路》,武汉大学出版社 1997 年版,第 527 页。

④ 易云霓:《国外社会医疗保险制度管理体制比较研究》,载《中国卫生经济》1995 年第2 期。

⑤ 参见王延中:《卫生服务与医疗保障管理的国际趋势及启示》,载卫生部农村卫生管理司、中国卫生经济学会 2011 年编印:《基本医疗卫生制度建设与城乡居民基本医疗保障制度研讨会会议资料汇编》,第 84—85 页。

这一观点的代表人物有苗艳青、王禄生、宋大平、魏哲铭①。他们或者以城乡医保整合后由卫生部门主管的实践效益和经验总结等实证研究方法论证,或者基于其他国家和地区卫生部门统管医疗保险基金和医疗服务的模式与经验借鉴分析论证,认为城乡基本医疗保险整合后由卫生部门主管的优点在于,能统筹医疗服务供给和需求管理,满足医疗服务需求和控制医疗费用的平衡,形成集中决策、统一负责的体制。这种管理方式的弊病在于,保险方和服务方归为一家管理,可能加大医疗服务机构道德风险,导致基本医疗保险活力不足。

第二种观点认为,城乡基本医疗保险管理整合后应由人社部门主管。这一观点的代表人物有王东进、熊先军、顾海、张翼②。强调《社会保险法》规定人力资源社会保障部是社会保险管理部门,或者基于其他国家和地区社会保障部门统管医保的模式借鉴,或者基于城乡基本医疗保险与养老保险、工伤保险等的协同发展视角论证,他们的共识是,整合后的城乡医保归属人社部门主管的优势在于医疗费用管理和医疗服务部门分离,便于相互制约、相互制衡;同时,医疗保险和养老保险、失业保险等由一个部门管理,各险种关系协调,管理经费可以得到合理利用。缺点是无以关照医疗保险远较其他社会保险的复杂性和特殊性,不易与医疗服务部门协调。

第三种观点认为,城乡基本医疗保险管理整合后应实行大部制管理。但是,又存在卫生大部制、社保大部制、并列大部制和管理体制之争。王延中等从医疗服务和医疗保障的关系出发,考察了国际上两者关系演变的趋势,总结了我国医疗保险和医疗服务相互关系的演化过程,提出城乡医保管理的整合

---

① 参见苗艳青、王禄生:《城乡居民基本医疗保障制度案例研究:试点实践和主要发现》,载《中国卫生政策研究》2010年第3期;宋大平:《医疗保障与医疗服务统筹管理:国际经验与中国现状》,载《中国卫生政策研究》2012年第8期;魏哲铭:《我国基本医疗保险管理体制改革若干理论与实践问题思考——以陕西为例》,载《西北大学学报》(哲学社会科学版)2015年第5期。

② 参见王东进:《关于基本医疗保障制度建设的城乡统筹》,载《中国医疗保险》2010年第2期;熊先军:《医保城乡统筹势在必行——统筹城乡基本医疗保险制度与管理系列之三》,载《中国社会保障》2011年第8期;顾海:《中国统筹城乡医疗保障制度模式与路径选择》,载《学海》2014年第1期;张翼:《保险基金管理权归谁》,载《经济导报》2013年4月15日。

可以将社保部门中的医保管理职能与卫生部门合并组成"大卫生部",该部门对医疗保险筹资、医疗服务监管、医药审查等进行监管。① 单大圣对 2013 年 3月国务院关于国家卫生和计划生育委员会的机构改革方案进行解读,从机构建设、职能设置等方面分析后认为,要先把三项医保整合由一个部门管理、由一个机构经办,结合地方实际提高统筹层次,注重理顺医疗机构与管理机构的管办分开,待条件成熟时组建医疗保险大部制。② 曹克奇认为,整合城乡医保后,应该建立并列大部制和内设机构分别管理的体制,合并卫生人社部门,建立统一负责的"大卫生"管理部门,同时下设不同的内设机构分别监管经办机构和医疗机构:一是,卫生社保部门内设卫生政策咨询委员会,作为卫生政策发展的决策咨询机构,提供卫生政策、法规的研究及咨询事宜,成员由各部门成员、参保人、雇主、保险机构、医疗服务机构等专家代表组成。二是,在卫生社保主管部门下设医疗保险管理司负责医疗保险经办机构监管,具体职责包括:基本医疗保险年度计划及业务报告审查;基本医疗保险预算、决算审查;基本医疗保险业务检查事项;基本医疗保险财务、账务稽核事项;基本医疗保险风险准备金情况;基本医疗保险法规及改革研究建议事项;其他有关保险业务监督事项。③

　　第四种观点认为,组建独立的医保管理机构。这一观点的代表人物是毛正中、董黎明。这一观点认为独立机构管理医疗保险可以最大限度地节约资源,并将医保管理机构与医保经办机构管办分离,推动医保机构的专业化、法人化。这样,通过单一的医保机构购买医疗服务,有利于利用市场的力量与医疗机构进行谈判,既能控制医疗机构,还能避免医保管理机构与医保经办机构

　　① 　参见王延中、单大圣、丁怡:《深化医疗保障与卫生服务管理体制改革的思考》,载《黑龙江社会科学》2011 年第 5 期。
　　② 　参见单大圣:《卫生服务与医疗保障管理体制改革的基本思路》,载《发展研究》2013 年第 8 期。
　　③ 　参见曹克奇:《部门利益与法律控制:我国城乡医保管理统筹的路径选择》,载《社会保障研究》2013 年第 1 卷(总第 17 卷)。

的利益输送问题。①

以上四种观点各有所长,但是,细心的研究者可以发现,支持两部门的主要研究者,分别隶属于两个部门所属的内部研究机构人员,又分别包含着支持人社部门和卫生部门的学者观点。代表不同部门立场的对立观点,大多偏向反映部门管理工作中的难点,多数缺乏对城乡医保管理的制衡机制进行周密有力论证。

(3)介绍地方整合城乡医保的制度模式

由于中央层面城乡医保行政主管权分属于人社部和卫计委,②两部门在地方整合政策制定时协调合作也出现同样的问题,地方整合后医保行政主管权归属也是不一致,出现基本医保行政主管权在地方也归属于卫生部门管理模式、人社部门管理模式、人社和卫生部门合作管理模式、政府直接管理模式等。多元的管理体制为整合提供了多种制度模式。这方面,理论界主要以介绍经验的方式形成一定的研究热点,总结起来,自2004年东莞、佛山首开整合城乡医保以来,至2016年1月国务院提出整合城乡医保政策,地方自发整合城乡医保的制度模式主要有③:

一是"二元制度两种基金统筹"的整合制度模式,继续保留城镇职工基本医保制度单独运行管理,单独建制。将城镇居民医保与新农合并轨为城乡居民医保制度,统一管理经办、统一筹资、统一待遇。这一制度模式以汕头、昆明、长沙、常熟、嘉兴、青海为代表。

二是"一元制度两个基金统筹"的整合制度模式,将城乡三项基本医保制度整合为一个制度,虽然管理、经办统一,但职工医保与城乡居民医保区分两

---

① 参见毛正中:《谁来管医保》,载《医药经济报》2013年5月22日;董黎明:《我国城乡基本医疗保险一体化研究》,经济科学出版社2011年版,第162页。

② 参见龙玉琴、彭美:《三大医保收入2020年或超万亿元,人社部卫计委争夺》,见2013年4月20日南方新闻网。

③ 参见孙淑云:《整合城乡基本医保立法及其变迁趋势》,载《甘肃社会科学》2014年第5期。

个基金统筹,两种不同筹资方式、不同筹资水平和两类保障待遇。这种整合城乡医保的制度模式以苏州、广州、天津、镇江为代表。

三是"二元制度三层基金统筹"的整合制度模式,继续保留职工基本医保的单独建制模式,将城镇居民医保与新农合制度整合为城乡居民医保制度,同时,统一城乡居民医保的管理和经办。该制度模式的创新,凸显在将原有的城乡三项基本医保的筹资和保障待遇整合为"三档"或"多档"筹资和保障待遇,各档基金独立,赋予城乡居民根据自己的经济能力选择各档的平等参保权,最高档次筹资和待遇与城镇职工基本医保留下制度"接口"。这种整合城乡医保的制度模式由成都创新,重庆紧随其后,为许多地方整合制度所借鉴。

四是"全统一"的整合制度模式,将城乡三项基本医保制度合并为城乡一体化制度,管理、经办统一,所有参保人无论为正式从业者或非正式从业者,无论城乡居民,分类平等参保,基金统筹调剂,待遇平等支付。这种整合制度模式是整合城乡医保制度的最高层次,以东莞、神木为代表。当然,两地制度内容有所不同,显著区别表现在,东莞市各类参保人员保险费分担主体不同、筹资方式不同,但是参保比例相同、保障待遇相同。神木仍然沿循城乡三项基本医保制度及参保制度①,代之以县财政强力的财政补贴之下城镇职工医保与城乡居民医保待遇水平的拉平和平等。

(4)整合城乡基本医保筹资与待遇支付的问题

城乡基本医保筹资和待遇支付是决定城乡医保制度整合的关键环节,是城乡医保整合可行性的关键问题,需要整合筹资体系和医保待遇支付体系。普遍认同的是,筹资水平差距是阻碍城乡医保制度整合的主要核心问题,"整合城乡居民医保制度,首先会遇到现阶段城乡经济社会发展不平衡导致的缴费能力差距问题,农民缴多少,市民缴多少,这是一个绕不开的难题。"②相关

---

① 即按照职工、农村居民、城镇居民划分三类参保人群,三类参保人群的保险费分担主体、筹资方式以及参保水平均不同。

② 向春华:《统筹城乡医保的法制路径》,载《中国社会保障》2014年第5期。

筹资渠道、筹资方式在学界基本上达成共识。争执主要集中于不同筹资水平整合、筹资机制调整、基本医疗保险缴费义务分担大小以及保障待遇调整机制上。综合起来有以下三种观点：

一是"一个制度、多种标准、分步骤实施、按阶段推进"实现全民医保的方案。这一观点以郑秉文、刘继同、陈育德、胡大洋、何平为代表①。他们认为，社会保险制度只是过渡阶段的临时性制度形式，现代社会保险制度的形成过程，同时就是对保险制度整合的过程。② 因而，重视医保制度演进与路径依赖，强调在统一城乡医保制度基础上，通过多层次的筹资标准和差别的补偿标准来整合城乡医保，通过渐进性的城乡统筹与区域统筹逐步实现城乡医保筹资和待遇统一。这一观点在我国许多地方整合城乡医保实践中被应用，以成都和重庆整合医保制度模式为典型。

二是"以医疗保险券模式或者医保参保补贴"实现全民医保的方案。这一观点以清华大学经济管理学院课题组和国务院发展研究中心为代表③。这一观点提出"将医疗保险券作为政府补贴的载体，发放给每个居民"，由参保人自主选择就医并得到结算，以此形成医保整合。或者将"医保参保补贴统一记录到个人的社会保障卡，实现费随人走"，并建议跨行政区域流动人口补贴由上级政府承担，以社会保障卡全国范围的可携带实现城乡医保制度的整合。

---

① 参见刘继同、陈育德：《"一个制度、多种标准"与全民性经办医疗保险制度框架》，载《人文杂志》2006 年第 3 期；胡大洋：《全民医保目标下的制度选择》，载《中国卫生资源》2008 年第 1 期；何平：《建立统筹城乡的医疗保障体系》，见 2008 年 4 月 25 日 http://www.mib.com.cn。

② 参见郑秉文：《中国社保"碎片化制度"危害与"碎片化冲动"探源》，载《甘肃社会科学》2009 年第 3 期。

③ 清华大学经济管理学院课题组：《以"医疗保险券"模式构建全民医保》，载《中国医疗前沿》2007 年第 9 期；国务院发展研究中心的"383"改革方案：《设公务员廉洁年金，在职期间无腐败行为退休可领，实行"国民基础社保包"，社会保障卡最终取代户籍制度》，见 2013 年 10 月 28 日网易新闻。

　　三是"以风险调剂金方式"实现全民医保的方案。这一观点以王虎峰为代表①。该观点在分析比较国际上"风险评估和风险平衡机制"的理论和实践操作基础上,提出以省级建立风险调剂金方式承担经办医保筹资再分配的功能,以实现县市级医保的统筹层次升级来克服医保制度,并最终实现城乡医保的整合。这一观点操作性简便,许多地方整合实践竞相应用。

　　详细比较上述观点,都是围绕着医保资金筹集和待遇支付两个关键环节寻找城乡医保制度整合方法和路径。观点一和观点三被地方整合城乡医保政策所应用,其实这些观点本身就是对实践经验的理论总结和提升,通过基金统筹或者建立省级调剂金方式实现区域性城乡医保制度的整合,保留省域间医保制度的区域分立。观点二以"医疗保险券模式或者医保参保补贴"方式实现城乡医保的城乡整合和区域整合,实现医保全国整合和统一。上述三种观点都忽略了城乡医保制度整合过程中中央与地方医保事权确定和法理探讨。

(二)国外研究现状

　　国外相关社会医疗保险及其法律制度整合的研究始于 20 世纪 40 年代的英国,第二次世界大战之后成为国外学界研究的热点。而且,社会保障一体化已经成为当今世界社会保障事业发展的主流趋势,基本医疗保险城乡一体化是社会保障一体化的应有之义。围绕这一主题,2007 年,第 29 届国际社会保障协会将动态的社会保障确立为今后社会保障的发展方向和趋势,而一体化的社会保障是促进动态社会保障体制形成的一个重要因素。② 西方发达国家城市化水平和工业化水平高度发达,城乡之间差别很小,所谓城乡医疗保险一体化的社会保障基本上已成事实。学者们关注较多的是一体化医疗保障的其

---

① 参见王虎峰:《中国社会医疗保险统筹层次提升的模式选择——基于国际经验借鉴的视角》,载《借鉴社会体制比较》2009 年第 6 期。

② 参见杨华:《中国城乡一体化进程中的社会保障法律制度研究》,中国劳动社会保障出版社 2008 年版,第 3 页。

他内容,如在经济全球化和人员自由流动背景下,如何在不损害移民和流动就业劳工权益的前提下,协调和衔接不同职域和地域社会保障计划之间的关系。①

当然,由于发展中国家普遍存在的城乡差别,整合城乡医保,实现一体化医疗保障是当今许多发展中国家社会保障致力的方向。近年来,国外学者多从国别角度研究医疗保障整合及其一体化的经验教训,②特别是与我国同样实行社会保险制度的国家和地区,如德国、日本、韩国等陆续修订原有法律,推动原有以"职业团体化"、"区分"建设的医疗保险制度向一体化发展。德国先后通过了1992年《医疗保险结构改革法》、③2004年《法定医疗保险现代化法》等,对职业团体式的法定医疗保险制度陆续进行整合改革,通过开放市场、强化竞争和风险平衡的方式,减少经办机构数量,提高基金的集中度实现医保整合。④ 在日本,1956年政府开始着手推动普及国民健康保险,1958年修订《国民健康保险法》,强制所有未加入其他种类健康保险制度的国民必须加入国民健康保险制度。经过4年的国民健康保险普及运动,到1961年实现全覆盖,建成了"全民皆保险"的健康保险制度。⑤ 韩国在医疗保险全民覆盖后通过两次法制变革渐进实现医疗保障制度完全整合,1997年韩国颁布了《国民医疗保险法》,1999年颁布《国民健康保险法》,分步实现医保缴费、给付、经办、管理、财务的统一;第一次整合将地域医疗保险和公教医疗保险合并

---

① 参见 Halina Wierzbinska, Social Protection of Employees in Labor Code after Poland's Accession to the European Union. http//www.issa.int/engl/homef.htm 2008−1−15. Gijsbert Vonk, Migration, Social Security and The Law: Some European Dilemmas European Journal of Social Security, Volume3/4,315−332,2002。

② 参见杨华:《中国城乡一体化进程中的社会保障法律制度研究》,中国劳动社会保障出版社2008年版,第5页。

③ 参见[德]霍尔斯特·杰格尔:《社会保险入门》,刘翠霄译,中国法制出版社2000年版,第8页。

④ 参见朱明君、潘玮:《德国法定医疗保险的现状》,载《中国医疗保险》2012年第2期。

⑤ 参见[日]吉原健二、和田胜:《日本医疗保险制度史》,东洋经济新报社2001年版;宋健敏:《日本社会保障制度》,上海人民出版社2012年版,第116页。

为国民医疗保险;第二次整合将国民医疗保险和单位医疗保险合并为国民健康保险;2002 年 7 月韩国颁布《国民健康保险财政健全化特别法》,对健康保险财政实行统一管理,至 2003 年 7 月 1 日实现地域和职域健康保险财政整合运营,到 2007 年 7 月 1 日实现医保制度完全整合。① 纵观上述研究,学者们达成了三点共识:一是一体化的医疗保障是发展中国家正在面对和必须解决的重大问题;二是农民和灵活从业人员由于身份的中间性和工作状态的不稳定性是各国医保制度整合过程中最难操作的部分②;三是政府在基本医保体系建设中发挥主导作用,建立起了一套完整的风险管理和评价机制,并且不断提高医保基金的统筹层次。③

就本书的主题来说,国外相关我国城乡三项医保制度整合的政策和立法研究较为少见,现有的研究大多集中于介绍国外整合城乡医保的经验及其对我国整合城乡医保的启示。学者李莲花将我国新农合与城镇医保的发展模式和日、韩的医疗保障发展模式归纳为"医疗保障制度发展的东亚道路",认为从长远角度看,随着城市化和户籍制度改革的进一步深化,我国城乡医保制度可能走向统一。④ 世界银行发布《中国医改政策建议》系列报告提出,由于我国城乡三个基本医疗保险制度所覆盖的群体不同,成本和受益差距很大,立即整合城乡基本医疗保险并不是务实的做法,应逐渐缩小城镇医保与新农合报销水平之间的差距。⑤

这些研究成果确证了本书研究的方向,为深入研究这一问题提供了参酌

---

① 参见 Yu Anderson. Achieving universal health insurance in Korea: a model for other developing countries[J].Health Policy,1992,20(3):89-99。金瑛:《韩国健康保险法律制度简析》,载《延边党校学报》2007 年第 6 期。

② 参见孙翎:《中国社会医疗保险制度整合的研究综述》,载《华东经济管理》2013 年第 2 期。

③ 参见 Lisac, Melanie. Health Care Reform in Germany[J].Journal of Risk and Insurance,2006,(3):14-16。

④ 参见李莲花:《医疗保障制度发展的"东亚道路":中日韩全民医保政策比较》,载《河南师范大学学报》2010 年第 1 期。

⑤ 参见世界银行:《中国医改政策建议》,见 2010 年 12 月 16 日 www.woldbank.org。

镜鉴的国际经验支持。

（三）国内外研究现状述评

1. 现有研究的进展与共识

综上所述,我国城乡三项基本医保制度建设从"区分"走向"整合",与经济体制改革以及城乡"二元"体制转型伴随。随着城乡三项基本医保制度从"区分"走向"整合"的制度建设,整合城乡医保制度的研究也从 2000 年开始探讨,至 2009 年"新医改"政策和 2010 年《社会保险法》的出台,以及 2016 年 1 月 3 日国务院出台了《关于整合城乡居民基本医疗保险制度的意见》至今,整合城乡医保是理论界的研究热点和前沿问题。现有的研究进展可以概括为如下几个方面:

一是考察和分析整合城乡基本医保的必要性和可行性,并达成共识。初期,整合城乡医保制度的研究集中考察分析我国社会保险制度的利弊,从促进城乡一体化、实现城乡医保公平、提高医保经办效率等视域探讨整合的必要性;中期以及成果则从经济、社会、政治、制度基础、和国外整合制度的经验教训等维度剖析整合的可行性。不仅整合城乡医保的必要性、可行性在学界形成共识,而且已经上升为国家政策与行政事务的行动指南。

二是关注并争议整合城乡基本医保的时序、路径、内容并作纲要式论证。无论是新农合与城镇居民医保"两板块"先行并轨后再与城镇职工医保整合的"二加一"、三步走整合说,还是建立城乡既统一规范又开放兼容的基本医保"三板块"整合说,或者打破身份限制,建立缴费、待遇水平不同的多层次医保体系的"多层次"医保体系整合说。虽然学者们相关整合城乡基本医保的时序、路径、内容等都还存在不同意见,但是,就城乡医保的整合进行"渐进性改革、分阶段推进"已达成共识,而且被各地整合城乡医保的实践所检验,2016 年 1 月 3 日国务院出台的整合城乡医保的顶层政策《关于整合城乡居民基本医疗保险制度的意见》有所采纳。

三是总结评估各地试点探索的整合制度模式与建制经验。学者们在这方面的研究形成了一定的热门领域。分别总结了神木"统一制度统一待遇支付"整合模式、重庆"一制多档"整合模式、昆山"二加一"整合模式、三明的"三医联动"整合模式、青海先行整合医保管理的样本以及地方整合政策的建制经验等等。"通过整合将现有多元制度并轨为一个制度，在统一制度下允许存在多种标准得到大部分学者的认可，在实践中也得到具体应用。"①

四是论证整合城乡医保的立法进路。这一研究领域围绕《社会保险法》及其实施条例的起草形成一股研究力量。就三项医保制度整合立法达成共识，在《社会保险法》上以原则性、授权性、方向性、空白性规范予以体现。

五是对其他国家和地区整合城乡医保制度经验予以介绍性研究。研究者多集中于英国、德国、日本、韩国等的医疗保险制度整合经验介绍，境外整合城乡医保的共同经验就是将不同职业、不同人群全部纳入单一的基本医疗保险制度统一覆盖。"从国际经验看，由于身份的中间性和工作状态的不稳定性，农民以及灵活从业人员等特殊人群是医保制度整合过程中最难操作的部分。……这类群体在我国不仅数量更加庞大，占参保人群的比重也将呈持续增长趋势，因此，在整合这些特殊人群的道路上，我国势必将付出更多努力"。②

2. 研究不足与进一步探讨和突破的空间

其一，相关整合城乡医保法律制度的研究具有鲜明时代局限性。整合城乡医保的研究大致始于 21 世纪初我国城乡二元经济社会解冻时期，伴随着城乡一体化转型时期，党和国家社会治理政策的演进与调适，理论界的研究主要关注"统筹城乡医保制度"、"城乡基本医保的转移与衔接"、"城乡基本医保制度一体化"等。凸显研究的鲜明时代性及其局限性，主要是随着国家治理社会政策表述的不同，从阐释社会政策角度选择研究的关键词，不仅研究范畴多

---

① 孙翎:《中国社会医疗保险制度整合的研究综述》,载《华东经济管理》2013 年第 2 期。
② 孙翎:《中国社会医疗保险制度整合的研究综述》,载《华东经济管理》2013 年第 2 期。

样、模糊、交叉或混用,而且相关研究还多集中于对"整合、一体化、统筹、并轨、衔接、统一"、"城乡医保"的目标、手段、方式的多学科、多视角论证和多维度思辨,研究各有侧重、各具偏好、各有局限,难达共识。为此,引致整合城乡基本医保制度地方政策名称多样化、行动方案多模式、制度规范不成熟。相关研究本身与城乡医保制度改革发展的进程相关,可以提高研究的针对性,特别是相关城乡医保管理体制整合的研究,往往存在着代表某个部门立场的观点,这样的研究虽然有利于贴近实践,但是,也忽视了对整合城乡医保制度的深度挖掘和讨论,缺乏对整合城乡医保法律制度进行创新性研究,未能很好凸显研究的法理性和科学性。

其二,相关整合城乡医保的法学论证欠缺。尽管理论界对我国整合城乡医保的研究非常重视,已经取得了许多富有建设性的研究成果。但是,整合城乡医保的法学研究自 2006 年《社会保险法》(第三稿)起草才逐步为理论界关注,学术研讨时间不长,成果并不丰富。由于我国社会法学界理论自觉团体构建滞后,关于整合城乡三项医保的法律制度研究属于冷门,国内研究成果多集中于非法学学科领域,主要是社会保障学、公共管理学、公共卫生管理学等学者围绕《社会保险法》起草展开的多学科、多视角的研究,他们对三项医保制度的政策、立法的整合衔接研究具有较强的问题意识,关注实际问题,能与国家政策形成一定的互动,研究成果较为丰富。相较而言,法学学科缺乏对现实问题的关注,导致城乡三项基本医保制度的政策、立法的整合衔接的规范化设计研究不足,影响了城乡三项基本医保制度整合衔接的规范化水平和基本医疗保险的立法进程。整合城乡医保的立法已经成为理论界的主流观点,如何整合立法,不仅整合立法的进路仍然没有达成共识,相关基本医保管理经办体制、筹资和待遇等关键要素制度的整合依然还在讨论之中。

其三,相关整合城乡医保的法律制度着重宏观研究,缺乏微观深入。梳理现有的整合城乡医保的法律制度研究,共同特点是局限于城乡医保法律整合的必要性、可行性、整合的路径等宏观策略研究上,缺少对城乡三项医保制度共同的法律性质、理念、基本原则的深度挖掘研究,更乏见对三项经办医保的法律关系、制度逻辑、法律规范的实质剖析和精细化论证。这种研究路径和方法,对整合城乡社会保障的法律制度研究指导性不足,使得对有关法律建制的研究落入纯思辨的学理,甚至有学者还打算另起炉灶来讨论。

总之,整合城乡医保是我国社会保障制度改革的前沿,目前国内外对其法律制度的研究在理论上尚不成熟。近年来,社会保障学、管理学、经济学学者主导了我国基本医保立法和政策建设,法学学者却未能有开创性的建树,法学范式的实证研究尚未展开。这些研究都未能穿透整合城乡医保制度的本质,当下,整合城乡医保制度的重点和核心,是其理念的确定与"顶层"法律制度的设计。但是,整合城乡医保所需的法律制度构建研究相对滞后,仅仅作了初步研究,还浮于立法进路的浅表研究层面,鲜见对区分起草的"基本医疗保险条例"、"新农合管理条例"进展缓慢症结的剖析研究,更乏见对整合城乡医保的法律制度进行专门性、全方位和精细化研究。为此,本书的"整合城乡基本医疗保险的法律制度研究"就有了广阔的研究空间,这是当前社会保险法律研究领域重大而急迫的课题。

三、研究价值和意义

整合基本医疗保险法律及其实施条例的出台是个复杂的系统工程,一方面,体现我国经济社会由城乡二元向一体化加速发展体制机制建设的错综复杂;另一方面,也表现为城乡基本医保制度"区分"建设的局限,以及医保制度改革价值理念的延迟,还有"新医改"的各种面临的问题。这些问题凸显了医保管理体制深层次矛盾,以及背后蕴含的法理学理念。因此,整合城乡基本医疗保险及其法律建制作为体量复杂的法律制度改革,有着多元化向度和丰富内涵,是个难"啃"的系统工程。为什么要整合城乡经办医保法律? 怎样整合? 亟须深入研究、审慎决策。这样的研究具有极强的理论价值和实践意义。

（一）理论价值

本书是笔者主持的国家社科基金重点课题"整合城乡基本医疗保险的法律重点研究"的最终成果。课题研究的对象，是适应我国加速城乡一体化体制机制建设需要的基本医疗保险法律制度，研究的核心目标是论证如何构建整合型法律实施机制，实现基本医疗保险制度定型，并对制定基本医疗保险实施性条例提出立法建议，完善《社会保险法》中相关"基本医疗保险"的规范内容。这样的研究，理论价值体现在：

1. 宏观谋定整合型基本医疗保险实施性条例的制度架构，为基本医保立法提供法学理论支撑。本书研究对整合城乡医保的法律制度进行论证，目的是为《社会保险法》的实施和"基本医疗保险条例"、"新农合管理条例"的立法活动提供法学理论支撑。伴随着 20 多年城乡基本医保制度的构建，我国社会保险立法法学的研究在理论上粗疏，在实践应用上零散跟进，远远不能适应完善《社会保险法》的时代需要，未能满足《社会保险法》的实施以及"基本医疗保险条例"的制定的法学理论支撑。本书研究以构建整合型基本医疗保险实施性机制为主线，研究整合型基本医疗保险立法的制度价值、基本原则、法理基础、立法体例构建和专项法规规范设计。这样的研究关涉现有城乡基本医疗保险制度的结构整合、多元主体权责义的变革以及基本医疗保险基金多元投入结构、基金的财务模式调整等，总体上几乎重塑了整个基本医疗保险的制度体系，从而实现对基本医疗保险立法法学的理论创新，为基本医保立法提供法学理论支撑。

2. 微观设计整合型基本医疗保险的实施机制及其法律规范，完善基本医保法学体系。我国现有相关基本医疗保险法学、社会保险法学论著中，因为基本医疗保险立法滞后，相关基本医疗保险法学这一社会保险法学子体系相当简略，缺乏详细的基本医疗保险法律概念分析、解释和推理，未能激发法科学生的探究兴趣。本书研究基于养老保险法的领域法特征，将社科法学研究方法与部门法学"教义学"规范分析法结合起来,以社会医疗保险法律规范为核心,综合吸收经济学、社会学、政治学、其他部门法学等社会科学的知识,从经验维度认识复杂的社会医疗保险法律现象,注重法律问题的因果关系,强调实用主义态度对待法条,微观设计整合型基本医疗保险的实施机制及其法律规范,在全面整合城乡基本医疗保险法律的研究中,丰富和完善基本医保法学体系。

3.综合运用实证主义法学分析工具,创新基本医保法学研究方法。我国现有基本医保法学研究滞后另一个表现是研究方法和分析工具简单,相关社科法学方法、政策分析工具、社会调查分析工具、本土制度资源分析工具尤为贫乏。本书综合运用社科法学方法、政策分析工具、社会调查分析工具、本土制度资源分析工具、利益分析工具实现对课题研究问题的深入探讨。这些研究方法是当下包括基本医保法学在内的整个中国社会保险法学研究领域最为欠缺和急需补进的研究工具,为此,本书综合运用实证主义法学分析工具研究整合基本医疗保险的法律问题,通过实实在在的研究,创新社会保险法学研究方法,弥补社会保险法学研究方法的缺憾。

(二)应用价值

希望本书能够为正在整合城乡基本医疗保险的实践提供政策方案、立法参考和实践手册。

1.政策方案。课题组研究的最终目的是为国家和政府相关部门提供整合城乡基本医疗保险制度的对策方案,课题研究对整合城乡基本医保的必要性和可行性进行分析,清晰地展现我国城乡医保制度"整合"的制度变迁、制度建设现状及其经验教训。在此基础上,明晰整合城乡基本医保制度的重点、难点和任务,提出整合城乡医保制度的目标、理念、基本原则、手段、规范,及时回应和破解制约整合城乡基本医保制度之难题,为国家和政府相关部门提供政策方案建议。

2.立法参考。本书研究的核心任务是构建整合型基本医疗保险的实施机制及其法律规范,通过基本医保法律的明责赋权,促使城乡基本医保制度走向成熟、定型,并推进"基本医疗保险条例"出台和《社会保险法》完善。通过本书的研究,不仅要在整合城乡医保制度中探讨整合型基本医疗保险法律实施机制的作用,还要在加快城乡一体化的社会政策、经济、行政的宏观变动中透析制定整合型基本医疗保险法律实施机制的难题、症结、突破口和内容,为国家基本医疗保险立法提供实证论证和法理支持。

3.实践手册。国家和政府相关部门以及地方政府在整合城乡基本医保制度实践活动中遭遇各种各样的问题,而且不同的发展阶段会有不同的经济社会约束,城乡经济社会发展不平衡,各个地区也会有本区域的特殊问题。通过本书纵向和横向两个方面对整合城乡基本医保制度进行专题研究与个案研究,梳理我国城乡医保走向"整合"的制度建设及其演变历程,总结各地整合城乡医保"先行先试"的政策实践、试验性立法的经验和教训,对今后一段时间整合城乡医保立法的宏观战略路径选择、微观法律规范设计等给予前瞻性的研究和展示,并及时回应整合城乡医保事务中城乡不同阶层、不同地区利益博弈、不同部门管理权有关问题,为党和政府继续完善城乡医保政策,加速城乡医保"一体化"体制机制建设提供实践手册。

四、研究方法

本书研究的方法,主要是根据课题的需要,基于基本医疗保险法领域法[1]的特点,强调社科法学方法和部门法学的"教义学"的规范性法学分析相结合;强调以社会政策文本和地方立法调查为依据,以社会保障法律制度建设本土资源的社会实证分析和法律规范分析为主要研究手段;把理论研究和实证

---

[1] 领域法是现实中调整某一特定领域社会关系的法律规范的概念总称,是按照法律调整的对象和客体进行综合概括的法规则集群。参见王桦宇:《领域法学研究的三个核心问题》,载《法学论坛》2018年第4期。

研究、国内立法经验与境外立法经验结合起来,实现对课题重点问题的深入探讨,并通过不定期召开专题研讨会以全面实现本书研究任务。主要研究方法如下:

(一)社科法学法

从城乡基本医疗保险法律建制外部看,城乡基本医疗保险制度的产生与社会政策发展密不可分,而社会政策的形成需要有政治、经济、社会背景。因此,基本医疗保险的法学研究天然地与政治学、社会学、经济学等社会科学存在紧密联系。为此,社科法学方法成为本书研究的基本方法,主要以基本医保法学规范为中心,综合经济学、社会学、政治学、法学等社会科学对基本医疗保险研究的成果,解读当代中国整合城乡基本医保的制度演进、制度变迁、法律制度现状及其经验教训,使得整合型基本医保法律规范论证和设计得到有力、充足的实证论证支撑。

(二)政策分析法

国家基本医保的具体政策,是推动基本医保立法的决定性力量,基本医保法律是基本医保政策的总结和升华。因此,本书的研究对象必须放在政策过程中才能理解。为此,政策分析法是本书的基本研究方法。本书熟练运用政策分析法,并结合历史制度主义分析法,重在剖析党和国家社会治理政策,特别是加快城乡经济社会“一体化”体制机制转型期城乡基本医保社会政策的制定、试验、试错、调适、变迁的趋势和规律,依此研究为支撑,增强基本医保法律制度城乡统一的可操作性和自主表达。

(三)社会调查法

本书主要运用以下三种社会调查法。一是文献调查法,文献调查与分析主要回答“整合城乡医疗保险的法律制度研究”这一主题做了什么? 研究得怎样？研究共识是什么？研究分歧表现在什么地方？进一步研究的空间和着力点是什么？本书尽力检索、分析、评估国内外相关研究成果；尽力收集境外整合城乡医保的法律制度；收集国内城乡医保制度"区分"与"整合"的地方"先行先试"政策文本、地方试验立法的文本，以及国家各部门制定的相关规章和法律文本。在分析现有文献资料基础上，确定本书研究目标，确证构建整合型基本医保法律实施机制与规范的起点、难点、突破口、着力点和主要内容。二是实地调查法。在充分的文献调查和分析基础上，以整合型基本医保实施机制的逻辑结构为分析架构，以政府权威主管部门相关整合城乡医保的大数据调查结果为依据，确定调研的"代表性样本"来进行实地调研。三是定性访谈法。整合城乡基本医疗保险制度的政策制定者和执行者是创制主体，他们对整合城乡基本医疗保险制度的认知状况，对制度创建的主观能动性与客观规定性的协调等，直接决定了整合城乡基本医疗保险制度的创建结果和质量。因此，对整合城乡基本医疗保险制度的政策制定者、执行者进行访谈尤为重要。本书预定了标准化和非标准化访谈提纲，在对受访者进行常规标准化访谈基础上，运用非标准化访谈法随机深度追问、自由讨论、深度挖掘，通过本书研究者与被访谈者共同讨论，不仅透析全面整合城乡基本医疗保险制度的经济社会背景、整合的难题与突破、整合的关键环节、整合的要素制度、整合的程度、整合的主观努力与价值追求等等；还在深度追问访谈中发现理论与实践之间的悖离及其原因，为本书的研究提供新的视角，洞见新的研究领域。

（四）法学规范分析法

本书研究任务的落脚点，是为构建整合型基本医保实施机制及其法律规范进行法学论证，因此，法学规范分析是基本方法，本书重在将调查实证分析与法学规范分析相结合。调查实证分析研究"是什么"的问题，其思维过程以归纳为特点；法学规范分析是探讨法律规范"应该如何"的问题，其思维过程以演绎为特征。实证分析是规范分析的前提和基础，规范分析的前提必须通过实证分析来确立和论证。基于基本医保法学研究的多学科交叉应用研究的特点,本书在对全面整合基本医保制度的实证研究基础上,以法学规范分析法来辨析和确证整合型基本医保法律规范的设计。

（五）比较分析法

本书使用了比较分析方法,首先,对城乡三项基本医保制度之间进行比较分析,从制度建设背景、制度演进历程、制度构成要素、制度变迁等方面进行了细致比较,全方位展示城乡三项基本医保制度建设的历史性、阶段性、客观性与政策制定者的决策逻辑。其次,比较和借鉴境外各国和地区整合城乡社会医疗保险法律建制的经验和教训,并与我国整合城乡基本医保制度建设予以比较,参酌镜鉴境外整合社会医疗保险法律制度的共同经验和规律,启示我国整合型基本医保法律制度的设计。

五、研究内容

本书以篇、章、节架构,主要研究内容如下:

导论。介绍本书选题背景,较为详细地梳理我国城乡基本医保建制从"区分"到"整合"的路径,透析城乡基本医保从政策建制到立法建制的逻辑,突出整合基本医保法律建制的争议及其难题。梳理评析整合城乡基本医保法律建制的国内外研究现状和问题,凸显本书研究主题、研究内容、研究方法、研究价值和创新之处。

第一编,制度现状与问题剖析。在简述城乡医保建制的时代背景、建制路径、制度内容、制度特征基础上,分三章详细论证主题。

第一章,城乡医保建制历程与制度内容。梳理我国城乡医保"区分"建制的历程,不仅可以把握城乡医保制度"分割"的历史背景、建制原因,而且,借以剖析制度分割的体制性逻辑、历史局限性和时代进步要求,可以为当下正在整合的城乡医保建制注入逻辑理性。我国城乡三项医保的"区分"建制,是对计划经济体制下城乡"区分"二元医保制度的改革和创新,城乡三项医保制度依据城乡户籍、职业身份"区分"建制,部门政策与地方政策条块分隔,对城乡医保制度的"参保、筹资、待遇支付、基金经办、管理监督"等核心要素环节制度"区分"设计,并在多层次行政管理体制架构下,形成了纵横交错的医保制度体系。城乡三项医保制度建设都经历了"地方自发探索改良、国家政策主导体制机制改革试点、行政加速推行、新制度全覆盖、政策提炼和立法确立"的路径,本身带有很强的试验性、探索性和阶段性。本章纵观三项医保制度历史发展和制度变迁过程,根据每个阶段的基本任务划段分析改革的内容,并从参保识别、基金筹资、基金经办、医保待遇、管理监督等基本医保的制度结构的多维视角,分析和综述城乡三项基本医保的制度内容。最后,概述了《社会保险法》规范三项医保的规范特点。

第二章,各具地方特色的城乡医保制度及建制逻辑。总结城乡三项基本医疗保险制度试点小步渐进、持续加速的建制历程;梳理城乡三项基本医疗保险建制的路径,即地方试点创新,顶层政策总结并出台政策框架推进,再由人社部、卫生部、财政部等各部委细化三项基本医疗保险制度操作层面的政策,此后选择试点地方,逐步探索和完善政策制度,各省、市、县(市)在"试点"中不断"细化"和"创新",每一层级政府的政策加上一点,整个制度一点一点"附加"上去,最终形成了由三四层政府政策文件构筑起来纵横叠加的城乡三项医保制度体系。在总结和梳理城乡三项医保建制的历程、路径基础上,辨析城乡三项基本医保制度城乡、地区、人群、管理、经办等区分建设的"碎片化"表征,剖析城乡三项基本医疗保险的制度弹性化、政策地方化、立法的政策总结化等建制特征,凸显城乡三项医保制度"碎片化"建制的逻辑,即与经济体制改革以及城乡"二元"体制转型伴随,在城乡区分、分治的基本医保体制下,纳入职业身份分类、地域区分、部门管理分割等因素交叉影响而形成的"碎片化"制度体系。城乡三项基本医保"碎片化"建制的逻辑隐藏着整合城乡医保制度的逻辑,即去"城乡、地区、人群、管理分割"管理的弊病,建立制度相对统

一、责任明确、转接灵活的全民基本医保制度体系,实现基本医保制度在较高统筹层次上的管理、组织、信息和经办服务标准一体化。

第三章,各具地方特色医保制度的时代局限与整合的现实性。改革开放以来,顺应我国二元经济社会结构、政治经济体制、社会经济发展水平和历史传统,近30年的"碎片化"城乡三项基本医疗保险制度建设,从改革到制度的基本定型,采取了渐进式的改革方式推进,从单向突破到综合改革,从局部探索到全面推广,从弥补不足到促进公平,实现了"低水平、全覆盖"的初级目标,取得了伟大成就。但是,城乡一体化体制机制建设加速推进之下,"碎片化"医保制度造成制度之间的交叉,基本医保管理和经办机构的职能重叠,医保权利的公平性、便利性和可持续性不足显现,整合城乡基本医保制度就成为城乡一体化加速发展的时代要求,更是基本医保制度自身完善的必然要求。整合城乡基本医保制度自2000年就从地方自发试验,到2007年国家层面政策推进,至今已历经近20年,全面整合城乡医保制度体系已经具备了社会基础、政策基础、理论基础和法律基础,具有现实性和可行性。

第二编,理论基础与范畴诠释。近年来,如何整合城乡医保,政策决策和学术讨论均存在一定偏差,在整合城乡医保的政策以及法律建制的理念与原则、目标和内容、功能与结构上存在诸多分歧与争议。本篇对关涉整合城乡医保的理论予以梳理和分析,分二章详细论证主题。

第四章,社会医疗保险与社会医疗保险法的基本理论。从法理视角论证整合城乡医保制度,是探析整合城乡三项医保法律制度的基础、前提和研究路径。整合城乡区分建立的医保制度必须以社会保险法的理念、基本原则、基本理论为指导。首先,在详细剖析基本医疗保险的社会性、保险性、强制性、福利性属性基础上,重点透析社会医疗保险的特殊属性,诸如疾病风险的普遍性与被保险对象的广泛性、保障待遇的不确定性和补偿方式的复杂性、医保待遇支付水平控制难和监管难、与其他社会保险项目的关联性,等等。其次,从宏观法律体系角度对我国基本医疗保险法予以分析,基本医疗保险是国家保障公民基本医疗保险权利的法,是国家立法规定、以行政力量推行的社会公共事业之一,是公权力干涉和保护私权利的法律领域,具有公法主导性,是宪法、行政法、社会保险法交叉调整的领域。因此,基本医疗保险法是国家保障公民基本医疗权利的法、是公法上社会给付法、是公民社会权利保护法。再次,依循法律关系的法理逻辑和法律关系结构要素,依据我国《社会保险法》的实定法规定,具体剖析了基本医疗保险法律关系的复杂结构,即基本医疗保险法律主体的多元性、法律关系性质的多面性、客体多样化、法律责任的复杂性、基本医保的跨法域调整以及解纷机制多元化等。

第五章,整合城乡医保制度的理论探源与范畴诠释。即梳理、探源整合城乡医保制度的理论,明晰和诠释整合城乡医保制度的基本范畴。我国整合城乡医保制度的实践如火如荼,对政策智识需求急迫,促动相关理论研究繁荣,经过梳理,研究"整合城乡基本医保制度"的相关社会科学的基础理论观点主要有:城乡一体化理论、统筹城乡发展理论、社会整合理论、整体性治理理论。这些理论延伸为整合城乡基本医疗保险的基本理论,并指导着整合城乡基本医疗保险的实践。举要"整合城乡基本医保制度"相关的"整合、一体化、统筹以及并轨、衔接"等研究范畴,可见这些研究范畴存在模糊、交叉或混用情形,凸显整合理论研究欠缺严谨和扎实,导致整合城乡医保地方政策名称多样化、行动方案多模式、制度规范不成熟。但是,相关"整合城乡基本医保制度"的相近研究范畴及其含义,少有分歧与争论,都是对我国城乡一体化转型时期社会政策不断演进的具体化阐释和论证。不同之处表现在,基于不同的理论视角,或者研究的侧重点不同,各具偏好、各有局限。从本质上看,这些研究范畴既密切相关又相互依赖和交叉,与城乡一体化转型时期我国社会政策的渐进变迁相随,城乡一体化社会政策嬗变中整合城乡基本医保的逻辑跃然纸上,即以城乡经济社会一体化为理论基础,以整合基本医保制度为实施平台,以社会保障制度公平为价值诉求,以统筹城乡为基本原则,最终实现城乡基本医保体制一体化和基本医保制度统一的目标。

　　第三编,国际考察与重要启示。本篇介绍西方和后发工业化国家整合城乡社会医疗保险的法律制度及其改革措施,并讨论整合城乡基本医疗保险制度的启示,分两章详细论证主题。

　　第六章,境外整合社会医疗保险法律制度面面观。本章以整合的社会经济条件、整合的时间先后选取早期工业化发达国家如英国和德国、后发工业化国家如日本和韩国等,从动态和静态两个角度考察总结境外整合社会医疗保险法律制度的经验和教训。一方面是动态的角度,观察境外社会医疗保险法律制度的形成、发展及其整合的历史变迁;另一方面是静态的角度,考察社会医疗保险参保、筹资、基金、给付、经办、管理、监督等具体要素制度整合,进而从整体上了解法律制度的全貌。

　　第七章,境外整合城乡社会医疗保险法律制度之镜鉴。各国社会医疗保险法律制度不同,在医疗保险制度一体化整合过程中,因经济发展、政治博弈、历史传统等不同,各有符合本国国情之独特整合路径和法律政策方案,并无唯一、必然的解决方案。然而,于各国不同的整合路径和法律政策方案中,亦有诸多共性和规律之处,诸如:把握时机,顺应经济社会发展契机整合城乡社会医疗保险制度;循序渐进,借鉴别国经验但要走自己的路;缜密设计,整合城乡医保需要明确的法律规范和政府主导推行;社会团结,整合城乡医保需要非政府组织参与推进;配套建设,整合城乡医保需要配套整合医疗服务体系;等等。单从法律规范角度而言,各国整合城乡社会医疗保险的法律"技术"也值得借鉴,主要有:从行政管理制度看,强调部门整合和"大部制"机制,明确主管医保事业的责任主体;从参保人制度角度看,突出强制全民参保和量能负担,重点解决非正式就业人群参保;从社会保险经办制度看,整合分散的医疗保险组织机构,统一医疗保险经办机制;从社会医疗保险基金管理制度看,整合基金并建立风险调剂机制,形成一体化风险共济机制;从社会医疗保险待遇支付上看,完善社会医疗保险的预防功能,或者分别老年照护功能,并另外建立长期照护保险制度。

第四编,整合实证与经验总结。系统地调查我国整合城乡三项基本医保制度的现状,梳理建制的基本走向,并以地方整合的试验立法为例,辨析整合城乡基本医保地方立法和全国性立法的脉动、难题及其突破路径,分两章详细论证主题。

第八章,地方整合城乡基本医保制度的实证调研。为了对地方整合城乡基本医保制度的实践经验进行总结,本书研究者组织了实证调研组,在学术文献综述基础上,做好调研设计论证,提出调查假设,设计调查方案,选择东部江苏、山东两省份,西部重庆、宁夏两省份,中部安徽、山西两省份为典型样本调查地点,并优选广东东莞、陕西神木和福建三明三地"明星样本",对样本地方自发整合城乡医保制度的历程和主要做法进行调研。调查结果显示,伴随着城乡一体化发展,地方整合城乡基本医保自 2000 年从深圳、佛山、东莞等地自发探索开始,基于地方情况、地方发展、地方利益、地方知识的不同,各地整合城乡医保制度的探索呈现不同样貌。而且,地方整合城乡基本医保不断从分散走向集中、从部分走向整体、从局部到整个区域,渐成不可阻挡之势,推动全国整合城乡医保顶层政策出台。而且,广东东莞、陕西神木和福建三明三地自发整合城乡医保,更是通过城乡医保管理与经办体制机制创新,推进医保公平的实现,成为理论探讨焦点以及实务部门取经学习的"明星样本"。

第九章,我国整合城乡医保的建制现状与体制藩篱。从总体上和理论上对地方整合城乡医保政策以及地方立法的经验和教训进行总结。我国地方自发整合城乡基本医保制度以"地域化"试验、"单项化"突破为主,并推动全国政策与法律规范的出台。地方自发整合城乡医保建制呈现多元化现状,大致有四种制度模式,诸如"统一制度统一待遇支付"整合模式、"二元制度两种基金统筹"的整合模式、"一元制度两个基金统筹"的整合模式、"一制多档"的整合模式。仅就城乡医保管理体制整合看,整合后呈现出五种行政管理模式,如卫生部门管理模式、人社部门管理模式、社保和卫生部门合作管理模式、县级政府成立独立的社保局领导小组直接管理模式、财政部门代管模式等。全景式观察各地自发整合城乡医保制度的试验,各地因诱致性制度变迁的局限,以及各地的社会需要、民意诉求,或主要选择单个环节或组合某些环节进行整合突破,或者局限于新农合和城镇居民医保制度整合,无以全方位整合城乡三项医保制度,更无暇顾及多层次医疗保障制度的衔接和协调,使得整合城乡基本医保制度成为局部整合,仍然难以走出基本医保制度区分建设的局限。但是,自下而上自发整合城乡医保的探索,推进我国整合城乡医保制度的顶层政策渐次出台,地方创新与顶层政策相结合,整合制度由地方化、多样化转向全国统一的整合制度,由形成整合的框架政策转向具体制度建设、由单项突破转向系统制度建设和综合推进,地方主动性和创造性不断增强,顶层政策设计不断完善,重点难点问题逐步突破,制度创新逐步显现,“渐进性”向统一的基本医保制度迈进。

第五编,整合立法与法律建制。从宏观角度考察,整合城乡基本医保立法呈现了“从初步整合到全面整合、从提高管理效率到增强制度公平性、从区域立法到全国性立法”的变迁。本篇最后论证落脚于整合式基本医保立法的逻辑框架、着力点和难题解决。本篇分两章详细论证主题。

第十章,整合城乡基本医保的立法变迁与路径选择。一是以整合城乡医保重要地方立法和全国性立法为依托,通过串联地标性的立法活动,述说20多年整合城乡医保的立法变迁,并探究其背后的得失,说明基本医保整合型立法的变迁趋势及其难点。二是剖析整合城乡医保立法文本,为整合型基本医保的立法作技术论证和准备。三是梳理整合城乡医保的立法路径,辨析整合式基本医保立法的逻辑和着力点。具体设计整合式立法规范时,应该围绕《社会保险法》分别规范三项基本医保的关键环节制度着力,一是以统一管理体制为关键,刹住基本医保制度的分别建设惯性;二是以参保身份平等为基础,整合城乡“三元”分割的参保人制度;三是以自愿性、阶梯式量能负担的分类筹资为关键,整合三项医保的筹资和待遇制度。

第十一章,整合城乡医保的法律制度建设。立足《社会保险法》的基本方针、基本原则,针对该法规范中的问题,精细化论证整合型基本医保法律制度如何构建。其一,基于利益制衡析论整合城乡医保管理法律制度;其二,基于组织法析辨整合城乡医保经办法律制度;其三,基于户籍制度改革剖析整合城乡医保参保和筹资法律制度;其四,基于社会保险双重属性论证整合城乡医保待遇支付法律制度;其五,基于多层次医保制度的衔接论证整合多层次医保的法律建制。

结论与讨论,整合中国基本医疗保险立法的现状、症结及其出路。总括基本医保从"区分"建设走向"整合"之现状,对我国基本医保立法进行全面总结、评估和战略性研究,透析基本医保实施性立法的难点,讨论推进基本医保立法有效整合和成熟定型的出路和对策,论证全面整合城乡基本医保法律建制的路径选择、制度结构和实施机制。

六、创新之处

(一)理论创新

"整合城乡基本医疗保险法律制度研究"属于应用课题范畴,研究目标定位于构建整合型基本医保法律制度。为此,课题研究的主要内容是对整合型基本医保法律制度进行制度演进分析、立法体例构建和专项法律建制的法理论证。基于我国城乡医保所处的宏观经济社会环境和社会需要,本书关注重点是相关整合城乡基本医保法律制度构建的开拓和创新研究。交叉学科研究是立法创新的源泉,本书基于基本医疗保险法的领域法特征,运用社科法学方法寻求研究难题的突破,组成法学、社会学、政治学交叉学科联盟,努力实现整合型基本医保法律的理论创新和制度创新。

1.宏观上定型整合型基本医保法律制度架构。梳理中国30多年基本医保制度建设的历程,审视城乡三项基本医保地方立法到《社会保险法》的变迁路径,分析基本医保立法走向"整合"的经验,揭示"全面整合"和"定型"城乡基本医保的全国性立法时机已经到来。论证整合型基本医保立法的逻辑框架,析论医保管理体制、医保经办机制、参保人制度、筹资制度、保障待遇支付制度等城乡医保关键要素制度的整合。

2.中观上论证全面整合城乡基本医保法律的配套制度。从整合基本医保视角,以加快城乡"一体化"体制机制建设为着眼点,探寻全面整合和协调"户籍、收入分配、公共财政、基本医保管理、基本医保经办服务"等配套制度。

3.微观上实现基本医保法律制度的可操作性和自主性表达。以往研究基本医保立法的方法,或者以政策分析法为主,或者以部门法学"教义学"的规范性文本研究方法为主,本书将上述两种研究方法结合,尝试避免应急性政策规范直接成为法律规范,以及普遍存在的"引进概念和经验—对照现实—批判现实"的三段式思维,希望实现对整合型基本医保法律制度的可操作设计和自主性表达,并以此推动基本医保法学研究方法的创新。

(二)服务决策

"整合城乡基本医疗保险的法律制度研究"属于应用课题范畴,课题研究目标是服务整合城乡医保的立法和决策实践的需要。

1.对我国基本医保立法进行全面总结、评估和战略性研究,为基本医保立法提供基础资料。对我国现行城乡基本医保立法进行总结,是构建整合型基本医保法律制度的前提。本书不仅从纵向角度总结我国城乡基本医保立法之演进,还从横向角度考察整合城乡基本医保地方试验立法;不仅要梳理现行城乡基本医保立法的基本情况,还要剖析其演进趋势;不仅要梳理现有整合城乡医保的基本法律文本和地方立法文本,还要透析整合型基本医保立法之难题、关键及其突破口,论证全面整合城乡基本医保法律建制的路径选择、制度结构、整合型实施机制方案,希望为我国整合型基本医保立法提供专业化、建设性学术意见。

2.对我国城乡基本医保政策进行全面总结、评估和综合研判,以期为党和政府继续完善基本医保政策提供决策参考研究。决策咨询支撑决策科学，近年来，整合城乡基本医保制度的复杂性、艰巨性前所未有，迫切需要加强研究力度。本书不仅收集整理整合基本医保的国家政策，还收集整理地方"先行先试"整合基本医保的政策创新；不仅从纵向总结改革开放以来我国基本医保制度构建的政策经验以及演变历程，还从横向调研比较国内外、国内不同区域整合城乡医保制度建设的经验教训；不仅对城乡三项基本医保制度从"区分"构建到"整合"进行专题调研，还抽出典型地区整合基本医保制度进行个案"解剖麻雀"。从而实现对我国整合城乡基本医保政策的全面总结和评估，对我国整合城乡基本医保政策实践中存在的问题、难点、冲突和矛盾进行分析和解释。本书基于理论研究、境外经验借鉴，并深切关照我国城乡基本医保制度建设的现实基础，进而进行理论创新，为整合城乡基本医保政策创新和地方试验立法实践提供强有力的智识支持，期望能为继续完善整合城乡基本医保的政策提供决策参考。

第一编

制度现状与问题剖析

1

我国城乡三项基本医疗保险制度的构建,始于 20 世纪 80 年代,是对计划经济体制时代的医疗保障制度进行改革和转型而来。由"体制因素、发展阶段共同决定的城乡二元结构明显、城乡发展一体化程度低"①的"转型"时期,在开创性、灵活性的经济社会制度背景下,适应城乡二元结构明显、城乡差距大、地区发展不平衡的国情,以及就业形式、劳动关系多元化、非就业人群普遍存在的社情,建立与经济社会发展相适应的医疗保险制度,是一项复杂的、结构性的、系统的社会工程。武断、哪怕即使是谨慎地确立单一的模式予以推行,我们所承担的制度推行成本以及付出的代价都将是巨大的。为此,理论上争论不休,莫衷一是。实践中,遵循我国经济体制改革"有限理性、实践后知"的经验和指导思想,内生于城乡"二元"经济社会的基本医疗保险制度构建,依赖计划经济时期城乡分离的路径,参酌镜鉴国际经验,依据我国经济体制改革"摸石头过河"、"渐进性进行"的改革和制度创新方式,从正式从业人群开始,先改革"国家负责、单位包办、条块分割、封闭运行、福利型的国家——单位"②的公费医疗保障和劳动医疗保险制度,1994 年设计了城镇职工基本医疗保险制度;2002 年改革传统农村合作医疗制度,设计了新型农村合作医疗制度;2007 年建设了城镇居民基本医疗保险制度。城乡三项基本医疗保险制度分别构建,先后起步,分类推进,用了近 30 年时间,于 2010 年实现了基本医

① 国务院发展研究中心农村部课题组:《从城乡二元到城乡一体——我国城乡二元体制的突出矛盾与未来走向》,载《管理世界》2014 年第 9 期。

② 郑功成:《坚持走中国特色的社会保障道路》,载《求是》2012 年第 13 期。

疗保险制度覆盖全民的目标。从历史视角论，从计划经济体制下的"市民医保专利"转变成"全民医保福利"的制度安排，从覆盖职业人群扩展至城乡居民，具有里程碑意义，"堪称人类社会保障史上空前绝后的伟大改革实践"①。

但是，城乡二元结构转型期体制，"在城乡三项医保制度上留下的烙印非常明显，特别是新农合制度从名称到理念都带有浓厚的二元体制色彩，被定性为'农民的合作事业'"②。城乡医保制度渐进性构建近30年的短暂历史中，以城乡不同户籍、职业身份为"经"，以医保行政管理层级为"纬"，部门政策与地方政策条块分割，各自为政，对城乡三项医保的"参保、筹资、待遇支付、基金经办、管理监督"等要素环节制度"区分"设计，纵横交错形成了医保制度。呈现出日趋沉淀的城乡、区域性医保利益格局，影响了基本医疗保险的发展路径，出现了较多的社会问题，不利于基本医疗保险制度的公平价值取向，未能发挥基本医疗保险制度的互助共济和再分配功能。因此，整合的城乡医保制度，加快整体推进城乡经济社会一体化，是城乡医保走向定型、稳定与可持续发展的要求，是我国整个社会保障体系改革在现阶段必须完成的重点任务，是全面深化改革的必要内容。

除了上述城乡三项医疗保险制度建设，还有两个"例外"医保制度需要提及：其一，地方建立的具有区域地方特色的医保制度。东部"城镇化"迅速发展的地区，在新农合与城镇居民医疗保险制度还未建立之前，在城镇职工医疗保险制度向失地农民和农民工"扩面覆盖"较困难的状况下，为失地农民和农民工分别建立了区域性的医疗保险制度，如上海为失地农民专门建立了"小城镇医保制度"；上海为农民工设立了独立的综合社会保险，包括工伤、住院医疗与老年补贴三项，其保险对象包括使用外来从业人员的国家机关、社会团

---

① 郑功成：《中国社会保障改革：机遇、挑战与取向》，载《国家行政学院学报》2014 年第 6 期。
② 国务院发展研究中心农村部课题组：《从城乡二元到城乡一体——我国城乡二元体制的突出矛盾与未来走向》。

体、企业、事业单位、民办非企业单位、个体经济组织,及其使用的外来从业人员和无单位的外来从业人员,其缴费基数为上年度全市职工月平均工资的60%,缴费比率为12.5%,并且考虑到外地施工企业的流动性较强,规定其缴费比例为5.5%。住院医疗费用起付标准为上年度全市职工年平均工资的10%,起付标准以上的部分,由综合保险基金承担80%,外来从业人员承担20%。① 深圳市2005年出台了《深圳市劳务工合作医疗试点办法》,开创了以互助共济形式解决农民工医疗保障问题的先河。② 随着新农合与城镇居民医疗保险制度的建立,这些地方建立的具有区域地方特色的医保制度逐步被城乡居民医疗保险制度所整合。因此,这些具有区域地方特色的医保制度本书不作详细讨论。其二,公费医疗保险制度。职工医疗保险制度的建立是对计划经济体制时期的城市劳保医疗保险制度和公费医疗保险制度改革而来,但是,改革所采取的"双轨制"办法,各地离休干部仍然适用公费医疗,至今仍然有效。鉴于公费医疗以政府财政为财务来源,不同于城镇职工基本医疗保险以社会统筹的医疗保险基金为财务保障,公费医疗保险制度也不在本书研究范围。

---

① 参见曲雅萍、米红:《农民工医疗保险制度模式研究》,载《卫生经济研究》2006年第9期。

② 参见刘洪清:《劳务工合作医疗:钢丝绳上的舞蹈》,载《中国社会保障》2005年第8期。

第一章　城乡医保建制历程与制度内容

　　梳理城乡医保建制的历程,不仅可以把握城乡医保制度区分建设的历史背景、建制原因,而且借以剖析制度分割的体制性逻辑、历史局限性和时代进步要求,可以为当下正在整合的城乡医保建制注入逻辑理性。

　　我国城乡三项医保的"区分"建制,是对计划经济体制下城乡"区分"二元医保制度的改革和创新。依据城乡、户籍、职业区分,分开管理、区分建制、分类推进,每项制度建设都经历了"地方自发探索改良、国家政策主导体制机制改革试点、行政加速推行、新制度全覆盖、政策提炼和立法确立(由于三项医保制度的'政策提炼和立法确立'的逻辑理路基本相同,单列一节阐述)"的路径。本身带有很强的试验性、探索性和阶段性。以下纵观三项医保制度历史发展进程,根据每个阶段的基本任务划段分析每项制度的改革、制度确立及其制度内容。

第一节　职工基本医疗保险建制
历程及其制度内容

一、职工基本医疗保险建制历程

　　职工基本医疗保险制度又称"城镇职工基本医疗保险制度",是针对城镇职工,即城镇就业人员建立的基本医疗保险制度。2010 年 10 月 28 日颁布的《中华人民共和国社会保险法》为了"统筹城乡",去掉"城镇"二字,改称为"职工基本医疗保险制度"。职工基本医保是 20 世纪 90 年代对我国计划经济时期的城镇医疗保障制度改革基础上的制度创新。城镇职工基本医疗保险制度的改革和发展经历了三个阶段:

(一)地方自发改良公费医疗和劳保医疗制度阶段

计划经济时期的城镇医疗保障制度始创于 20 世纪 50 年代初,包括公费医疗制度和劳保医疗制度。公费医疗保障制度建立的依据是 1952 年政务院发布的《关于全国人民政府、党派、团体及所属事业单位的国家工作人员实行公费医疗预防的指示》,以及其后卫生部等部门颁布的一系列行政法规。保障对象包括国家机关、事业单位的工作人员、革命伤残军人和大专院校的学生;其经费来源由各级政府财政预算拨款,一般按人均标准划拨到各单位包干使用;成立由卫生部、政务院机关事务管理局、人事部、劳动部、财政部等单位组成的公费医疗预防实施管理委员会,由卫生部承担行政管理职责,卫生部门统一管理和支付公费医疗费用;保障内容包括门诊、住院所需要的诊疗费、手术费、住院费、医师处方药费;实行分级分工医疗,需到指定的门诊部或医院诊疗。劳动医疗保险制度是劳动保险制度的一个组成部分,建立的依据是 1951 年政务院颁布的《劳动保险条例》,以及 1953 年劳动部颁布的《劳动保险条例实施细则修正草案》。保障对象包括全民所有制工厂、矿场、铁路、航运、邮电、交通、基建、地质、商业、外贸、粮食、供销合作、金融、民航、石油、水产、国营农牧场、造林等产业和部门的职工;城镇集体所有制企业参照劳保医疗制度执行;经费来源于企业生产成本列支,由企业自行管理,在职职工从职工福利费中列支,离退休人员从劳动保险费中开支;保障内容是免费医疗保健,对职工家属实行半费,患病职工在本企业自办的医疗机构或规定的社会医疗机构就医;劳动医疗保险由中华总工会承担管理职责。

公费医疗和劳保医疗制度,与社会主义计划经济体制相适应,在保障城镇职工的身体健康、维护社会稳定方面发挥了积极作用。但是,随着20世纪70年代末的改革开放和国有企业改革不断深化,市场经济体制开始建立,公费和劳保医疗制度失去了赖以生存的经济社会基础,已无法解决市场经济条件下城镇职工的基本医疗保障问题,其不足之处日益凸显:"国家和用人单位对职工医疗费用包揽过多,财政和企业不堪重负;对医患双方缺乏有效的制约机制,医疗费用增长过快,浪费严重;覆盖范围过窄,不能适应多种所有制经济共同发展和劳动力合理流动的需要";①社会化管理程度较低,医疗费用缺乏社会共济,企业负担着大量社会职能,部分企业经营出现困难时,基本医疗保障也无法实现;等等。

为了适应和成就国有企业改革,一些地方配合国有企业改革,自发对公费医疗和劳保医疗制度进行改革探索。"改革的主要内容是探索更优化的公费医疗经费管理体制,增强公费医疗保障者的费用意识,探索加强公费医疗费用监管措施,探索职工大病医疗费统筹和离退休人员医疗费社会统筹的有效形式和方法。"②1984年上海市着手对公费医疗费用支付进行改革,对职工医疗费用试行"部分指标到人,节约归己"的办法;1989年山东省即墨市颁布《企业离休、退休、退职职工医疗费管理试行办法》,开展离退休人员医疗费用社会统筹改革;20世纪80年代中期,辽宁省丹东市、吉林省四平市、湖北省黄石市等地进行职工大病医疗费用社会统筹改革试验;等等。1984年劳动人事部、全国总工会、卫生部、财政部等主管部门分别发文对各地改革经验予以肯定和推广。1989年,国务院批转了国家体改委《一九八九年经济体制改革要点》,决定在丹东、四平、黄石、株洲进行医疗保险改革试点,在深圳、海南进行社会保障综合改革试点。但是,地方探索改革只是"打补丁式"地对公费医疗和劳

①　乌日图:《医疗保障制度国际比较》,化学工业出版社2003年版,第235页。
②　王东进:《回顾与前瞻:中国医疗保险制度改革》,中国社会科学出版社2008年版,第34—39页。

保医疗制度进行调整和改善,并未触及体制机制的改革,改革一直进行到了1992年。

(二)国家政策主导体制机制改革试点阶段

1992年10月,党的十四大明确建立社会主义市场经济体制的改革目标,1992年国务院成立了职工医疗保险制度改革领导小组,明确了公费和劳保医疗制度改革的方向是法定强制性的社会医疗保险;1992年劳动部出台《关于试行职工大病医疗费用社会统筹的意见》,要求针对国有企业和县以上城镇集体所有制企业的在职职工和离退休职工开展大病医疗费用的社会统筹改革。1993年党的十四届三中全会作出《关于建立社会主义市场经济体制若干问题的决定》,把建立包括基本医疗保险在内的多层次社会保障制度体系作为市场经济体制的重要组成部分,并明确要在我国建立社会统筹和个人账户相结合的基本医疗保险制度。上述一系列政策出台,推动了计划经济时期的城镇医疗保障制度进行全局性、根本性的体制机制改革试点。

1992年5月,深圳市取消了公费医疗制度,在全国率先开展统一的基本医疗保险制度建制,根据有关规定,无论是否有深圳户籍,都可以参保并享受统一的医疗保险待遇。[1] 1994年4月,国家体改委、财政部、劳动部、卫生部共同制定了《关于职工医疗保障制度改革的试点意见》,经国务院批准,在江苏省镇江市、江西省九江市进行了试点,称为"两江"试点。针对"两江"试点的政策方案,国务院组织专家论证会,指导制定了镇江市的《职工医疗制度改革实施方案》和九江市的《职工医疗社会保险暂行规定》。试点期间,"两江"还配套制定了职工医疗基金管理、医疗费用结算、定点医疗机构管理、个人账户管理等一系列配套政策。建立了社会统筹和个人账户相结合的职工医疗保险制度,探索形成了"社会医疗保险的基金筹集机制、费用分担机制、基金管理

---

[1] 参见郑功成、黄黎若:《中国农民工问题与社会保护》下,人民出版社2007年版,第373页。

机制、医疗服务补偿机制等"。①

（三）政府主导推行制度覆盖全国的阶段

"两江"职工基本医疗保险改革，促进了我国公费、劳保医疗制度向新型社会医疗保险制度的历史性转变。为了进一步检验"两江"经验，探索在大范围推行的可行性，1996 年国务院办公厅转发了国家体改委、财政部、劳动部、卫生部等四部委《关于职工医疗保险制度改革扩大试点的意见》，在 38 个城市扩大试点。这一时期，海南、深圳、青岛等一些城市从各地实际出发，按照"统账结合"的原则，在支付机制上进行了不同的改革探索；上海等地则先从住院医疗保险起步，再逐步探索建立个人医疗账户。

扩大试点证明了"两江"改革经验的适应性和可行性，1998 年国务院召开了"全国医疗保险制度改革工作会议"，在总结试点工作经验的基础上，发布了《国务院关于建立城镇职工基本医疗保险制度的决定》，要求在全国范围内建立覆盖全体城镇职工的基本医疗保险制度。为配合上述决定的实施，当时的劳动保障部在相关部门配合下，到 1999 年 6 月，共制定了六个配套文件：《城镇职工基本医疗保险定点医疗机构管理暂行办法》、《城镇职工基本医疗保险用药范围管理暂行办法》、《城镇职工基本医疗保险定点零售药店管理暂行办法》、《关于城镇职工基本医疗保险诊疗项目管理的意见》、《关于确定城镇职工基本医疗保险医疗服务设施范围和支付标准的意见》、《关于加强城镇职工基本医疗保险费用结算管理的意见》等。

2002 年和 2003 年，劳动和社会保障部相继发布了《关于妥善解决医疗保险制度改革有关问题的指导意见》以及《关于城镇灵活就业人员参加基本医疗保险的指导意见》。这样，城镇基本医疗保险制度在全国推行，截至 2003 年

---

①　王东进：《回顾与前瞻：中国医疗保险制度改革》，中国社会科学出版社 2010 年版，第63 页。

底,全国基本医疗保险覆盖人数达 1.0902 亿,全国 98%的地区都启动了城镇职工基本医疗保险制度。① 其标志是:"基本医疗保险的政策体系已基本形成,统一的医疗保障管理系统基本建立,医疗保险制度运行基本平稳,医疗保险的保障机制基本得到发挥。"②

此后,2004 年,劳动与社会保障部发布的《关于推进混合所有制企业和非公有制企业人员参加医疗保险的意见》明确要求,推进混合所有制企业和非公有制企业人员参加城镇职工基本医疗保险。2006 年,根据《国务院关于解决农民工问题的若干意见》要求,有条件的地方直接将稳定就业的农民工也纳入城镇职工基本医疗保险中,并对各地下达"扩面"指标,通过劳动保障部门行政性推广。③

当然,在政府主导推进城镇职工医疗保险制度覆盖全国的过程中,不少城市在"统账结合"、"低水平、广覆盖"的政策框架内,因地制宜地制定本地区的城镇医疗保险制度实施方案和管理制度,采用不同的医疗保险管理和运行模式,医疗保险运行模式呈现多样化态势。根据基本医疗保险社会统筹与个人账户基金管理和使用方式,可以分为以镇江为代表的"直通式"模式、以海南为代表的"板块式"模式、以青岛为代表的"三金式"模式等。④ 此外,职工基本医保新旧制度"双轨制"过渡之时,还保留了两种特殊制度,一是改革初期,采取"老人老办法、新人新办法"原则保留部分人群的公费医疗制度至今;二是由于部分行业的特殊性,不同于一般职工医保的地方统筹⑤,保留远洋、铁

---

① 参见《2003 年度劳动和社会保障事业发展统计公报》,载《中国劳动保障报》2004 年 5 月 27 日。

② 参见《医疗保险论坛——2003:三改并举,重在联动》,载《中国医疗保险》2003 年第 2 期。

③ 参见劳动和社会保障部办公厅:《关于开展农民工参加医疗保险专项扩面行动的通知》(劳社厅发[2006]11 号)。

④ 参见仇雨临:《中国医疗保障制度的评价与展望》,见中国社会保险学会医疗保险分会编:《医疗保险优秀论文集》,中国劳动社会保障出版社 2004 年版,第 20—21 页。

⑤ 属地化管理本质是社会化管理,职工医保建立之初,考虑到部分行业的人员流动的特殊性,为了减少改革的阻力,允许远洋、铁路、电力等部分行业统筹,封闭管理运营。

路、电力等行业职工医保的行业统筹封闭管理和运行。

二、职工基本医疗保险制度的框架与内容

职工基本医疗保险制度从地方自发探索试验到国家政策推进"两江"试点,再到实现"制度"全覆盖,经历十多年历程。以国务院《关于建立城镇职工基本医疗保险制度的决定》为核心,劳动和社会保障部、卫生部、财政部等部门先后颁布了十几个配套的行政法规、部门规章和政策,这一政策体系"包括基本医疗保险的管理、多层次医疗保障和医药卫生体制配套改革四大系统,中央确定的基本政策、各省市的规划以及统筹地区实施操作办法三个层面",①确立了城镇职工医疗保险制度。制度框架和基本内容如下:

(一)政策定位与目标

政策将职工基本医疗保险制度的性质确定为:"保障职工基本医疗需求的社会医疗保险制度。""基本医疗保险费由用人单位和职工共同负担。""要根据财政、企业和个人的承受能力,低水平、广覆盖,要使参保职工在患病时,能得到目前所提供的、低水平的、能支付得起的医疗保障。"②职工基本医疗保险制度保障对象覆盖(城镇)所有用人单位,包括企业、机关、事业单位、社会团体、民办非企业单位及其职工。随着原劳动保障部相关灵活就业人员、农民工、非公有制经济组织参保政策的明确,职工基本医疗保险的覆盖范围向城乡全体从业人员拓展。

---

① 王东进:《回顾与前瞻:中国医疗保险制度改革》,中国社会科学出版社2010年版,第116页。
② 参见财政部社会保障司:《在全国职工医疗保险制度改革培训班上的讲话》(1999年5月27日),见覃继红、叶志江主编:《医疗保险制度改革操作实务全书》1,银冠电子出版社2002年版,第82页。

（二）强制性要求用人单位和职工个人共同缴纳基本医疗保险费

职工基本医疗保险费由用人单位和职工共同缴纳。用人单位缴费率控制在职工工资总额的6%左右,在职职工缴费率为本人工资的2%,退休人员个人不缴费。具体缴费比例由各统筹地区根据实际情况确定。目前,用人单位缴费率全国平均水平为7.37%,个人缴费率全国平均为2%。职工基本医疗保险以属地管理为原则,原则上以地级以上行政区划为统筹单位,也可以县（市）为统筹单位,京津沪原则上在全市范围内实行统筹。目前,全国多数地区为县级统筹,提高统筹层次的工作正在积极推进。

（三）基本医疗保险待遇支付

职工基本医疗保险的待遇支付包括统筹基金待遇支付和个人账户待遇支付。统筹基金用于支付符合规定的住院医疗费用和部分门诊大病医疗费用。个人账户主要支付门诊费用、住院费用中个人自付部分以及在定点药店购药的费用。为了控制和监督参保人对医疗费用的浪费,实行共付制,起付标准为当地职工年平均工资的10%（实际在5%左右）,最高支付限额（封顶线）为当地职工年平均工资的6倍左右。2009年,职工基本医疗保险政策范围内住院医疗费用报销比例约72%,实际住院费用支付比例约67%。① 同时,为了有效控制基本医疗保险费用的支出,遏制浪费,制定基本医疗保险服务的范围和标准,包括基本医疗保险药品目录、诊疗目录和医疗服务设施标准,以确定基本医疗保险基金能够承付的医疗服务范围和标准。

（四）政府主管基本医疗保险基金

劳动和社会保障部主管职工基本医疗保险的行政管理工作,国家建立职

---

① 参见胡晓义:《我国基本医保制度的现状与发展趋势》,见2010年6月22日人民网。

工基本医疗保险经办机构。对职工基本医疗保险基金的管理主要有五方面的
规定：一是基本医疗保险基金纳入财政专户管理，专款专用，不得挤占挪用；二
是统筹基金要以收定支，收支平衡；三是职工医疗保险经办机构的事业经费不
得从基金中提取，由各地财政预算解决；四是建立健全基本医疗保险经办机构
预决算制度、财务会计制度和审计制度；五是要求统筹地区设立由政府有关部
门代表、用人单位代表、医疗机构代表、工会代表和有关专家参加的基本医疗
保险基金监督组织，加强社会监督。①

（五）对基本医疗服务的提供采取定点委托方式

职工基本医疗保险制度对提供基本医疗保险服务的医疗机构和药店实行
定点委托的方式管理，制定定点医疗机构和药店的服务标准，按标准竞争性选
择定点医疗机构和定点药店服务点。这既有利于促进医疗机构公平竞争；又
有利于规范医疗行为，减低医疗成本，提高服务质量。此外，职工基本医疗保
险制度还制定了鼓励和发展社区卫生服务的政策，将社区卫生服务中的基本
医疗服务项目纳入基本医疗保险范围，以方便职工就医，降低医疗服务成本。

第二节　新型农村合作医疗制度建制历程及其制度内容

一、新型农村合作医疗制度建制历程

新农合是对计划经济体制下的传统农村合作医疗改革创新而成，是政府主
导改革和创新的农民医疗保险制度。新农合的改革和发展经历了三个阶段：

① 1998年11月26日劳动和社会保障部：《在全国城镇职工医疗保险制度改革工作会议
上的讲话》，参见覃继红、叶志江：《医疗保险制度改革操作实务全书》1，银冠电子出版社2002年
版，第102页。

（一）多元主体改良传统农村合作医疗制度阶段

在我国，学界普遍认为，传统农村合作医疗，就是指 20 世纪 50 年代中期，由山西和河南等省份农民自愿发起，20 世纪 70 年代在政府引导下得到普及的一项农民互助共济的医疗制度。传统合作医疗经历两个不同性质的发展阶段：一是合作社经济阶段，伴随着农业合作化运动逐渐设立，农民在合作社组织基础上建立了"合作医药社"、"卫生保健站"、"医疗卫生保健站"等多种形式的农村基层医疗卫生组织，由社区内部的医务人员、社员和合作社集体自愿集资形成合作医疗资金，为合作社社员提供"合医合药合防"的医疗保健，是微型社区互助共济的医疗保障制度。二是集体经济阶段，在"政社合一"体制下，作为一级政府的人民公社组织合作医疗，组建由卫生部门主管的公社卫生院，国家财政以补助公社卫生院为手段，支持公社卫生院管理合作医疗基金；卫生院不仅负责提供基本医疗服务，还负责合作医疗筹资、管理，形成了"医社合一"管理体制；合作医疗基金由集体经济组织强制从农民的分红中扣除；合作医疗的医务人员工资由人民公社统一发放。这种通过集体经济强制性地将剩余产品分配用于医疗保障，是在集体经济公有制基础上的、强制性社区医疗福利保障制度。[1] 从 1978 年开始实行改革开放后，农村合作医疗逐渐式微。"从 1979—1989 年，中央政府几乎没有出台任何关于合作医疗的专门文件。"[2]传统农村合作医疗制度的覆盖率急剧下降，从 1976 年的90%降至 1989 年的 4.5%。到 20 世纪 80 年代后期，意味着传统农村合作医疗制度已基本上解体，大多数农民基本上是自费医疗。

1977 年，第 30 届世界卫生大会提出"2000 年人人享有卫生保健"的全球

---

① 参见卫生部统计信息中心：《卫生改革专题调查研究》，中国协和医科大学出版社 2004 年版，第 174 页。

② 顾昕、方黎明：《自愿性与强制性之间：中国农村合作医疗的制度嵌入性与可持续性发展分析》，载《社会学研究》2004 年第 5 期。

战略目标,1986 年,我国政府明确表示了对这一目标的承诺。但是,传统农村合作医疗的现状成为农民"看病难"的重要原因,并成为农村初级卫生保健规划的指标之一。① 在此背景下,重建合作医疗制度引起了有关部门的重视。1991 年 1 月,卫生部等部门下发《关于改革和加强农村医疗卫生工作的请示》,开始探索重建合作医疗,1993 年,中共中央在《关于建立社会主义市场经济体制若干问题的决定》,以及 1997 年 1 月中共中央、国务院在《关于卫生改革与发展的决定》都要求:"积极稳妥地发展和完善合作医疗制度"。

在苏南、上海郊县一带的集体企业蓬勃发展,集体经济有能力为农村合作医疗提供比较充足的资金支持,当地政府也能够积极发挥组织、引导、管理、监督等职能,如 1994 年江苏省吴县县政府下发《关于建立县乡两级农村大病风险医疗制度的意见》,在全国率先建立了县乡两级大病医疗统筹制度,文件规定,县级大病医疗统筹每人每年 1.5 元,由县财政每人每年 0.5 元划拨,由乡财政按照所辖人口每年 1.0 元上划县基金专用账户;乡级大病医疗统筹基金每人每年 5 元,由乡财政、村集体、个人共同筹资;参加合作医疗的农民患病后,医药费在 500 元—6000 元的可在乡级大病统筹基金中按规定比例补偿,6000 元以上的在县级大病医疗统筹基金中补偿。紧随吴县,苏州郊区、太仓、昆山、常熟、张家港等市(区)都陆续建立了以市(区)为统筹单位的农村大病风险型合作医疗。江苏省在 20 世纪 90 年代农村合作医疗覆盖率不断上升,1996 年以后一直保持在 50%。② 此外,这些地区还解决了医疗产品过度消费的问题,"苏南和上海郊县的乡医,除少数外都获得了《乡医证》,他们的报酬,全部由乡集体解决,乡医报酬大体相当于副村长待遇。"③中部地区也涌现了

---

① 参见李宁:《中国农村医疗卫生保障制度研究》,知识产权出版社 2008 年版,第 78 页。
② 参见江苏省卫生厅:《江苏农村合作医疗 50 年纪念册》(1955—2005),2005 年 11 月编印,第 12 页。
③ 卫生部"卫生经济培训与研究网络"师资考察学习组:《我国经济发达地区农村合作医疗的现状与走势——苏南及上海郊县农村合作医疗考察印象记》,载《中国卫生经济》1997 年第 9 期。

湖北省武穴市的农民合作医疗代表大会制度下的医疗预防保健模式、河南省武陟县的家庭合同保健模式的合作医疗。

1994—1998 年,国务院研究室、卫生部和世界卫生组织在 7 个省 14 个县开展"中国农村合作医疗改革研究",研究的核心结论是"政府政策和经济支持是合作医疗成败的关键,只有完善合作医疗的管理和监督机制才能保证合作医疗的正常运行和持续发展"。

1998 年开始启动的世界银行卫生 Ⅷ 项目/卫生 Ⅷ 支持性项目(H8/H8SP),"坚持项目开展合作医疗的目标不动摇,在重庆巫溪、黔江和甘肃康乐等 5 个县,利用 DFID① 资助资金模拟政府投入,开展农村合作医疗筹资模式现场实验研究。此项试点研究有三大创新:一是以卫生 Ⅷ 支持性项目资金模拟政府投资,给每个参加合作医疗的农民补贴 10 元,作为合作医疗引导金,实行政府和农民个人共同筹资的新型合作医疗筹资模式;二是实施以住院补偿为主,门诊与住院统筹相结合的补偿模式;三是逐步实现以县(市、区)为单位统筹。此项试点对全国新农合试点工作起到了先导与示范作用"。②

经过上述多元主体对传统农村合作医疗的改革和探索,尽管农村医疗状况取得了一定的效果,但还是与预期目标有差距。据统计,到 1997 年农村合作医疗的覆盖率占全国行政村的 17%,农村居民参加合作医疗的仅为9.6%。③ 1998 年,卫生部进行"第二次国家卫生服务调查"显示,合作医疗制度的人口覆盖率在高收入地区达 22.2%,但在中等和欠发达地区仅为1%—3%。④

---

① 英国国际发展部的缩写。

② 参见卫生部国外贷款办公室 2007 年 5 月编印:《卫生八项目合作医疗总结评估报告与秦巴卫生项目急救转诊评价与经验总结报告》,第 6、43 页。

③ 参见施育晓:《合作医疗:世界发展与中国经验》,见 2006 年 12 月 4 日 http://www.hzyl. org/bbs/showpost.asp? threadid=807。

④ 参见朱玲:《政府与农村基本医疗保健保障制度选择》,载《中国社会科学》2000 年第4 期。

（二）国家政策主导体制机制改革试点阶段

上述多元主体改革和重建传统农村合作医疗制度的探索和创新，为我国政府构建新农合制度提供了借鉴。2002 年 10 月 29 日，在总结重建农村合作医疗的经验和教训的基础上，中共中央、国务院作出《关于进一步加强农村卫生工作的决定》，并召开了全国农村卫生工作会议，提出建立和完善新农合制度和农村医疗救助制度，同时明确了新农合制度的粗略框架和主要原则：要求各级政府组织、引导农民建立以大病统筹为主的新型农村合作医疗制度；实行农民个人缴费、集体扶持和政府资助相结合的筹资机制，农民缴纳参合金坚持自愿原则；省、市（地）县级财政都要根据实际需要和财力情况安排资金，对实施合作医疗按实际参加人数和补助定额给予资助（不低于人均 10 元）；中央财政从 2003 年起，通过专项转移支付对中西部地区除市区以外的参合农民每年按人均 10 元安排合作医疗补助资金。新型农村合作医疗制度是"农村医疗保障制度的创新"①，在继承传统合作医疗、借鉴城镇社会医疗保障制度的基础上，结合市场经济条件下农村社会经济现实，新型农村合作医疗制度作了如下几方面的创新：一是政府各级财政资金引导和资助农民参合，使得新型农村合作医疗的筹资突破了传统合作医疗社区性筹资的限制，具有了多元化和社会化的特征；二是新农合各统筹县都初步建立了合作医疗管理委员会、合作医疗经办机构、合作医疗监督委员会等三个机构，决策、执行、监督分工负责、相互制衡的基金财团法人的独立运营构架基本确立；同时，参合农民代表参加合作医疗管理委员会和监督委员会，"让农民有管理的知情权、参与权和监督权"②，由政府和参合农民组成的双方协商机制，在形式上已建立起来，这种多元合作自

---

① 参见 2005 年 9 月 13 日全国新型农村合作医疗试点工作会议发言材料之十一，卫生部新型农村合作医疗技术指导组：《不断总结实践经验，为新型农村合作医疗的健康发展当好参谋》。

② 参见 2005 年 9 月 13 日全国新型农村合作医疗试点工作会议材料之一，2005 年 8 月 10 日时任总理温家宝在国务院第 101 次常务会议上《关于建立新型农村合作医疗制度的讲话》；时任总理温家宝在十届全国人大五次会议上所作的《政府工作报告》。

治管理的雏形,使得农村社会医疗保险的实施向官民结合的方向推进,符合"小政府、大社会"的中国政府机构改革的目标;三是新型农村合作医疗制度与医疗救助制度结合,医疗救助资助农村特困户参合,除享受新型农村合作医疗保障外,还可继续享受医疗救助,"这是民政医疗救助制度无法比拟和替代的制度性保障扶贫"。① 总之,新型农村合作医疗是我国农村传统合作医疗制度体制机制转型和创新的新制度。

新农合制度对传统农村合作医疗制度的变革,仅从名称上变革似乎并不复杂,其实质是体制机制的复杂改革,如果从不同角度全面理解情势、预测其结果都是很困难的,因而,最初的新农合制度只是个框架,《关于进一步加强农村卫生工作的决定》选取了先行试点并不断完善政策的策略:"各地要先行试点,取得经验,逐步推广,到 2010 年,新型农村合作医疗制度要基本覆盖农村居民。"卫生部、财政部、农业部《关于建立新型农村合作医疗制度的意见》要求:"从 2003 年起,各省、自治区、直辖市至少选择 2—3 个县(市)先行启动试点,取得经验后逐步推开。"

2003 年新农合试点启动,试点地方接受卫生部等部委组织的培训,以地方执行政策文件的形式制定了试点方案和管理办法,积极探索建立组织协调和筹资机制。同时,国务院选取浙江、湖北、云南和吉林为重点试点地区。2003 年 8 月 28 日成立由卫生部、财政部等 11 个部委组成的"国务院新型农村合作医疗部际联席会议",并建立了专门的会议制度,每半年召开一次会议,负责建立完善新型农村合作医疗制度,并负责组织协调和宏观指导工作,研究制定相关政策,督促检查资金筹措等政策的落实。

2003 年至 2004 年,卫生部、财政部、农业部各相关部委出台了一系列配套政策,2003 年 1 月 6 日,国务院办公厅转发卫生部、财政部、农业部《关于做好新型农村合作医疗试点工作的通知》;2003 年 8 月 25 日,财政部、卫生部

---

① 府采芹、韩卫等:《苏州市新型农村合作医疗运行效果研究》,载《中国初级卫生保健》2004 年第 10 期。

《关于中央财政资助中西部地区农民参加新型农村合作医疗制度补助资金拨付有关问题的通知》;2003 年 9 月 3 日《国务院关于同意建立新型农村合作医疗部际联席会议制度的批复》;2004 年 4 月 1 日,卫生部《关于成立卫生部新型农村合作医疗技术指导组的通知》;2004 年 10 月 22 日,财政部、卫生部《关于建立新型农村合作医疗风险基金的意见》;2003 年 11 月 18 日,民政部、卫生部、财政部《关于实施农村医疗救助的意见》;2004 年 1 月 5 日,财政部、民政部《农村医疗救助基金管理试行办法》;2004 年 12 月 6 日财政部《关于财政监察专员办事处对中央财政农村合作医疗补助资金审核监督操作规程》;等等。这些配套政策的出台,使得《决定》所设立的粗线条的新农合制度框架趋向可操作性和规范性,而且又进行了一定的制度创新,如大病统筹基金与家庭账户相结合的基金使用和管理模式;以大额医疗费用报销为主、兼顾小额医疗费用报销,既提高抗风险能力又兼顾农民受益面的基金支付方式;建立了合作医疗管理委员会、合作医疗经办机构、合作医疗监督委员会等互相制衡、相互监督的管理体制;建立了基金管理制度和基金会计制度;等等。

经过两年试点运转,截至 2005 年 6 月底,全国已有 641 个县(市、区)开展了新农合试点,占全国县(市、区)总数的 21.7%,达到每个地(市)至少一个试点县(市),覆盖 2.25 亿农民,有 1.63 亿农民参加了合作医疗,参合率为72.6%。① 全国新农合制度建设受到农民欢迎,新农合制度的管理和运行机制初步形成。

(三)政府加速推行实现"制度"全覆盖阶段

这一阶段,2005 年 9 月 13 日召开的全国新农合第二次工作会议和 2007年 1 月 22 日召开的全国新农合第三次工作会议起了决定性推动作用,两次高规格的会议都对新农合试点经验进行了总结,要求推动新农合试点提速、政策

---

① 参见 2005 年 9 月 13 日吴仪同志在全国新型农村合作医疗试点工作会议上的讲话:《加大力度、加快进度、突破难点、积极推进新型农村合作医疗制度健康发展》。

完善。2006年新农合的试点县(市、区)由2005年总数的21.7%扩大到40%左右,2007年扩大到60%左右。2007年新农合制度由试点阶段进入全面推进阶段,2008年上半年已覆盖了全国县(市、区),这标志着新农合制度的框架和运行机制已基本形成。①

与此同时,卫生部等部门加紧总结试点经验,又出台了一系列完善新农合管理的政策,诸如2005年11月卫生部《关于加强新型农村合作医疗定点医疗机构医药费用管理的若干意见》;2006年卫生部《关于加快推进新型农村合作医疗试点工作的通知》和《关于加强新型农村合作医疗管理工作的通知》;2007年9月卫生部、财政部、国家中医药管理局《关于完善新型农村合作医疗统筹补偿方案的意见》;2008年财政部出台《新型农村合作医疗基金会计制度》和《新型农村合作医疗补助资金国库集中支付管理暂行办法》;2008年卫生部出台《关于规范新型农村合作医疗健康体检工作的意见》、《关于规范新型农村合作医疗二次补偿的指导意见》;2009年卫生部的《关于做好新型农村合作医疗管理能力建设项目有关工作的通知》、《关于进一步完善城乡医疗救助的意见》、《关于在省级和设区市级新型农村合作医疗定点医疗机构开展即时结报工作的指导意见》、《关于调整和制订新型农村合作医疗报销药物目录的意见》等,从不同角度又增强了新农合的管理规范。同时,也加快了农村卫生服务体系建设的政策支持,如2006年8月卫生部、财政部等四部委《农村卫生服务体系建设与发展规划》的出台,以增加财政投入做坚强后盾,以乡镇卫生院建设为重点,完善农村卫生机构功能和提高服务能力,从整体上为提高新农合运行效率提供保障条件。2012年8月24日国家发展改革委、卫生部、财政部、人社部等联合发布的《关于开展城乡居民大病保险工作的指导意见》要求,利用新农合基金中一定比例额度资金或者基金当年累计结余的资金购买商业保险,作为大病补充保险,以放大基本医保的效用。笔者进行了粗略统

---

① 参见陆铁琳、钱峰:《新农合试点工作成效明显》,载《健康报》2006年7月11日。

计,从 2002 年新农合制度出台到 2012 年新农合制度 10 年总结时期,中共中央、国务院以及卫生部、财政部、民政部等部门单独、或联合、或由国务院办公厅转发,相继颁发了 60 余项相关新农合制度的政策文件。持续性的政策支持,推进新农合制度仅仅用了 6 年就实现了制度覆盖农村的伟大业绩。2012年,新农合参合率达 98.3%。自 2002 年建立新农合制度以来,"新农合制度运行良好,在即时结报、信息公开、门诊统筹、大病保障、支付方式改革、商保经办及支持传染病防控等方面,引领医保政策的改革与发展……成为国际公认的绩效最高的基本医保制度之一"。①

二、新农合制度的框架与内容

现行新型农村合作医疗制度,是由党中央文件、政府各相关部门的规范性政策文件、地方法规、地方人民政府规章以及县级政府执行政策的规范性文件表达出来的。具体而言,这一制度包括如下几个方面:

(一)政策定位与目标

政策将新型农村合作医疗制度的性质和方向定位为:"是由政府组织、引导、支持,农民自愿参加,个人、集体和政府多方筹资,以大病统筹为主的农民医疗互助共济制度。"②是解决农民基本医疗的一种农村医疗保障制度。③《关于进一步加强农村卫生工作的决定》指出:"到 2010 年,新型农村合作医疗制度要基本覆盖农村居民。"目的是要"重点解决农民因患传染病、地方病等大病而出现的因病致贫、返贫问题"。当然,新农合试点推进很快,提前两

---

① 韩璐:《实现卫生计生事业"双加强"》,载《健康报》2013 年 6 月 19 日。

② 参见 2003 年 1 月 16 日国务院办公厅转发卫生部、财政部、农业部《关于建立新型农村合作医疗制度的意见》(国办发[2003]3 号)。

③ 参见 2005 年 9 月 13 日全国新型农村合作医疗试点工作会议材料之十一,卫生部新型农村合作医疗技术指导组关于《不断总结实践经验,为新型农村合作医疗的健康发展当好参谋》的报告。

年实现了制度覆盖农村居民的目标。

(二)农民自愿参加、政府财政资助和其他资金扶持的多元社会化筹资模式

新型农村合作医疗"实行农民个人缴费、集体扶持和政府资助相结合的筹资机制"。农民个人缴费,集体扶持,中央、省、市(县)三级财政资助,医疗救助资金对贫困对象的资助等多元筹资方式,决定了新型农村合作医疗的筹资具备了社会化的筹资特点。

(三)政府主导、多元合作的组织管理模式

新型农村合作医疗制度初步构建了"政府主导,农民参与,合作举办"的多元合作组织管理模式。"政府主导"是指政府在合作医疗中扮演组织者、管理者、筹资者、宣传者的主角地位。"农民参与"则是指参合农民代表参加县、乡两级合作医疗管理委员会、监督委员会;村民自治组织参与新型农村合作医疗基金的筹集、宣传、监督等工作。[①] 这是农民与政府"合作"组织管理的体现,"合作"不仅是农民和农民之间医疗保障基金的合作,更重要的是指政府和农民之间,在合作医疗基金筹集、管理与监督的全程合作,是一种多元化的、政府主导、多方参与的合作组织管理模式。

(四)基金财团法人管理运营模式

新型农村合作医疗基金以县(市)为单位进行统筹,条件不具备的地方,在起步阶段可采取以乡(镇)为单位进行统筹,逐步向县(市)统筹过渡;新型农村合作医疗基金是"民办公助社会性资金","合作医疗基金封闭运行",采取"以收定支、收支平衡、专款专用、专户储存的原则";"由农村合作医疗管理

---

① 参见 2003 年 1 月 16 日国务院办公厅转发卫生部、财政部、农业部《关于建立新型农村合作医疗制度的意见》(国办发[2003]3 号)。

委员会及其经办机构进行管理和运营"；县级人民政府可根据本地实际，成立由相关政府部门和参加合作医疗的农民代表共同组成农村合作医疗基金管理委员会，定期检查、监督农村合作医疗基金使用和管理情况。这样，围绕合作医疗基金，初步构建起了决策、执行和监督机制，即由合作医疗管理委员会、合作医疗经办机构、合作医疗监督委员会权力分离、相互制衡的基金财团法人①的管理运营构架。此外，《关于进一步加强农村卫生工作的决定》和国务院转发卫生部等部门《关于进一步做好新型农村合作医疗试点工作指导意见的通知》（以下简称《决定》和《指导意见》），在新型农村合作医疗基金监督方面，还建立了财政日常监督、审计定期监督等政府监督制度和参合农民的公示监督制度。

（五）对医疗服务方的选择采取指定与市场竞争相结合的"双轨制"管理方式

在新型农村合作医疗有限筹资以及我国农村医疗服务质量落后的限制下，为了参合农民能获得最大的医疗保障回报，《指导意见》规定："各地区要将新型农村合作医疗试点工作和农村卫生改革与发展有机结合起来，大力推进县（市）、乡（镇）、村三级农村医疗卫生服务网的建设"；"县级卫生行政部门要合理确定新型农村合作医疗定点服务机构，制定完善诊疗规范，实行双向转诊制度。"可以看出，政策将卫生行政部门置于"一手托两家"的行政管理位置，一手要托起新型农村合作医疗行政管理，另一手还要托起农村医疗服务的行政管理。实践中，各试点县新型合作医疗实施方案或管理办法都纷纷指定，

---

① 新型农村合作医疗基金的所有权归全体参合农民共同所有，因所有权者人数众多，只能采取委托代理模式管理和经营。新型农村合作医疗制度将基金赋予新型农村合作医疗管理委员会及其经办机构管理，并按我国现行民事立法赋予合作医疗经办机构为独立的事业法人地位。当然，事业法人的称呼是我国独有的民法概念，笔者追随民法学界多数学者理论，并依循新型农村合作医疗制度将基金确定为"民办公助的社会性基金"的政策定位，将新型农村合作医疗基金及其经办机构归类为财团法人基金和基金财团法人。

由政府资助并承担一定公共卫生服务职能的村卫生室、乡镇卫生院、县级医疗机构为新型农村合作医疗的定点医疗机构,同时,根据医院级别高低设置累退报销比例,①引导参合农民向村卫生所和乡镇卫生院流动。此外,有些试点县规定符合条件的民办医疗机构可竞争加入定点医疗机构行列。

(六)对参合农民医疗补助采取类似职工基本医疗保险支付方式

各试点县(市)要在大病统筹为主的原则下,积极以大额医疗费用统筹补助为主、兼顾小额费用补助的方式;在建立大病统筹基金的同时,可建立家庭账户;可用个人缴费的一部分建立家庭账户,由个人用以支付门诊医疗费用;个人缴费的其余部分和各级财政补助资金建立大病统筹基金,用于参加新型农村合作医疗农民的大额或住院医疗费用的报销;要科学合理地确定大额或住院医疗费用补助的起付线、封顶线和补助比例。

综上可见,我国新型农村合作医疗制度是由政府政策确立的,政府主导、农民参与组织管理的、多元社会化筹资以解决农民基本医疗风险的初级基本医疗保险制度。是一种参与主体多元、综合构成因素的制度。

三、新农合制度的初级性特征

新农合制度的参保人制度、筹资制度、待遇制度和管理制度等新农合制度的基本构成要素②和关键环节都待完善、未定型,存在初级性特征,具体表现在以下几个方面:

(一)参保主体范围不确定

新农合政策将参保主体称为"农民",以户籍作为农民身份和参保主体范

---

① 如贵州省晴隆县 2004 年合作医疗补偿标准为:村卫生室补偿 50%,转诊到乡镇卫生院补偿 30%,经乡镇卫生院同意转诊到县及县以上医院的补偿 20%。

② 任何社会保障法都由参保人制度、筹资制度、待遇支付制度、管理制度等基本要素制度构成。参见覃有土、樊启荣:《社会保障法》,法律出版社 1997 年版,第 109—114 页。

围确定的标准。这种基于城乡二元户籍制度的认定标准,在实践中遭遇了城乡经济社会一体化加速转型,工业化、城镇化、农业现代化发展产生了农民工、失地农民、返乡农民①等特殊主体,新农合政策努力将他们纳入参保范围;与此对应的是,城镇职工医保和城镇居民医保政策基于保险的大数法则考虑,也纷纷将上述主体纳入参保范围。这些交叉的政策规定,在城乡医保区分管理体制下,卫生、人社部门各自为政,信息系统不统一,为完成参保率任务,竞争参保资源,造成城乡居民重复参保。曾有数据显示我国有 1 亿城乡居民重复参保,财政重复补贴 120 亿元。②

(二)筹资调整的非制度化

新农合筹资通过"政府财政补贴形成了低收入和无收入农村居民参加社会保险的缴费能力,由此创新了社会保险的运作模式"③。但是,筹资组合中,农民筹资和政府补助各交多少,并无保险精算依据,采取了"低水平起步、定额缴纳,逐步探索增长"的策略。2003 年新农合制度试点之初,国务院暂定人均筹资水平最低为 30 元,其中,农民缴纳 1/3,政府四级财政补助 2/3。随着我国财政收入连年增长,特别是社会主义新农村建设开始,④中央政府相继五次提高了财政补助标准,已由最初的 20 元,增长到 2012 年的 250 元;与此同时,农民的缴费额也增长过三次,由最初 10 元增长到 2012 年的 50 元。2012

---

① 返乡农民指原农村户籍人口因就学、服兵役等原因将户口迁出,后又回到原籍居住的农村居民。

② 参见赵鹏:《我国 1 亿城乡居民重复参保财政重复补贴 120 亿元》,载《京华时报》2010年 9 月 17 日。

③ 杨燕绥:《社会保险法精释》,法律出版社 2011 年版,第 18 页。

④ 2008 年我国人均 GDP 国内生产总值达到 22698 元,经济发展进入中等发达国家水平;2008 年《中共中央国务院关于切实加强农业基础建设进一步促进农业发展增收的若干规定》提出:"建立以工促农,以城带乡长效机制,形成城乡经济社会发展一体化新格局。"党的十七届三中全会通过的《中共中央关于推进农村改革发展若干重大问题的决定》第一次从国家战略层面明确城乡一体化目标,到2020 年基本建立城乡经济社会发展一体化体制机制。参见程水源、刘汉成:《城乡一体化发展理论与实践》,中国农业出版社 2010 年版,第 6—8 页。

年,农民缴纳保险金占比变为1/6,政府四级财政补助比例变为5/6。这是非制度化的调整筹资,农民筹资与财政筹资增长是非均衡的,增长幅度也是随机性的,尚未显现基本医疗保险筹资与经济增长、与农民收入增长相衔接的动态增长机制的要求,更是缺乏筹资调整决策的法律保障机制。

(三)保障待遇的较低水平

保基本,是社会保险的基本特征。新农合作为一项社会医疗保险制度,要保障参保农民享有"基本医疗",即指"在农民患病时,能得到提供给他的、能支付得起的适宜的治疗技术,包括基本药物、基本服务、基本技术和基本费用等"[1]。因为新农合筹资的低水平的、非精算化,也决定了保障待遇的低水平,给付农民医疗保障待遇较低,新农合基本药物目录、基本诊疗服务等"基本医疗服务包"和城镇医保相比容量较小,"绝大部分地区对新农合的报销范围作了较大限定,很多药品和诊疗服务都未纳入报销范围,因而参保农民只能利用基本医疗中的'最基本服务'"。[2] 2004 年,"各地试点,住院费或大额医疗费用报销一般占总费用的30%左右"。[3] "2009 年虽然政府加大了投入,报销比率仍然只占农民医疗代价的40%多"。[4] 2012 年卫生部明确的目标是 50%。根据世界卫生组织提出的目标,个人卫生支付比重降到 15%—20% 才能够基本解决因病致贫和因病返贫。[5] 所以,新农合的待遇支付尚未根本解决参保农民的基本医疗需求,充其量是"大病补助"。

---

① 余少祥:《新农合:是大餐? 还是鸡肋?——新农村合作医疗发展研究报告》,见 2011 年 11 月 20 日 http://www.iolaw.org.cn/shownew.asp? id=22842。
② 新型农村合作医疗试点评估组:《发展中的中国新型合作医疗——新型农村合作医疗试点工作评估报告》,人民卫生出版社 2006 年版,第 76 页。
③ 邵海亚:《对新型农村合作医疗属性、目标及评价的思考》,载《卫生软科学》2006 年第 4 期。
④ 王东进:《关于基本医疗保障制度建设的城乡统筹》,载《中国医疗保险》2010 年第 2 期。
⑤ 参见张晋龙:《十年来医疗费用负担个人支付比例已从 60% 下降到 35.5%》,见 2012 年 3 月 10 日 http://www.zkec.cn/news/bencandy.php? fid=112&id=4233。

（四）管理的"单飞"和粗放性

基于对计划经济时期传统农村合作医疗管理的路径依赖，以及对新农合社会保障属性定位的不确定性，卫生部门被赋予新农合经办和医疗服务管理的双重监管责任，[①]单设组织体系、信息系统和决策体制。由于新农合发展迅猛，以及参保人数的庞大，凸显经办资源短缺。在卫生部内部，没有专设合作医疗管理司，只是农村卫生司下面有一个合作医疗处，处里只有几个专职人员。属地化管理的省级医疗保险管理中，各省卫生厅的农村卫生处承担专业行政管理；农村卫生行政处下设独立事业单位的"新农合管理办公室"，人事权属于卫生行政部门，财权由政府财政拨款；作为专业性极强的新农合办公室，对县级新农合经办进行业务指导。实际管理中，由于新农合的专业性，省级合管办事业单位不可避免地代替农村卫生处制定新农合的行政管理政策。在县级新农合具体经办中，由于缺乏专业经办资源，经常从卫生部门借调人员，致使不少地方没有居于"第三方的经办机构"，"而是依托乡镇卫生院——集医疗服务提供与医疗保障经办服务于一身，自拉自唱，既当会计，又当出纳。"[②]卫生部门双重管理职责，经办机构人员的临时组成，将本应该处于博弈、制衡关系的医保部门和医疗部门放置在卫生部门管理，提供医疗服务和购买医疗服务正如左手与右手的关系，这种供需合一的管理体制，使农民的有限医疗福利被一些医疗机构无端占用。[③]

（五）与城镇居民医保制度整合模式的多样性

新农合制度构建的 2002 年，正是"我国城乡二元结构改革的分界点，之前为城乡二元结构加强甚至固化时期，之后城乡进入加速转型时期，减轻城乡二

① 参见孙淑云、柴志凯：《新型农村合作医疗制度的规范化与立法研究》，法律出版社 2009 年版，第 197—200 页。
② 王东进：《关于基本医疗保障制度建设的城乡统筹》，载《中国医疗保险》2010 年第 2 期。
③ 参见余少祥：《新农合：是大餐？还是鸡肋？——新型农村合作医疗发展研究报告》，见 2011 年 11 月 20 日 http://www.iolaw.org.cn/shownew.asp？id=22842。

元结构"①。在城乡加速转型期,具有二元经济社会结构特征的新农合制度的设计和运行,都遭遇了城乡一体化体制机制加速建设的严峻挑战。一些地方政府,遵循城乡经济社会一体化加速的客观需求,自觉探索城乡医保制度的整合。但囿于地方政策的探索,整合模式多样。据中国卫生经济学会的调研结果,分部分整合模式②、完全融合模式③。完全融合模式又分四种行政管理模式,一是由卫生部门管理,如浙江嘉兴市;二是由人力资源部门管理,如天津市;三是第三方独立管理,如成都市医保局在行政上既独立于卫生部门,也独立于人社部门;四是合作管理,由卫生部门和社保部门合作管理,社保部门负责医保基金的征缴,卫生部门负责对医疗机构的监管和基金结算,如江苏镇江市。这些地方试验的探索和创新,无疑顺应了时代的要求。但是,各种整合模式各具特色,加之由卫生部门和人社部门分别管理,学术界对何种管理模式有利于新农合,成了久议不决的问题。

总之,新农合制度建设的历程,是试点先行、循序渐进、摸着石头过河的过程,这种方式有它的时代需要和我国传统政策治理社会的必然性。

第三节 城镇居民基本医疗保险建制
历程及其制度内容

一、城镇居民基本医疗保险建制历程

在城镇职工基本医疗保险制度和新农合制度迅猛推进之下,凸显了尽快

---

① 程水源、刘汉成:《城乡一体化发展理论与实践》,中国农业出版社 2010 年版,第 7 页。

② 即新农合与城镇居民医保在统一行政管理资源上实现部分整合、统一经办、统一由卫生部门管理,但是,两制基金账户各自独立运行。

③ 即新农合与城镇居民医保两制统一制度、统一经办、统一筹资标准、统一补偿水平、统一行政管理部门。参见王禄生、苗艳青:《城乡居民基本医疗保障制度案例研究:试点实践、主要发现》,载卫生部农村卫生管理司、中国卫生经济学会 2011 年印发资料:《基本医疗卫生制度建设与城乡居民基本医疗保障制度研讨会会议资料汇编》,第 53—57 页。

建立城镇居民医保的迫切性。2007 年,国务院在基本复制新农合制度架构基础之上,推出了城镇居民基本医疗保险制度。而且,在前两项基本医疗保险制度政策主导、政府推行经验成熟基础之上,城镇居民基本医疗保险制度一出台,就明确了制度试点、扩大覆盖和覆盖全国的"时间表",要求从 2007 年至2010 年,用三年时间实现制度覆盖全国的目标。城镇居民基本医疗保险制度建制也经历了三个发展阶段:

(一)地方自发以新农合制度模式覆盖城镇居民阶段

截至 2006 年底,据统计,全国城镇职工基本医疗保险参保人数近 1.57亿,而全部城镇人口为 5.77 亿,其向非正式从业者和农民工"扩面"和提高覆盖率的进度较为缓慢。① 与此同时,新型农村合作医疗制度 2006 年推进迅速,占全国县(市、区)数的 50.7%;参合农民已达 4.1 亿人,占全国农业人口的 47.2%;参合率为 79.06%,补偿农民 4.7 亿人次,累计补偿 243.9 亿元。可见,当时在基本医疗保障的覆盖率上,农村已超越城镇。其中的主要原因在于农村合作医疗完全按照地域标准展开,而城镇则在地域的基础上加入了职域的因素,即只为正式和非正式的从业人员提供基本医疗保障,忽视了大量城镇非从业人员的保障,造成了城镇医疗保障体系中未将非从业人员纳入。城镇非从业人员或者无业人员,包括职工老年遗属、高龄无保障老人、中小学生和婴幼儿、大学生、城镇重残疾人员及低保人员等,无能力缴纳职工医保保险费。在城乡人口流动的前提下,还应包括未从业的进城务工人员家属,这部分人没有自主收入或者是收入不稳定,本身健康风险较高,一旦发生较大疾病,将会给其家庭带来沉重的经济负担,也会使职工基本医疗保障的目的无法实现。城镇非从业人员医疗保障,已经成为我国当时基本医疗保险事业发展中的重要一环。

---

① 参见《解读政府工作报告:人人享有医保不再遥远》,见 2007 年 3 月 5 日新华网,http://news.sina.com.cn/c/。

在这一背景下,许多地区(主要是一些小城镇)自发地选择以新农合制度模式为城镇非从业人员提供基本医疗保障。这一方式又可分为"双轨"和"并轨"两种模式:"双轨模式",即在新型农村合作医疗之外设置城镇居民合作医疗,两者并行不悖,各自独立运行,采用这种模式的有安徽金寨、山西潞城和襄汾等地。"并轨模式",就是将城镇非从业人员直接纳入本地区新型农村合作医疗保障,其报销比例、封顶线等都采用与新农合相同的标准,浙江开化、江苏常熟、安徽肥西所采用的就是这种模式。这两种模式各有利弊,其中"双轨模式"为城镇非从业人员提供了独立的保障形式,有利于根据该群体的特点进行相应的制度设计,针对性强;但城镇居民合作医疗都是在县市范围内自发进行,只有本级财政投入,没有中央、省市的财政补贴,因而参合资金比较紧张,保障的实际水平较低,如山西潞城市的报销封顶线只有 1 万元,比新型农村合作医疗要低很多。① 而且"双轨模式"设置了两套管理机构,增加了管理运行成本。"并轨模式"节约了惯例成本,同时相对提高了城镇非从业人员的保障水平,但是由于国家在新型农村合作医疗中并没有为城镇非从业人员配套相应的财政投入,因此需要提高城镇居民个人参保缴费数额来进行弥补,未能体现医疗保障的公平性。上述两种模式都存在无法避免的制度因素,并没有在全国范围内得到推广。

(二)国家政策主导创制和试点阶段

随着城镇职工基本医疗保险的完善和新型农村合作医疗的快速发展,凸显城镇非从业人员这个急需弥补的环节;特别是在一些规模较大的城市,医疗费用高昂,有些城镇居民的医疗保障实际上已落后于农村居民。在这种情况下,2007 年政府工作报告提出,要"着眼于建设覆盖城乡居民的基本卫生保健制度"、"启动以大病统筹为主的城镇居民基本医疗保险试点"工作。《关于开

① 参见山西视听网:《城镇合作医疗破冰》,见 2007 年 5 月 11 日,http://news.sxrtv.com/content.jsp? CatalogNumber=SXWS17&ProgramID=227211。

展城镇居民基本医疗保险试点的指导意见》(以下简称《指导意见》)还确定了制度覆盖全国的"时间表",要求城镇居民基本医疗保险在 2008 年扩大试点,争取 2009 年试点城市达到 80% 以上,2010 年在全国全面推开。

2007 年 7 月 10 日成立了国务院城镇居民基本医疗保险部际联席会议,并在 7 月 23 日的第一次部际联席会议上出台了上述《指导意见》。根据《指导意见》,城镇居民基本医疗保险的保障对象包括:不属于城镇职工基本医疗保险制度覆盖范围的中小学阶段的学生(包括职业高中、中专、技校学生)、少年儿童和其他非从业城镇居民,坚持自愿参加的原则;以家庭缴费为主,政府给予适当补助,其基金重点用于参保居民的住院和门诊大病医疗支出,有条件的地区可以逐步试行门诊医疗费用统筹。①《指导意见》要求充分考虑地方差异性,发挥地方主动性,根据当地的经济发展水平以及成年人和未成年人等不同人群的基本医疗消费需求,并考虑当地居民家庭和财政的负担能力,坚持低水平起步,合理确定筹资水平和保障标准。要求通过试点检验政策,找出问题,发现规律,探索和完善城镇居民基本医疗保险的政策体系,形成合理的筹资机制、健全的管理体制和规范的运行机制。

2007 年,每个省确定 2—3 个共 79 个城市启动试点。为配合试点,人社部、发展改革委、财政部、卫生部、食品药品监管局、中医药局等部门或单独或联合发文,明确城镇居民医保实施的具体政策。分别有 2007 年 9 月 4 日的《关于城镇居民基本医疗保险经办管理服务工作的意见》;2007 年 9 月 10 日的《关于下发城镇居民基本医疗保险基金报表和统计临时报表的通知》;2007 年 9 月 27 日的《关于城镇居民基本医疗保险儿童用药有关问题的通知》;2007 年 10 月 10 日的《关于城镇居民基本医疗保险医疗服务管理的意见》等。

---

① 对试点城市的参保居民,政府(中央与地方财政)每年按不低于人均 40 元给予补助,对属于低保对象的或重度残疾的学生和儿童参保所需的家庭缴费部分,政府原则上每年再按不低于人均 10 元给予补助;对其他低保对象、丧失劳动能力的重度残疾人、低收入家庭 60 周岁以上的老年人等困难居民参保所需家庭缴费部分,政府每年再按不低于人均 60 元给予补助。

根据中央各部委的政策,各试点城市均出台了居民基本医疗保险实施办法,规定了适合地方实际情况的缴费标准、保险待遇及管理机制。

(三)政府推行和制度全覆盖阶段

2008 年,经国务院同意,在全国选定 229 个城市和地区列入城镇居民基本医疗保险扩大试点范围。各个试点城市按照《国务院办公厅关于将大学生纳入城镇居民基本医疗保险试点范围的指导意见》(国办发〔2008〕119 号)的精神,结合本地实际,深入调研,反复论证,周密测算,严格按照低水平起步原则制定好试点实施方案和各项配套政策。这一阶段,出台的《指导意见》将享受低费用的公费医疗的大学生纳入城镇居民医保。据统计,2008 年底,城镇居民基本医疗保险试点城市目前已达 317 个,参保人数达到 10012 万人,[1]覆盖率仅为 30% 左右。这与 2011 年实现全民医保 90% 覆盖率的目标相差甚远。[2] 有学者分析认为,推行全民医保的主要矛盾在于城镇居民医保。城镇居民医保筹资政策的设计将城镇居民视为"介于城镇职工与农民之间"。实际上,城镇居民大多数是老人、无业人员和未参加工作的孩子,是一个没有或较少收入的社会群体,这一群体的特征决定了其参保标准不能过高,但是,各地政策要求其参保额高于农村居民,但是,医疗待遇的补偿比并不比新农合高,再加上城镇居民处在城市环境,与城镇职工医保容易横向比较,心理预期高,影响他们参保的积极性。[3] 其中还有一个原因是,有些地方将部分城镇居民纳入了新农合,或者是将已经移居到城镇地区甚至外地的农业户籍人口(包括农民工)纳入新农合。

2009 年,城镇居民医保开始在所有城市实施。这一阶段,人社部力推在

---

① 参见杜宇:《全国城镇居民医保参保人数过亿》,载《健康报》2008 年 12 月 23 日。

② 参见闫龑、孔令敏:《医保待解的难题真不少》,载《健康报》2009 年 3 月 11 日。

③ 参见胡庆慧、陈新中:《对居民基本医疗保险筹资标准问题的思考》,载《卫生经济研究》2011 年第 1 期。

地级以上城市全面推开城镇居民基本医疗保险制度,目标是到 2011 年,城镇居民基本医疗保险基本实现由地市级统筹。2010 年,国务院决定,把城镇居民医保和新农合政府补助标准都提高到每人每年 120 元。政府对城镇居民医保的补助水平与新农合拉平。这样,新农合和城镇居民医保 100 元—150 元的全国平均水平,将会提高到 150 元—200 元,而多出来的 50 元重点用于医疗门诊统筹报销。

至 2009 年底,城镇居民医保覆盖 1.8 亿人,从应该参保的总人数约 2.4 亿来看,参保率约为 75%。至 2010 年底,除了一些东部发达省份城镇居民参保率基本上达到 90%,其他地区城镇居民医保参保率较低。①

三、城镇居民基本医疗保险制度的框架和内容

城镇居民医保制度也是由中央和政府规范性政策文件、地方法规、地方人民政府规章以及县级政府执行政策的规范性文件表达出来的。具体而言,这一制度包括如下几个方面:

(一)政策定位与目标

政策直接将城镇居民医保定性为基本医疗保险制度,是覆盖全体城镇非从业居民的基本医疗保险制度,2007 年开始启动试点,2008 年扩大试点,争取 2009 年试点城市达到80%以上,2010 年在全国全面推开。城镇居民医保参保人数的总目标约为 2.4 亿人。②

(二)城镇居民缴纳保费与政府财政资助的多元社会化筹资

城镇居民医保也建立了社会化的筹资机制,城镇居民自愿缴纳保费,政府

---

① 参见顾昕:《三年全民医保,难在城市不在乡村》,载《新京报》2009 年 4 月 9 日。
② 参见世界银行:《中国卫生政策报告系列三——通向综合的医疗保险之路》,第 27 页,见 2010 年 12 月 16 日,www.worldbank.org。

财政给予适当补助;居民医保费原则上以家庭为单位缴纳。2007年,各试点地区的成年人筹资总额为237元,未成年人为100元。其中,中央政府和地方政府对成年人和未成年人的财政补助分别占总筹资费用的三分之一和一半左右。① 具体说来,居民每人交纳60元,政府每年按不低于人均40元给予补助;考虑到不同城镇居民的支付能力,在各级财政补助的基础上,对属于低保对象的或重度残疾的学生和儿童参保所需的家庭缴费,政府原则上每年再按不低于人均10元给予补助,对其他低保对象、丧失劳动能力的重度残疾人、低收入家庭60周岁以上的老年人等困难参保居民所需家庭缴费部分,政府每年再按不低于人均60元给予补助。总之,中央、省、市三级财政资助、财政对贫困城镇居民倾斜资助等的多元筹资方式,决定了城镇居民医保的筹资具备了社会化的筹资特点。

(三)政府主导的组织管理模式

城镇居民医保试点交由劳动和社会保障部门下属的城镇职工基本医疗保险经办机构经办和管理。

(四)基金委托城镇职工基本医疗保险经办机构独立管理、独立运营

城镇居民医保委托城镇职工基本医疗保险经办机构独立管理、独立运营,基金封闭运行,坚持"以收定支、收支平衡、专款专用、专户储存的原则"。

(五)对医疗服务方采取指定与市场竞争相结合的"双轨制"管理方式

由于城镇居民医保的有限筹资,为了参保居民获得最大的医疗保障回报,

----

① 参见世界银行:《中国卫生政策报告系列三——通向综合的医疗保险之路》,第27页。

政策规定,各地区要将城镇居民医保与城镇社区卫生改革与发展有机结合起来,大力推进城市社区卫生服务中心建设,城市社区卫生服务中心为城镇居民提供基本公共卫生和常见病的诊疗服务,要合理确定城市社区卫生服务中心为城镇居民医保的定点服务机构,制定完善诊疗规范,实行双向转诊制度。实践中,各试点市城镇居民医保实施方案或管理办法都纷纷规定,由政府资助并承担一定公共卫生服务职能,城市社区卫生服务中心为城镇居民医保的定点医疗机构,同时,并根据医院级别高低设置累退报销比例,引导参保居民向城市社区卫生服务中心流动。此外,各试点市规定符合条件的各级医疗服务机构和民办医疗机构可竞争加入定点医疗机构行列。

(六)对参保居民的医疗费用报销采取医疗保险支付方式

各试点市要在大病统筹为主的原则下,积极探索以门诊大病统筹为辅的补偿模式对参保居民医疗费用予以报销。此外,各试点地都根据城镇居民医保基金的收支平衡确定住院医疗费用补助的起付线、封顶线和共付比例。

第四节　城乡三项基本医保制度被纳入 《社会保险法》调整

2010年10月28日《中华人民共和国社会保险法》颁布,《社会保险法》近万字共12章98条。《社会保险法》从我国基本国情出发,对基本养老保险、基本医疗保险、工伤保险、失业保险、生育保险等五项社会保险政策制度和行政立法、地方立法进行归集、总结与提升,并借鉴各国社会保险立法的经验,将五项社会保险制度纳入统一的社会保险法中,确立了统一社会保险立法的体例。该法明确了我国公民享有的社会保险权益,确立了我国社会保险制度体系建设的总体框架、基本方针和基本制度,规定了政府、社会各单位、个人的社会保险义务和责任,从法律上明确国家建立基本医疗、基本养老和工伤、失业、生育等社会保险制度的义务,保证公民在年老、疾病、工伤、失业、生育等情况下依法从国家和社会获得物质帮助的权利。

基于中国国情和社会保险制度还处于改革过程的现状,《社会保险法》以"确立框架、循序渐进"为立法原则,采取了原则性和灵活性相结合的立法策略。"我国《社会保险法》的立法模式既不是单行法的立法模式,更非法典化模式,也无法与当年《民法通则》相比较。它实际上类似 1994 年颁布的《劳动法》的立法模式,即综合性强,内容涵盖养老、医疗、工伤、失业、生育等五个社会保险险种,98 条法律条文规定了社会保险法律制度的全部。"①因而,该法是一部支架性、综合性、概括性、原则性、原理性的法律,是一部弹性和授权性规范较多的法律,是一部发展性、目标性和方向性的法律。②

《社会保险法》在第三章用了十个条款规定了包括职工基本医疗保险、城镇居民基本医疗保险和新农合等城乡二元、"三三制"的基本医疗保险制度体系。

一、以差别化的参保和筹资规则确立了三项医保制度体系

梳理我国《社会保险法》第 23 条、24 条、25 条、27 条规定,可见该法以参保和筹资两个关键环节主导区分了三项医保制度,三项医保的制度名称、参保人名称、筹资和待遇支付制度,均是对城乡三项医保制度政策的概括性"借用"。

(一)职工基本医疗保险制度

相对于城镇居民基本医疗保险制度和新农合制度,《社会保险法》将原来的"城镇职工基本医疗保险"名称中的"城镇"二字去掉,改为"职工医疗保险",是一种进步。对相关职工基本医疗保险的参保人和筹资均作了较为详

---

① 郑尚元:《社会保险法颁布的时代价值与未来期待》,载《中国社会保障》2011 年第 1 期。

② 参见孙淑云:《中国基本医疗保险立法研究》,法律出版社 2014 年版,第 120—122 页。

细的规范。

1. 职工基本医疗保险的参保人

《社会保险法》职工基本医疗保险的参保对象确定为"职工",是一种工薪关联的医疗保险制度。《社会保险法》第 23 条将城镇从业人员又区分为两个种类:一是职工;二是非全日制从业人员以及其他灵活就业人员。对"职工"未给予法律定义,参照该条对非全日制从业人员以及其他灵活就业人员的列举规定,可以将职工解释为全日制从业人员;非全日制从业人员以及其他灵活就业人员采取列举法规定为:无雇工的个体工商户、未在用人单位参加职工基本医疗保险的非全日制从业人员以及其他灵活就业人员。

2. 职工基本医疗保险的筹资

《社会保险法》第 23 条按照职工和非全日制从业人员以及其他灵活就业人员区分两种筹资制度。该条明确规定前者"应当"参保,后者为"可以"参保。该条规定两类人的筹资方式不同,规定前者"由用人单位和职工按照国家规定共同缴纳医保费";后者"由个人按照国家规定缴纳基本医疗保险费"。此外,对"职工"中的离退休人员参保达到一定缴费年限的,第 27 条规定了缴费激励政策:"参加职工基本医疗保险的个人,达到法定退休年龄时累计缴费达到国家规定年限的,退休后不再缴纳基本医疗保险费,按照国家规定享受基本医疗保险待遇;未达到国家规定年限的,可以缴费至国家规定年限"。

（二）城镇居民基本医疗保险制度

《社会保险法》第 25 条规定了城镇居民基本医保制度,相关城镇居民基本医保制度的参保和筹资的规定"惜墨如金",仅仅予以参保人名称和筹资的基本原则性规定。一是没有具体定义城镇居民基本医保的参保人。二是规定城镇居民基本医保的筹资原则为"城镇居民基本医疗保险费实行个人缴费和政府补贴相结合"。同时,明确城镇居民参保的财政补贴原则:"享受最低生活保障的人、丧失劳动能力的残疾人、低收入家庭 60 周岁以上的老年人和未成年人所需个人缴费部分,由政府财政补贴"。

(三)新型农村合作医疗制度

《社会保险法》在第24条关于新农合制度规定也较模糊,对于新农合的参保人、筹资只是概括规定:"国家建立和完善新型农村合作医疗制度。新型农村合作医疗的管理办法,由国务院制定"。

二、三项医保的基金统筹和待遇支付的方向性规定

相关统筹城乡三项医保制度的方向性规定主要呈现于三项医保的基金统筹层级、待遇支付两个环节制度上。

(一)三项医保基金的统筹层级制度

我国《社会保险法》第64条第3款规定:"基本养老基金逐步实行全国统筹,其他社会保险基金(包括基本医疗保险)逐步实行省级统筹,具体时间、步骤由国务院规定。"这是一条方向性规定。"统筹层级"即指根据国家法定标准,负责社会保险基金收支平衡的政府和辖区。第64条第3款规定三项医保制度要"逐步实现省级统筹"的方向,通过明确统筹层次,进而明确基本医保的管理层次和管理体制,实质上是解决中央政府和省级以下地方政府对基本医疗保险权责义的划分问题,意味着现行基本上以县、市为基金统筹层级的三项医保基金统筹的方向,是三项基本医保逐步实现待遇公平化的途径之一。

(二)三项基本医保的待遇支付制度

我国《社会保险法》第26条对三项基本医保制度待遇支付规定较为模糊:"职工基本医疗保险、新型农村合作医疗和城镇居民基本医疗保险的待遇标准按照国家规定执行。"可以作两个方向性解释,一是这一规定包含了现行三项医保待遇按照国家规定可以执行不同标准,这是基于基本医疗保险待遇

要与经济社会发展水平相适应的原则,经济社会发展制约了我国城乡三项医保制度现阶段难以统一筹资水平,而且中央和地方财政分权改革还在摸索中,因此,全国统一医保待遇还有待时日。二是这一规定同时还包含三项基本医保的待遇标准可以按照国家的规定,在未来执行统一标准。实际上,从《社会保险法》第26条字面意义上看,未来国家可以通过整合三项基本医保制度,以实现三项医保制度待遇标准的统一和所有公民公平享受基本医保待遇。《社会保险法》起码第26条"明确了城乡统筹的方向"。①

(三)基本医保待遇排除支付制度

基本医保待遇排除支付是指参保对象患病所享受的基本医疗保险待遇与其他医疗待遇不得重合享受。《社会保险法》第30条规定了基本医保待遇排除支付的四种情况:一是应当从工伤保险基金中支付的,这一划分属社会保险险种之间待遇享受的划分,工伤保险不得与基本医疗保险重复享受,工伤保险待遇享受先于基本医疗保险待遇享受。二是应当由第三人负担的,基本医保待遇与因第三方侵权所享受的民事赔偿权竞合时的责任划分。三是应当由公共卫生负担的,表明公共卫生待遇享受先于基本医疗保险待遇享受。四是在境外就医的,表明我国的医疗保险报销只限于在我国境内的定点医疗服务机构发生的相关医疗服务费用。

(四)基本医疗保险待遇支付与第三人支付竞合的规则

第三方支付医疗费用是指基本医保参保对象遭遇第三人侵权时应当由第三人支付医疗费用。基本医保参保人遭遇第三方侵权属民事权利,参保人享受的基本医疗保险待遇权利属于社会保险权利,两种权利对于参保人来说,就是民事侵权赔偿权与基本医疗保险权的竞合。《社会保险法》对于参保人两

---

① 参见彭高建:《解析社会保险立法及其成就》,见2010年11月23日中国民商法律网。

种权利竞合时,不支持参保人重复享受权利待遇,关键是民事侵权赔偿权利与基本医疗保险补偿权利的享有孰先孰后的问题。《社会保险法》第 30 条第 2 款规定:"医疗费用依法应当由第三人负担的,第三人不支付或者无法确定第三人的,由基本医疗保险基金先行支付。基本医疗保险基金先行支付后,有权向第三人追偿。"这一规定明确了以下五个原则:一是参保人的民事侵权赔偿权与基本医疗保险权竞合时,参保人不能重复享受权利;二是第三人侵权的民事赔偿责任不能被社会保险责任取代;三是为了保证患者及时获得医疗救治,医疗保险基金有先行支付义务;四是患者先行获得医保待遇得向医保机构举证第三人不支付或者无法确定第三人;五是医保机构先行支付后获得向第三人的代位追偿权。

三、三项医保管理与经办的规定

(一)三项基本医保的管理经办制度

三项基本医保的管理经办制度,《社会保险法》没有单独作规定,是与其他五项社会保险管理经办制度规定在一起,主要内容有:

一是县级以上人民政府对基本医保经办事务承担主导责任。按照《社会保险法》第 5、75 条的规定,县级以上人民政府将基本医保事业纳入国民经济和社会发展规划,并根据区域经济社会发展水平不断调整、升级基本医保的筹资和待遇水平。县级以上各级财政应建立城乡居民基本医保缴费补贴和基金担保的财政预算制度。县级以上人民政府对城乡基本医保事业给予必要的经费支持。社会保险信息系统按照国家统一规划,由县级以上人民政府按照分级负责原则共同建设。

二是基本医保行政主管部门负有行政主管责任。依据《社会保险法》第 7 条的规定,基本医保行政主管部门负有对基本医保相关法律的解读、政策制定、基金收支、管理、运营、信息公开等进行行政监督的职责。

三是确定社会保险经办主体的职责与权限。我国《社会保险法》第 9 章共 4 条规定了社会保险经办机构的性质和职责。具体有：一是负责参保登记。参保登记证明公民参保的法律事实，表明公民参加了社会保险的社会公共契约，表明他和政府以及用人单位相应社保权利义务的开始。二是保管个人权益记录。权益记录指公民依法参保（资格审查）、依法履行义务（缴费及其年限累计）、享有权利（个人账户资金积累和收益、领取待遇）的档案等，是信息化时代国民社会化管理和征信管理的基础。三是负责社会保险待遇支付。依据法律规定和权益记录，社会保险经办主体负责审查参保人资格，为参保人计发社会保险待遇。

（二）基本医疗服务协议

基本医疗服务协议是指"社会医疗经办机构与定点医疗机构、定点药店之间签订的，为参保人提供基本医疗服务的协议"[①]。《社会保险法》第 31 条规定："社会保险经办机构根据管理服务的需要，可以与医疗机构、药品经营单位签订服务协议，规范医疗服务行为。医疗机构应当为参保人员提供合理、必要的医疗服务。"根据这一规定，结合基本医保经办机构的"准行政"法人的法律属性、基本职责以及基本医疗保险监督管理体制，笔者认为，这一规定包含以下内容：一是基本医疗服务协议属于社会保险行政管理机构监督之下的、基本医保经办机构与定点医疗机构签订的行政委托合同。二是基本医疗服务协议的核心内容是定点医疗机构受基本医保经办机构委托，按照相关基本医保的药品目录、基本医疗保险诊疗项目和基本医疗服务设施标准为参保人提供合理、必要的医疗服务。三是定点医疗机构为参保人提供的基本医疗服务要接受医保经办机构的监督检查；作为合同一方的基本医保经办机构，受社会保险行政管理机构委托，对定点医疗机构有监督检查权；对定点医疗机构违背

---

① 杨燕绥：《社会保险法精释》，法律出版社 2011 年版，第 155 页。

基本医疗服务协议的行为,经办机构应当报告社会保险行政管理机构,由社会保险行政管理机构对定点医疗机构处以一定的行政处罚。

(三)基本医保结算制度

基本医保的结算制度即基本医保的费用结算制度,是指基本医疗保险经办机构就参保人所享受的基本医疗服务,向医疗服务机构以及参保人进行基本医疗保险金结算的制度。理论上,基本医保的结算制度分直接结算制度和异地结算制度。直接结算制度是指参保人在自己所在的基本医疗保险统筹地区的定点医疗机构就医,医疗费用中由基本医疗保险基金支付的部分,由基本医疗保险经办机构与定点医疗机构和定点药店直接即时结算。异地结算制度,是指参保人员不在自己所在的医疗保险统筹地区就医,在国内其他地方就医发生的医疗费用的结算办法。

我国《社会保险法》第 29 条第 1 款简略规定了基本医保的直接结算制度:"参保人员医疗费用中应当由基本医疗保险基金支付的部分,由社会保险经办机构与医疗机构、药品经营单位直接结算。"

由于我国城乡三项基本医保制度由卫生部门和人社部门分别管理,三项医保基金统筹地区医保政策均不相同,三项医保的基金经办制度也不协调,异地就医结算制度在现行医保属地管理原则下是个比较难以解决的问题,《社会保险法》第 29 条第 2 款对此作了授权规定:"由人社部与卫生部建立异地就医费用结算制度"。

(四)个人跨统筹地区就业基本医疗保险关系的转移接续

三项基本医保都是按照一定的统筹地区为单位统筹基金,并以统筹地区为单位进行基本医保待遇支付。当下,三项基本医保还处于县级统筹层次,未来三项基本医保的统筹层级将升级为省级。因此,当参保人跨统筹地区就业时,会遭遇医保关系转移问题。《社会保险法》第 32 条规定:"个人跨统筹地区就业的,其基本医疗保险关系随本人转移,缴费年限累计计算。"这一规定,明确了个人跨统筹地区就业基本医疗保险关系转移接续的基本权利,有助于推进国民基本医保权利的公平实现。

(五)三项基本医保的监督制度

三项基本医保的监督制度,《社会保险法》没有单独规定,是与其他五项社会保险的监督制度规定在一起,《社会保险法》第 10 章专门规定了社会保险的立体监督体制,即建立由人大、各级政府监督部门、基层政府机构、基本医保监督委员会等由内及外、自上而下、分工明确、合理对接的立体监督体系。同时,还规定了社会民主监督制度,《社会保险法》第 82 条规定社会任何组织和个人对基本医保制度的推行都有民主监督的权利,同时,规定相关基本医保的行政主管部门、其他行政部门对属于本部门、本机构职责范围内的举报、投诉的处理职责,以保障民众监督权利的实现。

第二章　各具地方特色的城乡
医保制度及建制逻辑

　　回顾城乡三项基本医疗保险制度的建制历程,都是地方先对计划经济体制时期城乡医保制度进行自发改良,再到中共中央、国务院提出建立三项基本医疗保险制度的政策框架,再由人社部、卫生部、财政部等各部委细化三项基本医疗保险制度操作层面的政策,此后选择试点地方,逐步探索和完善政策制度,各省、市、县在试点中根据地方自身的实际情况不断细化和落实,最终形成了由三四级政府的政策文件构筑起来,呈现了制度弹性化、政策地方化、立法政策总结化的三项基本医疗社会保险制度体系。三项基本医保政策的探索性、试验性、渐进性,"取决于体制作为一个整体的相互适应性的需要和社会承受力,不是按既定模式、既定理论走来的,是分类探索自然形成的"[1]。这种建制历程,优点是"可以通过局部地区的社会保障改革试验来总结经验,同时不断修正改革方案的不足,避免出现重大失误,也让改革对象有一个逐渐适应新型制度安排的过程,并减少改革可能遇到的阻力"[2]。但这种渐进性改革的

---

　　① 杨兆敏、陈敏娜:《人口结构变化:决定社会保障制度改革最终方向》,载《工人日报》2007 年 11 月 21 日。
　　② 郑功成:《中国社会保障改革:机遇、挑战与取向》,载《国家行政学院学报》2014 年第6 期。

合理性和局限性并存,缺乏明确的指导,以及"系统的、整体的、协同的顶层制度设计指导,而是属于'边施工、边设计图纸'"①,其社会效应也是相当复杂的,特别是原有体制性的路径依赖不易突破,即城乡二元经济社会体制——城乡、地区、人群、管理、事权与财权等均处于被分割的状况,不仅构成了城乡三项医保制度变迁的背景,事实上还决定了城乡三项基本医保法律建制和发展,影响了城乡三项基本医保制度呈现现象。

第一节 各具地方特色的城乡医保制度

各具地方特色的城乡医保制度现象在业内被称之为"碎片化"。所谓"碎片化"②,"英文为 Fragmention,原意为完整的东西被破成诸多零散的碎片。作为一种形象的说法,现在被广泛运用在许多领域。"③西方学者将这一词义运用到公共政策领域,描述政府各部门根据其所在部门利益进行政策制定导致公共政策"碎片化"。④ 近年来,依循公共政策的概念,有学者表述中国社会保险制度也呈现"'碎片化'状况:城市与农村分割、私人部门与公共部门分立,形成多种社会保险制度并存状况"⑤。因"缺乏统一性,在城乡之间、不同地区之间、不同群体之间实行有显著差别的社会保障制度"⑥。学者们在探讨"碎

---

① 郑功成:《中国社会保障改革:机遇、挑战与取向》,载《国家行政学院学报》2014 年第6 期。

② 2018 年,国务院组建国家医保局,原由人社部、卫生计生委、民政部、发改委等"分权管理"基本医疗保险、新型农村合作医疗、医疗救助以及医药价格等职能,转由国家医保局"统一管理",开启医保体制机制的全面改革,医疗保障成为一个独立运行的社会保障体系,通过系统性的体制创新,构建全民医保统一的实施机制,谋求城乡医保的深度整合和统一。

③ 何毅:《全民医保:从"碎片化"到基金整合》,中国金融出版社 2014 年版,第 16 页。

④ Lieberthal, Kenneth G. & David M. Lampton. Bureaucracy, Politics and Decision: Making in Post Mao China. Berkeley: University of California Press, 1992.

⑤ 郑秉文:《中国社会保险"碎片化制度"危害与"碎片化冲动"探源》,载《社会保障研究》2009 年第 1 期。

⑥ 李长远:《我国农村社会养老保险制度路径依赖与对策》,载《重庆工商大学学报》(社会科学版)2011 年第 5 期。

片化"的社会保障制度、社会保险制度、基本医保制度时,尽管相关概念的内涵外延还有一些争议,但大多数学者都集中探讨的是"制度"的"碎片化"。即在我国城乡基本医保管理被按照城乡、区域纵横分割成"碎片化"管理体制的格局之下,各个管理主体制定不同医保规则,使得本该统一的基本医疗保险制度,形成制度"碎片化"现状。而且,在"碎片化"的基本医保制度中,基于多重标准、多重原则,制定出不同的参保人制度、筹资制度、待遇支付制度,加重了医保制度的"碎片化"程度。以下笔者依据城乡医保的行政管理和经办服务、参保人覆盖范围、基金筹资、待遇支付等基本医疗保险制度的构成要素和关键环节为逻辑框架,剖析我国城乡医保制度"碎片化"的表征。

一、管理分立、制度分设

基本医保制度作为国家立法保证、政府主导、永续性、体制性的基本医疗给付制度,国家要确立社会保险行政管理体制,强调国家统一管理和推行。同时,为了适应社会保障专业化、标准化、规范化、信息化、精细化管理事务的需要,行政主管部门必须制定行政规章和操作性政策细化社会保险的决策规则、管理规则和服务规则。

在我国社会保险由人社部门主管的既有格局下,先行改革的城镇职工基本医疗保险是在人社部门行政管理和政策主导下进行的。人社部门作为城镇职工基本医疗保险的主管部门,主管城镇职工基本医疗保险的政策体系、组织体系、信息体系建设。后发建立的新农合制度,基于对计划经济时期传统农村合作医疗管理的路径依赖,以及对新农合社会保障属性定位的不确定,卫生部门被赋予新农合经办和医疗服务管理的双重监管责任,[1]单设组织体系、决策体系和信息系统。最后建立的城镇居民基本医疗保险制度,尽管在制度架构上与新农合相近,与城镇职工基本医疗保险制度架构相差较多,但是,基于城

---

① 参见孙淑云、柴志凯:《新型农村合作医疗制度的规范化与立法研究》,法律出版社 2009 年版,第 200 页。

镇地域医保管理的方便,其行政主管被划归人社部门。

基本医保行政管理的分立,两个管理部门虽然相关管理职能相似;但是,两部门总体职能不同,管理目标不同,相关城乡医保制度制定的政策目标和方向就会存在诸多差异。为此,城乡医保两个管理部门相关城乡医保的政策和规章制度各成体系,业务操作各有办法,各建信息系统,面对管理的庞大医保资金,难免不出现部门的利益博弈,进而影响到基本医保管理在地方还被"分解"为卫生部门管理模式、人社部门管理模式、人社和卫生部门合作管理模式、政府直接管理模式等。基本医保政策制定主体不同,以及制定基本医保政策和业务操作办法时基于地方自治权力、地方财力、地方知识、地方利益的衡量,在城乡二元化、职业多样化的三大纵向医保制度"大碎片"基础上,形成更多的横向"小碎片"现象。

二、经办分治、资源分散

社会保险筹资责任的社会分担和筹资主体多元决定了政府在社会保险筹资上的相对责任①,也决定了在社会保险基金管理和待遇支付上政府同样承担的是相对责任,即在有限政府的有限社会保障能力、财政能力、服务能力的条件下,将社会保险视为准公共物品建立行政分权的间接供应机制,设立公法人的社会保险经办机构,专门负责筹集社会保险基金,并负责社会保险基金运营、经办,提供社会保险服务。可见,医保经办是基本医保运行的核心。

实践中,三项基本医保经办机构设置,基本医保行政主管部门与医保经办机构没有分开,基本医保经办机构的法人地位在体制上也是隶属于医保行政主管部门。因此,医保主管部门的分治,也造成了城乡医保经办体制纵横割据。城乡经办医保的两个主管机构尽管从事的城乡医保项目是同质的相互协调的项目,由于它们之间的管理和运作措施的差异,各个定点医疗机构的医保

---

① 政府财政能力有限,在社会保险筹资环节中,除了英国等一些福利国家有预算式补贴,大多数国家仅对政府雇员、符合一定条件的贫困社会成员缴纳社会保险费予以缴费性补贴。

报销系统设置也出现了"叠床架屋"现象,疲于应对不同的医保管理政策以及药品目录、诊疗目录,城乡医保经办资源分散,存在一些浪费与缺失情况。同时,医保信息管理和运营不统一,纵横交错形成了"碎片化"的信息孤岛。

三、参保人交叉区分、边界不清

参保人范围的确定是医保属地化管理和筹资的基础,因此,参保人制度是基本医保制度的"关口"环节和制度构成要素。社会保险一般理论要求,实施全民社会保险的国家,"社会保险不看参保人的身份只看参保人职业活动的地域范围"①。但我国现行城乡三项医保制度则按城乡户籍、职业多重标准交叉分类参保人。

职工基本医疗保险制度是工薪关联从业者的医保制度,该医保制度将城镇从业人员又区分职工(正式从业者)、无雇工的个体工商户、未在用人单位参加职工基本医疗保险的非全日制从业人员以及其他灵活就业人员(正式从业人员)两类参保人员,两类参保人员又对应规定了不同的保费缴纳规则。

城镇居民基本医保和新农合制度则以城乡户籍作为界定参保对象的标准。其中,城镇居民基本医保的参保人是指城镇户籍的、不属于城镇职工基本医疗保险制度覆盖范围的中小学阶段的学生(包括职业高中、中专、技校学生)、少年儿童、大学生(包括各类全日制普通高等学校、民办高等学校、科研院所中接受普通高等学历教育的全日制本专科生、全日制研究生等)和其他非从业城镇居民。新农合制度将参保对象确定为农村户籍的农民,户籍在农村的,无论从业还是非从业都可以参加新农合,包括从业的农民和未从业的农村居民。

这种按城乡户籍、职业多重标准交叉分类参保人,使参保人分类边界不清,在实践中遭遇了城乡经济社会一体化加速转型,工业化、城镇化、农业现代

---

① 周宝妹:《社会保障法主体研究》,北京大学出版社 2005 年版,第 29 页。

化发展的挑战,大量人员在城乡、区域之间频繁流动。对此,各地城乡三项医保制定政策时均潜伏着相互争"地盘"、争"财政补贴资金"的动机和行为,①纷纷将流动人口、大中小学生纳入参保范围。有规定按原来户籍参加医保的,有规定按照居住证参加居住地城乡医保的,还有规定参加城镇职工医保的。这种差别化的参保人制度加重了城乡医保制度的"碎片化"程度。

四、筹资标准多重、基金统筹分散

基本医疗保险费的筹集是基本医保制度的核心环节,是技术上、规范上最为细致的关键环节制度。社会保险一般理论要求实施全民社会保险的国家,依据从业形式分类参保人并确定量能负担的筹资方式。我国城乡三项医保制度以职业身份、城乡户籍多重标准将参保人类分,未能公平确定参保方式以及量能负担保险费的分担方式。现行"碎片化"医保制度,按城乡户籍、职业、区域确定了不同的医保费的筹资方式、筹资水平和统筹层级。

(一)城乡三项医保的不同筹资制度

职工基本医疗保险制度按照职工和灵活从业者的不同,区分两种筹资制度。一是职工(正式从业者)由用人单位和职工按照国家规定共同缴纳医保费。根据《国务院关于建立城镇职工基本医疗保险制度的决定》,用人单位的医保缴费应控制在职工工资总额的6%左右,职工医保缴费一般控制在职工本人工资收入的2%,随着经济发展,用人单位和职工的医保缴费率可以相应予以调整。据统计,用人单位医保缴费率全国平均水平在7.43%,其中北京和上海分别达到10%和9%,个人医保缴费全国平均水平为2%。② 此外,对正式从业者中的离退休人员参保达到一定缴费年限的,我国《社会保险法》第27

① 参见王东进:《关于基本医疗保障制度建设的城乡统筹》,载《中国医疗保险》2010年第2期。

② 参见信春鹰:《社会保险法释义》,法律出版社2010年版,第67页。

条规定了特别政策："参加职工基本医疗保险的个人，达到法定退休年龄时累计缴费达到国家规定年限的，退休后不再缴纳基本医疗保险费，按照国家规定享受基本医疗保险待遇；未达到国家规定年限的，可以缴费至国家规定年限。"如北京市规定累计缴纳基本医疗保险费男满25年，女满20年的，按照国家规定办理了退休手续，不再缴纳基本医疗保险费。当然，对于1998年城镇职工医保开始以前在国家机关、事业单位、国有集体企业工作的年限，职工医保制度规定"视同缴费年限"。二是灵活从业人员医保缴费因为没有单位和国家分担，其医保缴费基数可以参照上年当地职工平均工资确定，政策规定低收入人员医保缴费基数不得低于统筹地区上年度平均工资的60%，医保缴费额按照当地缴费率确定。具体医保缴费基数和缴费率各地存在差异，如北京市规定灵活就业人员参加职工基本医疗保险的，按照北京市上年职工平均工资的70%为缴费基数，缴费率为7%，基本医疗保险费全部由个人负担。① 山西省规定，灵活就业人员参加职工基本医疗保险的，缴费基数原则上按统筹地区上一年在岗职工年平均工资核定，缴费比率原则上按统筹地区的缴费率确定，基本医疗保险费全部由个人负担。② 城镇职工基本医保参保人及其用人单位的保险费缴纳的方式，缴费个人和缴费单位得以货币形式全额缴纳基本医疗保险费，个人缴费部分由社会保险经办机构委托用人单位每月从参保人工资中代扣代缴；用人单位缴费则由用人单位按月向社会保险经办机构申报应缴纳的数额，经社会保险经办机构核定后，在规定期限内缴纳基本医疗保险费。

城镇居民基本医疗保险费实行个人缴费和政府补贴相结合的原则。享受最低生活保障的个人、丧失劳动能力的残疾人、低收入家庭60周岁以上的老年人和未成年人所需个人缴费部分，由政府财政补贴。城镇居民医保目前尚未建立稳定的筹资机制，对于居民基本医保的具体缴费比例、财政的补助比

---

① 参见2008年发布的《北京市灵活就业人员参加职工基本医疗保险办法》。

② 参见2008年发布的《山西省劳动和社会保障厅关于城镇灵活就业人员参加基本医疗保险的指导意见》。

例,《社会保险法》未予明确。实践中国务院和地方各级政府非制度化不断提升城镇居民缴费水平和各级财政的补贴水平。根据国务院《关于开展城镇居民基本医疗保险试点的指导意见》规定:"试点城市应根据当地的经济发展水平以及成年人和未成年人等不同人群的基本医疗消费需求,并考虑当地居民家庭和财政的负担能力,恰当确定筹资水平;探索建立筹资水平、缴费年限和待遇水平相挂钩的机制。"同时,上述《指导意见》还限定,对试点城市的参保居民,政府每年按不低于人均40元给予补助,其中,中央财政从2007年起每年通过专项转移支付,对中西部地区按人均20元给予补助。在此基础上,对属于低保对象的或重度残疾的学生和儿童的参保所需的家庭缴费部分,政府原则上每年再按不低于人均10元给予补助,其中,中央财政对中西部地区按人均5元给予补助;对其他低保对象、丧失劳动能力的重度残疾人、低收入家庭60周岁以上的老年人等困难参保居民所需家庭缴费部分,政府每年按不低于人均60元给予补助,其中,中央财政对中西部地区按人均30元给予补助。当然,各地区经济社会发展水平不同,人均筹资水平亦不同,山西省城镇居民基本医保政策规定:"试点城镇居民基本医疗保险的筹资水平,成年人每人每年不低于150元,未成年人每人每年不低于75元"[1]。北京市筹资居民基本医保政策规定,城镇老年人缴费标准为每人每年300元,学生儿童缴费标准每人每年100元,城镇无业居民每人每年600元,其中,残疾人、七至十级残疾军人缴费标准为每人每年300元;区县政府按照每人每年460元的保障给予补助。其中残疾人补助从区县残疾人就业保障金中安排。[2] 城镇居民基本医保保费缴纳方式,《社会保险法》也未予明确,城镇居民基本医保试点实践中,按照试点政策规定,家庭缴费的,按城镇居民医保政策规定按年定时定点自愿缴费。政府补助的部分,各级财政部门要按照国家规定的补助标准安排预算,按

---

[1]　山西省人民政府《关于开展城镇居民基本医疗保险试点的实施意见》(晋政发[2007]37号)。

[2]　参见孙洁:《社会保险法讲座》,中国法制出版社2011年版,第88页。

有关规定及时足额将补助资金拨付城镇居民基本医保经办机构。

新农合实行农民个人缴费,集体扶持,中央、省、市(县)三级财政资助,医疗救助资金对贫困对象的资助等多元筹资方式。新农合也没有建立稳定的筹资机制,对于农村居民具体的参保缴费比例、财政补助比例,《社会保险法》未予明确,实践中国务院和地方各级政府非制度化不断提升新农合中农民的缴费水平和各级财政的补贴水平。如,2002年《中共中央国务院关于加强农村卫生工作的决定》明确:"新型农村合作医疗实行农民个人缴费、集体扶持和政府资助相结合的筹资机制。"上述《决定》将"政府资助"阐述为:"对实施合作医疗按实际参加人数和补助定额给予资助。"并具体规定:"从2003年起,中央财政对中西部地区除市区以外的参加新型农村合作医疗的农民每年按人均10元安排合作医疗补助资金,地方财政对参加新型农村合作医疗的农民补助每年不低于10元,具体补助标准由省级人民政府确定。"2006年中央财政资助资金在原有基础上又增加了10元,同时,还将中央财政的补助范围扩大至中西部地区农业人口占多数的市辖区和东部地区部分参加试点的困难县(市)。各地方财政也要相应增加对参合农民的资助。[1] 2008年,国务院又决定,各级财政对参合农民的补助标准提高到每人每年80元,其中,中央财政对中西部地区参合农民按40元给予补助,并对东部省份按照一定比例给予补助,计划单列市和农业人口低于50%的市辖区也全部纳入中央财政补助范围;农民个人缴费则由每人每年10元增加到20元。[2] 中央政府相继多次提高了财政补助标准和农民缴纳参合费的标准。各地人均筹资水平不同。此外,为了解决贫困农民的筹资问题,将新型农村合作医疗制度与医疗救助制度相联结,《决定》指出:"医疗救助形式可以是对救助对象患大病给予一定的医

---

[1] 参见2005年9月13日全国新型农村合作医疗试点工作会议材料之一,2005年8月10日时任国务院总理温家宝在国务院第101次常务会议上《关于建立新型农村合作医疗制度的讲话》。

[2] 参见2008年3月18日卫生部、财政部《关于做好2008年新型农村合作医疗的通知》(卫农卫发[2008]17号)。

疗费用补助,也可以是资助其参加当地合作医疗。"新农合对农村居民的参合费采取均一、定额方法征缴,农村居民以家庭为单位自愿参保。各地新农合基金筹集方式多样,农村居民缴纳保费缺乏统一平台,为了便于参保人缴费,新农合基金筹集实践中,新农合经办机构一般根据统筹地区实际情况,确定委托收费的多种形式,可以委托给乡镇人民政府、城市街道办事处或者村民委员会、居民委员会,也可委托给银行、税务等各种组织。

(二)城乡三项基本医保的基金统筹层级制度

"统筹地区"即指根据国家法定标准,负责社会保险计划的基金收支平衡的政府和辖区。在一定地区的参保人之间实现基金统筹是社会保险"大数法则"、风险分散、收入再分配等功能发挥的内在要求,在一定统筹层次对应的行政区域内,统一缴费比例、统一筹资、统一管理、统一保险待遇计发,以实现基本医疗社会保险基金的统收统支、收支平衡。通过明确统筹层次,进而明确基本医保的管理层次,实质上是解决中央政府和各级地方政府对基本医疗保险权责义的划分问题。一般来说,某一统筹层次对应的该级政府,是该项基金医疗保险待遇支付的最后担保人。由于我国城乡经济社会二元特性,区域发展不平衡,以及农村县域发展差异较大,基于城乡二元以及从业标准不同所建立的城乡二元、三项基本医疗保险制度,医保基金的统筹层级也表现为"三板块、多层级"①。

职工基本医疗保险的相关政策规定,职工基本医疗保险原则上以地级以上行政区(包括地、市、州、盟)为统筹单位,也可以县(市)为统筹单位,北京、天津、上海三个直辖市原则上在全市范围内实行统筹。所有用人单位以及职工都要按照属地原则参加所在统筹地区的基本医疗保险,执行统一政策,实行

---

①　《中华人民共和国社会保险法》第 64 条第 3 款规定,基本医疗保险基金逐步实现省级统筹。

基本医疗保险基金的统一筹集、使用和管理。① 城镇居民基本医疗保险的相关政策规定,城镇居民基本医疗保险统筹单位原则上与城镇职工基本医疗保险统筹层级相同;同时又规定条件不具备、难以一步到位实行地级统筹的地区,可在统一缴费和待遇政策、统一管理经办流程、统一管理服务网络的基础上,建立基金调剂机制,明确调剂基金的管理使用办法,建立相应的考核激励办法。② 新农合是为农村居民提供的基本医疗保险制度,覆盖农村户籍人口,相对城镇职工基本医保和城镇居民医保的统筹层级又要低一个行政层级。新农合相关政策规定,新农合一般以县(市)为单位进行统筹,条件不具备的地方,在起步阶段也可以乡(镇)为单位进行统筹,逐步向县(市)统筹过渡。

"三板块、多层级"为特征的三项基本医保制度基金统筹层级,实质在于不同统筹地区经济社会发展差异下的"不同筹资、不同待遇、不同经办流程、不同服务网络"为核心内容的医保政策的不同,由此带来三项基本医保制度下的多重医保统筹层级的"再分割",使得城乡三项医保制度"碎片化"程度加深,当城乡三项医保制度中的参保人在不同统筹地区间流转时,参保人医保待遇的转移衔接成为城乡三项医保共同面对的问题。

五、医保待遇标准多样,保障利益多元

由于城乡三项基本医保制度参保对象的不同,筹资标准不同,三项医保制度待遇支付范围、支付标准、医保基金与参保人之间的共付比率等多样化设计,在纵横交错的"碎片化"制度中形成多样化的医保利益。

首先,城乡三项医保待遇的支付范围和支付标准不同。职工基本医保待遇享受职工医保的医保待遇支付范围和支付标准,由职工基本医疗保险药品

---

① 参见国务院《关于建立城镇职工基本医疗保险制度的决定》(国发[1998]44号)。

② 参见人力资源和社会保障部、财政部《关于全面开展城镇居民基本医疗保险工作的通知》(人社部发[2009]35号)。

目录、基本医疗保险诊疗项目和基本医疗服务设施标准框定职工基本医保的待遇水平。① 城镇居民基本医疗保险的待遇支付范围则"在国家和省(区、市)《(城镇职工)基本医疗保险和工伤保险药品目录》的基础上,进行适当调整、合理确定。要把国家《基本医疗保险和工伤保险药品目录》甲类药品全部纳入城镇居民基本医疗保险基金的支付范围。国家根据儿童用药的特点,按照临床必需、安全有效、价格合理、使用方便、兼顾中西药的原则,适当增加儿童用药的品种及剂型"。同时还规定:"城镇居民基本医疗诊疗项目范围、医疗服务设施范围,原则上执行城镇职工基本医疗保险的诊疗项目、医疗服务设施范围。各地可根据实际适当增加孕产妇、婴幼儿必需的诊疗项目、医疗服务设施及中医药诊疗项目和医疗服务设施。"② 新农合的待遇支付范围则不同于职工基本医疗保险和城镇居民基本医疗保险的用药范围,由卫生部单行制定了新农合的诊疗项目、医疗服务设施及中医药诊疗项目和医疗服务设施标准。③ 新农合报销的药品目录"不宜简单套用城镇职工基本医疗保险报销药品目录。新农合报销药物目录分为县(及以上)、乡、村三级,分别供县(及以上)、乡、村级新农合定点医疗机构参照使用"。④ 实际上,新农合的基本药物目录、基本诊疗服务等"基本医疗服务包"和城镇医保相比容量较小,"绝大部分地区对新农合的报销范围做了较大限定,很多药品和诊疗服务都未纳入报销范围,因而参保农民只能利用基本医疗中的'最基本服务'"。⑤ 当然,近年

① 参见劳动和社会保障部、国家发展计划委员会、国家经济贸易委员会、财政部、卫生部、国家药品监督管理局、国家中医药管理局《关于印发城镇职工基本医疗保险用药范围管理暂行办法的通知》(劳社部发[1999]15号)。

② 劳动和社会保障部、发展改革委、财政部、卫生部、食品药品监管局、中医药局《关于城镇居民基本医疗保险医疗服务管理的意见》(劳社部发[2007]40号)。

③ 参见卫生部、国家发展改革委、民政部、财政部、农业部、国家食品药品监督局、国家中医药局《关于加快推进新型农村合作医疗试点工作的通知》(卫农卫发[2006]13号)。

④ 卫生部《关于调整和制订新型农村合作医疗报销药物目录的意见》(卫农卫发[2009]94号)。

⑤ 新型农村合作医疗试点评估组:《发展中的中国新型合作医疗——新型农村合作医疗试点工作评估报告》,人民卫生出版社2006年版,第76页。

来,随着城乡医保制度不断完善,三项医保基金"政策范围内"的支付比例不断提高,尽管提高的幅度各不相同,城乡居民由初期的 30%—40%,提高到 70% 左右,职工则普遍在 80% 左右。①

其次,城乡三项医保待遇支付模式和医疗费用报销的共付比率标准也是五花八门。即便是同一个制度的不同统筹区域待遇支付模式和共付比率也各不相同,以下摘取 2004 年学者胡善联对新农合的研究列示②,新农合待遇支付模式和共付比率标准不同主要表现在以下四方面,一是各地待遇支付模式不同,一种是保大病(主要是住院花费),一种是保大兼保小,即住院和门诊花费都在保障范围内。二是医疗费用报销的起付线不同,经济发达程度不同的省份之间起付线设置差异不大,但是,同一省份甚至同一市内的不同统筹县之间,起付线表现出较大的差异,浙江宁波 10 个试点县,县级医院住院报销的起付线最低的是 300 元,最高的是 1000 元,表现了主观性和随意性。三是待遇支付的封顶线不同,最低的西部省份有的为 3000 元,最高的东部省份有的为 50000 元。四是待遇支付的报销比例不同,各省各试点县的差异更大。共同的是农民平均报销率低,全国平均报销率为 31.60%,有的农民承担了近 70% 的共付率。

第二节　各具地方特色城乡医保
制度的建制逻辑

从各国社会保障建制的历史变迁看,"区分"与"整合"是社会保障建制和发展的双重逻辑,是全球社会保障制度建设的历史现象与必然趋势,"任

---

① 参见王东进:《全民医保在健康中国战略中的制度性功能和基础性作用》上,载《中国医疗保险》2016 年第 11 期。

② 胡善联:《全国农村新型合作医疗制度的筹资运行状况》,载《中国卫生经济》2004 年第9 期。

何一项社会保障制度的制定与实施都遵循从个别到一般、从特殊到普遍这个过程,某项社会保障制度最初总是针对特殊群体或特殊行业设置的,形成差异化的制度安排,并在实践过程中逐步将诞生于各个行业的碎片化整合为一个整体,从来也没有哪一项社会保障制度自诞生之日起就能涵盖全体国民"①。但是,受政治经济体制、社会经济发展水平、社会结构、历史传统等因素的影响,各国社会保障制度从"区分"到"整合"都因国情而各具特色、各有不同的逻辑。

我国基本医疗保险制度从改革、试验到制度的基本定型,"采取渐进式的改革方式推进,从单向突破到综合改革,从局部探索到全面推广,从弥补缺失到促进公平"②,本身就是中国国情、社情综合影响的结果,形成了独有的"区分"建制逻辑,即与经济体制改革以及城乡"二元"体制转型伴随,在城乡分离、分治的基本医保体制下,嵌入职业身份、不同地域、部门管理差别等因素交叉影响而形成"碎片化"的制度体系。

(一)城乡"二元"体制下的"碎片化"惯性

现行各具地方特色的城乡医保制度不是凭空想象,也不是理论设计,而是对计划经济体制下基于城乡户籍、单位性质和职业身份等社会现状为基础的医保制度改革变迁而成。改革中,首先难以突破的是深厚的传统二元体制的观念;其次难以突破的是既得利益,在"老人老办法、新人新办法"的改革原则下,在逐步改良中,计划经济体制下以城乡"二元"户籍及其"社会身份本位"分割医保制度的巨大惯性,在城乡医保制度改革过程中暂时得以保持和延续。

20世纪80年代中期城市国有企业改革,有大量下岗工人,国有企业改革的障碍需要突破,因此,计划经济时期城市的"身份、所有制差异"的"单

---

① 高和荣:《论整合型社会保障制度建设》,载《上海行政学院学报》2013年第2期。
② 郑功成:《坚持走中国特色的社会保障道路》,载《求是》2012年第13期。

位福利制度"的公费医疗制度和劳保医疗制度进行了改革。在逐步完成了与国有企业改革配套的城镇职工(即正式从业者)基本医疗保险制度建设后,2002年,在党的十六大"统筹城乡、全面协调可持续的科学发展"政策指导下,城镇职工医保制度开始向非正式从业者"扩面"覆盖,由于非正式从业者从业多元化、收入不稳定以及缺乏客观的收入计算平台,"扩面"覆盖极其艰难,为此催生了农民工医保制度、城镇居民基本医保制度等"小制度"体系。

2002年以后,为农村居民构建了新型农村合作医疗制度。新农合制度是对原有集体互助保障的传统农村合作医疗制度的承继和改革,因为政府财政资金的积极注入,使得集体互助保障机制演变成为社会保障机制。但是,新型农村合作医疗制度的构建,仍然坚持了以"农村户籍"、"农民身份"定位制度的惯性,遗留了城乡二元体制,形成了与城市基本医保制度体系分割的制度样态。

(二)"摸着石头过河"改革策略下的探索式"碎片化"

我国由计划经济向市场经济体制转轨,任何改革的主张往往面临严重分歧和争论,很多情况下研究者也很难达成共识,"没有谁能掌握社会变革的总钥匙和总规律"①。因此,在"实践是检验真理的唯一标准"的理论引导下,搁置争议,采取"摸着石头过河"的改革策略,采取渐进成长过程。在这种"转型"时期开创性、灵活性的经济社会制度背景下,适应城乡"二元"经济社会和地区发展不平衡的国情,以及就业形式、劳动关系多元化、非就业人群普遍存在的社情,只可能有试验、摸索,不断地进行制度选择和制度完善。"我国社会保障制度的改革过程也是为了应对当时一些迫切需要解决的经济和社会问题而实施的,大多数社会保障项目的选择和出台是为了应对当时的问题,而不

---

① 刘进业:《社会转型需要一定的保守主义》,载《南方周末》2014年5月22日。

是从长远的战略视角出发制定的。"①城乡基本医保制度遵循了这一改革策略,尝试建设了城镇职工基本医疗保险制度、新型农村合作医疗制度、城镇居民医疗保险制度,三项基本医疗保险制度由城镇到农村、从覆盖正式从业人群到非正式从业人群以及无业人群,用了近 30 年时间,实现"制度覆盖"全民的目标。三项基本医保制度的试验性、渐进性、权宜性的制度变迁逻辑,"取决于体制作为一个整体的相互适应性的需要和社会承受力,不是按既定模式、既定理论走来的,是分类探索自然形成的"②。

(三)政策治理和政策执行中的层级型"碎片化"

与"摸着石头过河"的改革策略相随,我国各个领域的改革都采取政策治理方式,只确定改革的方向、政策的基本框架,不规定改革的具体规范,为改革留下创新余地,从而自下而上进行试验,再自上而下总结、完善政策。因此,城乡三项基本医保全国性政策出台后,都允许地方在医保筹资方式、保障待遇支付、管理和经办等制度环节上探索创新。由于城乡差别、区域差异,地方财政资源禀赋不同;特别是中央与地方基本医保事权与财权一直没有明确划分,"虽然中央财政自 1998 年以来对社会保障的投入大幅增长,但并非法定的固定机制,地方财政责任更缺乏规范。社会保障财政责任划分的模糊化,直接损害了新型社会保障制度的有计划性和可预见性"③。依赖财政支持的基本医保政策制度,在省、市、县行政隶属关系与传统的地方属地管理相结合、层层动员实现政策目标的过程中,各地均根据自身财力状况和地方知识、地方利益,对三项基本医保制度的筹资、待遇、管理经办等方面进行附加式、选择

---

① 张秀兰、徐月宾、方黎明:《改革开放 30 年:在应急中建立的中国社会保障制度》,载《北京师范大学学报》(社会科学版)2009 年第 2 期。
② 杨兆敏、陈敏娜:《人口结构变化:决定社会保障制度改革最终方向》,载《工人日报》2007 年 11 月 21 日。
③ 郑功成:《从城乡分割走向城乡一体化——中国社会保障制度变革挑战》上,载《人民论坛》2014 年 1 月上期。

式、替代式等相机变通,创建了不同模式,形成了差异化、层级型的基本医保地方政策。三项基本医保制度一县(市)一策,财力雄厚的地方,具有较强民生意识,三项基本医保的筹资和待遇明显高于其他地方,形成了统一医保项目之下区域性的碎片化制度,"地方政府所实行的基本医保政策进一步'分割'了整个医保体系"①。

(四)行政管理分治及政策制定"碎片化"

现代社会保险制度作为强制性、政府主导的公共事业,需要政府确定主管部门统一管理和推行。同时,为了适应社会保障专业化、标准化、规范化、信息化、精细化管理事务的需要,行政主管部门必须细化社会保险的决策规则、管理规则和服务规则。为此,除了社会保险基本立法外,各国社会保险的行政立法和政策体系都庞大而复杂。我国现行主管基本医保的政府部门,在中央包括人社部门、卫生部门以及发改委、农业部门、财政部、民政部等配合管理部门,各行政主管部门都分别建设了庞大②的基本医保政策体系。各行政主管部门由于职能不同,存在一些本位上的不同观点;加之,主管部门对运营巨量基本医保资金的经办机构人员、业务、经费的控制,以及为此衍生出来的权威及其利益。"政策制定各部门间由于角度、视野或者立场的不同,针对各自认为的主要问题出台政策,导致决策的不作为或者乱作为,实际出台的一些政策往往起反向作用。"③"政府各部门的官员根据其部门利益进行公共政策制定或影响公共政策制定过程,中央政府各部门之间,中央和地方政府之间,各级地方政府间通过在项目谈判中的各种争论、妥协、讨价还价后,才能制定出公

---

① 施世俊:《社会保障的地域化:中国社会公民权的空间政治转型》,见 2014 年 3 月 21 日,http://www.doc88.com/p586798957063.html。

② 笔者统计,仅就基本医疗保险制度体系中的新农合制度建设来说,从 2002 年中共中央、国务院提出建立新农合制度以来至 2012 年底,卫生部、财政部、民政部等部门或单独或联合发文,先后颁发了近 70 项相关新农合制度的政策文件。

③ 金春林:《政策制定力避碎片化》,载《健康报》2014 年 2 月 17 日。

共政策。"①这种城乡医保管理的政府组织体制"碎片化",是形成医保制度"碎片化"的根源。

　　总之,我国现行城乡基本医保制度体系是在城乡、身份、地域、部门等的"分割"逻辑下渐进构建而成。

---

　　①　Kenneth G.Lieberthal,David M.Lampton.Bureaucracy,Politics and Decision Making in Post-Mao China[M].Berkeley:University of California Press,1992:78.

第三章　各具地方特色医保制度的
时代局限与整合的现实性

城乡基本医保制度的"碎片化"构建,是与我国经济发展状况和城乡二元化的社会结构相适应。近30年的医保制度构建,我国城乡医保制度体系框架构成,实现了"低水平、全覆盖"全民医保的初级目标,基本医保制度建设取得了伟大成就。

但是,经历40多年的改革发展,我国已于2009年跨入中等收入、新兴工业化国家的行列。特别是工业化、城市化建设步伐加速,城乡二元体制逐渐改变,城乡一体化体制机制建设加速推进,经济社会结构发生了深刻变迁,人口流动加速,多元就业格局形成。面对这样的社会现实,由于医保制度之间的重叠交叉,基本医保管理和经办机构的职能重叠,医疗待遇呈现实际上的"不公平、不便携、不可持续"等状况,经济社会的发展又推动了整合医保制度的伟大社会工程。

第一节　各具地方特色医保制度的时代局限

一、重复参保和漏保并存,不利于医保覆盖全民

2016年11月17日,由于我国改革开放以来适应市场经济体制的社会保

障覆盖率的成就,国际社会保障协会(ISSA)将"社会保障杰出成就奖"授予中国政府,①尤其是在基本医疗保险方面,参保人数超过 13 亿,参保率达到95%以上,基本实现全民医保。这一成就来之不易。尽管还存在一些问题。如三项医保制度以城乡户籍和职业身份交叉区分参保对象,还有一些人群未能参保;新农合制度在卫生部门主管下,基本上以县为统筹单位,并且一县一策,户籍制度下的人户分离者、无户籍居民、原农村户籍人口因就学服兵役等原因将户口迁出,后又回到原籍居住的人群,由于各地新农合政策缺乏转移接续政策,这些人群在参保人范围之外;再如职工基本医疗保险,是对计划经济体制下城镇正式从业者设计的基本医疗保险制度,经过改革,虽然非正式从业者可以自愿参保,但由于职工医保自愿参保过高的缴费门槛,非正式从业者自愿参保意愿不高。

随着农民工成为城市工业化的主力军,其医保权益得到重视,一些地方的城镇职工基本医保、新农合、城镇居民医保、农民工医保,根据相关规定,农民工均可参加。由于城乡三项医保管理分属卫生、人社等部门,为完成参保率的任务,在管理方式和信息系统尚未统一的情况下,造成重复参保;重复参保又造成重复财政补贴,财政负担过重。据媒体报道,2010年我国重复参保约有 1 亿城乡居民,财政重复补贴每年估计为 120 亿元。② 有学者估算:"截至 2015 年末,在 9 个省实现城乡居民医保整合的情况下,重复参保、政府重复补助的人数有所减少,但估计全国仍有 7000 万人重复参保,按 2015 年人均补助 380 元计算,政府重复补助参保一年就高达266 亿。"③

---

① 参见邱玥:《中国政府获国际社会保障协会社会保障杰出成就奖》,载《光明日报》2016年 11 月 19 日。

② 参见赵鹏:《我国 1 亿城乡居民重复参保,财政重复补贴 120 亿元》,载《京华时报》2010年 9 月 17 日。

③ 郑功成:《理性促使医保制度走向成熟——中国医保发展历程及"十三五"战略》,载《中国医疗保险》2015 年第 2 期。

二、存在公平性不足的现象,不利于人员流动和社会融合

公平、公正、共享是社会保障制度的核心价值理念。社会保险一般以参保人的收入为基数,遵循量能负担的筹资原则,收入多的人多缴纳保险费,收入少的人少缴纳保险费,但是,不论缴纳保险费的多少,最后都公平享受社会保险待遇,以实现社会保险收入再分配的社会效果。而城乡医保制度"碎片化"现象造成受保障待遇不同,存在实质上不公平。城乡居民因户籍、职业、收入等社会经济因素的限制被划分归属于城乡三项基本医疗保险制度中,三项基本医疗保险制度受保障对象以及筹资结构、筹资水平以及各地保障政策选择的差异,客观上在三项制度之间、在同一制度的不同统筹区域之间形成保障水平的差异,甚至造成三项制度间不同参保群体的非理性不平等感受和权利攀比心理。当然,公平性不足的基本医保制度、多样化的区域医保政策、多元化的医保待遇,导致城乡三项医保制度的被保障主体医保权利转移难、衔接难,直接影响社会人员流动,甚至"不利于社会融合和社会和谐"。①

城乡医保制度的"碎片化"引起的公平性先天不足,主要体现在两个方面:

其一,制度与制度之间筹资和保障水平的差异。在新农合刚刚开始启动的那几年,根据学者们估算,城镇职工医保和新农合人均筹资相差约 20 倍,与城镇居民医保相差约 2 倍。② 随着新农合和城镇居民医保筹资水平不断提高,到 2010 年与职工医保的筹资差距为 10 倍。③ 正因为低水平的筹资,新农合医疗保障低水平起步,粗略给付农民和城镇居民医疗保障待遇。而且,新农合的基本药物目录、基本诊疗服务等"基本医疗服务包"和城镇医保相比其容

① 参见郑秉文:《中国社会保险"碎片化制度"危害与"碎片化冲动"探源》,载《社会保障研究》2009 年第 1 期。
② 参见辜胜阻:《社会保险法不宜过快统一城乡医保》,载《今日中国论坛》2010 年第 1 期。
③ 参见熊先军:《医保评论》,化学工业出版社 2016 年版,第 26 页。

量小,绝大部分地区对新农合的报销范围做了较大限定,很多药品和诊疗服务尚未纳入报销范围,因而参保农民只能利用基本医疗中的"最基本服务"。当然,要想使三项医疗保障制度达到同样保障水平,实现城乡统一,在不降低城镇职工医保保障水平的情况下,需要增加新农合、城镇居民医保的筹资水平。在农民、城镇居民的收入水平缺乏持续性增长的条件下,21世纪前十年,在国家财政持续性增长的前提下,财政补助分担新农合和城镇居民医保的比例快于城乡居民缴纳的医保费。如2012年,城镇居民参保平均个人缴费70多元,职工个人平均个人缴费接近800元,城镇居民医保的医疗费用报销比例由制度启动时期的30%—40%,提高到70%左右,直逼职工医保的75%保障水平;导致城镇灵活就业者基本上都放弃参加职工医保而选择参加城镇居民医保。[①] 此外,新农合和城镇居民医保虽然制度模式相同,但是,两种制度在个人筹资标准、药品使用范围、住院起付标准、实际报销比例、最高支付限额等方面仍然存在较大差异,造成了同一区域城乡居民享受的医保待遇也不相同,还引发城乡参保居民相互攀比,重复参保行为很难避免。

其二,同一制度的不同统筹地区之间筹资和保障水平的差异。由于我国区域经济社会发展不平衡,特别是县域经济社会发展差异大,各个统筹地区财政补助三项基本医疗保险的筹资差距也较大,尤其新农合和城镇居民筹资差别大,"地方不同、报销比例和政策悬殊,同一个检查、同为门诊化疗、同一种药品……不同地方能否报销,千差万别"[②]。如2004年学者胡善联对新农合的研究列示[③]:就筹资水平来说,全国大多数地方筹资水平是人均30元—40元,东部发达地方大约是50元—80元。待遇支付水平的不同表现在以下四

[①]　参见新型农村合作医疗试点评估组:《发展中的中国新型合作医疗——新型农村合作医疗试点工作评估报告》,人民卫生出版社2006年版,第76页。

[②]　袁端端:《罗尔事件背后:越穷的地方报销越少,看病越难》,载《南方周末》2016年12月8日。

[③]　参见胡善联:《全国农村新型合作医疗制度的筹资运行状况》,载《中国卫生经济》2004年第9期。

方面,一是各地待遇支付范围不同,一种是保大病(主要是住院花费),一种是保大兼保小(住院和门诊花费都在保障范围内);二是医疗费用报销的起付线不同,经济发达程度不同的省份之间起付线设置差异不大,但是,同一省份甚至同一市内的不同试点县之间,起付线表现出较大的差异,如浙江宁波 10 个试点县,县级医院住院报销的起付线最低的是 300 元,最高的是 1000 元,表现出较大的主观性和随意性;三是待遇支付的封顶线不同,最低的西部省份有的为 3000 元,最高的东部省份有的为 50000 元;四是待遇支付的报销比例不同,各省、县之间的差异更大。

三、存在管理经办资源浪费的现象,不利于提高运行效率

城乡医保部门分属不同部门分别管理,管理体制不顺,职能交错,导致管理资源存在浪费现象。长期以来,人社部门负责管理职工医保和城镇居民基本医保,卫生部门负责新农合医保。分别管理,政出各门,重复建设,职能交错,加上尚未有统一的基本医保法律界定和划分,因而三项基本医保管理机构配合乏力,各个管理机构在城乡基本医保管理协调配合不够;而且,各部门自建基本医保经办机构,重复设置机构、重复建设信息系统,现代 IT 技术条件与医保信息管理各自独立,资源无法共享,存在较大浪费现象。"仅仅信息系统建设,一个地级市的投入就高达 6000 万元甚至更多。"①为了理顺三项基本医保分属不同部门管理的体制,近年来城乡三项基本医保整合试点工作,由于人社部门与卫生部门对医保管理存在协调、配合不足的问题,两部门竞争管理权也影响地方整合城乡医保管理权,整合后的基本医保管理权在地方又被"分解"为卫生部门管理模式、人社部门管理模式、人社和卫生部门合作管理模式、财政部门管理模式、政府直接管理模式等。在全国范围内,基本医保管理体制存在上下管理纵横交错、职能不清、管理不足、资源浪费现象。在各自的

---

① 郑功成:《理性促使医保制度走向成熟——中国医保发展历程及"十三五"战略》,载《中国医疗保险》2015 年第 2 期。

管理体制下,加上卫生行政部门医保经办与管理不分,管事、管钱、监督基于一个部门的运营医保基金,难免出现基本医保服务效率低下,增加腐败风险,也不利于提高医保制度运行质量。

四、基本医保法律尚未统一,各地自行制定政策

　　"碎片化"基本医保制度,实质是分城乡、分部门、分区域的政策制度创新的结果。立法机构总结基本医保近30年政策试点的经验,将政策上升为法律的不少。但是,我国基本医保还处于改革进程中,各地试点在筹资、基金管理、基金统筹层次、待遇支付等方面探索了不少制度或管理模式,很多问题未有定论。有些是尚未经过充分实践检验的制度,争议还较多,制度未定型,如新农合和城镇居民医保制度,决定这两项医保的经济、社会、政治等多种因素还处于渐变过程中,新情况、新问题不断出现,需要继续探索和实践,需要保持必要的灵活性。有些则是因为部门相互博弈,未能达成一致,只能暂时回避和授权立法,如人社部门与卫生部门对新农合管理争议,还需要行政体制改革的跟进。有些是由于中央和地方之间的利益分配,未能作出统一规定,如基本医保逐步实现省级统筹,由于我国二元经济社会的外部条件,区域经济发展水平存在较大差异,基本医保的筹资、待遇地区差异较大,统筹层次提高到哪个层级,哪个层级的财政就要担负更多的责任,统筹层次越低,效率越高,统筹层次越高,风险越大,在既定的外部条件下,许多地方基本医保还处于县级统筹,要逐步实现省级统筹。基于上述诸多因素,《社会保险法》立法时,立法机关确立了"确立框架、循序渐进"的立法原则;对于各地实践中较为成熟的制度予以认可,对于争议较大的要素制度大都以授权立法为主,或者作方向性规定等,最终形成了《社会保险法》框架式、综合性、原则性、授权性的立法特征。这样的立法,可操作性不足,需要基本医保行政管理部门制定法律实施性规定和政策。我国基本医保由此而来纵横交错的管理体制,条块分割的决策权和政策体系,也造成了基本医保法律实施的地方特性,地方各自制定相应的政策。

第二节　整合各具地方特色医保
制度的必要性和可行性

一、整合各具地方特色医保制度的必要性

城乡基本医保制度建设是我国特定历史时期的产物,在促进城乡基本医保"低水平、广覆盖"方面发挥了一定作用。随着我国进入新的发展阶段,现有的基本医保制度不能助力经济社会的发展,基于城乡、身份、区域差异分别建立的医保制度,在保障民众公平、公正、共享社会发展的利益方面,需要根据社会经济发展的水平进一步调整提高。因此,整合基本医保制度是经济社会发展提出的时代要求,是深化城乡三项基本医保制度改革的重要一环,是基本医保制度自身完善的必然要求。

1.从基本医保制度建设的内在规律看,基本医保制度建设自有其内在规律。以往"碎片化"基本医保制度建设体现了社会保障制度"选择"应付工业化社会风险的根源性,各国社会保障体系建设都经历了从选择性的"职业化"社会风险保障制度,到逐步"覆盖全民"的相互协调的完整保障体系的发展过程。我国基本医保建制承继了计划经济体制医保制度的"渐进性"改革、探索式重建的特色道路,经过30多年的实践,具有中国特色的、覆盖全民的基本医保制度体系框架初步建立起来了。这个"初步建立"起来的框架,意味着医保"制度覆盖"全民的阶段目标实现,是基本医保制度建设的初级阶段和过渡阶段。基本医保制度构建,在完成全民覆盖的伟大历史成就之时,也逐步显露了基本医保制度体系的"碎片化"特征,即制度的重叠交叉,不同人群筹资和医保水平的不同,转移难,医保管理和经办机构的职能重叠等,不利于全民普惠式、公平医保权利的实现。在我国城乡一体化体制机制加速建设时期,医保制度与时俱进、因时谋事、顺势而为,推动"碎片化"基本医保制度的整合,以实

现基本医保制度的定型、公平和可持续发展。当然,基本医保制度的全民覆盖,为整合基本医保制度提供了基础条件,统筹城乡、统筹区域、统筹全民,完善基本医保制度体系已成为我国基本医保制度建设下一阶段的目标。

2. 从我国经济社会发展条件看,经过 40 多年的改革开放,我国经济社会取得长足发展和进步,经济和社会转型、体制转轨是其基本特征。特别是 2002 年党的十六大提出了"统筹城乡、全面协调可持续的科学发展"的方针政策,计划经济时期形成的"二元"体制逐渐改变;2007 年党的十七大又规划了加快城乡经济社会一体化格局的体制机制建设的目标。我国的经济社会发展已经达到一定水平,农村人口较大规模向城市流动,城乡经济社会一体化步伐加速,城镇化、工业化、现代化提速和推进,深刻地改变了我国经济、社会、人口结构,基本医保制度体系需要与之协调发展。2007 年,我国人均 GDP 已经进入中等发达国家行列,经济总量和财政收入的快速增长为健全基本医保制度提供了深厚的物质基础。社会发展方面,随着城乡结构变迁,人口流动加速,社会结构进一步分化,贫富差距、城乡差距、区域差异、职业差异、流动人口与当地居民利益分歧等问题凸显,通过完善基本医保制度化解社会差异和社会矛盾。从人口结构上看,随着经济、社会结构变化,人口结构也快速变化,大规模人口流动迁徙在我国持续了 20 多年,人口迅速向城镇聚集,"2012 年,我国城镇化率为 52.7%,流动人口总量达到 2.36 亿人"[1],特别是家庭化迁徙成为新生代流动的主体模式,就业形式更加多元化,完全打破了区分城乡、身份、职业所建立的基本医保制度的格局。如何适应流动性,成为现行基本医保制度体系需要进一步解决的局面,也是现行基本医保制度完善的突破口。

3. 从民众的基本医疗保障需求看,自改革开放以来,适应经济体制改革,基本医保制度建设从城市到乡村,主要解决的是"'有没有'的问题,也就是努

---

[1]　国家卫生和计划生育委员会流动人口司:《中国流动人口发展报告》,中国人口出版社 2013 年版,第 3 页。

力从制度和人员两方面都实现全覆盖,做到人人有保障"①的问题。从没有到有,过去享受不到基本医保的主体,特别是农民和城市无业者尝到了甜头。随着基本医保制度的构建与实施,城乡三项医保筹资水平、保障水平、医保经办服务水平,因城乡、区域、职业的区分形成的差异逐步显现出来。特别是覆盖面总体不足、保障水平有较大差别、制度设计存在欠缺等深层次问题,越来越成为城乡人口流动的瓶颈。这些问题拉大了城乡、区域、职业、收入的差别,未能很好地发挥基本医保制度调节收入、减少贫富差距的功能。所以,从基本医保制度全面覆盖,到人人平等享受更加公平的基本医疗保障,已成民众普遍的需求。民之所愿,施政所向。所以,整合"碎片化"的基本医保制度,最大限度地体现公平和正义原则,是社会发展的迫切需要。

二、整合各具地方特色医保制度的可行性

基本医保制度全民覆盖,是整合基本医保制度的内在要求;经济社会一体化加速发展,是整合和完善基本医保制度的时代要求;国民公平、公正、共享社会发展利益,是整合和完善基本医保制度的合法性要求。整合和完善基本医保制度不仅具有必要性,而且已经具备了坚实的社会基础,具有可行性。

(一)党的方针和政策不断加强,为整合基本医保提供了行动指南

我国宪法第 45 条赋予公民社会保障权,社会保障权是指公民在遭遇民生问题时从社会获得基本生活条件的权利。从宪法视角看,社会保障权的主体是全体社会成员,社会保障权是一种积极权利,也是党和政府执政为民履行的宪法义务。"党必须将社会保障纳入执政纲领,就其基本原则和体系建设勾画出远期规划和近期目标,并依法明确政府对实现这些规划和目标承担连续

---

① 本刊编辑部:《年度字典》,载《中国社会保障》2013 年第 1 期。

性责任,以便政府拟定具体工作计划。"①基于社会保障理论,党的社会政策②,特别是社会保障,包括基本医保的具体政策,是推动政府制定和执行基本医保制度的决定性力量,当然,也是推动整合城乡基本医保制度的决定性力量。

　　20 世纪 80 年代中后期,"社会保障"一词出现在党和国家的重要文献中,1993 年党的十四届三中全会《中共中央关于建立社会主义市场经济体制若干问题的决定》,将正在构建过程中的"多层次"社会保障制度确立为我国社会主义市场经济体制的基本支柱之一,并提出新型社会保障体系的若干原则。尽管"社会保障"是经济体制改革和国有企业改革的一部分,在社会保障制度改革过程中也破除了计划经济时期的社会福利和服务。2002 年底,党的十六大报告明显强调民生导向,社会保障政策得到了前所未有的重视,使用了"初次分配注重效率"、"再分配注重公平"的提法,③明确提出了统筹城乡经济社会发展的要求。2003 年 10 月,党的十六届三中全会提出以人为本、全面协调可持续的"科学发展观",再次提出统筹城乡发展的政策;2003 年,启动了以新农合制度建设为标志的全民医保。2004 年 9 月,党的十六届四中全会明确提出构建"和谐社会"的新理念;几乎同一时间,国务院发表了新中国成立以来首部《中国的社会保障状况和政策》白皮书,明确了"中国的社会保障体系包括社会保险、社会福利、优抚安置、社会救助和住房保障等。社会保险是社会保障体系的核心部分,包括医疗保险、失业保险、养老保险、工伤保险和生育保险"。2004 年,劳动与社会保障部还发布了《关于推进混合所有制企业和非公

---

①　杨燕绥、阎中兴等:《政府与社会保障——关于政府社会保障责任的思考》,中国劳动社会保障出版社 2007 年版,第 52 页。
②　社会政策是指影响公共福利的国家行为,社会保障是社会政策最基本、最重要的组成部分。参见岳经纶:《社会政策学视野下的中国社会保障制度建设》,载《公共行政评论》2008 年第 4 期。
③　参见岳经纶:《社会政策学视野下的中国社会保障制度建设》,载《公共行政评论》2008 年第 4 期。

有制企业人员参加医疗保险的意见》,明确要求将农民工纳入城镇职工基本医疗保险的范围。2006 年 10 月,党的十六届六中全会作出《中共中央关于构建社会主义和谐社会若干重大问题的决定》,进一步明确了我国社会保障体系建设的目标:"适应人口老龄化、城镇化、就业方式多样化,逐步建立社会保险、社会救助、社会福利、慈善事业相衔接的覆盖城乡居民的社会保障体系。"也就是在党的十六大前后,经济发展比较快的地区,已经开始探索将基本医疗保险向农村居民覆盖,同时自发地探索整合具有地方特色基本医保制度;同年,《国务院关于解决农民工问题的若干意见》要求,有条件的地方直接将稳定就业的农民工纳入城镇职工基本医疗保险中,并对各地下达"扩面"指标,通过劳动保障部门行政性推广。① 2007 年 10 月,党的十七大报告进一步阐述了中国社会保障制度建设的目标:"必须在经济发展的基础上,更加注重社会建设,着力保障和改善民生,推进社会体制改革,扩大公共服务,完善社会管理,促进社会公平正义,努力使全体人民学有所教、劳有所得、病有所医、老有所养、住有所居,推动建设和谐社会"。2008 年 10 月,党的十七届三中全会报告《关于推进农村改革发展若干重大问题的决定》(以下简称《决定》)把加快形成城乡经济社会发展一体化新格局作为根本要求,《决定》提出到 2020 年,农村改革发展的基本目标是基本建立城乡经济社会发展的一体化体制机制。其中,促进城乡基本医保制度一体化建设是一项关键和重要的内容。《决定》号召"把国家基础设施建设和社会事业发展重点放在农村,建设社会主义新农村,形成城乡经济社会发展一体化新格局,必须扩大公共财政覆盖农村范围,发展农村公共事业,使广大农民学有所教、劳有所得、病有所医、老有所养、住有所居"。2009 年中共中央、国务院《关于深化医药卫生体制改革的意见》和《2009—2011 年深化医药卫生体制改革实施方案》发布,为实现基本医疗保障制度全面覆盖城乡居民明确了政策方针和实践路径。2010 年 10 月 28 日,

① 参见劳动和社会保障部办公厅《关于开展农民工参加医疗保险专项扩面行动的通知》(劳社厅发[2006]11 号)。

全国人大常委会高票表决通过了《社会保险法》，这是国家最高立法机关首次就社保制度进行立法，是我国社会保障体系建设的里程碑，也是统筹城乡基本医保制度的法律依据。2012 年底，党的十八大报告提出，要统筹推进城乡社会保障体系建设，坚持全覆盖、保基本、多层次、可持续方针，以增强公平性、适应流动性、保证可持续性为重点，全面建成覆盖城乡居民的社会保障体系。其中，整合城乡居民基本医保列为重点任务。2012 年 5 月 2 日，国务院常务会议通过了《社会保障"十二五"规划纲要》，明确了我国统筹城乡的基本医保以及整个社会保障体系建设的目标与方向，勾画了从"十二五"到 2020 年整合城乡基本医保制度的蓝图。

党和政府的社会政策不断加强，为整合城乡基本医保制度提供了行动指南，整合城乡基本医保制度建设已经成为近年来的举国共识，有利于集中各级政府的财政和全社会力量，进一步推动整合城乡基本医保制度。

（二）城乡一体化体制机制建设加速，为整合基本医保提供了制度基础

整合城乡基本医保制度的可行性，不仅要考虑具体整合制度的设计问题，更要考虑城乡基本医保制度整合后妥适运行的配套制度。整合城乡基本医保制度，不仅仅只是整合现行的基本医保制度，还关涉宏观社会配套制度的整合。由于现行的基本医保制度，基于国民城乡户籍不同、收入分配的身份不同政策、公共财政城乡分开、地区差异、基本医保行政管理分属不同部门状况，所以，整合城乡基本医保制度，需要同时整合城乡不同的户籍制度、整合收入分配制度、整合城乡公共财政制度等。2008 年，党的十七届三中全会《关于推进农村改革发展若干重大问题的决定》中，把加快形成城乡经济社会发展一体化新格局作为根本要求，自上而下开始了加速城乡一体化体制机制的建设，为整合城乡基本医保制度提供了有力的制度保障。

首先，城乡户籍制度改革进入全面实施阶段，为整合城乡基本医保制度运

行提供了社会基础。户籍制度是一项基本的社会管理制度,城乡二元户籍制度将社会保障与社会福利"捆绑"一起,是城乡基本医保分别建制的主要原因。因此,城乡一体化户籍制度改革,是整合城乡基本医保制度可行性的基础制度。2008 年底,全国已有河北、辽宁等 13 个省、自治区、直辖市相继出台了以取消"农业户口"和"非农业户口"划分、统一城乡户口登记制度为主要内容的改革措施。① 2010 年,国务院转发了国家发展改革委《关于 2010 年深化经济体制改革重点工作的意见》,首次在国务院文件中提出在全国范围内实行居住证制度。2014 年 7 月 30 日,国务院公布《关于进一步推进户籍制度改革的意见》,户籍制度改革进入全面实施阶段。此次改革以居住证为载体,建立健全与居住年限等条件相挂钩的基本公共服务提供机制。户籍制度改革是一项必须优先推进的基础性工程,牵一发而动全身,"户籍制度改革有一个整体构架,是一次总体调整,教育、就业、医疗、养老、住房保障、农村产权改革等一系列配套措施将全面跟进。"②以统一居住证为基础,才能建立健全实际居住人口登记制度,建设和完善覆盖全国人口、以居民身份证号码为唯一标识、以人口基础信息为基准的国家人口基础信息库,社会保障才能构建统一信息制度和统一的社会保障卡制度,建设统一的经办服务平台,并顺利推进城乡基本医保制度的整合。

其次,收入分配和财税体制改革的全面推进,为顺利整合城乡基本医保制度提供了重要保障和财力基础。从筹资角度来说,社会保障制度是国家通过立法组织"全社会"筹资,并将资金公平分配给被保障主体。"社会保障资金来源于包括税收、缴费、捐献等多渠道,又被支付给受保障者与需要者,这种分配机制其实是一种风险分散或共担机制,风险共担本身即以互助为基石并在

---

① 参见曹克奇:《新型农村合作医疗参保人的身份认定:从参合农民到参合居民》,载《晋阳学刊》2012 年第 6 期。

② 余晓洁、邹伟:《用户籍制度改革筑牢公平公正之基》,见 2014 年 7 月 31 日新华网。

互助中使风险得到化解。"①同理,基本医保的筹资来源于初次分配、再分配、三次分配,基本医保作为收入再分配的重要手段之一,在初次分配、再分配、三次分配中对资金做精细设计,既不能影响经济发展效率,又要促使社会在公平稳定环境中为经济可持续发展提供动力,并为基本医保提供充足的财源。这些关涉收入分配和财税体制、中央与地方事权划分。长期以来我国城乡之间居民的收入差距较大,欠缺再分配的有效机制,财政分权体制尚不完善,"以分税制为主要特征的财政体制确立,包括社会保障支出在内的社会支出责任的地方化,使得地方政府,尤其地级市、县级政府成为财政性社会保障项目的主要责任者,而各类社会保障统筹层次长期处于地级市和县级政府的层次,也使得这些地方政府成为社会保障项目的管理者……财政分权的治理体制下,在劳动力丰富、资本稀缺的资源约束下,地方政府公共支出竞争主要指向流动性的资本……直接导致财政性社会保障支出遭遇经济建设支出的'挤出'"②。因此,社会保障中央与地方事权和财权缺乏明确规范,限制了城乡社会保障基金筹资的稳定以及财政性社会保障支出的发展,亟待改革。党的十八届三中全会报告对城乡的收入分配改革、财税体制改革、政府职能改革均作了方向性和路径安排。2013年2月国务院批转国家发展改革委、财政部、人力资源和社会保障部出台《关于深化收入分配制度改革的若干意见》;2014年6月30日,中共中央政治局审议通过了《深化财税体制改革总体方案》,对进一步理顺中央和地方收入划分,合理划分政府间事权和支出责任,建立事权和支出责任相适应的制度作了统筹安排。新一轮财税体制改革2016年基本完成重点工作和任务,2020年基本建立现代财政制度。这些基础性、全局性、根本性的改革全面推进,为整合城乡基本医保制度、建立和完善城乡统筹的基本医保基金制度提供良好的制度环境。

---

① 郑功成:《社会保障学——理念、制度、实践与思辨》,商务印书馆2000年版,第255页。
② 彭宅文:《分权、地方政府竞争与中国社会保障制度改革》,载《公共行政评论》2011年第1期。

再次,政府职能转变为整合城乡基本医保制度运行提供了管理基础。现代社会保障制度是政府主导、以政府为主要责任主体的强制性公共事业。因此,社会保障制度运行的核心问题是政府主导社会保障待遇给付的公平与公共管理的善管问题。这需要充当主要责任的政府来建立高效率的社会保障决策机制、管理机制和服务机制,需要服务型的政府管理部门细化社会保障的决策规则、管理规则和服务规则。所以,"社会保障管理对社会保障制度而言,较之法制系统、实施系统等更具形象代表色彩,同时是社会保障责任主体履行自己责任的象征,因此,现代社会保障制度不仅要求建立起相应的社会保障管理机制,而且要求建立健全高效率的社会保障服务机制"①。我国基本医保管理存在管理分制、经办资源交叉重叠、基本医保服务效率较低等问题,因此,整合基本医保管理,推动基本医保经办服务专业化、信息化,是整合城乡基本医保制度的组织和管理基础。党的十八届三中全会报告对政府与市场的关系、政府与社会的关系、政府职能范围、政府的经济社会管理权限、中央与地方的事权与财权划分等方面都提出了改革要求和方向路径,为全国建立统一的基本医保管理体制和部门奠定了良好的基础。

(三)整合城乡基本医保理论研究加热,为整合城乡基本医保提供了理论基础

理论源流在于实践,实践依据在于理论。基本医保制度关涉社会正义、社会经济资源分配、政府责任等等,表面上看取决于现实制度安排与政策实践,实际上深受一定理论基础与价值偏好的影响。社会保障学是在政治学、经济学、社会学、法学等多学科基础上逐渐发展起来的,近年来学术界对于整合城乡基本医保理论深入研究也是多领域、多方面的。归纳起来主要有以下几种理论:一是基本医保城乡一体化理论,运用发展经济学城乡一体化理论分析基

---

① 郑功成:《社会保障学——理念、制度、实践与思辨》,商务印书馆 2000 年版,第 416 页。

本医保一体化,将基本医保一体化作为城乡一体化的重要内容,①具体指基本医保制度消除城乡差别,在管理上统筹安排,在组织上统一协调,在受益上基本均等;基本医保城乡一体化是整合城乡社会保障的目标。二是统筹城乡基本医保理论,以基本医保一体化为目标,"改变和摒弃'重城市和轻农村'的二元思维模式和'城乡分治'的基本医保制度安排,通过深化体制改革和实施政策调整,实行城乡基本医保统一筹划,消除城乡藩篱,促进城乡二元医保制度向城乡基本医保一体化的转变"②。三是基本医保整合理论,是系统科学整合理论的应用,即通过现存基本医保制度进行梳理,对局部制度进行调整,对制度内相关主体的责任进行合理划分,对部分制度内涵进行适度延伸,以实现基本医保制度内容和制度结构体系的完善,促进基本医保制度公正、持续发展。③ 四是基本医保公平理论,基于社会保障公平的价值理念,实现全民社会保障均等化和适度普惠性的社会福利。④ 为此,现阶段基本医保制度建设应打破城乡、身份、部门、区域之间等障碍,建立相对统一、责任明确、转接灵活的基本医保制度体系,实现较高统筹层次上的管理、组织、信息和服务标准一体化。

总之,上述几种整合城乡社会保障的理论并无实际冲突,实际上是对整合城乡社会保障制度的目标、手段、方式、价值进行了多视角论证和多维度研究,共同促进整合城乡社会保障在理论上达成共识,形成强大的智识力量,推动了社会对整合城乡基本医保制度共识的形成。党的十八大报告和"十二五"及"十三五"中社会保障规划也对此重要内容作出了相关指示和规定。

---

① 参见徐同文:《城乡一体化体制对策研究》,人民出版社 2011 年版,第 85 页。

② 仇雨临、翟绍果:《城乡医疗保障制度统筹发展研究》,中国经济出版社 2012 年版,第 21 页。

③ 参见高和荣:《论整合型社会保障制度建设》,载《上海行政学院学报》2013 年第 3 期。

④ 参见王俊华:《基于差异的正义:我国全民基本医疗保险制度理论与思路研究》,载《政治学研究》2012 年第 5 期。

（四）整合城乡基本医保全国性立法启程，为整合基本医保提供了法律基础

2010年10月28日颁布的《社会保险法》是我国第一部社会保险的基本法律，启动了整合基本医保的全国性立法。该法作为一部综合性、纲要式、原则性的立法，相关整合城乡基本医保制度重点突出了发展性、方向性的规范，是我国进一步整合城乡医保制度的基本法律依据。该法将城乡"三元"基本医保制度并列纳入基本医疗保险体系，预示着城乡基本医保制度整合的方向；该法第7条关于"国务院社会保险行政部门负责全国的社会保险管理工作"，给予统一社会保险管理体制以原则性规定。《社会保险法》总则、第九章就社会保险经办机构设立、机构职责、经费保障、信息系统建设作了较详细的前瞻性、可操作性规定，为整合基本医保经办机制提供了规范指引。第58条规定："国家建立全国统一的社会保障号码。个人社会保障号码为公民身份证号码"，预示着全民普惠性基本医保制度的方向。第64条第3款就基本医疗保险统筹层次现状，对整合的区域基本医疗保险制度作了弹性、授权性规定："基本养老基金逐步实行全国统筹，其他社会保险基金逐步实行省级统筹，具体时间、步骤由国务院规定"。

总之，《社会保险法》为整合城乡基本医保制度提供了最基本的法律依据，使得整合城乡基本医保制度具备了法律可行性。

第二编

理论基础与范畴诠释

2

整合医保制度在我国已经形成高度社会共识。如何整合医保制度,离不开一套扎实的理论支撑。理论是实践的总结和升华,同时理论又会指导实践。近年来,对城乡医保如何整合,政府决策与学术界讨论不同,在整合城乡医保的政策以及法律建制的理念与原则、目标与内容、功能与结构上存在一些争论。因此,有必要梳理和分析关涉整合城乡医保的各项社会科学的基础理论,包括社会保险学、社会保险法学、社会学、转型经济学、公共管理学等,作为整合城乡基本医疗保险法律制度构建理论基础,直接关系到基本医疗保险法律制度的形成和最终的成熟。

第四章　社会医疗保险与社会医疗保险法的基本理论

2010 年 10 月 28 日颁布的《社会保险法》将城乡三元基本医保制度纳入调整范围,确定了城乡三元基本医保制度的社会保险属性。整合城乡医保制度,从法律视角看,以社会保险法的理念、基本原则、基本理论为指导,规范性整合我国城乡各具地方特色的医保制度。我国城乡医保区分建设和整合交叉进行近 30 年,全面整合和统一城乡医保制度的进程不尽如人意,其中对社会医疗保险及其相关法律制度缺乏深入研究是重要原因之一。本章重点对社会医疗保险、社会医疗保险法的基本理论进行深入剖析。

第一节　社会医疗保险的基本理论

社会医疗保险是应对疾病风险而给予国民保护的、带有强制性的、社会共同承担责任的社会保险制度。作为社会保险体系的主要组成部分,社会医疗保险具有社会保险制度的本质属性,又有自身的独特属性。

一、社会医疗保险是一项基本的社会保险制度

社会保险制度创始于德国俾斯麦时期,1883 年德国制定了《劳工疾病

法》,其后又出台了职业灾害、老年残废等三部劳工保险法。但是,社会保险概念一词并非德国首创,其用语起源于法国。第一次世界大战以后,德国、法国学界开始使用社会保险一词,第二次世界大战前,社会保险的保障对象由最初的"劳工"开始向全体国民扩展。因此,"从历史发展观点言之,从社会保险的名词使用及内涵上观察,较早的名称为劳工保险,适用对象仅限于薪资劳工阶级才具有受保护的资格,之后扩面覆盖到其他社会阶层,而将劳工保险改称为社会保险。"[1]基于此,一般而言,社会保险是国家通过立法建立的,以保险形式实行的,应对被保险人年老、疾病、失业、工伤、生育等大的生活风险的一项社会保障制度。1952 年 6 月 28 日,国际劳工局理事会在日内瓦举行第 35届会议,讨论通过了《社会保障(最低标准)公约》,就社会风险在全球范围达成了共识,将社会风险定义为出生、年老、患病、失业、工伤和家庭困难 6 项,以后逐渐被写进各国宪法,成为国家义务和公民权利。一般根据社会保险应对的社会风险种类和国际劳工组织的分类,将社会保险分为养老保险、医疗保险、工伤保险、失业保险、生育保险等项目。随着老龄化社会的到来,许多国家纷纷将老龄护理保险确定为法定社会保险项目。社会医疗保险作为一项最基本、最重要的社会保险制度,具有社会保险制度的社会性、保险性、强制性、福利性等全部属性。

(一)社会医疗保险事故:疾病风险的社会性和社会化应对

疾病风险的社会性和社会化应对是社会医疗保险的社会性属性的结构性特质。

社会保险应对的保险事故是在社会生活中人人都会遭遇的重大生存风险,即生、老、病、死、伤、育等风险带来的经济不安全之状态,简言之,社会保险应对的是经济不安全状态。人类为谋求经济安全,借由共生共存、互助共济原

---

[1] 柯木兴:《社会保险》,三民书局股份有限公司 2013 年版,第 40 页。

则创制了保险制度。当然,人类在社会生活中应对的风险无处不在,种类繁多。疾病风险造成的生存安全和经济安全的社会影响力急迫而且重大,是"人类面临的诸多社会风险中危害最严重、涉及面广、纷繁复杂、直接关系到人类生存权利的一种特殊风险"①。疾病风险的社会性表现与社会经济危害,需要共生共存的社会互助共济、社会团结才能应对。

前工业化时期,对疾病治疗的手段和方法极为落后,对疾病进行治疗更多地使用巫术或宗教手段,因而,疾病带来的主要是生存风险而不是经济风险,并没有形成社会保险所应对的社会性经济风险。加之,生产力低下,人口流动滞缓,主要依赖亲缘家庭自助互助,并附属有地缘社区、宗教团体等熟人社会的互助共济抵御疾病风险,使得每个人勉强实现生存机会最大化,个体疾病风险很难演进为系统性社会风险。

及至工业化、现代化,对疾病及其医疗风险的应对之策产生了革命性影响。首先,现代化、工业化条件下,人类健康受生物生态环境、自然环境、社会环境、现代生活和行为因素等多方面因素的影响和威胁,疾病风险无孔不入;而且,现代化、工业化产生了崭新的疾病类型,如因工业排放导致的呼吸系统疾病、工业噪音和辐射导致疾病谱的变迁。其次,现代化也助成现代医学产生,现代化的医疗技术、医药设备不断助推医疗费用上涨,医疗医药费用的不断上升导致疾病医疗的经济负担成为家庭不可承受之重,最终,威胁生存风险的疾病治疗成为每个人和家庭不可承受之经济风险和经济不安全。事实上,"即便在工业化之后的20世纪20年代,医疗费用仍远远低于因为疾病所带来的收入损失"②。再次,工业化、现代化条件下,疾病风险具有很强的外部性和社会性,"疾病风险不仅直接危害个人健康,同时由于疾病的外部性可导致对他人和社会整体利益的损害"③。总之,工业化和现代化条件下,疾病带来的

---

① 王保真:《医疗保障》,人民卫生出版社2005年版,第8页。
② State of Illinois,Report of the Health Insurance Commission,pp.15–17(1919).
③ 仇雨临:《医疗保险》,中国劳动社会保障出版社2008年版,第8页。

生存风险,及其疾病治疗的经济风险逐步演进成为社会性风险和社会问题,成为需要社会化应对的首要社会风险。而且,工业化和现代化条件下,社会化分工越来越发达,劳动者和生产资料分离,人口流向城市,人们依赖劳动力来换取劳动报酬,劳工面对机器化大生产,增加了个人生活的不确定性,在社会化大生产的集中条件下,疾病及其治疗造成的生存风险和经济风险表现为社会普遍现象,并演进为社会问题,必须透过社会团结的避险方式来解决。

当然,这种社会团结的避险模式,本身就较难期待个人会自动自发地配合,"通常必须透过团体或国家的力量'外塑'而成"①。工业化之前,家庭承担抵御疾病造成的生存风险和经济风险的功能,最早被"契约取向"的职业公会、同业组合所影响或者取代。与此同时,市场经济活动中,借由利己思想和自助互助的力量又产生了商业保险制度来抵御个体风险。但是,"互助共济组织的出发点仍是基于小团体内个人利益的保障,难以从解决社会问题以及实现社会利益的目的来进行保障,导致事实上虽然存在大量的互助共济组织,但绝大部分社会成员并没有被纳入此种保障范围内"②,应对大规模的疾病及治疗的社会风险这一社会问题捉襟见肘。在英、德等工业化较先进国家风起云涌的劳资矛盾以及资产阶级民主运动推动下,国家作为社会生活的最高组织,在整合各种经济互助和社会互助共济的制度基础上,"基于不同时期的国家政策逐渐将社会上自发组成的互助共济团体纳入法律规制"③,创制了社会保险制度。国家权力介入互助保险构建社会保险的显著特征在于扩大保障覆盖面,维护和保障社会多数人在遭际疾病及其治疗的经济风险时能够得到经济安全保障。因而,包括疾病医疗保险在内的社会保险是一种社会制度,是国家通过公共政策建构以应对社会风险的社会制度。社会保险创制鼻祖德国,最早确立的是医疗保险制度。

---

① 钟秉正:《社会保险法论》,三民书局股份有限公司 2005 年版,第 114 页。
② 李文静:《医疗保险法律制度研究》,中国言实出版社 2014 年版,第 10 页。
③ 李文静:《医疗保险法律制度研究》,中国言实出版社 2014 年版,第 8 页。

1952年6月28日,国际劳工局理事会在日内瓦举行第35届会议,讨论通过了《社会保障(最低标准)公约》,就社会风险在全球范围达成了共识,将社会风险定义为出生、年老、患病、失业、工伤和家庭困难6项,以后逐渐被写进各国宪法,成为国家义务和公民权利。我国《社会保险法》确定的社会保险制度应对的社会风险是养老、医疗、工伤、失业和生育等五大类。随着老龄化社会的到来,许多国家纷纷将老龄护理保险确定为法定社会保险项目。2015年,党的十八届五中全会公报上宣布,我国也开始试点建立老龄护理保险制度。

(二)社会医疗保险风险分散机制:保险性和强制性

疾病风险及其带来的经济不安全是如此的严重和重要,世界各国纷纷选择社会医疗保险制度作为防范疾病风险的最基本制度,目前全世界已有147个国家和地区实施社会医疗保险制度,①并有增加建制的趋势。社会保险制度就是以保险形式、保险原则构建起来的社会互助和风险分担制度,是国家通过立法形式确定并强制实施的一种保险形式。"从社会保险的产生背景及其需要而言,社会保险系以推行社会政策为手段的一种保险经济制度,即透过保险方式来解决政府推行社会政策所谋求的问题。"②"社会保险是对大的生活风险(疾病、老年等)给予保护的带有强制性质的共同承担责任的(社会)联盟"。③保险性和强制性是社会保险风险分散机制,也是社会医疗保险的风险分散机制。

保险性指以多数人分摊少数人的经济损失,以保险财务上的确定性代替经济负担的不确定性。从保险的自然属性看,保险是指在个人责任主义社会

---

① 参见柯木兴:《社会保险》,三民书局股份有限公司2013年版,第233页。
② 仇雨临:《医疗保险》,中国劳动社会保障出版社2008年版,第41页。
③ [德]霍尔斯特·杰格尔:《社会保险入门——论及社会保障法的其他领域》,刘翠霄译,中国法制出版社2000年版,第6—7页。

里,利用保险精算技术,集合具有同类危险的众多单位和个人,以合理承担风险金的方式,达到对少数成员因该危险事故所致经济损失的补偿行为。从保险的社会属性看,保险是多数单位和个人为了保障其经济生活安定,在参与平均分担少数成员因偶发的特定危险事故所致损失的补偿过程中,形成的互助共济价值形式的分配关系和经济制度。

保险性贯穿于社会医疗保险制度建制的筹资、基金管理与待遇支付的各个环节。社会医疗保险的保险性的"运作机理在于,利用特定期间内承保的具体被保险人是否发生保险事故并不确定的事实,将健康群体的保费集中并转移使用于患病群体,从而保证保险财务的安全运行……其本质上属于短期保险或者定期保险"[1]。因而,社会医疗保险在筹资、保险基金统筹管理、待遇支付等各个要素制度上均有不同于其他社会保险项目的特点。从筹资环节看,社会医疗保险按照大数法则的保险技术测算保险费;但是,与养老、失业、工伤、生育等以收入损失为补偿目标的社会保险制度不同,社会医疗保险以医疗费用支出为保险标的,由于疾病发生的随机性、突发性以及经常性,以及疾病治疗的信息不对称、不确定、供方诱导需求、疾病治疗费用不断增长等特点,社会医疗保险的损失补偿费用不容易估算,不可能精算,只是粗略测算,一般以收支相抵、略有结余为原则,以年度内实际发生的医疗费用为依据,合理测算人均医疗费用额度,并按一定的比例提取,或按每月每人一定的数额征集。从保险基金统筹管理环节看,由于医疗保险赔付的即时性、短期性、经常性,不可能像养老社会保险以及商业健康保险那样,根据长期收支平衡的原则确定费率,以及采取完全积累制的预提分摊方式筹资,各国社会医疗保险基金的统筹一般都是现收现付制的统筹分摊方式,即主要以横向收付平衡原则为依据,先测算出年内需支付的医疗保险费,然后以支定收,将这笔费用按一定的提取比例分摊到所有参保人,当年提取,当年支付。这种方法以保险期内不同年龄

---

[1] 李文静:《医疗保险法律制度研究》,中国言实出版社2014年版,第50页。

和健康状况的投保人之间的互助共济,来实现收支横向平衡。从社会医疗保险的待遇支付环节看,养老、失业、工伤、生育等社会保险,是以收入损失为保险待遇支付目标,保险待遇一般是定额支付保险金。社会医疗保险待遇则无法定额支付保险金,原因在于,随着医疗科学技术的发达与医疗费用的飞速增长,"治疗费用已远远超过收入减损而成为对公民经济安全最大的威胁,在某些情况下二者的悬殊程度甚至可以使后者忽略不计"[1]。为此,各国的社会医疗保险待遇支付都是按照实际花费的医疗费用来补偿被保险人。

强制性集中体现在,国家以强制加入社会保险对社会成员的"私有财产权"进行干预来征收社会保险基金,将社会成员遭遇危及生存的老年、疾病、伤害、生育、失业等风险予以社会化分摊。正因为社会保险基金的筹集、管理与分配涉及庞大的社会资源分配,使得社会保险具有收入再分配功能,必须依法进行,需要法律规定缴费依据,依法征缴,此即为社会保险"征缴的强制性"。相对于商业保险的"自由"契约缴费,社会保险的强制性具体是指法定多元筹资参与者、法定多元筹资比例、法定用途、法定征收,投保人和保险人都无从自由商议,以保证社会保险筹资和运行的稳定。英国贝弗里奇报告称:"社会保险方案的第二个基本原则是强制保险,要求每一个参保人及雇主以统一费率缴费,而不考虑其经济状况。"[2]"强制符合一定条件"的社会成员参保,并非一切社会成员都得强制参加。国家在赋予社会保险部门负责社会保险费用征缴和管理职能基础上,重在明确规定社会保险部门的强制性执法权力和手段。至于社会医疗保险,基于健康这一最基本生存权的照顾,社会医疗保险以强制保险原则应对商业健康保险的"逆选择"问题,避免形成已经患病或者重大患病群体的"弱体保险",或者排斥弱小群体参加,允许被保险人带

---

①　Margaret S.Gordon.Social Security Policies in Industrial Countries:A Comparative Analysis,Cambridge University Press,1990,pp.204-205.

②　英国文书局:《贝弗里奇报告——社会保险和相关服务》,劳动和社会保障部社会保险研究所译,中国劳动社会保障出版社 2004 年版,第 136 页。

病参保与强制其愈后不得退出保险相呼应,强制将健康的、不健康的,以及各种健康风险层次的群体纳入参保,总体上实现社会医疗保险财务的平衡。

(三)社会医疗保险的覆盖范围:从团体到全民

在社会医疗保险的覆盖范围上,从团体向全民覆盖和发展,是各国社会医疗保险建制发展及其现代化的共同趋势。团体性社会保险"是以属于同一团体的成员而组成的'风险共同体',通常是以'职业'来做区分"[1]。全民性社会保险,是指社会保险覆盖的对象是全体国民,而且"仅按国民的身份区分为受雇者、自营作业者与任意加保者三类,在保险费率与保险给付上皆采取标准额度"[2]。

1883年德国开办世界上第一个强制性《疾病保险法案》,就是以职业为基础的劳动保险制度。盖因德国社会医疗保险制度前身为矿工工会自行发起的矿工互助保险,以及其后的各种劳工互助保险团体。"德国的社会保障法起源于俾斯麦政府的社会保险立法,是建立在保险的原理之上的,以缴费为前提,属职业做区分的团体性社会保险,只有雇员(职员)才能获得保障。"[3]各国社会保险制度产生之时,最先要解决的是工业化、城市化的社会结构变动过程中的社会问题,是基于职业团体为基础而建立的社会保险制度,"以职业团体为基础的保险制度的确立,是基于同一团体成员之间对彼此的相互认同,属于基于共同性而结成的机械性连带团体,因此,是以传统的稳定、长期的雇佣事实为前提的。"[4]"团体性社会保险谨以职业团体的在职职员为强制保险对象,于是国民中若干个体往往一开始就成为社会保险的'漏网之鱼',例如自

---

① 钟秉正:《社会保险法论》,三民书局股份有限公司2005年版,第163页。

② 钟秉正:《社会保险法论》,三民书局股份有限公司2005年版,第166页。

③ Joos P.A.Van Vugt,Jan M.Peet,Social Security and Solidarity in the European Union:Facts,Evaluations,and Perspectives,Physics-Verlag,2000:2.

④ 李文静:《医疗保险法律制度研究》,中国言实出版社2014年版,第17页。

营作业者、被保险人未就业的配偶以及低所得工作等人口群"①,特别是在全球化和现代化的背景下,"……雇佣的柔软化、非典型雇佣的扩大、劳动力供需体制的多样化是世界各国雇佣体系变化的共同现象"②,不仅使职业认同的职业团体型社会医疗保险建制变得困难,而且,劳动力的流动还形成不同职业团体社会医疗保险制度之间的衔接难题。为此,各国纷纷摒弃职业团体型社会医疗保险的排外性结构,采取将社会医疗保险扩大覆盖面至全民的形式,将团体性社会医疗保险制度改革成为全民性的社会医疗保险制度。历经两次世界大战的德国,随着经济发展和繁荣,以"社会法治国"③为理念,包括社会医疗保险在内的社会保险的保障主体范围才逐步扩大,最终覆盖了全民。不唯德国,西方工业化发展较早国家的社会医疗保险制度,都经历了先保障职业团体,后保障全体社会成员,先城市居民后农村居民进而覆盖全民的过程。特别是第二次世界大战后,英国政府采纳《贝弗里奇报告》,制定了《国民卫生服务法》,建立了覆盖全民的"国家保险模式制度",在世界范围内具有示范意义。1952 年 6 月 28 日,第 35 届国际劳工大会的《社会保障(最低标准)公约》(第102 号),推动各国社会保险制度发展到新水平,各国社会医疗保险制度的保障对象纷纷由局限于特定行业职员扩展到全民,保险内容从大病保险扩展到普遍的卫生医疗服务,大部分国家还将生育津贴和生育医疗费纳入医疗保障范围,保障水平从支付医疗费用扩展到津贴,医疗保障开支占国民生产总值的比重明显提高。当然,各国社会医疗保险的被保险人由城市职业团体拓展到乡村居民,由正式从业者扩展至灵活从业者,一般都经历了漫长的过程,存在

---

①　钟秉正:《社会保险法论》,三民书局股份有限公司 2005 年版,第 165 页。

②　[日]马渡纯一郎:《劳动市场法的改革》,田思路译,清华大学出版社 2006 年版,第 3 页。

③　与马克思几乎同时代的德国学者史坦恩构建了"社会国理论",他认为国家生活应该是非常人性化的,国家必须经营有机的生活,国家保险与社会有机互动,各司其职、各尽其能,这样才是一个健康的国家。这一理论是德国构建社会保险制度的理念,第二次世界大战结束后,德国基本法第 20 条第 1 项规定:"德意志共和国是一个社会法治国",以及第 28 条第 1 项规定:"各联邦之宪法秩序需符合基本法所定之法治为基础之社会国家之原则。"转引自郑尚元:《德国社会保险法制之形成于发展——历史沉思与现实启示》,载《社会科学战线》2012 年第 7 期。

一个很长的时间差。如德国,"医保的覆盖面从10%提高到50%经历了47年(1883—1930),但为了将自雇人员涵盖进来,将覆盖率提高到88%,又花了58年的时间"①。再如,"日本城乡社会医疗保险制度建立的时间差为34年,加拿大为10年"②。这种城乡社会保险制度建立的时间差表明,在社会医疗保险制度的建立过程中,农村滞后于城市是社会经济发展的普遍现象,其时间差的长短与各国社会经济和人口状况等因素有关。

(四)社会医疗保险的保障待遇:非定额支付与支付方式的复杂性

如上所述,与养老、失业、工伤、生育等社会保险以收入损失为保险待遇支付目标不同,社会医疗保险以填补医疗费用支出为待遇支付目标。养老、失业、工伤、生育等社会保险待遇支付方式则是为了填补收入而采取现金给付方式,"通过被保险人收入状况、缴费期限以及社会经济发展形势准确计算出保险给付的数额"③。社会医疗保险被保险人发生伤病保险事故后,治疗疾病所花费的医疗费用,即保险给付额的确定得仰赖专业医疗服务机构之诊断和治疗来确定。而且,医疗服务又是经验科学,不同医疗水平下不同医师对同一疾病又有不同诊断和治疗方法;疾病的个体差异性和疾病的种类繁多、疾病存在很大的不确定性等;这些因素的存在使得社会医疗保险待遇支付数额不确定,即为非定额支付。

正因为社会医疗保险支付数额的非定额性,而且其支付方式需仰赖一定制度下的专业医疗服务机构之诊断和治疗,相关社会医疗保险待遇支付标的在学术界引发争议,一种观点选择实物给付之解释,另一种观点选择医疗费用

---

① 朱俊生:《"扩面"与"整合"并行:统筹城乡医疗保障制度的路径选择》,载《中国卫生政策研究》2009年第2期。

② 杨翠迎:《中国农村社会保障制度研究》,中国农业出版社2003年版,第67页。

③ 李文静:《医疗保险法律制度研究》,中国农业出版社2003年版,第47页。

之承担。前者观点认为,医疗保险基于其社会属性以保证被保险人能够获得必要且适当之医疗服务为目标,现金给付方式不能很好地实现医疗保险之目的,因而,从比较法视野来看,在运行相对成熟制度中医疗保险采用实物给付方式已成共识。如德国《社会法典》第五编第 2 条第 2 款规定,对于社会医疗保险适用所谓物的给付原则,日本健康保险法与国民健康保险法将"疗养的给付"也视为保险给付。① 持社会医疗保险待遇支付标的为医疗费用之承担的观点认为,被保险人持保险凭证就医的方式接受医疗服务,并免负全额或者部分医疗费用,直观上虽然很像直接受领劳务给付,但这可说是因为费用核付乃是在健保署与医事服务机构之间内部推行所致的错觉……实质是在法规范围内医事机构会代病患申报健保给付——亦即部分医疗费用之负担,被保险人之保险给付请求权不能对医事服务机构主张。② 上述看似针锋相对的观点,在笔者看来实际上是表述不严谨引发的争执,两种观点并无交锋。就实质论,社会医疗保险是保险之一种类,国家以保险形式、保险原则构建医疗风险共同体,对社会成员课以医疗保险费义务,即是通过保险形式强制构建、以医疗风险管理为目的的财产管理制度,被保险人取得具有对价性质之财产价值法益,避免被保险人因一时疾病风险导致生计困难和健康损害。一句话,社会医疗保险待遇支付标的仍然应该是保险金。但是,因为待遇支付的保险金数额的不确定,被保险人应该获得的社会医疗保险金不像养老、失业保险那样是能够直接计算出来的定额支付,盖因社会医疗保险给付为非定额支付,需要委托专业医事服务机构经过专业核查治疗得以确定后并受委托结算保险金。支付方式的不同,并没有改变社会医疗保险支付标的的性质。

(五)社会医疗保险的运营:组织管理的公共性与专业性

疾病风险的社会性及其社会化应对、建制的保险性和法定性、覆盖范围的

①　参见李文静:《医疗保险法律制度研究》,中国农业出版社 2003 年版,第 82—83 页。
②　参见钟秉正:《社会保险法论》,三民书局股份有限公司 2005 年版,第 94 页。

团体性到全民性、保障待遇的非定额支付与支付方式的复杂性,决定了社会医疗保险运营的组织管理的公共性和专业性。

首先,社会医疗保险运营的组织管理需要公共性的社会机构予以负责。社会医疗保险基金筹集、基金管理和保险待遇支付,都需要在政府、社会和被保险人以及其他社会保险主体的参与下进行,因而社会医疗保险制度是一项公共服务制度,即运用公共行政来提供生存照顾的制度。"社会保障属于公共领域,是以政府为主要责任主体的强制性事业,这是市场机制无法调整的领域,它只有依靠行政权力的有力介入才能完成其特定的任务。"①同理,社会医疗保险公共服务需要通过法律强制安排,需要政府承担建立社会保险良好公共管理机制的责任。各国均制定社会保险法律,确立了社会保险行政管理体制,强调国家统一管理的责任,国家主导社会保险公共服务体系的规划、实施、监管等职责。同时,成立独立于政府行政管理机构的社会保险经办机构的公共服务体系,将社会保险给付义务委托社会保险经办机构,使其成为职权与职责相统一的公法主体,进而代表国家保障公民的社会医疗保险权利,成为社会医疗保险法律关系的具体权利义务主体。

其次,社会医疗保险运营及其公共服务的专业性。社会保险运营包括基金筹集、管理与运营、基金分配保值增值以及保障待遇支付等多个环节,包含业务、会计、财务和保值增值等复杂的专业性管理,是一项专业化极强的复杂公共服务。社会保险公共服务只有准确、可及、便利,才能适应社会保险覆盖全民、惠及全民的需要。为此,社会保险经办公共服务机构要专注于专业化、信息化、标准化和科学化建设。社会医疗保险的公共服务与其他社会保险公共服务又迥然不同,社会医疗保险的待遇支付需要委托专业医事服务机构提供专门、复杂的技术性服务,并对医事专业服务进行信托监管,监管医事服务能够按照社会医疗保险保障目标的要求,为被保险人依法提供适宜的基本医

---

① 郑功成:《社会保障学》,商务印书馆 2000 年版,第 373 页。

疗保险待遇。正是鉴于医疗保险公共服务相对于其他社会保险公共服务的特殊性和复杂性,具有独特的运营和管理规律,需要作为社会保险公共服务体系中一个专门的独立的子系统加以统筹规划、协调发展。"在国外一些国家如德国,社会医疗保险事务从其他社会保险事务中独立出来,由专门的经办机构具体负责办理。"①

二、社会医疗保险的特征

社会医疗保险同养老、失业、生育等其他社会保险项目相比,具有一些特殊性。

(一)疾病风险的普遍性与被保险对象的广泛性

疾病风险具有普遍性,不因性别、年龄、地域、收入而有别,是每个人都可能遭遇且难以回避的。而且,高龄老人随时都会疾病缠身。相对于疾病风险,失业、生育、工伤甚至老年风险并非每个人都会遇到,有些人甚至可以避开或降低这些风险。此外,工伤风险和生育风险具有可控性,疾病风险不仅很难控制,而且疾病的发生具有更高的风险概率。为此,医疗保险项目是社会保险中保障对象最广泛的项目。

(二)社会医疗保险补偿的不确定性和补偿方式的复杂性

由于疾病与每个人的一生伴随,同时疾病种类繁多,加之每个人的个体差异性,导致疾病风险的不确定性;而且,疾病治疗和康复费用因个体禀赋差异和疾病的不同存在很大的不确定性,疾病风险造成的健康损失也难以用货币直接衡量;所以,疾病风险的预测和费用的控制是个难题,疾病风险的补偿方式和保险补偿额度的确定就很复杂。因而,社会医疗保险不像社会养老保险

---

① 董文勇:《医疗费用控制法律与政策》,中国方正出版社 2011 年版,第 354 页。

和失业保险那样采取定额经济补偿的办法给予保险待遇支付,其补偿方式和保险补偿额度的确定,需仰赖专业医疗服务机构诊断和治疗后确定。

(三)社会医疗保险关系的复杂性和多面性

社会医疗保险关系主要涉及政府、政府职能主管机构、行政监督机构、医疗保险经办机构、投保人、被保险主体以及定点医药服务机构等多元主体之间的多种层面社会关系。要处理好这样复杂的社会医疗保险关系,必然需要兼顾主体各方的利益并形成制衡机制。而且,社会医疗保险制度的有效性,不仅取决于社会医疗保险本身的有效性、合理性,还取决于关联度密切的卫生资源的合理配置、医药卫生体制、医药流通体制的紧密配合,社会医疗保险制度不可能独自成功。为此,社会医疗保险制度的有效运作是一个世界性难题。

(四)社会医疗保险待遇支付水平控制难和管理难

医疗保险不像养老保险和失业保险那样实行标准的定量保险待遇支付,而是一种医疗费用补偿机制,需要为被保险主体提供相应的医疗服务,被保险主体健康后才能确定医保待遇支付额。为此,医疗保险管理被称为世界级管理"泥潭"。具体说来有如下理由:其一,社会医疗保险待遇支付环节主体的多元增加了医疗保险管理的难度。由于社会医疗保险待遇支付的专业性,不能像养老保险和失业保险那样直接向被保险主体支付保险金,社会医疗经办机构一般通过行政委托合同,委托定点医药服务机构向被保险主体提供社会保险保障范围内的基本医疗服务。正因为这样,社会医疗保险与养老保险、失业保险在待遇支付时就明显不同,多增加了一种社会保险的辅助主体,医疗保险待遇支付就不能只是社会保险经办主体与被保险主体之间的待遇申请与待遇支付双方的简单关系,而是涉及社会保险经办主体、被保险主体、定点医药服务机构之间复杂的三角关系,协调管理的难度为此增大。其二,被保险主体的疾病和医疗服务的特点为医疗保险管理难题加码。医疗保险被保险主体的医疗风险具有不确定性、个体差异性以及疾病种类繁多性等特点,而且疾病发生的频率、医疗费用的高低都不同,其风险的预测和费用不易控制。医疗消费的人道主义色彩,使医疗消费全过程费用监督非常困难,管理成本非常高昂。被保险主体患病时,其实际花费的医疗费用无法事先确定,支出多少不仅取决于疾病的实际情况,还有医疗处置手段、医药服务机构的行为等都会对医疗费用产生影响。医疗服务具有专业性、技术垄断性、不完全竞争、信息偏在性特征,使得社会医疗保险的受保险主体难以通过市场手段选择医疗服务的内容和质量,导致定点医疗服务机构利益膨胀存在可能,成为全世界医疗服务费用始终处于上涨态势的重要因素。因此,"任何医疗保障制度的设计,都必须兼顾分散疾病风险和防范道德风险两项基本功能。"[1]其三,医疗服务机构与受保险主体之间的道德风险增大了社会医疗保险管理的难度。在社会保险经办机构即第三方付费机制之下,割裂了需求方与供给方之间的直接关系,把供需双方的关系变成了需求方、保险付费方与医疗服务供给方的三方关系,保险付费方与医方、患方医疗消费的信息不对称,使得第三方付费机制先天约束不足。

（五）与其他社会保险项目的关联性

疾病的普遍性使得医疗保险同其他社会保险项目关联,如工伤保险中的职业伤害需要治疗,生育保险中的生育需要医疗服务等。因此,医疗保险就同工伤保险、生育保险等社会保险存在关联关系。鉴于医疗保险同其他社会保险的关联性,关于医疗保险法的调整范围问题在理论上就有争议,即工伤保险和生育保险应立法确定为独立的保险项目,还是并入医疗保险调整？各国在这一问题上做法不一致,有的国家认为职业伤害的受害者应获得更优厚的待遇,因而单设保险项目、单独立法;有的国家则制定统一的医疗保险法,将工伤

---

① 黎宗剑、王治超、朱铭来:《台湾地区全面健康保险制度研究与借鉴》前言,中国金融出版社 2007 年版,第 1 页。

保险并入医疗保险;多数国家不单独制定生育保险法,将之并入医疗保险法统一调整。在此方面,我国《社会保险法》将医疗保险、工伤保险、生育保险分别列为单独的保险项目。需要对这三种关联性的社会保险加以区分,发挥不同社会保险项目各自的作用,使不同保险项目各司其职,分别以不同方式实现对被保险人各种基本生活风险的保障。

第二节　中国基本医疗保险法的领域法特征

城乡三项社会医疗保险在《社会保险法》设立单章作了规定,并以"基本医疗保险"命名,分别采用了"基本医疗保险"和"职工基本医疗保险"、"城镇居民基本医疗保险"的表述,"基本"更能突出社会医疗保险的保障水平、保障目标等基本特征。① 但是,"《社会保险法》虽然对基本医疗保险制度有所规定,但关于制度的实质内容却付之阙如。"②相关研究在法学领域还刚刚起步,研究者寥寥,成果较少。"健康保险法制是最为复杂的法制,比任何法律门类更为复杂,因为该制度涉及的法律主体过多、法律关系结构过于复杂,不仅要构建庞大的社会保险关系,而更为复杂的是医疗机构和医师的进入,药品及医疗器械、辅助器具的进入使这样的法律关系变得错综复杂,圈中人都觉得晕……该领域基本处于空白状态。"③可见,我国基本医疗保险法的具体内容、基本逻辑架构设计、具体规范的明晰都亟待法学研究者努力跟进,深入研究社会医疗保险法的基本理论问题。剖析我国基本医疗保险法的领域法④特征,是探索整合城乡三项医保法律制度的基础、前提和研究路径。

---

① 参见向春华:《社会保险请求权与规则体系》,中国检察出版社 2016 年版,第 282 页。
② 李文静:《医疗保险法律制度研究》前言,中国言实出版社 2014 年版,第 1 页。
③ 李文静:《医疗保险法律制度研究》序,中国言实出版社 2014 年版,第 3 页。
④ "领域法"与"部门法"相对应,形式上都是对法的归类。领域法是对新兴交叉领域复合法律问题应答的新兴法律分类的做法。参见梁文永:《一场静悄悄的革命:从部门法学到领域法学》,载《政法论丛》2017 年第 1 期。

　　剖析基本医疗保险法的领域法特征,需要从宏观、微观几个层面的法律体系角度分析基本医疗保险法的部门法属性,这是把握基本医疗保险多元性质法律关系结构、明晰其复杂的法律关系内容的必要路径。法理通说认为,法律部门是调整性质相同的某一领域社会关系的规范组成的整体。当然,“法律部门是法律规范的集合,而不是规范性文件的集合。法律部门除了包括主要的基本规范文件中的一些法律规范之外,还包括分散在其他调整同类社会关系的规范性文件所包括的法律规范中。”①概括来说,基本医疗保险法律是指基本医疗保险被保险人的基本医疗保障权利保障法,是国家保障自然人基本医疗保险权利的法,是国家立法规定,以行政力量推行的社会公共事业之一,是公权力倾斜保护私权利的法律领域,具有公法主导性,是宪法、行政法、社会保险法交叉调整的领域法。

一、基本医疗保险法属公民社会权利保护法之一:属于宪法调整范畴

　　基本医疗保险法是公民社会医疗保险权利保护法,属公民社会权利保护法之一,属于宪法调整范畴。公民的社会保障权利是随着社会权这一观点被宪法承认而出现的国家义务。

　　首先,公民的社会权利是人权种类之一。联合国 1948 年颁布的《世界人权宣言》规定:“每个人,作为社会的一员,有权享受社会保障,并有权享受他的个人尊严和人格的自由发展所需要的经济、社会和文化方面各种权利②的实现。”这一规定被学界公认为人权之中的“社会权”,“社会权应当属于作为人权基础的生存权在现代化背景下的实现方式”③,是“人格尊严的权利”之

---

　　①　公丕祥:《法理学》,复旦大学出版社 2002 年版,第 358 页。
　　②　《世界人权宣言》规定的经济社会和文化权利,包括社会保障权,适当生活水准权,劳动权,自由选择职业权,获得公正的、优惠的报酬权,平等工资权,组织和参加工会权,休息和休假权、受教育权。
　　③　李文静:《医疗保险法律制度研究》,中国言实出版社 2014 年版,第 72 页。

一;这一权利被视为人权发展的第二代人权,①是与公民的民事权利、政治权利等古典自由基本权利相对、并列的第二代人权。"人格尊严"被视为超宪法的最高价值,是各国宪法的应然价值。"人格尊严"这一极其抽象的宪法价值,大致可以视为"人为权利之主体而非权利客体,任何人类生命之存在就是价值。更进一步说,人格尊严所要保护的是人之地位关系以及融入社会共同生活结构中之权利,纵使事实上存在着许许多多之差异,人格尊严之保障的最终目的为:达到人人平等之境界"②。人格尊严实现最基础的条件在于生存,健康又是生存之基础,健康保护优先,"在权利体系中增加健康权,极大地凸显了人的价值……不仅如此,免于疾病还是战胜贫困的重要途径,要争取经济权利就必须使健康的权利得到保障"。③ 于生存所必需之健康医疗照顾是社会医疗保险制度的价值宗旨,要求社会医疗保险制度必须确保人民生存之健康。

其次,公民的社会权利是公民宪法基本权利种类之一。人权应等于基本权利,但不一定等于宪法上公民的基本权利,只有宪法规定的人权才成为宪法基本权利。《世界人权宣言》作为所有人民和所有国家努力实现的共同标准,对各国宪法和法律产生了巨大影响。第二次世界大战后,公民的社会权利广泛入宪④,掀起世界宪法史的重大变革和进步。公民的社会权利纷纷为各国宪法普遍肯定,成为各国宪法保护的公民基本宪法权利。在宪法视域,保障公

---

① 以独立于国家权力的个人自由为中心的古典市民权,和个人介入国家权力的行使过程中的自由为中心的参政权(第一代人权);以生存权和构建对经济自由的限制为中心的社会权(第二代人权);以局部文化和集体的差异性的存续自由为中心的第三代人权。详见季卫东:《宪政的复权》,载《公法评论》1998 年第 47 期,转引自龚向和:《作为人权的社会权——社会权法律问题研究》,人民出版社 2007 年版,第 9 页。

② 谢荣堂:《社会法治国基础问题与权利救济》,元照出版有限公司 2008 年版,第 7 页。

③ 董文勇:《社会法与卫生法新论》,中国方正出版社 2011 年版,第 156 页。

④ 最早将社会权利规定进宪法的是 1919 年的德国魏玛宪法,是近代宪法与现代宪法的分水岭,是现代宪法之典范。相对于近代宪法保护公民的三大自由权利,即人身自由、人格(精神)自由、经济自由;德国魏玛宪法提出限制经济自由,发展公民"社会权",成为"现代宪法"的开端。

民社会权利被赋予国家于宪法之上作为义务。为此,宪法上,公民的社会权利
是指公民由国家保障、从社会获得基本生活条件的权利,是国家通过公权力的
积极介入或干预来保障公民基本生活的权利。我国宪法第 14 条和第 45 条规
定了我国公民的社会权利,赋予国家建立社会保险、社会救济、军人优抚和残
疾人福利制度以及医疗卫生制度来保证公民社会权利的实现。当然,宪法层
次的社会权利内容需要通过社会法立法将宪法规定具体化。而且,由于社会
权利的实现需要国家从全社会筹集资金,通过再分配手段才能实现国民社会
权利的实现。再分配必须通过立法才能实现,因此,立法成了国家履行社会权
利义务的首要方式,社会保障制度都是通过立法先行、政府行政推行来实现。
1966 年联合国大会通过的《经济、社会及文化权利国际公约》①第 2 条就具体
要求每个缔约国:"采取步骤,以便用一切适当方法,尤其包括用立法方法,逐
步达到本公约中所承认的权利的充分实现。"该公约还具体规定:"人人有权
享有能达到的最高体质和心理健康权的标准"。将健康权予以具体化的社会
医疗保险法,"应当是权利法,需型塑被保险人的权利主体之地位并为之提供
权利实现之途径"。②

二、基本医疗保险法是公法上社会给付法之一:属行政法调整范畴

社会法是公民社会权利保护法,社会法围绕公民社会权利展开,公民的社
会权利需要国家积极作为和辅助才能实现。"对于公民获得社会保障给付公
法权利的承认,成为利用行政法律关系作为社会保障法研究的契合点。"③也
有学者认为,社会法乃特别行政法,因为社会福利关系是以实现社会法规范所

① 1976 年《经济、社会及文化权利国际公约》生效,我国政府 1997 年 10 月 27 日签署该公
约,2001 年 2 月 28 日由第九届全国人大常委会批准该公约。
② 李文静:《医疗保险法律制度研究》,中国言实出版社 2014 年版,第 60 页。
③ 李文静:《医疗保险法律制度研究》,中国言实出版社 2014 年版,第 75 页。

赋予的社会给付请求权为目的,而呈现于"给付权利人"与"给付义务人"两个主体之间的法律关系。① "社会法所规范者为人民与国家之权利与义务关系,国家在社会法关系下扮演的是公法上社会给付提供者、义务人及资源分配者的角色,而人民则享有请求国家社会给付之权利……社会法为特别行政法,并且主要隶属于给付行政之领域。"② "社会法本质上规定的是国家与人民之间的关系,这一特质决定了其以公法为主的首要特征。"③在公民社会权利请求实现领域应使用行政法的共通规则。

具体到社会保险法领域,社会保险是国家组织并建立治理机制的"社会给付"。但是,社会保险筹资责任的社会分担和筹资主体多元决定了政府在社会保险筹资上的相对责任④,也决定了社会保险基金管理和待遇支付上政府同样承担的是相对责任,即在有限政府的有限社会保障能力、财政能力、服务能力的条件下,将社会保险视为准公共物品建立行政分权的间接供应机制,将社会保险经办机构独立于政府设置,力图将社会保险经办服务与政府一般任务区分。为此,在保证政府对社会保险的规则决定、行政管理以及完善治理机制等行政管理权责不外移的前提下,政府将社会保险经办的公共服务功能依法授权各种非政府法人提供,或以购买服务的方式提供,政府则以间接方式⑤承担社会保险待遇支付责任。

三、基本医疗保险法是国家保障公民基本医疗权利的法:主要由社会法调整

社会法是新兴部门法,其产生发展仅仅一百多年,由于学术界对社会法

---

① 参见钟秉正:《社会保险法论》,三民书局股份有限公司2005年版,第47页。

② 谢荣堂:《社会法治国基础问题与权利救济》,元照出版有限公司2008年版,第14页。

③ 李文静:《医疗保险法律制度研究》,中国言实出版社2014年版,第62页。

④ 政府财政能力有限,在社会保险筹资环节中,除了英国等一些福利国家有预算式补贴,大多数国家仅对政府雇员、符合一定条件的贫困社会成员缴纳社会保险费予以缴费性补贴。

⑤ 在社会保险基金管理和待遇支付环节,政府对社会保险基金安全承担担保责任,对社会保险基金当期赤字予以补贴。

的多元界定,导致社会法部门法属性争议纷繁、莫衷一是。有的在公法、私法分类逻辑上将社会法定性为"独立的第三法域",当然这种界定还只是"抽象的、纯学术的概念,并非是对实定法的分类,更不是在法律体系层面的界定"。① 有的从实在主义角度将社会法定性为社会政策法、自然人基本生活权利保障法、弱小群体保护法、生存权保障法、社会安全法等。② 笔者倾向于实定法层面界定社会法的观点:"社会法是调整国家保障自然人基本生活权利过程中发生的具有国家给付性的社会关系的法律规范的总称。"③"社会法本质上规定的是国家与国民之间的关系,这一特质决定了其以公法为主的首要特征。"④尽管学术界关于社会法概念的内涵外延还没达成共识,但是,社会法是独立的部门法已经基本为学者们认同。同样,社会保障法是社会法的核心部分已经没有异议。社会保障法律关系又根据社会保障项目种类不同有社会保险关系、社会救助关系、社会福利关系等。鉴于社会保险在社会保障体系中的地位越来越重要,社会保险法的地位日益突出。而且,在社会保险法鼻祖德国,由于疾病风险的急迫性、普遍性,德国的社会保险法以社会医疗保险法为出发点。其他国家的社会保险法制建构基本上也如是。

社会保险制度是以保险形式、保险原则构建起来的社会互助和风险分担制度,国家以强制方式加入保险,对社会成员的"私有财产权"进行干预以征收社会保险基金,当个别成员遭遇危及生存的老年、疾病、伤害、生育、失业等大风险时,可以从保险基金里获取最基本的保险金待遇。正因为社会保险基金的筹集、管理与分配涉及庞大资源分配,涉及世代之间风险转移之承担,

---

① 郑尚元、李海明、扈春海:《劳动和社会保障法学》,中国政法大学出版社 2008 年版,第 423 页。

② 参见郑尚元、李海明、扈春海:《劳动和社会保障法学》,中国政法大学出版社 2008 年版,第 426—428 页。

③ 郑尚元:《社会法的存在与社会法理论探索》,载《法律科学》2003 年第 3 期。

④ 李文静:《医疗保险法律制度研究》,中国言实出版社 2014 年版,第 62 页。

"人民常年将保险费投注在政府所主导的强制保险上，国家不能不对社会保险之连续性、体系性负担一定的责任"①。为此，社会保险法律关系更加复杂。首先，社会保险制度是国家立法保证、政府主导、永续性、体制性的国家给付制度。从抽象宪法角度观察，社会保险制度围绕公民社会权利展开，国家是公民社会权利实现的义务主体；但是，国家作为抽象概念不能成为具体的社会保险法律关系的主体，各国为此制定社会保险法律，确立了社会保险行政管理体制，强调国家统一管理的责任和能力。同时，成立独立于政府行政管理机构的社会保险经办服务体系，将社会保险给付义务委托社会保险经办机构，使其成为职权与职责相统一的公法主体，进而代表国家运营社会保险基金、保障公民的社会保险权利，成为社会保险法律关系的具体权利义务主体。其次，社会保险法运用保险技术，通过国家责任实现"人人为我、我为人人"的社会连带责任承担，以实现一定社会成员之间的互助共济，体现的是所有参保人以及投保人之间的保险法律关系。再次，在复杂的社会保险法律关系基础上，基本医疗保险法律关系因为保险待遇给付依赖医事服务机构才能完成，医事服务主体的介入导致基本医疗保险法律关系更加复杂。

第三节　中国基本医疗保险的多元复杂法律关系

在明确基本医疗保险法领域法属性的基础上，对于新兴的基本医疗保险法内容的分析，研究的起点应该从其调整的法律关系考察开始。之所以选择考察基本医疗保险法律关系，因为法律关系在立法理论、法学理论和司法实践的分析工具视野里，是全面认识一个部门法律内容的基础性、线索性分析工具。其一，从立法视角看，法律关系论者认为，法律关系是法典得以成立的基

---

①　钟秉正：《社会保险法论》，三民书局股份有限公司2005年版，第59页。

础,"某些形式的多数法律关系,则会汇集成法律制度。多数的法律制度形成法律材料。最后,多数的法律材料,会形成法典"①。"整体的法律秩序乃是由无数的法律关系所组成。"②其二,在法理理论研究视角,法律关系是准确地理解和剖析某一类法律的"基础性概念和线索性概念"③。其三,法律关系是司法职业群体的习惯性思维方式,个案纠纷的法律分析就是对案件纠纷之法律关系诸构成要素的分析,主要目标在于"厘清法律关系,确定权利义务以及明确法律关系背后的法律责任"④。"在一定意义上可以说,任何法律现象的存在都是为了处理法律关系,每一法律规则(规范)的目的是要为法律关系的存在创造形式条件;没有对法律关系的操作就不可能对法律问题做技术性分析;没有法律事实与法律关系的相互作用就不可能科学地解释任何法律决定。"⑤为此,笔者从我国《社会保险法》实定法角度,观察和分析我国社会医疗保险的复杂法律关系,无疑有助于对我国社会保险法的规范结构和规范内容进行正确判定。

一、我国基本医疗保险法律关系的复杂结构

传统法理学一般认为,法律关系是"法律规范在指引人们的社会行为、调整社会关系的过程中所形成的人们之间的权利和义务联系,是社会内容和法的形式的统一"⑥。人的一般品性决定了他是权利的主体和核心,"为了生存,每个个体必然要与他人发生各种各样的关系,当这种关系由法律来调整时,就产生了法律关系"。⑦"法律关系是根据法律规范产生的,以主体之间的权利

① [德]考夫曼:《法律哲学》,刘幸义译,法律出版社 2004 年版,第 158—159 页。
② 张锟盛:《行政法学另一种典范之期待:法律关系理论》,载《月旦法学杂志》2005 年 6 月第 121 期。
③ 陈金钊:《法律方法论》,中国政法大学出版社 2007 年版,第 314 页。
④ 陈金钊等:《关于"法理分析"和"法律分析"的断思》,载《河南省政法管理干部学院学报》2004 年第 1 期。
⑤ 刘金国、舒国滢:《法理学教科书》,中国政法大学出版社 1999 年版,第 110 页。
⑥ 张文显:《法哲学范畴研究》修订版,中国政法大学出版社 2001 年版,第 96 页。
⑦ [德]萨维尼:《法律冲突与法律规则的地域和时间范围》,李双元等译,法律出版社 1999 年版,第 6 页。

与义务关系的形式表现出来的特殊的社会关系。"①遵循法律关系的法理逻辑,医疗社会保险法律关系是指社会医疗保险的当事人之间,因社会保险费用的筹集(缴纳)、基金经办、待遇支付、管理监督所发生的权利与义务关系。

遵循法律关系的法理逻辑和法律关系结构要素②,依据我国《社会保险法》的实定法规定,基本医疗保险法律关系的法律主体多元、法律关系多层次、法律关系的客体多样,其法律关系结构复杂,如下图:

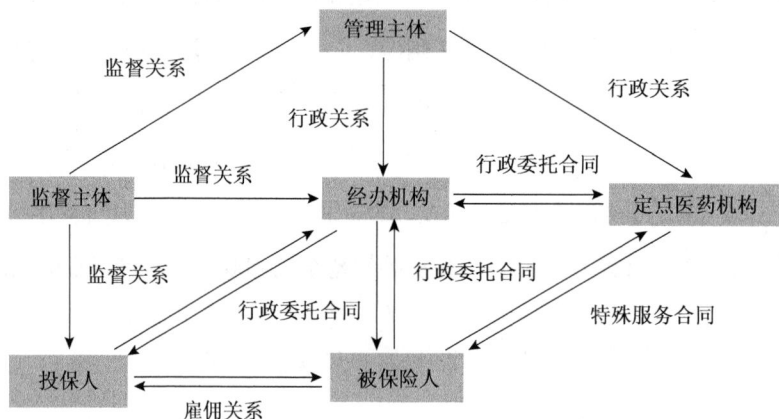

二、基本医疗保险法律关系的多元主体及其法律地位

"法律关系是由法律规定的人与人之间的关系,其基本属性是受法律的调整性,法律的调整对象是主体与主体之间的关系。"③"法律关系主体是指法律关系的参加者,即法律关系权利的享有者和义务的承担者,或享有权利并承担义务的人或组织。"④依据我国《社会保险法》的规定,我国基本医疗保险法律关系的主体有如下几类:

---

① 孙国华:《法理学》,法律出版社 1995 年版,第 373 页。
② 法律关系结构要素即指法律关系主体、内容和客体。
③ 陈金钊:《法律方法论》,中国政法大学出版社 2007 年版,第 317 页。
④ 张文显:《法哲学范畴研究》修订版,中国政法大学出版社 2001 年版,第 100 页。

（一）政府

首先,《社会保险法》第2、5条和第八、九、十章规定了政府,包括中央政府和地方政府应该承担的宏观社会保险(包括基本医保)法律义务有:县级以上人民政府将社会保险事业纳入国民经济和社会发展规划,统一规划全国社会保险信息系统,建立各项社会保险制度,多渠道筹集社会保险资金、负责社会保险费征收,支付社会保险经办机构的人员费用、基本运行费用和管理费用,对社会保险事业提供税收支持,建立社会保险基金管理和监督制度,等等。其次,在第三、八章规定了政府的微观社会医疗保险法律义务有:各级政府对城镇居民和农民参加基本医保承担补助责任,以及基本医保基金出现支付不足时承担财政补贴责任。

（二）政府行政主管以及其他政府主管机构

《社会保险法》第7条以及散见于各章的条款,规定了社会保险的行政主管机构以及发改委、财政、民政、机构编制、税务、卫生和人口计划生育委员会、公安机关、工商行政管理机构等相关行政主管机构的职权和职责,诸如解读社会保险法律法规,制定社会保险政策草案报国务院审批和颁布实施;监督社会保险政策实施;建立和管理社会保险信息归集统计和分析平台;指导建设和管理社会保险业务和客户服务的信息系统,等等。

（三）社会保险监督机构

《社会保险法》总则第6、9条以及第十章规定了社会保险的分类监督制度,即人大监督、社会保险行政主管部门监督、财政和审计监督、社会保险监督委员会的监督。本章不仅明确了社会保险监督体制,还明确了各级人大、政府各相关部门、工会、企业和职工代表等参与社保基金监督的职责、渠道和方式。

(四)社会保险经办机构

《社会保险法》总则第 8 条以及第九章规定了社会保险经办体制机制。具体规定了社会保险经办机构的设置、经费保障机制、经办机构的职责等。社会保险经办机构是社会保险法规定的、社会保险政府集权管理体制之下,"对社会保险实行行政性、事业性管理的职能机构"①。中央层次的社会保险经办机构隶属于人力资源和社会保障部,属半独立的机构,其政策制定、规范起草经部长、委员会主任批准才能上报国务院。地方的社会保险经办机构同样隶属于当地的人力资源和社会保障行政部门。②

(五)投保人

投保人包括分担社会风险的多元投保人,有三种:一是参保人投保,参保人即参加社会保险的自然人;二是雇主投保,基于其与受雇者之间劳动关系所产生的照顾义务;三是国家作为投保人,则是基于多方社会政策之考量,将社会保险关系外部之政府给付转化为对被保险人之保险费分担。上述三方投保人保险费之分担,构成社会保险财务支撑的主轴。

(六)被保险人

被保险人指缴纳了社会保险费的参保人,其保险请求权以保险费对价所换取。作为参加社会保险的自然人,在社会保险运行的不同环节中有不同身份,申请参加保险时是参保人,缴费时是投保人,保险关系存续期间是被保险人。

---

① 行政性管理,指通过立法确定社会保险资金的收缴和使用办法,并对下级机构收缴资金进行监督检查。事业性管理,指具体收缴和调剂使用社会保险资金以及具体支付各项社会保险待遇。参见孙洁:《社会保险法讲座》,中国法制出版社 2011 年版,第 218 页。

② 参见郑功成:《从政府集权管理到多元自治管理——中国社会保险组织管理模式的未来发展》,载《中国人民大学学报》2004 年第 5 期。

（七）定点医药服务机构

《社会保险法》第 31 条规定："社会保险经办机构根据管理服务的需要，可以与医疗机构、药品经营单位签订服务协议，规范医疗服务行为，医疗机构应当为参保人员提供合理、必要的医疗服务。"这条规定明确社会保险经办机构对定点医疗机构和药品经营单位实行协议管理。实际上，这一法律规定，在实务操作中经历了改革。按照 1999 年人力资源和社会保障部门《城镇职工基本医疗保险定点医疗机构管理暂行办法》的规定，社会保险经办机构对定点医疗机构和药品经营单位实行协议管理的同时，政府对定点医疗机构和药品经营单位还实行行政审批制管理。根据上述人社部门的规章规定，定点医药机构和定点零售药店要经统筹地区劳动保障行政部门行政许可，并经社会保险经办机构确定的"双审批管理模式"。2015 年 10 月 14 日，国务院发布《国务院关于第一批取消 62 项中央指定地方实施行政审批事项的决定》，取消了人社部门对基本医疗保险定点零售药店、定点医疗机构资格审查和行政审批权力，保留了医疗保险经办机构与定点医疗机构、定点零售药店之间的协议行为。

三、基本医疗保险法律关系的多面性

法律关系的内容是法律主体所享有的权利和承担的义务的总和。法律规范通过权利和义务在结构上对立统一、在功能上互补、价值上的主从关系等，以求法律规范内容在实际社会生活中的落实，"法律规范通过对人们权利和义务规范的确定，来调整人与人之间的社会关系，使人在处理与他人的关系过程中有行为标准"[1]。在我国《社会保险法》实在法里，基本医疗保险法律关系以主体的多元化、主体权利义务性质的多面性、法律关系客体的多样化为特

---

① 陈金钊：《法律方法论》，中国政法大学出版社 2007 年版，第 320 页。

征。以基本保险法律关系的这些特征为基准,可以将基本医保法律关系划分为五层五组法律关系:

(一)基本医疗保险的宪法法律关系

基本医疗保险的宪法法律关系即政府与参保人之间的宪法权利义务关系,政府是保障国民基本医疗保险权利实现的第一义务主体,上述我国《社会保险法》中,相关政府的社会保险宏观法律义务和微观法律义务,基本上是政府保障国民基本医疗保险权利的宪法义务在社会保险法中的具体、详细规定。特别是相关政府的宏观基本医疗保险责任,均是原则性、方向性规定,同时还被细化为《社会保险法》中规定政府各个相关部门的职责职权的具体规定,当然,鉴于《社会保险法》具有框架性、原理性、原则性、可操作性较缺乏等特征,还有许多方面需要政府相关部门制定具体法规和规章加以落地和落实。至于政府对城镇居民和农民参加基本医保所承担的参保补助责任、基本医保基金出现支付不足时的财政补贴责任等微观社会医疗保险责任,则已经具体化为政府各级财政对参保人的法定义务。

(二)基本医疗保险行政管理的法律关系

基本医疗保险行政管理的法律关系即政府的行政主管,以及其他政府主管机构在各自职能范围内与所有基本医疗保险主体之间的行政法律关系。上述《社会保险法》相关政府行政主管,以及其他政府主管机构的社会保险管理职权和职责基本上是概括性、原则性的规定,他们与社会保险各种当事人之间的具体行政法律关系内容需要衔接行政法来明晰。

(三)基本医疗保险监督的法律关系

基本医疗保险监督的法律关系,即国家立法机关、司法机关、行政监察机关(包括行政职能监督机关、上级行政机关、行政主管机关),以及社会保险监督委员会的监督,各个监督主体与基本医疗保险各种当事人之间的社会保险的监督法律关系。基本医疗保险的监督法律关系内容庞杂,有对基本医保行政立法权的监督;有对基本医保具体行政行为进行监督的权力;有对基本医保具体行政行为的审判权;有的则是对基本医保行政主管机关、基本医疗保险经办机构,以及其他基本医疗保险法律关系主体的审计监督、财政监督、社会监督等。同样,这些基本医疗保险监督法律关系基本上只是概括性、原则性的规定,需要衔接财政法、审计法等专项监督法律来明晰。

(四)基本医疗保险的核心法律关系

基本医疗保险的核心法律关系即基本医疗保险经办机构、投保人、被保险人之间的基本医疗保险核心法律关系。之所以是"核心法律关系",盖因为社会保险法的规范主要集中调整这一法律关系。相较于上述基本医疗保险的宪法法律关系、行政法法律关系和监督法法律关系的宏观性、原则性规范,社会保险法需要衔接宪法、行政法、财政法、审计法等法律才能具体操作。调整基本医疗保险经办机构、投保人、被保险人之间的基本医疗保险法律关系的规范构成了《社会保险法》的核心内容。当然,基本医疗保险经办机构、投保人、被保险人之间的基本医疗保险法律关系类似于"商业保险法律关系"的结构,但是,"社会保险系以推行社会政策为手段的一种保险经济制度,即透过保险方式来解决政府推行社会政策所谋求的问题"①。"国家权力强制介入互助保险形成社会保险"之制度建构逻辑,反映出社会保险通过国家责任实现社会连带之本质,即在宪法、行政法、监督法等公法法律关系架构之下,在"社会性、法定性、福利性"之"国家社会政策干预"主导下,这种与"商业健康保险"法律关系"结构相似"之基本医疗保险法律关系,仅仅只是借"商业健康保险"法律关系结构之"壳",遵守保险技术之基本规则,而"法定性、社会性、福利性"则

---

① 陈金钊:《法律方法论》,中国政法大学出版社 2007 年版,第 41 页。

是"基本医疗保险法律关系"内容之核和本质,成为公法上"法定"社会保险之债权债务关系。"社会保险关系的内容均由法律法规予以详尽规定,无论是保险人抑或被保险人原则上均无权改变"。① 详言之,基本医疗保险法律关系的发生及其内容均由《社会保险法》规定,被保险人的参保、申报、缴费均由法定,基本医疗保险经办机构一方必须按照法定的给付条件、给付内容、给付水平实施社会给付。基本医疗保险法律关系内容与商业健康保险法律关系内容相比,不同主要体现在如下"社会性、法定性"上:

1. 基本医疗保险经办机构的公法人属性下的"法定性"权利义务。我国《社会保险法》规定的"社会保险经办机构",不同于商业保险人,社会保险经办机构是支付社会保险义务的委托者,是被授权的、服务功能较强的准行政事业性机构。自成立以来,一直是隶属于行政主管机构的事业单位,尚还处于"政事分离"的改革过程中,改革目标是被塑造为"独立的社会保险人";因未实现"政事分离",以"社会保险经办机构"命名,承担社会服务、公共管理、受委托的行政管理,具体负有征缴保费权利,管理运营社会保险基金,并对被保险人提供保险给付,以及为实现被保险主体社会保障权的规范指导权、监督权,并有受上级行政主管部门委托强制执行的权力,和单方变更及解除行政契约等主导权利。

2. 投保人"社会性"多元分担主体之下的权利义务。不同于商业保险投保人的单一性,社会保险的投保人为"法定"的社会多元主体连带分担制。雇主以及财政资助(或叫财政专项转移支付)与参保人(被保险人自己)共同分担缴纳社会保险费,除了参保人(被保险人)外,其他投保主体都是在国家法律的"法定性、强制性干预"下的以义务为主、权利为辅的主体。

3. 被保险人被保障权利"福利性"之下的权利义务。被保险主体除了缴纳社会保险费和提供相关资料的义务外,享受的基本上是权利,而且,其享受

---

① 李文静:《医疗保险法律制度研究》,中国言实出版社 2014 年版,第 96 页。

的保险给付利益不同于商业保险之对价性,具有福利性,并接受社会保险经办主体提供保险服务的权利,还享有监督经办主体履职的权利。

（五）基本医疗保险待遇支付的行政委托合同法律关系

基本医疗保险待遇支付行政委托合同法律关系,即基本医疗保险经办机构与定点医药机构、被保险人之间的基本医疗保险待遇支付行政委托合同法律关系,是在基本医疗保险核心法律关系基础之下的附属法律关系,是基本医疗保险法律关系不同于养老、失业社会保险法律关系之处。这种法律关系以"委托合同"为基调,但是,受基本医疗保险经办机构之承担社会服务、公共管理、受委托的行政管理的制约,实为"行政委托合同",是社会保险"国家给付"义务的委托给付。这样,在基本医疗保险法律关系基础上,社会保险经办机构与定点医药服务机构之间的行政委托合同关系,形成了"四方两组三角关系"。如图所示:

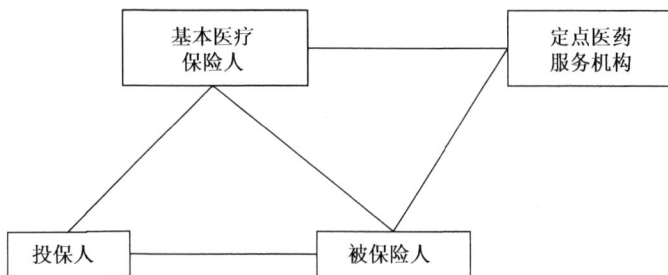

基本医保经办机构依据社会保险法、社会保险行政法规、规章,通过竞争机制,筛选符合条件的专业医药服务机构作为定点医药服务机构,并与之签订行政委托合同,行政委托合同法律关系主要内容包括:

1. 定点医药服务机构受基本医疗保险经办机构委托,对被保险人提供符合社会保险法、社会保险行政法规规定的"三大基本医疗服务目录"规范的基本的医疗服务。

2. 定点医药服务机构受基本医疗保险经办机构委托,代理基本医疗被保险人,对被保险人所享受的基本的医疗服务费用办理具体结算事宜。

3.被保险人的基本医疗保险给付请求权与一般保险关系相同,在基本医疗保险基础关系有效存续期间,保险事故未发生之际,被保险人所享有的乃是潜在的、抽象的基本医疗保险保障。当疾病保险事故发生时,保险给付请求权才成立。但是,其具体请领基本医疗保险金给付的方式,则必须经由定点医药服务机构透过门诊或住院诊疗服务来核查、治疗后予以确定,并由定点医药服务机构代理被保险人向基本医疗保险经办机构结算基本医疗保险金。

4.定点医药服务机构作为受托人服从社会保险人对医药服务的管理与监督机构。作为委托人,基本医疗保险人必须建立庞大而复杂之服务审查和基本医疗保险金核付系统,这是基本医疗保险经办机构日常核心业务。作为受托人,定点医药服务机构应建立与基本医疗保险人服务审查与费用核付系统相衔接的医疗保险金报销结算申报系统。基本医疗保险人与定点医药服务机构依据行政委托合同所建立庞大而复杂的服务审查与费用核付机制,根本原因在于,面对数量庞大的被保险人,基本医疗保险人无法在第一线监督控制定点医药机构的专业医事服务,必须透过建立严格复杂之服务审查与费用核付机制实现两个目的:一是控制、监督、调节定点医药服务机构的专业服务行为,防止和控制定点医药服务机构的基本医疗保险给付之不法和不当行为。二是对被保险人基本医疗保险金给付请求权之形成与实现予以控制和监督。

当然,基本医疗保险经办机构作为法定、单一保险人,有着对庞大的基本医保资源的分配权,通过与定点医药服务机构签订行政委托协议,通过受托的定点医药服务机构执行医保待遇支付范围之行政规范,对被保险人提供基本医疗服务和医疗保险金的结算。如果基本医疗保险待遇支付范围的规范及其行政,强大的基本医疗保险主管机构站在基本医疗保险人视角制定,以控费为目的,可能忽略被保险人享受必需的、质量保证的基本医疗服务;与此对应的是,定点医药服务机构可能出现偏向委托人意见来压减被保险人所享受的基本医疗保险待遇。长此以往,定点医药服务机构的自主性、独立性、职业伦理与社会责任受此影响,会牺牲被保险人之基本医疗保险权益,导致医患信赖关系日益淡漠。① 为此,《社会保险法》应该建立应对机制:一是基本医疗保险给付范围的决定机制透明化、明确化、法制化,在规则制定过程中提升投保人、被保险人、定点医药服务机构代表的参与;二是在具体审查定点医药服务机构以及被保险人能否结算保险金的行政执行活动中,应当为被保险人设计明确的救济途径和救济规范,保护被保险人的信息知情权、意见陈述权、参与程序权等。

(六)基本医疗保险中医患法律关系的双面性

基本医疗保险中医患法律关系,是站在医患法律关系视角,对基本医疗保险四方三角关系的另外审视。

医患法律关系本属民事法律关系,基本医疗保险介入其中,但是,并没有就此合并医患民事法律关系。因为,社会医疗保险关系只是一种"保基本",而不是无所不包的基本医疗保险制度,其所涉及的基本医疗服务也仅仅是"基本医疗服务",不是患者所要求的"全部医疗服务"。当医疗服务机构为被保险主体提供了基本医疗保险的"基本医疗服务目录"范围内的基本医疗服务后,基于被保险人道德风险所设置的被保险人与基本医疗保险经办机构的"共付比"结算制度,基本医疗保险的被保险人也得结算自付部分的费用。因此,基于医患法律关系视角来说,基本医疗保险法律关系是在医患民事法律关系基础上,藉由保险人与定点医药服务机构的行政委托合同,向患者提供符合基本医疗保险的基本医疗服务,并由医疗服务机构代理向社会保险机构结算报销基本医疗保险费。

在个案中,被保险人罹患疾病之时,首先,被保险人必须先选择定点医药服务机构,与之缔结民事医疗契约;其次,被保险人通过基本医疗保险证之出

---

① 蔡维音:《全民健康之给付法律关系析论》,元照出版有限公司 2014 年版,第 171 页。

示,即包含委托定点医疗服务机构依照规定代为办理基本医保相关事务之意思表示。然后,在民事医疗契约基础上,由定点医疗服务机构判定被保险人所需之检查、治疗、并履行专业治疗,定点医疗服务机构有告知义务,在被保险人同意之下提供医疗服务,由此产生医疗费用对价后,保险给付请求权具体化成为请求基本医疗保险经办机构承担之债务。最后,保险给付请求权不需要被保险人自行主张,而由定点医疗服务机构依据定点医疗服务行政委托合同,透过与基本医疗保险经办机构之间建立的基本医疗保险金报销结算申报系统,依据定点医疗服务委托合同之规定进行集中结算和报销手续。定点医疗服务机构核算医疗费用之时,扣除了被保险人应该享受的基本医疗保险金,仅向被保险人请求其自付医疗费用部分。

因此,当一个被保险人作为患者在定点医事服务机构就诊时,基本医疗保险中的医患关系更多的是既包括基本医疗保险关系,也同时包括医患民事关系。因此,社会保险中的医患关系往往具有双面法律关系。具体表现在:

1. 医患关系权利义务客体——医疗服务的双面性

当一个患者属基本医疗保险被保险主体时,其在定点医药服务机构就诊,需要保生命、保健康的全面医疗服务,由于基本医疗保险服务只提供基本医疗保险服务目录框限的并受基本医疗被保险人共付比结算制约的"基本医疗服务",对于"基本医疗服务"之外的医疗服务需求,就属于医患自由协商的民事医疗服务。这两种医疗服务属不同性质的购买,前者由基本医疗保险基金支付,后者由患者自费。两种医疗服务在患者就医时同时提供,难以截然分开。但是,在付费时,须按基本医疗保险制度和民事医疗服务制度划分开。

2. 医患主体身份的双面性

当一个患者属基本医疗保险被保险主体时,到基本医疗保险定点医药服务机构就诊,会同时获得基本医疗服务和基本医疗服务目录外的医疗服务,患者就此具有双重身份,所享受基本医疗服务时,属基本医疗保险的受保障主体,受基本医疗保险的管理和约束,无权就基本医疗服务内容及其费用与医疗机构进行自由协商;患者接受基本医疗服务目录之外的、由患者自费的医疗服务时,属医患民事合同主体身份,有权就所接受的医疗服务及其费用与医疗机构进行自由协商。

3.医患法律关系性质及其权利义务内容的双面性

基本医疗保险中医患关系的主体身份的双面性、医患权利义务客体的双面性,决定了基本医疗保险中医患法律关系的性质及其权利义务内容的双面性,即基本医疗保险法律关系和民事医患法律关系双重交织,前者权利义务内容由社会保险法调整,后者权利义务内容由民事法律调整。

4.医患法律责任承担的双面性

基本医疗保险中医患法律关系性质、权利义务内容的双面性和双面交织,决定了当发生医患纠纷时,若涉及法律责任承担,往往是民事法律责任与行政法律责任交织、区分承担。

5.医患纠纷解决程序的双面性

正因为基本医疗保险中医患法律关系性质、权利义务内容、法律责任承担的双面交叉性,基本医疗保险中的医患纠纷解决程序也颇为复杂。在德国等社会保险制度完善之国,有专门的社会法院专司社会保险之纠纷。我国现有的社会保险医患一些纠纷往往走了民事诉讼程序,民事程序法官对于处理这些医患纠纷相当纠结,通过民事程序来解决这些纠纷也比较艰辛烦琐。有必要建立我国专门的社会法纠纷解决机制,保证基本医疗保险医患纠纷以及其他社会保险争议案件及时、公正与专业的司法审理。

总之,分析基本医疗保险医患法律关系的双面特征,具有现实意义,有利于基本医疗保险中医患法律关系与纯粹的民事医患关系的区分,更有利于基本医疗保险中医患纠纷的顺利解决。

四、基本医疗保险法律关系客体的多样化

法律关系的客体是指法律主体的权利和义务所指向的对象,包括物、非物

质财富和行为结果三类。① 与基本医疗保险多层次法律关系相符合,基本医疗保险法律关系的客体也呈现多样化特征。

一是基本医疗保险的宪法法律关系的客体,包括各种立法制度建设和基本医疗保险公共事业机构的设立和治理体系建设,具体有基本医疗保险的各项、各效力层次的立法;基本医疗保险经办机构的设立;多渠道筹集社会保险资金的制度;基本医疗保险事业的税收支持制度;基本医疗保险基金管理和监督制度。

二是基本医疗保险的行政管理法律关系的客体,具体包括相关基本医疗保险的政府行政主管、行政主管权限,以及行政主管机构行使基本医疗保险管理职权和职责过程中的各种行政行为结果。

三是基本医疗保险的监督法律关系的客体,具体包括国家立法机关、司法机关、行政监察机关以及社会保险监督委员会的监督行为结果。

四是基本医疗保险的核心法律关系的客体,具体包括基本医疗保险费、基本医疗保险基金、基本医疗保险金的筹集、管理、支付行为。

五是基本医保待遇支付行政委托合同法律关系的客体,具体包括基本医疗服务结果;基本医疗服务、基本诊疗设备和基本药物等。

五、基本医疗保险法律责任的复杂性及其纠纷解决机制的多元化

基本医疗保险制度以公权力倾斜保护国民基本医疗私权利为制度特质,因而,基本医疗保险法律关系的主体多元,关涉国家、政府及其行政主管部门、基本医保经办公共部门、多元社会监督主体、被保障人、被保障人的雇主以及定点医药服务机构,多元主体之间的基本医疗保险法律关系性质之多面性、多层级、权利义务内容和客体的多样化,决定了基本医疗保险法律责任的复杂

---

① 公丕祥:《法理学》,复旦大学出版社2002年版,第458页。

性,包括宪法责任、行政责任、民事责任、刑事责任等。在具体处理基本医疗保险纠纷时,或者单独适用,或者交叉适用。如各级政府相关基本医保地方规章、地方规范文件、地方基本医保治理的不良,应该承担宪法责任;基本医保主管行政机构、基本医保经办机构失责的行政责任的追究;雇主不为劳动者缴纳基本医疗保险费、被保障主体基本医疗保险权益追讨以及医患纠纷民事责任的追究;各种主体骗保行为的刑事责任承担;等等。

我国基本医保若各种主体间发生纠纷,尚未有独立的社会保险诉讼程序,实践中,主要调解两两当事人之间的纠纷性质,基本上套用现行法律中既存的纠纷解决机制。如基本医保的被保障主体向医保经办机构追讨基本医疗保险待遇及其医疗费用的报销,采取行政诉讼的救济方式。被保障主体因为用人单位没有为其缴纳基本医疗保险费而追讨基本医疗保险待遇的,按照劳动争议解决。基本医保经办机构与定点医药服务机构之间的纠纷采取行政诉讼的救济方式。基本医保被保障主体与定点医药服务机构之间的纠纷不问性质,基本上按照民事诉讼途径解决。这种套用现行诉讼机制处理基本医疗保险的各种纠纷,难免使争议的解决和救济渠道曲折费时,解决问题复杂困难,甚至出现个别法院畏难而不愿受理这类纠纷的现象。如《最高人民法院关于审理劳动争议案件适用法律若干问题的解释(一)》第一条规定,劳动者退休后,与尚未参加社会保险统筹的原用人单位因追索基本医疗费而发生的纠纷属于劳动争议。这一规定限定了民诉救济基本医疗保险权益的范围,"随后一些地方法院在系统内发布了有关社会保险诉讼不予受理的文件,包括对仲裁裁决不服、裁决生效后用人单位不执行的情况,法院都不予受理"。① 《社会保险法》"通篇几乎均为行政权力的行使和保障、行政相对人义务履行及行政法律责任承担的规定,体现出一种行政优位、权力本位的理念"。② 在这种立法理

---

① 金维刚、武玉宁:《〈社会保险法〉实施评估研究》,中国言实出版社 2016 年版,第 28 页。
② 郑尚元、扈春海:《中国社会保险立法进路之分析——中国社会保险立法体例再分析》,载《现代法学》2010 年第 3 期。

念之下,被保障主体于社会保险中所享有的权利未被明晰,纠纷解决机制等没
有明确,无畅通的纠纷解决途径。

可见,简单、曲折地套用现有纠纷解决机制,是无法应对复杂而独特的基
本医保等社会保险争议的。"纠纷解决的制度就是什么样的纠纷应该如何被
解决的实体和程序上的规范体系。"①基本医保等社会保险法律责任的承担以
及纠纷解决的机制,为各个法律关系主体在基本医保等社会保险中的权利救
济和实现的过程,关涉争议处理的主体、途径、程序、方式等完整的规范体系。
从长远来看,根据基本医保等社会保险争议的特点和特殊需求,设计专门的社
会保险争议处理机制。借鉴德国社会保险争议的复议及社会法院审判之专门
化法典,或者借鉴日本等地区,在未设计专门法院管辖社会保险争议的制度背
景下,在对基本医保等社会保险的法律管辖准确定性前提下,确定处理相关争
议的管辖法院和决定适用之诉讼程序,并应当有掌握相关专业知识者参加。②

---

① [日]棚濑孝雄:《纠纷的解决与审判制度》,王亚新译,中国政法大学出版社 1994 年版,
第 4 页。

② 李文静:《医疗保险法律制度研究》,中国言实出版社 2014 年版,第 383 页。

第五章 整合城乡医保制度的
理论探源与范畴诠释

　　社会保障与工业化、城市化相伴而生、相互促进。社会保障是为解决工业化、城市化带来的社会结构转型而产生的社会政策，是针对工业化、城市化条件下，家庭保障机制弱化、失业经常化、收入两极分化而创新的社会制度。当然，适应工业化、城市化需要的"任何一项社会保障制度的制定与实施都遵循从个别到一般、从特殊到普遍这个过程，某项社会保障制度最初总是针对特殊群体或特殊行业设置的，形成差异化的制度安排，并在实践过程中逐步将诞生于各个行业的碎片化整合为一个整体，从来也没有哪一项社会保障制度自诞生之日起就能涵盖全体国民"。[①] "社会保障从工业化起步阶段的'特殊主义'向工业化阶段的'普遍主义'的发展，不仅适应了社会结构变动的需要，同时亦促进了社会结构的整合与一体化，甚或成为社会结构转型的一个重要标志与内容。"[②]

　　21世纪以来，我国工业化、城市化率迅速提高，国家统计局统计数据显示，2000年时，我国常住人口城镇化率为36.22%，2010年为49.9%，2020年

----

　　①　高和荣：《论整合型社会保障制度建设》，载《上海行政学院学报》2013年第2期。
　　②　李迎生：《社会保障与社会结构转型——二元社会标志体系研究》，中国人民大学出版社2001年版，第8页。

末,我国常住人口城镇化率超过 60%,保守估算,到 2025 年,中国城镇化率将达到 65.5%。人口流动、职业变换、身份转化比以往任何时期都更加频繁,甚至有学者形象地将当今社会状态称为"漂移的社会"。① 与此同时,在对计划经济体制下基于城乡户籍、单位性质和职业身份等社会等级为基础的"一个国家、两种福利"②的社会保障制度的改革过程中,现行基本医疗保险体系渐进性构建而成。就在基本医疗保险制度向农村居民覆盖、创设新型农村合作医疗制度之初,2003 年党的十六大召开,从经济社会全局统筹城乡二元结构、不断出台系统破除城乡二元体制的社会政策。始于 2000 年左右,广东佛山市、东莞市、珠海市等地开始自发探索整合城乡居民医保,至 2015 年底,除了 9 个省级地区整合外,其他省的 39 个地市以及 42 个地市的 91 个县(区)也自发试点城乡医保整合。③

地方自发"整合"式改革从管理整合到制度整合,从部分环节制度整合到整体制度整合,从城乡两项制度整合到三项制度整合,从县市区域整合到省域整合,形成了不可阻挡之势,全国整合城乡医保政策也陆续出台。2007 年,国务院《关于开展城镇居民基本医疗保险试点的指导意见》首次提出:"鼓励有条件的地区结合城镇职工基本医疗保险和新型农村合作医疗管理的实际,进一步整合基本医疗保障管理资源。"2009 年中共中央、国务院发布的《关于深化医药卫生体制改革的意见》重申:"有效整合基本医疗保险经办资源,逐步实现城乡基本医疗保险行政管理的统一。"2012 年,整合城乡基本医保制度及其管理经办资源成为党的十八大报告的决策,也是"十二五"和"十三五"规划主题。2016 年 1 月 3 日,国务院在总结地方自发整

---

① 于建嵘:《漂移的社会:农民工张全收和他的事业》,中国农业出版社 2008 年版,第334 页。

② 计划经济时代,由于城乡社会福利水平差距很大,因此,中国的福利制度是典型的二元制福利体系,可以称为"一个国家,两种福利制度"。参见岳经纶:《社会政策学视野下的中国社会保障制度建设——从社会身份本位到人类需要本位》,载《公共行政评论》2008 年第 4 期。

③ 金维刚:《依法推进城乡居民医保整合》,载《中国劳动保障报》2016 年 2 月 5 日。

合城乡医保经验教训的基础上出台了《意见》，设计了"六统一"的具体操作政策，①要求各省（区、市）于 2016 年 6 月底前作出规划和部署，明确时间表、路线图，并于 2016 年 12 月底前出台具体实施方案。至 2016 年 9 月底，人力资源和社会保障部的数据显示，全国已有 2/3 的省份对建立统一的城乡居民医保制度进行了总体规划部署或已全面实现整合，人力资源和社会保障部门与卫生计生部门争论的医保管理权状况得以改变，越来越多的省份选择将城乡医保的管理权归于人力资源和社会保障部门。但是，陕西省将城乡医保管理归口卫生计生部门；福建省决定成立医保管理委员会，下设医保办，挂靠财政部门；还有少数地方政府在研究制定整合方案及确定归口管理部门方面处于犹豫或观望状态，整合城乡居民医保依然面临多重困难。② 2018 年成立了国家医疗保障局，标志着城乡医保走向"统一管理、统筹规划、统一经办、统一信息、资源整合"的新体制，2021 年 8 月 13 日，国家医保局和财政部出台《关于建立医疗保障待遇清单制度的意见》，立足于建立制度化的城乡医保待遇动态调整机制，并将促进城乡医保由机械整合走向深度融合。

我国整合城乡医保制度的实践促进了相关理论研究繁荣。研究"整合城乡基本医保制度"的相关社会科学的基础理论主要有：城乡一体化理论、统筹城乡发展理论、社会整合理论、整体性治理理论。这些理论延伸为整合城乡基本医疗保险的理论，并指导着整合城乡基本医疗保险的实践。但是，相关"一体化、整合、统筹"等研究范畴多模糊、交叉或混用。因此，非常有必要梳理、探源整合城乡医保制度的理论，明晰和诠释整合城乡医保制度的基本范畴。

---

①　"六统一"具体指：统一覆盖范围、统一筹资政策、统一保障待遇、统一医保目录、统一定点管理、统一基金管理。

②　郭晋晖：《城乡居民医保整合尘埃落定，人社部统管大势所趋》，载《第一财经日报》2016 年 10 月 10 日。

第一节　整合城乡医保制度的理论探源

一、城乡一体化理论与基本医保一体化

（一）城乡一体化基本理论

人类从农业文明转向工业文明、从传统社会转向现代社会,就是从城乡对立走向城乡融合、实现城乡一体化,这是人类经济社会发展的必然趋势。

"自从有了城市,就出现了城乡对立。特别是工业革命以来,城市逐渐成为人类文明和现代的象征,而农村的发展则陷入愚昧、落后的困境。"①面对这一社会现象,历史上许多思想家包括空想社会主义学者,马克思主义经典作家、社会学家、经济学家,以及生态学家、城市规划学者都予以关注和研究。对城乡一体化研究最多的是发展经济学,他们认为发展中国家早期发展阶段普遍存在明显的城乡经济社会二元结构现象,具体是指一个国家传统农业部门与现代化工业部门并存,城市与农村分割,农业部门与现代化工业部门之间、农村与城市之间,在劳动生存率、收入水平、就业、福利水平的各个方面存在显著差异的一种经济社会状态。我国在现代化初期,同样存在着城乡二元结构现象。新中国成立后,为了实现"集中资源推进工业化,在较短时间内建立现代化工业体系"战略愿景,通过建立城乡户籍管理制度、人民公社制度、统购统销制度②形成了"城乡二元体制",从而形成了城乡二元结构,"城乡二元体制延长了城乡二元结构的存续期"。③ 为此,有学者概括我国城乡二元社会结

---

① 徐同文:《城乡一体化体制对策研究》,人民出版社2011年版,第9页。

② 通过城乡户籍管理制度控制农民向城市转移;用统购统销制度控制主要农产品的收购和供应,形成工农产品交换价格"剪刀差";通过人民公社制度建立了不同于财政投入城市的农村基础设施与集体福利制度。

③ 国务院发展研究中心农村部课题组:《从城乡二元到城乡一体——我国城乡二元体制的突出矛盾与未来走向》,载《管理世界》2014年第9期。

构"特指新中国成立后配合经济发展需要,通过以户籍制度为核心的一系列制度,人为地割裂了城乡之间的联系所形成的一种独特社会结构。在这种社会结构下,人们按照户籍关系被划分为农业户口和非农业户口,两者在就业、教育以及其他社会福利方面面临着巨大差异。同时,通过制度的形式来限制两者之间的相互流动,从而造成了我国独特的二元社会结构"。[①]

"从城乡对立走向城乡融合,是马克思对城乡一体化理论的基本概括。"[②]马克思、恩格斯认为,人类历史发展过程中,城市与农村的相互关系经历了三个辩证发展阶段:一是城市诞生于农村,乡村占主导地位阶段;二是从工业革命开始,城市化进程加速,城乡分割、城乡对立现象逐渐显露出来的阶段;第三阶段就是城市化深入发展,城乡依存度加大,城乡走向融合。[③] 城乡一体化就是指"经济社会发展到一定高度,城市和农村在经济发展水平、社会制度安排、文化观念和社会保障制度安排等方面消除了城乡差别。在这一阶段,城乡形成职能一体化、空间一体化和社会管理一体化,城乡之间相互促进、互为资源、互为市场、相互服务,城乡两个异质人群生活共同在经济、文化、生态等要素上有效优化组合、协调相容、和谐发展"[④]。城乡一体化的核心就是使城乡居民平等享受到经济社会发展的成果。

城乡一体化涵盖经济社会等多个领域,城乡一体化是扩展现代文明的载体。城乡社会以怎样的路径实现城乡一体化呢?经济学者聚焦于城乡经济要素的合理流动和优化组合上;人文地理学者关注的是城乡一体的空间布局;社会学者则探讨如何消除二元社会结构鸿沟,形成统一社会结构。西方发达国家都根据国情,实行适合自己国情的推动城乡发展社会政策,先后完成了城市化,步入城乡一体化发展新阶段。美国通过技术革命和全球范围吸引配置人

---

① 董黎明:《我国城乡基本医疗保险一体化研究》,经济科学出版社 2011 年版,第 43 页。
② 董黎明:《我国城乡基本医疗保险一体化研究》,经济科学出版社 2011 年版,第 11 页。
③ 徐同文:《城乡一体化体制对策研究》,人民出版社 2011 年版,第 11 页。
④ 董黎明:《我国城乡基本医疗保险一体化研究》,经济科学出版社 2011 年版,第 29 页。

力资源,形成工业化、城市化和农业现代化的良性循环;德国通过追求区域均衡持续发展、统一社会保障体系、注重市民参与加速了城乡一体化进程;日韩则是在政府主导下先城市发展后农村发展,城市拉动农村实现城乡一体化。

我国城乡社会二元体制的独特性,决定了我国由城乡二元向城乡一体化转型表现为"体制转型和发展转型的结合和重叠"。而且,"体制转型是双重转型的重点",要以"体制转型带动发展转型"。① 党的十六大提出了"城乡统筹"的城乡发展观,从社会政策方面推动了破除城乡二元体制,十七大和十八大报告中多次部署破除城乡二元体制的社会政策。十七大报告中强调:"扩大公共财政覆盖农村的范围,强化政府对农村的公共服务,建立以工促农、以城带乡的长效机制。"十七届三中全会发布了《中共中央关于推进农村改革发展若干重大问题的决定》提出:"统筹土地利用和城乡规划、统筹城乡产业发展、统筹城乡基础设施建设和公共服务、统筹城乡劳动就业、统筹城乡社会管理"等"五个统筹"。十多年来,破除城乡二元体制的系列政策主要聚焦于几个方面,诸如:推动卫生、文化、教育、社会保障等基本公共服务逐步覆盖农村;实现农民工政策取向由限制流动到保障权益的一系列重大调整;从维护农民工短期权益到加快户籍改革促进农民市民化的重大调整;在局部地区探索农村集体土地进入城市土地一级市场的途径等。尽管如此,"总体而言,城乡二元体制远未消除,由体制因素和发展阶段共同决定的城乡二元结构明显、城乡发展一体化程度低的局面仍然十分明显"。②

(二)基本医保一体化理论

城乡一体化基本理论揭示,作为政府承担积极责任的现代社会保障制度是工业文明的产物,是工业文明和市场经济的伴生物,经济社会从城乡二元到

① 厉以宁:《中国经济双重转型之路》,中国人民大学出版社 2014 年版,第 2 页。
② 国务院发展研究中心农村部课题组:《从城乡二元到城乡一体——我国城乡二元体制的突出矛盾与未来走向》,载《管理世界》2014 年第 9 期。

实现城乡一体化,社会保障是重要标志与内容。

　　第二次世界大战之前,西方主要工业化国家的社会保障主要针对工业劳动者设计,以德国 19 世纪 80 年代开创的劳工社会保险制度为代表,欧美各国和日本纷纷仿效。第二次世界大战后,西方国家战后重建,以英国为代表的"福利国家"兴起,社会保障制度由城市向农村扩展,基本实现了社会保障"全民化"的目标。而且,社会保障项目齐全,实现了"从摇篮到坟墓"的保障。当然,西方各国先后在实质上推进社会保险的城乡一体化,绝不是偶然的。[1]"社会保障从工业化起步阶段的'特殊主义',向工业化阶段的'普遍主义'发展,不仅适应了社会结构变动的需要,同时亦促进了社会结构的整合与一体化,甚或成为社会结构转型的一个重要标志与内容。"[2]第二次世界大战后,西方主要工业化国家进入成熟时期,农业劳动力份额在 20% 以下,农业在国民生产总值中的份额在 15% 以下,城市化进一步向更高阶段推进而趋于城乡一体化,工业化不仅完全依靠自身积累,而且还有资金反哺农业,为国家实现社会保障的城乡一体化创造前所未有的良机。

　　21 世纪前后,与我国城乡社会结构急剧变化相适应,我国城乡基本医疗保险制度也处于快速发展和制度演进阶段。面对转型时期经济社会制度背景,适应城乡二元结构明显、城乡差距大、地区发展不平衡的国情,以及就业形式、劳动关系多元化、非就业人群普遍存在的民情,城乡医保制度采取渐进性建制方式,用了近 30 年时间,以城乡不同户籍、社会身份(职业)为"经"、以区域为"纬",不同部门和地方各自制定相关政策,对城乡医保的"参保、筹资、待遇支付、基金经办、管理监督"等五个要素环节进行设计,形成了"覆盖全民"的医保制度体系。这种制度体系呈现出城乡、区域特性的不同医保利益,也未

　　① 杨翠迎等:《建立农村社会养老年金保险计划的经济社会条件的实证分析》,载《中国农村观察》1997 年第 5 期。
　　② 李迎生:《社会保障与社会结构转型——二元社会标志体系研究》,中国人民大学出版社 2001 年版,第 8 页。

能充分体现社会医疗保险制度的公平价值取向、互助共济和再分配功能,需要在社会医疗保险的顺利发展以及城乡经济社会一体化发展中进一步完善。为此,整合城乡基本医疗保险制度,实现城乡基本医疗保险制度一体化成为我国系统破除城乡二元体制的重点内容。

基本医疗保险制度作为各国社会保障体系中的基本项目,在城乡一体化含义之下,城乡基本医保制度一体化是社会保障一体化的必要内容和重点项目。我国处于工业发展中后期,在以工业带动农业、城市反哺农村、城乡互动发展的基本格局业已成型的条件下,学者们讨论城乡基本医疗保险一体化往往从整合制度、统筹城乡等不同视角表述,如董黎明认为,城乡基本医保制度一体化就是基本医疗保险向全体国民提供,在管理上统筹安排,在组织上统一协调,在受益上基本均等,区域性城乡基本医疗保险体制机制一致。① 李文静认为,城乡基本医疗保险一体化就是指基本医疗保险从劳动保险到全民保险,使基本医疗保险的覆盖范围从限于某一职业或某一行业,逐步扩展至覆盖全部就业人口,也包括医疗费用筹资和医疗服务给付两个层面,就"全民化"医疗费用筹资层面而言,指是否以全民为范围构建风险团体以实现全民的风险分散与共担;就"全民化"医疗保险给付层面,指每个国民均应当能够被纳入特定医疗保险计划,并依此于生病或负伤时获得给付以补偿因疾病或伤害所引致的损害;前者是形式意义上的"全民化",后者是实质意义上的"全民化"。② 在笔者看来,这些表述并无实质差异,从不同角度丰富了基本医疗保险城乡一体化的内涵,从制度建设角度而言,城乡基本医疗保险一体化就是指城乡基本医保的法律和政策统筹城乡,打破城乡、身份、职业、区域界限,为每一位国民提供平等的基本医保权利。

---

① 董黎明:《我国城乡基本医疗保险一体化研究》,经济科学出版社 2011 年版,第 34 页。
② 李文静:《医疗保险法律制度研究》,中国言实出版社 2014 年版,第 14—15 页。

二、统筹城乡发展理论与城乡医保统筹发展

(一)统筹城乡发展基本理论

西方统筹城乡发展理论包括城乡融合论、城乡一体化论、城乡二元结构理论以及区域城市论等。[①] 实际上,统筹城乡发展基本理论是站在方法论视角的城乡一体化理论,是对城乡二元结构予以统筹,"统筹是实现目标的策略和手段"[②]。我国统筹城乡发展相关理论研究起步较晚,尚未形成完整的理论体系,直到2003年党的十六届三中全会通过的《中共中央关于完善社会主义市场经济体制若干问题的决定》中首次提出"五个统筹"[③]的重要思想,其中,将"统筹城乡发展"放在"五个统筹"的首要位置。至此,统筹城乡发展才成为理论界研究热点,并广泛地进入全国各地的实践领域。

"五个统筹"是党建设社会主义的"统筹兼顾"[④]指导方针在新时期的应用,是从方法论意义上贯彻科学发展观的重点内容和重点突破,"这些方面的统筹,拓展了'统筹兼顾'方针的内涵、对象和范围,体现了我们党对社会主义建设规律认识的深化,从而成为深入贯彻落实科学发展观的根本切入点和重要实现途径"。[⑤] 党的十七大报告明确指出:"统筹城乡经济社会发展,就是要充分发挥城市对农村的带动作用和农村对城市的促进作用,实现城乡一体化

---

① 中国医疗保险研究会:《完善中国特色医疗保障体系研究报告》,中国劳动社会保障出版社2015年版,第312页。

② 马斌、汤晓茹:《关于城乡社会保障一体化的理论综述》,载《人口与经济》2008年第3期。

③ 党的十六届三中全会报告中提出的"五个统筹"包括:统筹城乡发展、统筹区域发展、统筹经济社会发展、统筹人与自然和谐发展、统筹国内发展和对外开放。党的十七大报告又进一步提出统筹中央和地方关系、统筹个人利益和集体利益、局部利益和整体利益、当前利益和长远利益、统筹国内国际两个大局。参见本书编写组:《十七大报告学习辅导百问》,学习出版社、党建读物出版社2007年版,第46页。

④ 即通盘考虑、协调兼顾社会主义建设各方面,强调各方面发展的全面性、协调性。

⑤ 本书编写组:《十七大报告学习辅导百问》,学习出版社、党建读物出版社2007年版,第46页。

发展。"党的十七届三中全会报告明确指出:"目前我国已经进入以工促农、以城带乡的发展阶段,进入加快改造传统农业、走中国特色农业现代化道路的关键时刻,进入着力破除城乡二元结构、形成城乡经济社会发展一体化新格局的重要时期。"所以,就我国而言,统筹城乡发展就是指"逐渐消除长期以来的城乡二元结构,缩小城乡各个方面的差距,提高农业生产效率,增加农民收入,建立城乡平等和谐、协同发展和共同繁荣的新型城乡关系,最终实现城乡无差别的发展"[1]。

(二)城乡医保统筹发展理论

"城乡医保统筹发展"是"统筹城乡发展"的重要内容,即以统筹城乡发展为指导思想,"将城镇居民的医疗保障制度与农村居民的新型农村合作医疗制度通盘考虑,通过一定的机制、路径和方法使不同制度逐渐靠拢,三个制度成为两个制度,两个制度再成为一个制度,是一个动态的发展过程"。[2] 进一步详细、清晰地界定统筹城乡基本医疗保险制度,即"站在国民经济和社会发展全局的高度,把职工医保、居民医保和新农合作为一个社会医疗保障体系,从整体上进行统一筹划和制度安排,消除户籍界限,保障每一个公民都能平等、自由地享受基本医疗保障权利"[3]。

近年来,国内研究城乡医保统筹发展具有代表性的有仇雨临、顾海、刘继同三个研究团队。他们的研究路径相似,在对我国城乡医保发展历史的得与失审视基础上论证统筹城乡医保的必要性、可行性;在总结我国统筹城乡医保的实践模式基础上,借鉴德国、英国、日本等国家统筹城乡医保的经验提出了

---

① 顾海、李佳佳:《中国城镇化进程中统筹城乡医疗保障制度研究》,中国劳动社会保障出版社 2013 年版,第 93 页。

② 仇雨临、翟绍果:《城乡医疗保障制度统筹发展研究》,中国经济出版社 2012 年版,第 21 页。

③ 顾海、李佳佳:《城乡医疗保障制度的统筹模式分析——基于福利效应视角》,载《南京农业大学学报》(社会科学版)2012 年第 1 期。

统筹城乡医保的对策。仇雨临的对策建议是,将"全国范围内建立覆盖城乡居民的统一的国民健康保险制度"确立为城乡医保制度统筹发展的战略目标,建议统筹城乡医疗保障制度按照三步走战略实施:第一步从"碎片化"转向制度整合阶段;第二步从制度整合走向制度优化阶段;第三步从制度衔接走向制度优化走向制度统一阶段,最终实现城乡医保政策规定、制度设计、管理体制和业务经办上的城乡一体化。[①] 顾海的对策建议是从"城乡医保管理体制的统筹"着眼,从健全法律、统筹制度、整合机构、规范系统等几个方面,最终实现各项医保基金的合并与统筹管理。[②] 刘继同则基于我国基本医疗保险"发展中的问题"视角,建议构建"一个制度、多种标准的全民性基本医疗保险制度框架","一个制度"是指重组各种医疗保险制度,将其统一为一个基本医疗保险制度;"多种标准"是指根据全国各地经济发展状况,特别是不同社会群体收入状况和生活水平,设计多种不同的基本医疗保险基金的缴费标准,以便将所有国民都纳入一个基本医疗保险制度范围中,从而形成全民性基本医疗保险制度框架。[③]

三、社会整合理论与整合城乡基本医保

(一)社会整合理论

社会整合理论是社会学研究的主题,产生于 19 世纪末工业化、城市化、现代化进程中。社会整合的研究就是为了应对工业化、城市化、现代化进程中所产生的传统社会"断裂"问题。在社会学者看来,是指"由传统社会向现代社会转型时社会的一个基本特征,即传统的社会关系、市场结构及社会观念的整

---

① 仇雨临、翟绍果:《城乡医疗保障制度统筹发展研究》,中国经济出版社 2012 年版,第 203—205 页。

② 中国医疗保险研究会:《完善中国特色医疗保障体系研究报告》,中国劳动社会保障出版社 2015 年版,第 325、351 页。

③ 刘继同、陈育德:《"一个制度、多种标准"与全民性基本医疗保险制度框架》,载《人文杂志》2006 年第 3 期。

体性瓦解,代之以一个一个利益族群、社会成分、制度建构的'碎片化'分割"。① "分化与整合是社会发展的双重逻辑。现实社会的长久分化为社会发展提供了充足的动力。社会从简单到复杂的每一次跨越,都伴随着分化的强劲步伐。但是,社会分化并非解释社会发展的唯一模型,'分之必合'、'分合均衡'才是社会稳定发展的铁律。与具有自然驱动力的'分化模式'相比,社会整合更需要人们及时的经验总结与主观构想。"②

　　社会整合理论在西方社会学领域有 100 多年的研究历史。从 19 世纪末涂尔干建立在劳动"分工与整合"基础之上的"非契约性社会整合理论",到 20 世纪三四十年代帕森斯的结构功能主义分析框架中构筑的"宏大社会整合理论",从提出社会整合概念,到形成社会整合理论范式来解释社会变迁。20世纪 60 年代后帕森斯时代社会整合理论代表人物和研究理论是洛克伍德的"系统/社会"整合二分理论、卢曼的"系统自为"社会整合理论、哈马贝斯的"沟通整合理论"、吉登斯的"时空整合理论"等,共同推动了社会整合理论的发展。后工业社会中,社会整合理论研究从理论意义的描述让位于实践探索,从宏观到微观、从系统到类别,热衷于对具体社会整合问题的经验分析和研究,并在社会整合的主要实现机制上达成共识,即沟通交往机制、规则整合机制、利益整合机制、交换整合机制、社会参与机制、社会控制机制等。

　　近年来,在我国社会转型过程中,国内社会学者运用社会整合理论解读和分析"和谐社会"建设的各个领域,其中,运用社会整合理论的微观主义分析方法较多,在我国社会保障制度的整合领域形成了一定的研究热点,如景天魁团队的"普遍整合的福利体系"研究③,丁建定团队的"中国社会保障制度整

---

　　① 宋亚娟:《我国养老保险制度的碎片化治理——基于"整体性治理"的视角》,载《郑州航空管理学院学报》(社会科学版)2010 年第 10 期。
　　② 吴晓林:《社会整合理论的起源与发展:国外研究的考察》,载《国外理论动态》2013 年第 2 期。
　　③ 参见景天魁等:《普遍整合的福利体系》,中国社会科学出版社 2014 年版。

合研究"①等。

（二）整合城乡基本医保的理论

通观学术界的研究,以"整合城乡医保"为主题的文献并不多见,大都是在普遍整合的福利体系、普遍整合社会保障体系中对基本医疗保险整合予以泛泛论证,或者将整合城乡医保放在统筹城乡医保研究视域予以探讨。如郑功成及其研究团队,将整合城乡居民医疗保障制度作为"统筹城乡经济社会发展的一项重要内容,城乡居民医疗保障制度的整合关系着城乡居民享受医疗保障和健康服务的公平性与可及性,有利于实现基本公共服务均等化和健康平等",为此,"医疗保险体系在城乡、人群、职业和地区之间,迫切需要制度整合和政策衔接"。② 他们从筹资的统筹衔接、管理的统筹衔接、支付的统筹衔接、服务的统筹衔接、外部环境的统筹衔接方面论证了"城乡居民医疗保障制度整合的具体内容"。③ 他们的研究将"整合"与"统筹"城乡医保混合在一起,概念界分有些不甚明了,二者之间的关系也不清晰。

将"整合城乡医保"作为专题研究的是申曙光研究团队,于2009—2014年间发表整合城乡医保的系列研究成果,④他们诠释"人人都能公平地享有基本医疗保障"是全民医保的目标,并论证"渐进性的全民医保之路"的关键就

---

① 参见丁建定等:《中国社会保障制度体系完善研究》,人民出版社2013年版。

② 参见郑功成:《中国社会保障改革与发展战略·医疗保障卷》,人民出版社2011年版,第35页。

③ 参见郑功成:《中国社会保障改革与发展战略·医疗保障卷》,人民出版社2011年版,第51—54页。

④ 参见申曙光、彭浩然:《全民医保的实现路径——基于公平视角的思考》,载《中国人民大学学报》2009年第2期;申曙光、李亚青、侯小娟:《医保制度整合与全民医保的发展》,载《学术研究》2012年第12期;申曙光、侯小娟:《我国社会医疗保险制度与制度整合目标》,载《广东社会科学》2012年第3期;申曙光:《全民基本医疗保险制度整合的理论思考与路径构想》,载《学海》2014年第1期。

是"整合城乡基本医疗保险制度"。他们认为"整合是一个动态的调整和推进过程",整合的总体目标是"通过协调、规范和重组现有医疗保险制度,从城乡分割的三元制体系变成城乡融合的二元制体系,再发展成省级统筹范围内(乃至全国统筹范围内)统一的社会医疗保险制度,确保人人享有充分的基本医疗保障"。

党的十八大报告明确提出"整合城乡社会保险制度"后,从政策视角解读整合城乡医保制度的研究逐渐增多,就城乡医保的主管权在人力资源和社会保障部门、卫生和计划生育委员会之间的争执,研究的热点主要集中于"管理体制如何整合"以及"整合路径和整合模式"上,并未形成研究共识。因此,各地探索整合城乡医保的实践行动方案呈现了多种模式,反映出整合城乡医保的复杂和艰难。

四、整体性治理理论对整合城乡基本医保的启示

(一)整体性治理理论

整体性治理是西方国家公共管理研究的前沿理论,起源于20世纪90年代中后期的英国,为著名学者佩里·希克斯首创,代表人物还有英国的帕克·邓利维,以及美国的罗伯特·登哈特。"整体性治理作为一种解决问题的方式,它是对传统公共行政的衰落和20世纪末新公共管理改革过程中造成的严重'碎片化'的战略回应。"[①]在信息社会和后工业社会,传统公共行政的科层制、专业化技术管理难以协调运作,新公共管理进行了追求经济效率、效益为目标的分权化、市场化、民营化的管理主义政府改革运动,通过借鉴和引入私人部门的管理原则、方法提高公共服务效率。但是,新公共管理的政府改革不仅将整个公共产品和服务的供给系统逐步部门化、碎片化,而且将

---

① 胡象明、唐波勇:《整体性治理:公共管理的新范式》,载《华中师范大学学报》(人文社会科学版)2010年第1期。

公共部门的权威予以社会化、分散化,其结果是政治和行政领导丧失了调控、干预和获取信息的途径,缺乏合作与协调,从而影响行政效益和效率。① 在对新公共管理理论的批判和继承基础上,整体性治理通过制度化、经常化和有效的"跨界"合作以解决复杂而棘手的公共问题,增进公共价值②。根据希克斯的定义,整体性治理就是以公民需求为治理导向,以信息技术为治理手段,以协调、整合、责任为治理机制,对治理层级、功能、公私部门关系及信息系统等问题进行有机协调与整合,不断从分散走向集中、从部分走向整体、从破碎走向整合,为公民提供无缝隙且非分离的整体型服务的政府治理图式。③ 整体性治理实现的机制有协调机制、整合机制和信任机制,其核心思想在于:"借助数字化时代信息技术的发展,立足于整体性主义思维方式,通过网络治理结构培育和落实协调、整合以及信任机制,充分发挥多元化、异质化的公共管理主体的专有资源和比较优势所形成的强大合力,从而更快、更好、成本更低地为公众提供满足其需要的无缝隙的公共产品和服务。"④

"整合"是整体性治理中的核心概念,在整体性治理视域中,"政策碎片化与部门化不是政策内容所主导形成,而是由制定政策的体制形成的,通过政策合并达到政策一致性已经成为历史,寻求新的整合方式是整体性治理的改革方向所在"⑤。因此,"整合"是指"建立完全的无缝隙的规划"⑥进行组织整合和政策整合,"借助激励、文化和权威结构将各类组织和政策结合起来,跨越

---

① 李瑞昌:《公共治理的转型:整体主义的复兴》,载《江苏行政学院学报》2009 年第 4 期。
② 周志忍:《整体政府与跨部门协同》,载《中国行政管理》2008 年第 9 期。
③ 参见曾凡军、定明捷:《迈向整体性治理的我国公共服务型财政研究》,载《经济研究参考》2010 年第 65 期。
④ 胡象明、唐波勇:《整体性治理:公共管理的新范式》,载《华中师范大学学报》(人文社会科学版)2010 年第 1 期。
⑤ 胡象明、唐波勇:《整体性治理:公共管理的新范式》,载《华中师范大学学报》(人文社会科学版)2010 年第 1 期。
⑥ 曾凡军:《政府组织功能碎片化与整体性治理》,载《武汉理工大学学报》(社会科学版)2013 年第 2 期。

组织间的界限以应对非结构化的重大问题"。① 整合主要包括:"联合性工作、联合及共同开发、辅助工具、策略联盟、同盟、合并等。"②

(二)整体性治理理论对整合城乡基本医保的启示

多年前,我国行政管理学者曾借鉴整体性治理理论,分析转型时期我国政府组织功能、公共服务和农村征地等问题。乏见借鉴整体性治理理论分析转型时期我国社会保障制度建设的碎片化及其整合,仅有一篇学术论文基于整体性治理视角探讨养老保险制度的碎片化及其治理③。实际上,我国城乡三项医保制度是同质项目下的三个相互协调的子项目,由人力资源社会保障部门和卫生部门分别来管理。当然,我国城乡医保建制,不仅因为"分割"的医保管理体制,还牵扯医疗服务和药品服务部门之间职能管理的结构矛盾。

基本医保是一个跨功能边界的公共事务,单一部门、单一职能的部门无法实现有效的整合,急需借助以治理、整合、协调、信任为核心内容的整体性治理理论为整合城乡基本医疗保险提供解决理路。"治理是通行于规制空隙之间的那些制度安排,是当两个或更多规制出现重叠、冲突时,或者在相互竞争的利益之间需要调解时才发挥作用的原则、规范、规则和决策程序。"④治理强调主体的多元化,重视主体间的互动性和协同性,而摒弃传统行政管理的手段。整体性治理的本质在于通过整合、协调、信任以提升多元主体参与的治理能力。在跨功能多边界的基本医保公共事务中,"需要逐步建立符合中国国情的医保公共契约治理关系:一是由单向的管理与被管理关系向多方协同治理

---

① 吕建华、高娜:《整体性治理对我国海洋环境管理体制改革的启示》,载《中国行政管理》2012 年第 5 期。

② Dinna Leat, Kimberly Seltzer, Gerry Stoker. Towards Holistic Governance: The New Reform Agenda[M]. New York: Palgrave, 2002. 53.

③ 参见宋亚娟:《我国养老保险的碎片化治理——基于"整体性治理"的视角》,载《郑州航空工业管理学院学报》(社会科学版)2010 年第 5 期。

④ 郝春彭:《发挥医疗保险基础性作用,助力医药卫生体制深化改革》,载《中国医疗保险》2016 年第 9 期。

转变,实现最大公约数和多方共赢;二是改革'名为契约、实为行政强制'的机制,实现真正的契约关系;三是引导利益攸关方正确的行为取向,主动自愿地参与谈判并承担各方责任。"①借助整体性治理较为成熟的分析框架,笔者在下节中运用整体性治理理论分析我国城乡医保管理体制之下的"碎片化",诠释整合城乡医保的内涵,以整体性治理理论的政府职责和功能整合方法寻求基本医保"大部门"治理的解决路径。

第二节 整合城乡医保制度政策变迁与范畴诠释②

举要"整合城乡基本医保制度"相关的"整合、一体化、统筹、整体性治理"等研究范畴,存在较多模糊、交叉或混用,说明整合理论研究需要严谨和坚实,以避免整合的地方政策名称多、行动方案多,进而使制度规范趋于成熟,③也能促进全国整合城乡基本医保的政策设计和法律规范顺利出台。因此,梳理剖析这些研究范畴及其基本含义是必要的,主要以上述相关范畴的语义分析及其蕴含政策变迁考察作为支撑,并体现在重要研究者的学理分析之中,以便集中上述各种范畴的不同与联系,多维度、全方位地剖析整合城乡基本医保制度的研究范畴及其含义。

---

① 郝春彭:《发挥医疗保险基础性作用,助力医药卫生体制深化改革》,载《中国医疗保险》2016 年第 9 期。

② 本节主要内容可参考王丽丽、孙淑云:《整合城乡基本医疗保险制度研究范畴之诠释——基于城乡一体化转型时期社会政策的变迁》,载《中国行政管理》2015 年第 9 期。

③ 整合城乡基本医保制度地方试验的名称多样化,诸如 2004 年的《东莞市农(居)民基本医疗保险暂行办法》、2010 年的《常熟市居民基本(农村合作)医疗保险暂行办法》、2008 年的《成都市城乡居民基本医疗保险暂行办法》、2009 年的《神木县全民免费医疗实施办法(试行)》、2013 年的《广州市社会医疗保险条例》等。整合城乡基本医保制度地方试验行动方案多模式和制度规范不成熟,诸如"二元制度两种基金统筹"模式、"一元制度两个基金统筹"模式、"二元制度三层基金统筹"模式、"全统一"模式等。参见孙淑云:《整合城乡基本医保立法及其变迁趋势》,载《甘肃社会科学》2014 年第 5 期,第 11 页。

一、相关"整合城乡基本医保制度"的研究范畴及其含义举要

与"整合城乡基本医保制度"相近的研究范畴各执其词,其内涵和外延均难以精到。但是,这些研究范畴及其含义可以简单化归约,其与中国城乡一体化转型时期各个阶段社会政策①的联系清晰可见。试举要如下:

(一)整合城乡基本医保制度

"整合"城乡基本医保制度的研究范畴及其观点是郑功成、申曙光、高和荣等学者们的贡献,②他们运用社会整合理论和系统科学的整合方法对城乡基本医保制度的整合进行研究。社会整合理论认为:"分化与整合是社会发展的双重逻辑。"③社会整合就是"调整和协调系统内部的各套结构,防止任何严重的紧张关系和不一致对系统的瓦解"。④ 系统科学将"整合"解释为:"按照集成规则,把诸多差异的东西整理、结合、耦合、融合、安排,对要素之间进行有机组合和构造,以提高有机体的整体功能"。⑤ 在社会整合理论之下,当前学界还没有文献详细论证整合城乡基本医保制度,只作了一些零散的、原则性的探讨。⑥ 不过,有学者对整合社会保障制度予以概括论证:"整合型社会保障制度强调社会保障内容及实施机制等方面的有机整体性,它不仅包括

---

① 社会政策是指那些影响人民福利的实际的政府政策、计划或制度安排。参见岳经纶:《社会政策与社会中国》,社会科学文献出版社 2014 年版,第 27 页。

② 参见郑功成:《从整合城乡制度入手建设公平普惠的全民医保》,载《中国医疗保险》2013 年第 2 期;申曙光、侯小娟:《我国社会医疗保险制度与制度整合目标》,载《广东社会科学》2012 年第 3 期;高和荣、夏会琴:《去身份化和去地域化:中国社会保障制度的双重整合》,载《哈尔滨工业大学学报》(社会科学版)2013 年第 1 期。

③ 吴晓林:《社会整合理论的起源与发展:国外研究的考察》,载《国外理论动态》2013 年第 2 期。

④ [美]安东尼·奥勒姆:《政治社会学导论》,张明德等译,译林出版社 2003 年版,第 61 页。

⑤ 侯合银:《整合理论若干问题研究》,载《系统科学学报》2009 年第 1 期。

⑥ 孙淑云:《整合城乡基本医保的立法及其变迁趋势》,载《甘肃社会科学》2014 年第 5 期。

制度的整合、主管部门的整合以及地域的整合,而且还应该包括功能的整合、实施部门的整合以及监管部门的整合……形成一个科学完备的社会保障制度体系,促进社会保障制度的公正、持续发展。"①当然,在整合型社会保障制度体系下如何具体整合基本医保制度,学者们虽然各有不同的论证视角,但均以党的十八大报告所明确的"整合城乡基本医疗保险制度"的社会政策为指导和依据。

（二）城乡基本医保制度一体化

城乡基本医保制度"一体化"的研究范畴及其观点的建设者为董黎明、王国军、樊小刚、关信平等。② 他们认为,城乡基本医保制度是城乡经济社会一体化的必要组成部分。城乡一体化是发展经济学中的概念,"是指经济社会发展到了一定高度,城市和农村在经济发展水平、社会制度安排、文化观念和社会保障制度安排等方面消除城乡差别"。③ 在城乡一体化含义之下,城乡基本医保制度一体化就是指城乡基本医保的法律和政策统筹城乡,打破城乡、身份、职业、区域界限,为每位国民提供平等的基本医保权利。城乡基本医保制度一体化研究范畴及其含义的论证,是党的十七届三中全会提出的"加快城乡一体化体制机制建设"社会政策在城乡基本医保制度建设领域的具体诠释。

（三）统筹城乡基本医保制度

"统筹"城乡基本医保制度的研究范畴及其观点被仇雨临、顾海、王东进、

---

① 高和荣:《论整合型社会保障制度的建设》,载《上海行政学院学报》2013 年第 2 期。

② 参见董黎明:《我国城乡基本医疗保险一体化研究》,经济科学出版社 2011 年版;王国军:《中国社会保障制度一体化研究》,科学出版社 2011 年版;樊小刚:《浙江省城乡社会保障一体化公共政策研究》,中国社会科学出版社 2012 年版;关信平:《论我国社会保障制度一体化建设的意义及相关政策》,载《东岳论丛》2011 年第 5 期。

③ 董黎明:《我国城乡基本医疗保险一体化研究》,经济科学出版社 2011 年版,第 29 页。

林义等学者详细论证。① 这一观点认为,统筹城乡基本医保制度是党的十六大报告"统筹城乡全面建成小康社会"的社会政策在基本医保领域的具体诠释,是统筹城乡经济社会发展战略的重要内容。他们建议,在基本医保制度改革中,针对嵌入城乡二元结构基本医保制度的特征,要着眼城乡统筹,以城乡一体化为最终目标,统筹衔接城乡基本医保的筹资、管理、支付、服务,通过一定的机制、路径和方法,通盘考虑并协调兼顾城乡发展、区域发展,以推进城乡基本医保制度定型、稳定,并实现可持续发展。

(四)城乡基本医保制度的并轨、衔接与扩面

城乡基本医保制度的"并轨、衔接、扩面"等研究范畴和论证,散见于对城乡基本医保制度的"并轨"、"衔接"、"扩面"的技术处理研究中;有的从农民工基本医保权益保护出发探讨"衔接"城乡以及区域分割的基本医保制度;有的探讨在多层次医保制度之间建立良好的"衔接"机制。② "并轨"是基于制度合并原则,制度内容相似的新型农村合作医疗制度、城镇居民医疗保险制度应当并轨为统一的城乡居民基本医保制度。③ "扩面"是指将已有的、覆盖正式从业者的城镇基本医疗保险制度向农民工等非正式从业者扩大覆盖面。

---

① 参见仇雨临、翟绍果:《城乡医疗保障制度统筹发展研究》,中国经济出版社 2012 年版,第 6 页;顾海、李佳佳:《中国城镇化进程中统筹城乡医疗保障制度研究:模式选择与效应评估》,中国劳动社会保障出版社 2013 年版,第 9 页;王东进:《基本医疗保障制度建设的城乡统筹》,载《中国医疗保险》2010 年第 2 期;林义:《统筹城乡社会保障制度建设研究》,社会科学文献出版社 2013 年版,第 86 页。

② 参见赵曼、刘鑫宏:《中国农民工养老保险转移的制度安排》,载《经济管理》2009 年第 8 期;林红:《建立合理的社会保险转移机制》,载《劳动保障世界》2008 年第 2 期;孙淑云:《略论城市居民基本医疗保险与新农合的并轨研究》,载《晋阳学刊》2010 年第 6 期;孙淑云、周荣:《多层次医保制度衔接问题探讨》,载《山西省委党校学报》2013 年第 1 期。

③ 参见孙淑云:《略论城市居民基本医疗保险与新农合的并轨衔接》,载《晋阳学刊》2010 年第 6 期。

二、城乡一体化转型时期社会政策的嬗变与整合城乡基本医保的逻辑

综上所述,梳理相关"整合城乡基本医保制度"的相近研究范畴及其含义,少有分歧与争论,都是对我国城乡一体化转型时期社会政策的具体化阐释和论证。不同之处表现在,基于不同的理论视角,或者研究的侧重点不同,各具偏好、各有侧重。从本质上看,这些研究范畴既密切相关又相互依赖和交叉,与城乡一体化转型时期中国社会政策的渐进变迁相随,城乡一体化社会政策嬗变中整合城乡基本医保的逻辑跃然纸上。

(一)城乡一体化转型时期社会政策的嬗变

《宪法》第四十五条赋予公民社会保障权。中国共产党作为执政党,其社会政策是推动社会保障事业进步的决定性力量。"整合城乡基本医保制度"正是党的十八大报告提出的社会政策,是对改革开放以来城乡差异、职业差异、地域差异的社会政策的延续与改造,也体现了我国城乡一体化转型时期社会政策的渐进与创新。

1. 城乡二元体制①"松动时期"的社会政策。这一时期,自 2002 年党的十六大召开至 2007 年党的十七大的召开。2002 年是一个重要的历史节点,正是"我国城乡二元结构改革的分界点,之前为城乡二元结构加强甚至固化时期,之后城乡进入转型时期,减轻城乡二元结构"②。党的十六大明确提出"统筹城乡经济社会发展"的要求,报告出现了明显的民生导向,社会政策得到了前所未有的重视,使用了"初次分配注重效率"、"再分配注重公

---

① 城乡"二元体制"不同于城乡"二元结构",城乡"二元结构"自古就有,而且今后较长时间内还会存在,但城乡"二元体制"是计划经济体制的产物,是城乡居民权利不平等的制度安排。参见厉以宁:《中国经济双重转型之路》,中国人民大学出版社 2013 年版,第 7 页。
② 程水源、刘汉成:《城乡一体化发展理论与实践》,中国农业出版社 2010 年版,第 7 页。

平"的提法。① 2003 年,党的十六届三中全会提出以人为本、全面协调可持续的"科学发展观",再次提出统筹城乡发展的社会政策,以新农合制度建设为标志的全民医保启程。2004 年,党的十六届四中全会提出构建"和谐社会"的新理念,同年劳动与社会保障部发布了《关于推进混合所有制企业和非公有制企业人员参加医疗保险的意见》,明确要求将农民工纳入城镇职工基本医疗保险的保障范围。2005 年,"十一五"规划在以往经济建设、政治建设、文化建设基础上,正式将社会建设列为政府的重点工作之一。2006 年,党的十六届六中全会发布《中共中央关于构建社会主义和谐社会若干重大问题的决定》,在构建社会主义"和谐社会"理念下,进一步明确了社会保障体系建设的目标是"适应人口老龄化、城镇化、就业方式多样化,逐步建立社会保险、社会救助、社会福利、慈善事业相衔接的覆盖城乡居民的社会保障体系"。

2. 城乡一体化"加速时期"的社会政策。2007 年,党的十七大提出"加快推进以改善民生为重点的社会建设",覆盖城镇"一老一少"的城镇居民大病医保制度启程。2008 年,十七届三中全会《关于推进农村改革发展若干重大问题的决定》(以下简称《决定》)提出了"加快形成城乡经济社会发展一体化新格局"的社会政策;其中,建立促进城乡社会保障制度一体化体制机制是一项关键和重要内容;《决定》明确"把国家基础设施建设和社会事业发展重点放在农村,建设社会主义新农村,形成城乡经济社会发展一体化新格局,必须扩大公共财政覆盖农村范围,发展农村公共事业,使广大农民学有所教、劳有所得、病有所医、老有所养、住有所居"。2009 年,中共中央、国务院《关于深化医药卫生体制改革的意见》发布,提出了实现基本医疗保障制度全面覆盖城乡居民的解决方案和政策实践路径,要求"有条件的地区要采取多种方式积极探索建立城乡一体化的基本医疗保障管理体系","随着经济社会发展,逐

---

① 岳经纶:《社会政策与社会中国》,社会科学文献出版社 2014 年版,第 4 页。

步提高筹资水平和统筹层次,缩小保障水平差距,最终实现制度框架的基本统一"。2010 年,覆盖城乡的社会保障制度体系框架基本确立。① 2010 年 10 月 28 日《中华人民共和国社会保险法》颁布,这是国家最高立法机关首次就社会保险制度进行立法,是我国社会保障制度建设的里程碑,也是统筹城乡基本医保制度的法律依据。

　　3. 城乡二元"整合时期"的社会政策。应对"以地域为经,以不同社会身份(职业)类别为纬的新形态、多元社会保障体系"②,在总结各地自发探索整合城乡基本医保、基本养老实践的基础上,2012 年底,党的十八大报告提出"整合城乡基本医疗保险制度、整合城乡基本养老保险制度"是"今后一个时期我国社会保障制度改革的重点任务"之一;提出"以增强公平性、适应流动性、保证可持续性为重点,全面建成覆盖城乡居民的社会保障体系"。2012 年,《社会保障"十二五"规划纲要》和《"十二五"期间深化医药卫生体制改革规划暨实施方案》也作了相近的规定:"加快建立统筹城乡的基本医保管理体制,探索整合城乡基本医疗保险管理职能和经办资源","以促进城乡统筹、更好适应流动性要求为目标,加快社会保障制度整合"。2013 年 4 月 25 日,中共中央政治局常务委员会提出:"面对新形势,要按照稳中求进的要求,未雨绸缪,加强研判,宏观政策要稳住,微观政策要放活,社会政策要托底。"2013 年,党的十八届三中全会公报《中共中央关于全面深化改革的若干重大问题的决定》将健全城乡发展一体化体制机制作为全面深化改革的重要目标,提出全面深化改革要"以促进社会公平正义、增强人民福祉为出发点和落脚点",要"建立更加公平可持续的社会保障制度",要"稳步推进城镇基本公共服务向常住人口全覆盖,把进城落户农民完全纳入城镇住房和社会保障体系,

---

　　① 胡晓义主编:《安国之策——实现人人享有基本社会保障》,中国人力资源和社会保障出版集团 2011 年版,第 99—101、187—195 页。
　　② 岳经纶:《社会政策学视野下的中国社会保障制度建设》,载《公共行政评论》2008 年第 4 期。

在农村参加的养老保险和医疗保险规范接入城镇社保体系"。

(二)城乡一体化转型时期整合城乡基本医保制度的逻辑

纵观城乡一体化转型时期中国社会政策的演进与调适,其递嬗逻辑跃然纸上,党的十八大报告所提出的"整合城乡基本医保制度",是各个时期社会政策的延续和完善,以往各个时期社会政策的不同范畴及其理论,可以说是对"整合城乡基本医保制度"的目标、手段、方式、价值所进行的多视角论证和多维度思辨,是构成"整合城乡基本医保制度"理论的极为珍贵的"建筑之石"。

1. 以城乡经济社会一体化为理论基础。从逻辑起点上讲,整合城乡基本医保制度的理论源自城乡经济社会一体化理论。我国由城乡二元经济社会向一体化发展,是统率体制转型和发展转型的基础性工程。城乡经济社会一体化体制转型的核心在于"城乡融合",是"在工业化和城市化高度发展的条件下,城市与乡村实现结合,以城带乡,工农互促,城乡互动,以乡补城,互为资源,互为市场,互相服务,达到城乡之间在经济、社会、文化、生态、空间上协调发展的动态过程"①。城乡基本医保一体化是城乡经济社会一体化的重要标志和内容。"现代社会保障制度虽然是作为社会运行的稳定机制而发生作用的,是为解决工业化、城市化与社会结构变动过程中一些具体、突出的社会问题而提出的对策性措施。但它对社会结构变动的作用绝非仅仅是被动性的。社会保障从工业化起步阶段'特殊主义'向工业化高级阶段的'普遍主义'发展,不仅适应了社会结构变动的需要,同时亦促进了社会结构的整合与一体化。"②当然,城乡基本医保一体化的体制机制创新本身也是一个多向度的、庞大的体系,不仅要以基本医保公平价值为整合的责任基础,实现基本医保制度

---

① 任保平:《城乡经济社会一体化:界定、机制、条件及其度量》,载《贵州财经学院学报》2011年第1期。

② 李迎生:《社会保障与社会结构转型——二元社会保障体系研究》,中国人民大学出版社2001年版,第8页。

的统一;还要统筹考量、同步推进城乡户籍制度、公共财税体制、公共服务体系、社会组织制度等决定城乡基本医保制度的适宜性、可行性的配套制度的改革。

2. 以整合基本医保制度为实施平台。城乡基本医保一体化的实现不可能一蹴而就,是一个历史发展过程,也是在一定的经济社会体制的约束下进行的,与经济社会体制之间具有能动关系,需要体制机制的创新和积极进取。各国建立城乡一体化的基本医保制度,都是在梳理原有城乡分割的基本医保制度体系基础上,以整合医保制度为能动性的实施平台。而且,与城乡二元经济社会渐进性"分割"出城乡基本医保制度相比,"整合"基本医保制度更需要及时的经验总结与主观构建。第二次世界大战后,1948 年英国的贝弗里奇福利制度模式,就是整合英国战前社会保障制度,建立起"统一国民资格、统一待遇比例、统一管理机构"①的社会保障制度。再如,第二次世界大战后的日本和韩国整合按职业身份建立的雇员医疗保险和地区医疗保险,分别于 1961年、1989 年,以财政投入补贴地区医疗保险,实现了全民医保。各国医保制度由工业顺延到农业,由城市拓展到乡村,再到整合城乡医保制度,一般都经历了漫长的过程,存在一个很长的时间差,"如日本城乡医保制度统一的时间差为 34 年,德国为 4 年,加拿大为 10 年"。② 这种城乡基本医保制度"分割"建立到"整合"的时间差表明,基本医保制度的建立农村滞后于城市是社会经济发展的普遍现象;从"分割"到"整合"时间差的长短与各国经济发展、经济结构、人口分布、政府管理能力、社会融合度等相关。③

3. 以社会保障公平为价值诉求。"公平是现代社会保障制度的核心价值

---

① 郑秉文:《中国社会保险"碎片化制度"危害与"碎片化冲动"探源》,载《社会保障研究》2009 年第 1 卷。

② 胡晓义主编:《走向和谐:中国社会保障发展 60 年》,中国劳动社会保障出版社 2009 年版,第 31 页。

③ Carrin G.& James C.,Social health insurance:Key factors affecting the transition towards universal coverage[J].International Social Security Review,2005,58(1),45-46.

诉求,社会保障中的公平是指平等地对待每一个国民,并保障和满足其基本生活需求,普遍性地增进国民的福利,不因身份、性别、民族、地域等差异而歧视或排斥任何人。核心是通过相应的制度安排,创造并保证国民生存与发展的起点公平和维护过程公平,同时促进结果公平或者尽可能合理缩小结果的不公平。"[1]我国基本医保制度从改革计划经济体制的公费医疗制度和劳动医疗保险制度入手,在"双轨制"[2]下,依赖城乡二元分割路径,先行为正式从业者确立了城镇职工基本医疗保险制度,随后建设了新农合制度、城镇居民医保制度,以城乡医保制度渐进性实现了基本医保"制度覆盖全民"的成就。但是,这只是一种差异化的形式公平,还存在基本医疗保障实质上的权利不均衡。"整合"就是追求社会保障制度公平价值实现的过程,就是要梳理、融合各项城乡医保制度的差异,统一规则,统一制度,促进全体国民不分城乡、不分职业身份,公平共享基本医保权利。当然,整合需要适应城乡经济社会一体化的发展过程,必须循序渐进,先易后难,照顾一定程度的差异化公平,最终实现基本医保的制度公平,实现全体国民基本医保权利的普惠公平和实质公平。

4. 以统筹城乡为基本原则。基本原则是指导制定可操作规范的"母规范"[3],尤其在我国这样一个整合基本医保制度处于地方试验探索阶段,基于整合城乡基本医保制度的探索性,理论研究的初级性,相关整合基本医保原则的未能归纳,其基本原则的实践指导意义更是弥足珍贵。党的十六届三中全会和十七届三中全会关于推进城乡经济社会一体化体制机制建设的"五个统筹"的基本方针,就是我们整合城乡基本医保制度的总原则。整合城乡基本

---

① 郑功成:《中国社会保障改革与发展战略——理念、目标与行动方案》,人民出版社 2000 年版,第 18 页。

② 参见樊纲:《制度改变中国》,中信出版社 2014 年版,第 11 页。基本医疗保险制度的改革,暂时保留了部分国家机关、事业单位人员的公费医疗,逐步建立了城镇职工基本医疗保险制度。

③ 相对于具体的可操作的制度规范来说,基本原则是指导具体规范设计并弥补具体规范漏洞的总规则和母规范。

医保制度要坚持统筹城乡基本原则,真正站在经济和社会发展全局的高度,系统地破除城乡二元分割的基本医保体制,统筹城乡基本医保制度模式,整合构建城乡统一的基本医保制度规范。具体整合过程中,要对现行城乡、身份、职业、区域、部门分割的基本医保制度进行全盘梳理,统筹兼顾,在统一基本医保管理体制基础上,建立综合性整合机制,逐步推进基本医保制度城乡一体化。

5. 以城乡基本医保体制一体化和基本医保制度统一为目标。整合的目标是城乡基本医保体制一体化,并确立全国统一的基本医保制度,这是整合基本医保制度目标的两个方面。一方面,城乡基本医保体制一体化,即一体化的基本医保管理体制和政府责任机制,建立城乡一体化的基本医保决策体制、实施体制和管理监管体制。另一方面,一体化的基本医保在制度规范层面上,要求确立全国统一的医保制度规范,"统一"的基本医保制度规范不是"一样化"的规范,旨在用统一标准和统一规范,为每一位国民提供平等的基本医保权利。

三、"整合城乡基本医保制度"研究范畴的内涵诠释

综合相关整合城乡基本医保的多种研究范畴及其含义,可见整合城乡基本医保制度作为体量复杂的社会制度改革,有着多元化向度和丰富内涵,是个难啃的系统工程。仿佛是一座有许多厅、室、角落的结构复杂的大厦,用"燃薪照室"方式很难同时看到每个室和角落。如果以单一维度阐明整合城乡基本医保制度只具有部分效力,在整体上是不充分的,较易出现差错,尤其是将整合城乡基本医保中的手段因素、目标因素、制度因素以及价值因素孤立起来。因此,要全面推进城乡基本医保制度整合,理论界应该对整合城乡医保制度的研究范畴及其含义予以充分解释,并对整合的目标与实践进行推演。

其一,整合的对象是城乡基本医保制度。城乡医保是整合城乡基本医保制度的关键。城乡医保形成历史比较复杂,包括按照不同职业和户籍身份来识别的参保人制度,按照管理部门职能区分不同的管理制度,按照地域化经济社会政策划分不同的医保制度,按照政府财权与事权的不同分担筹资担保

度等。面对多样性、复杂性和不可预见性的城乡医保问题,整合城乡医保制度必将是一项复杂的、系统的社会工程,需要从全民基本医保的整体利益、根本利益、长远利益的"容忍性、包容性"出发,采取多样化手段,将整合组织与整合政策相结合,整合协调多元利益,实现多重利益整合,实现均等化的全民基本医疗保障。

其二,整合是城乡基本医保的"体制整合"。整合城乡基本医保制度,是走向城乡一体化体制的变革方式。"从城乡二元格局走向城乡统筹发展,必然要以改革现行体制为条件,通过调整行政机构设置、强化城乡统筹职责以及消除部门利益追求等改革措施突破体制障碍。"①城乡基本医保的体制理顺及其优化,就是调整和明确不同层级政府以及政府不同部门的基本医保事权。一是要整合和明确中央与地方的基本医保事权,做到中央与地方职权对等,事权与财权对等和规范化。二是要整合和明确医保主管行政部门与同级参与管理的行政部门的管理职责和权限,以职能定部门,推进城乡基本医保管理机构的职能、权限、程序、责任的法定化,做到权责一致,避免争权诿责。在此基础上,还需整合城乡基本医保经办体制,整合城乡基本医保经办的专业信息系统,防止机构重叠,提高效率。

其三,整合是城乡基本医保"政策和法规的整合"。城乡基本医保制度体系主要由规范性、操作性的政策和法律规范呈现,整合城乡基本医保制度就是整合政策和法规体系。整合关涉城乡基本医保的制度结构改革、城乡基本医保多元主体权责义的变革以及城乡基本医保基金多元投入结构、基金的财务模式调整、管理与经办制度改革等,总体上重塑了整个基本医保制度体系。在具体整合政策和法律规范时,因为城乡基本医保制度具体表现在参保人制度、筹资制度、待遇支付制度、基金管理经办制度、监督制度等要素环节制度,因而,整合城乡基本医保制度就是要着力于要素环节制度的系统化,实现城乡基

---

① 郑功成:《从形式普惠走向实质公平》,载《人民日报》2012 年 5 月 15 日。

本医保制度统一。

其四,整合是系统化调整和推进过程。城乡基本医保制度是在城乡二元社会结构下形成的,有着深刻的思想和体制根源,要改变这种状况,将是一个逐步推进的长期过程。因此,整合城乡基本医保制度应该是一个有易难、有先后的系统化调整和推进过程,是三项城乡医保的各个环节制度之间、管理和经办体制之间互相整理、结合、完善的过程。就整合各个环节制度来说,要先行整合管理体制,理顺决策体制,然后经办制度、筹资和待遇支付制度的整合才能顺利推进;就易难的优先次序原则和整合的现实意义来说,优先整合制度相近的城乡居民基本医疗保险制度,后续再与差异较大的城镇职工医疗保险制度实现整合。

其五,整合的手段多样化。就城乡基本医保制度的程度不同来说,整合需要不同手段,整合包括并轨、衔接、扩面等手段。最早出现的整合手段是"扩面",是一些地方财政力量较强的地方,自发将覆盖农村居民的新农合制度向没有医疗保障的城镇居民"扩面";随后是城镇职工基本医保制度向农民工"扩面"。随着"扩面"整合的推进,对于制度程度弱、制度环节相近的新农合制度与城镇居民医保制度来说,大多数地方自发选择"并轨"方式实现整合;就程度大的城镇职工基本医保制度与城乡居民医保制度来说,找好突破口,先行"衔接",如一些地方探索以参保权利公民身份平等为起点和突破口,以参保权利公民身份平等为制度"衔接"的对接口,并设置多档次筹资和待遇支付标准,伴随城乡经济社会一体化条件成熟,再统一筹资和待遇制度,实现制度的全面整合。此外,"多层次"的基本医保制度之间的整合,因为制度性质不同,一般只是以不同环节制度之间的"衔接"来实现制度整合。

其六,整合应地方创新与顶层设计相结合。我国城乡基本医保制度不仅区分不同群体、不同职业建立制度,还区分不同地域、分类实施以促进医保制度覆盖全民。因此,在城乡一体化发展的渐进性和地区发展不平衡性前提下,整合城乡基本医保制度是从地方"先行先试"开始的。而且,地方试验创新、渐进性推进城乡基本医保制度整合的实践几乎与城乡基本医保制度建设同步。但是,限于地域化试验,整合城乡基本医保制度呈现多样化、选择性规范,使制度整合也呈现出不同地域特色,即碎片化现象。① 社会保障项目的确定和供给本质上具有顶层设计的规律,应及时总结地方整合政策创新和地方立法的经验教训,克服地方制度创新和变迁中的路径依赖,从维护国家法治统一角度顶层设计城乡基本医保法律制度,以有效推进城乡基本医保制度整合。

总之,城乡基本医保制度的整合,是一个系统的、动态的、利益复杂的社会体制整合和改革,其实质是对城乡基本医保政策和法律规范进行整合。整合应以社会保障公平为价值,以统筹城乡为基本原则,对城乡基本医保制度体系进行整合,整合应"物理"整合与"化学"整合相结合,地方创新与顶层设计相结合,逐步推进城乡基本医保一体化,最终确立全国统一的基本医保制度体系。

---

① 孙淑云:《我国城乡基本医保的立法路径与整合逻辑》,载《河北大学学报》(哲学社会科学版)2015 年第 2 期。

第三编

国际考察与重要启示

3

西方发达国家不仅是基本医疗保险制度实践的先行者,也是整合城乡二元基本医疗保险制度的先行者。当然,不同的医疗保障模式在城乡一体化的医疗保障制度构建过程中各具特色。一是国民健康保障模式,主要由政府财政筹资供款,通过政府强力干预,一步到位实现了城乡医保一体化,以英国和瑞典为代表。起源于第二次世界大战后的"贝弗里奇模式"就是对战前英国社会保障制度整合的成果,建立起一个"三统一"的社会保障制度,即统一国民资格、统一待遇比例、统一管理机构,这个"三统一"摒弃了碎片化造成的社会不公,为欧洲和全世界树立起了一个可供参考的模式。① 二是社会医疗保险模式,渐进式实现医疗保障城乡统筹,以德国为代表。这些模式还包括亚洲后发工业化、担负大规模农业人口的国家或者地区,典型的有日本、韩国。社会医疗保险模式中各国统筹城乡路径不同,有城乡制度分立但内容有统有分的"有差别的统一模式",以日本为代表;有城乡制度形式各异但实质并无差别的"专门模式",代表国家为法国。三是商业医疗保险主导模式,全民医保步履艰难,以美国为代表。2007 年,第 29 届国际社会保障协会将动态的社会保障确立为今后社会保障的发展方向和趋势,而"一体化"的社会保障是促进动态社会保障体制形成的一个重要因素。②

---

　　① 郑秉文:《中国社会保险"碎片化制度"危害与"碎片化冲动"探源》,载《社会保障研究》2009 年第 1 期。

　　② 杨华:《中国城乡一体化进程中的社会保障法律制度研究》,中国劳动社会保障出版社2008 年版,第 3 页。

显然,社会医疗保险由"区分"建设的职业"团体性"医疗保险制度,走向"一体化"、"全民性"的医疗保险制度,是世界各国社会医疗保险制度发展的共同趋势。但囿于经济发展、社会合意、政治意愿、社会政策、法律决策的不同,以及各国社会医疗保险制度模式、管理模式、覆盖面和保障水平的不同,各国整合城乡二元社会医疗保险的法律制度面临着不同的问题和挑战,有着各自不同的应对政策和特点,并没有完全相同的整合改革模式,而是依据具体国情发展出迥异的面貌。但是,他们还是有一些共同的特征和经验,各国之间也在互相学习,互相比较,互借经验,少走弯路。因此,考察和借鉴境外医疗保险整合法律制度改革的实践、经验和教训具有现实意义。我国正在进行整合城乡基本医疗保险制度,在操作层面上吸取国际整合社会医疗保险制度正反两方面的经验无疑是有益的。本篇介绍西方和后发工业化国家整合城乡社会医疗保险的法律制度及其改革措施,并讨论其对整合城乡基本医疗保险制度的启示。

第六章　境外整合社会医疗保险法律制度面面观

考察境外整合社会医疗保险的法律制度,可以从两个角度出发:一方面是动态的角度,观察境外医疗保险法律制度的形成、发展及其整合的历史变迁;另一方面是静态的角度,考察医疗保险参保、筹资、基金、给付、经办、管理等具体制度整合,进而从整体上了解法律制度的全貌。本章以整合的社会经济条件、整合的时间先后选取代表性国家,对这些代表性国家整合社会医疗保险法律制度进行分析。

第一节　早期工业化发达国家整合社会医疗保险及其法律制度

英国和德国为世界上公认的早期工业化发达国家,两国的社会医疗保险制度最早实施,都是医疗保障制度创新的典范,两国整合城乡社会医疗保险的制度模式也较为典型。

一、英国整合社会医疗保险及其法律制度

英国是世界上卓有成效地整合了社会保险制度最早的国家,不仅实现了

医疗社会保险制度的整合,还实现了社会医疗保险与医疗服务制度的整合。而且,英国全面整合了包括社会保险在内的社会保障制度,走向福利国家。

(一)整合之前英国多元社会医疗保险的概况

英国是西方老牌资本主义国家,倡导自由放任主义,限制政府干预经济。两次世界大战期间,英国主要依靠救助模式的济贫法解决贫困人口的医疗风险问题。同时,英国还有一万多个自治管理、自发形成的共济社自愿医疗保险计划。随着工业化的深入发展,为应对因失业问题导致的共济社自愿医疗保险计划的支付困境,从 1911 年开始,英国仿效医疗保险模式,开始实施社会统筹的医疗保险制度,同年《国民保险法》(National Insurance Act)的第一部分获得议会批准,英国正式建立起国民健康保险制度。所有 16 周岁以上被雇佣和未被雇佣的具有被保险人资格者都可以投保,由雇主、雇员和国家共同缴费筹资。在给付上则根据不同情况给予定额的疾病津贴或伤残津贴,具体"由友谊会、工会等法定团体管理实施,它们在不违背健康保险基本原则的前提下,提供有一定差别的健康保险津贴"[1]。在此基础上,1919 年,英国成立健康部,将健康和医疗事务从地方事务部中分离出来,逐步理顺医疗服务机构之间的关系,大力发展医疗服务,初步建立国民保健制度。到第二次世界大战爆发之时,包括国民保健制度在内的英国现代社会保障制度已经实施 30 多年,但还存在以下问题[2]:

1. 制度构成复杂。英国社会医疗保险主要由友谊会、工会等法定团体管理实施,一方面存在相互重叠、相互抵触的问题,另一方面造成社会保障资金的浪费。在此之外,原有济贫制度依然在发挥作用。同时,简易人寿保险机

---

① 丁建定、杨凤娟:《英国社会保障制度的发展》,中国劳动社会保障出版社 2004 年版,第 85 页。

② 丁建定、杨凤娟:《英国社会保障制度的发展》,中国劳动社会保障出版社 2004 年版,第 94—95 页。

构、互助会和工会投保的自愿医疗保险也获得了长足的发展。但"每个问题的处理都是孤立的,很少或根本没有考虑其他相关的问题"①。

2. 管理机构繁多。其中健康保险和养老金由健康部管理,失业保险由劳工部管理,工伤赔偿由内政部管理,济贫制度由地方事务部管理。具体到参与健康保险管理和服务的法定社会团体共济社在 20 世纪 40 年代多达 800—1000 个。"这些机构相互独立,奉行不同的原则,不仅成本高昂,而且对同样问题的处理没有统一规范的标准。"②

3. 健康津贴不统一。不同地区的不同社会团体根据本地的基金情况和健康保险的实施情况,制定不同的健康保险津贴标准及医疗服务标准,使不同公民享受的待遇并不统一。而且,在 1911—1948 年,基金之间待遇差异较大,结余或者亏空的财务经营结果差异化导致的保费和待遇差异化进一步恶性循环。为此,英国多次尝试对分散的医疗保险共济社基金进行整合,自愿性医疗保险计划的行业协会——共济社在全国服务内设立 4 个委员会,对不符合医疗保险共济社基金资格的予以撤销,以此整合分散的医疗保险基金。虽然取得一些进展,但并未实现全国范围内的整合与一体化实施。③

(二)英国整合社会医疗保险法律制度的特点:从革命式整合走向福利国家

20 世纪 30 年代的经济大危机是西方福利国家观念创新的催生剂,"无论是在欧洲,还是在英伦三岛,甚至远及美国,由于市场的不完善和社会的无力量,国家利用手中权力,保护国民免于社会风险已经成为国家观念中不可分割

---

① [英]贝弗里奇:《贝弗里奇报告——社会保险和相关服务》,中国劳动社会保障出版社 2008 年版,第 2 页。

② [英]贝弗里奇:《贝弗里奇报告——社会保险和相关服务》,中国劳动社会保障出版社 2008 年版,第 2 页。

③ 何毅:《全民医保:从"碎片化"到基金整合》,中国金融出版社 2014 年版,第 138 页。

的组成部分,成为政府合法性和政府权威的依据之一。"①特别是刚刚经历第
二次世界大战给英国人民带来巨大伤害,"战争使家庭残缺、社会组织崩溃、
经济面临全面重建。在这种情况下,政府承担起医治战争创伤、发展社会责任
是很容易理解的。同时,在社会主义阵营开始全面实行计划经济和推行全民
保障的压力下,西方社会也开始标榜福利国家对于国民的保护功能,形成了某
种程度上的福利竞争"②。1941 年英国政府宣布成立一个由各部门组成的委
员会对现有社会保障制度进行调查,并提出详细的改革方案。1942 年委员会
发表《社会保险与相关服务的报告》,即著名的《贝弗里奇报告》。在此基础
上,1946 年工党政府制定了《国家卫生服务法》(National Health Service Act),
并于 1948 年颁布实施,不仅整合原有健康保险制度,还整合了医疗保险与医
疗服务制度,并且,全面整合了包括社会保险在内的社会保障制度,走向福利
国家。③"基本上完成整合碎片化社会保障制度的历史任务,建立起一个'三
统一'的社保制度,即统一国民资格、统一待遇比例、统一管理机构。这个'三
统一'彻底摒弃了碎片化造成的社会歧视,为欧洲和全世界树起了一个最新
标杆。"④主要从下四个原则实施整合:

1. 普遍性原则,即以国家税收将所有公民纳入国民保健制度,为全民提供
平等的免费医疗服务。1911 年通过的《健康保险法》的保障对象仅限于参保
人,大量的非劳动人员特别是老人被排斥在医疗保险之外,不能得到有效的医
疗服务。1946 年通过的国家卫生服务法通过立法,采取税收为主要筹资方式

① 周弘:《福利国家向何处去》,载《中国社会科学》2001 年第 3 期。
② 周弘:《西方社会保障制度的经验及其对文明的启示》,载《中国社会科学》1996 年第
1 期。
③ 福利国家是一种国家形态,这种国家形态突出地强化现代国家的社会功能,所以它是一
种政治学概念。与此相关的"社会福利"是社会学概念,"福利"则是经济学概念。福利国家正是
在 20 世纪国家干预社会,并且为此又干预经济、计划经济、强化行政、管理社会而形成的一种国
家形态。转引自周弘:《福利国家向何处去》,载《中国社会科学》2001 年第 3 期。
④ 郑秉文:《中国社会保险"碎片化制度"危害与"碎片化冲动"探源》,载《社会保障研究》
2009 年第 1 期。

和财政收支全覆盖,在英国实现了全国"一体化"医疗互助共济,使医疗与健康服务覆盖全民,成为每位英国公民的一项基本社会权利。可见,英国国家卫生服务制度的"'全覆盖'进程不是渐进式的,而是革命式的"①。通过国家税收筹资方式截断了原有医疗保险基金分散、单独融资的局面和医疗保险基金的分散自治。

2. 综合性原则,即建立综合性多层次的医疗保障制度。英国不仅是整合碎片化医疗保险制度,而是对整个医疗保障制度进行整合,将之前的健康保险、济贫制度、慈善等多元健康保障制度全部予以整合,建立国家卫生服务制度,由国家通过税收筹建资金,利用财政拨款为全体国民提供医疗服务。

3. 免费性原则,即将医疗保障与医疗服务制度进行整合。第二次世界大战之前,英国建立了健康保险制度,但并不涉及医疗服务的内容。《国家卫生服务法》的实施将医疗与健康服务资源整合并实行国有化,直接划归卫生部门管理。1948 年,工党对英国的 2688 家医院实行了国有化,英国 90% 的医生都加入了共济卫生服务制度,除所规定的部分收费项目外,为国民提供免费的健康和医疗服务。

4. 统一管理原则。国家卫生服务的管理机构是卫生部门,自上而下由三个层级组成,包括中央卫生和社会保障部、大区卫生管理局、区卫生局等。同时,医疗卫生体系也是政府主导型的,医院均为国有性质,医疗资源采取计划分配,"实质体现为全体国民与政府两者之间的实物分配,因此,有很多学者认为英国模式不属于保险模式,而是一种政府实物供给的医疗保障模式"②。总之,英国的国家卫生服务制度中,卫生部门既是医疗服务的提供者,也是医疗服务的购买者。

当然,英国的国家卫生服务制度运行过程中存在着医疗服务体系效率低、

① 何毅:《全民医保:从"碎片化"到基金整合》,中国金融出版社 2014 年版,第 139 页。
② 何毅:《全民医保:从"碎片化"到基金整合》,中国金融出版社 2014 年版,第 145 页。

管理部门效率低、医疗服务有效供给不足与医疗服务浪费并存等不合理现象。20世纪70年代以来,英国对国家卫生服务制度进行了一系列改革,诸如推动管理机构与服务机构的分离,推行全科医生资金持有制度,加强对医疗服务的检测与评估,引入私人资本等,拆分了医疗服务的买卖双方,实现了医疗服务的内部市场化。至今,英国的国家卫生服务制度经历了70多年的发展,依然是英国国民的骄傲,并在2012年伦敦奥运会中作为英国国家软实力的象征予以展示。

二、德国整合社会医疗保险及其法律制度

1883年,德国通过《疾病保险法》建立起了世界上第一个社会医疗保险制度,历经若干次修改,于1988年纳编于《社会法典》之第5编,形成了以法定疾病保险为主干,包括医疗保险(含法定、私人疾病保险)、医疗服务和医药提供体系在内的完整的医疗保障法律制度。1992年通过《医疗保险结构改革法》、2004年通过《法定医疗保险现代化法》、2007年通过《法定医疗保险强化竞争法》等,渐进性推进社会医疗保险制度的整合。德国社会保险制度以"团结互助、社会共济和高度自治"著称于世[1],成为众多国家和地区竞相效仿的对象。

(一)整合之前德国多元自治社会医疗保险法律制度概况

20世纪90年代之前,德国并没有将社会医疗保险的全民覆盖作为刻意追求的目标。因此,经过百余年的发展与社会变迁,疾病保险制度仍然存在着覆盖率不高、抗风险能力较弱、法定疾病基金会之间缺少竞争等问题。

1. 覆盖率不高。1883年通过的《疾病保险法》,仅强制受薪职工加入疾病保险,覆盖率只有10%。此后100余年的发展中,德国不断扩大疾病保险的覆

---

① 蔡江南:《医疗卫生体制改革的国际经验》,上海科学技术出版社2016年版,第251页。

盖面,从蓝领到白领(1911 年《职员保险法》)、从雇员到家庭成员(1920 年)、从非农就业者到农民(1957 年)①,1910 年覆盖率为 37%,1930 年达到 50%,1950 年达到 70%,1975 年将近 90%。②

2. 抗风险能力较弱。德国法定医疗保险共有包括普通地方疾病保险、工人和职员替代疾病保险、企业疾病保险在内的 7 大类、250 余个法定疾病保险,这些地区性、职业性的疾病基金虽然采取强制形式依法进行制度覆盖,但是,各个疾病基金及其基金会自主确定保险费率,采取分散自治管理方式,由工人和雇主组成委员会实行自治管理。参保人依据其职业或所在地域参加相应类别的保险团体,导致某些经济与健康风险结构较差的被保险人容易集中于特定类别保险人,如矿业基金会、农民基金会、区域基金会中,形成弱势保险现象。而法律对保险对象的强制,使得保险人无法透过随机法则分配将保险系数高低加以折中调和。因此,保险人只能依据风险的不同调整保险费率,导致不同保险人之间的费率相差极大,高者可达 16%,低者约为 8%,相差一倍之多。③

3. 基金会之间缺少竞争。在德国参保人只能根据其职业身份不同,选择参加相应的保险组织,自身并没有选择自由,保险组织之间也没有太多的竞争关系。

(二)德国整合社会医疗保险法律制度的特点:依法渐进性推进整合

20 世纪 90 年代开始,因人口结构、社会经济条件变迁加速,医疗费用大

---

① 李珍、赵青:《德国社会医疗保险治理体制机制的经验与启示》,载《德国研究》2015 年第 2 期。

② 于广军、乔荟、马强:《德国医疗保险制度改革及趋势分析》,载《卫生经济研究》2007 年第 3 期。

③ 罗纪琼:《健康保险制度——日、德、法、荷的经验与启示》,巨流图书公司 2006 年版,第 96 页。

幅增长,为维持医保制度的可负担性,德国每隔一段时间就要推行社会医疗保险制度改革,相关政策讨论和修改法律已成常态。诸如1992年的《医疗保险结构改革法》、2004年的《法定医疗保险现代化法》、2007年的《法定医疗保险强化竞争法》等,渐进性推进了医疗社会保险制度的整合。整合政策主要有:

1. 从强化保险机构竞争入手整合归并法定医疗保险人。20世纪90年代,德国的法定医疗保险机构虽然都是公法机构,但是,由于实行自治管理,法定医疗保险机构仍然较为分散,1992年,全国还有1223家法定医疗保险机构。[①] 1993年颁布的《医疗保险机构改革法》,引入竞争机制,放开被保险人投保的选择权,被保险人可以自主选择参加疾病保险基金,其目的包括鼓励小型地方医疗保险机构的兼并,以发挥规模优势。[②] 从1997年1月1日起,被保险人有通过书面说明选择保险人的权利,被保险人可以选择居住地或者工作地的疾病保险机构,也可以选择参加其章程许可的企业的或者手工业的疾病保险机构,大学生可选择大学所在地地方疾病保险机构或者补充疾病保险机构,等等。法定医疗保险机构只有在没有管辖权的情况下才可以拒绝被保险人;被保险人在保险义务开始后两周内行使选择权,在12个月内受到选择约束。[③] 这样,随着同类法定医疗保险机构的整合、兼并,法定医疗保险机构的数量不断减少,至1999年为453个法定医疗保险基金会。[④]

2. 从强制全民参保入手整合法定疾病保险制度。2004年,德国通过《法定医疗保险强化竞争法案》,强制所有收入高于4050欧元,或者年收入低于48600欧元的公司雇员或其他领域工作人员必须参加法定医疗保险。[⑤] 从

---

①　丁易:《德国社会保障制度及其改革》,载《中国工业经济》1998年第6期。

②　刘军:《德国的医疗保险制度》,载《政策瞭望》2006年第7期。

③　[德]霍尔斯特·杰格尔:《社会保险入门》,刘翠霄译,中国法制出版社2000年版,第49页。

④　何毅:《全民医保:从"碎片化"到基金整合》,中国金融出版社2014年版,第130页。

⑤　朱明君、潘玮:《德国法定医疗保险的现状》,载《中国医疗保险》2012年第2期。

2009 年 1 月 1 日起,对所有在德国有固定住所的人实施普遍强制保险,被保险人或者参加法定医疗保险,或者参加私人医疗保险(特殊情形除外)。私人医疗保险有强制缔约义务,并按照与法定医疗保险相同的基本保险费率为被保险人提供基本医疗保险服务。截至 2009 年底,德国共有各类疾病保险机构202 家,医疗保险基金整合的趋势还在不断进行。①

3. 从建立全国基金风险平衡机制和统一疾病保险费率入手实现了医疗风险共济一体化。为解决不同保险基金会之间保障不公平问题,德国政府与各保险人协议后取得共识,同时,为防止保险人之间不当竞争,启动国家"医疗卫生基金"与"财政风险平衡机制",以及保险人强制缔约权,国家医疗卫生基金建立区域性的保费收缴点,统一收取社会保险费,并建立流动储备基金,必要时发放政府贷款,对各类疾病基金的风险状况进行合理调剂与平衡,基金统一收纳、管理和调配雇员与雇主缴纳的医疗保险费以及国家从税收中拿出的补贴资金,基金建立后,把目前的 7 个疾病保险机构各自的最高协会合并为 1个,统一代表所有法定疾病保险机构进行谈判。2007 年国家又公布《法定医疗保险强化竞争法》,建立全国性的健康基金,进一步强化竞争性基金在全国的管理,对竞争性基金进行统一定价和筹资管理;统一费率,由政府负责厘定各疾病基金的费率,建立风险调剂机制,对所有医疗保险基金之间的风险予以共济,实现了全国医疗风险的一体化共济。此外,私人医疗保险体制也被纳入这一全国性健康基金的一体化共济体系之中,需提供与法定医疗保险待遇相似、保费不超过法定医保标准的基本保险项目,并且负有无选择强制缔约的义务。②

总之,德国通过强制全民覆盖、筹资统一、费率统一,建立全国基金风险平衡机制,并通过法定医疗保险机构的竞争性机制构建,渐进性实现了法定医疗

---

① 何毅:《全民医保:从"碎片化"到基金整合》,中国金融出版社 2014 年版,第 131 页。
② [德]彼得·弗里德里希:《社会保险改革中的立法与利益平衡:2007 年德国医疗卫生改革》,郭小沙译,载《社会保障研究》2007 年第 1 期。

保险整合和全国性的健康基金的一体化共济。

第二节　后发工业化国家整合社会
医疗保险及其法律制度

日本、韩国是第二次世界大战后的后发工业化国家,这两个国家从第一产业向第二产业转化,在产业化进程的较早阶段,就开始谋求社会保险计划的引入和普及,而且,当时都担负着大规模农业人口。他们从"分割"的职业"团体性"医疗保险制度建设开始,到整合并走向"一体化"的"全民性"医疗保险制度的经历和波折,与我国面临的问题相似。而且,这两个国家社会医疗保险从产生到发展的社会背景、建制理念、模式结构、老龄挑战等方面与我国有许多相同之处,①他们构建和整合城乡医保制度的法律建设经验更具有借鉴意义。

一、日本整合社会医疗保险及其法律制度

日本的多元社会医疗保险制度自 20 世纪 20 年代开始建设,1955 年至1973 年日本经济飞速增长,日本的多元健康保险制度得到了整合发展,于1961 年实现了全民皆医保的目标,还建立了老年人医疗保障福利。因而,日本是世界上继德国、英国、挪威之后,第四个实现全民医保的国家②。不仅如此,日本还被公认为医疗保障水平最好的国家之一,2000 年世界卫生组织公布的所有成员国的 1997 年卫生系统总体成就的数据显示,日本的医疗保障体

---

① 参见李莲花:《医疗保障制度发展的"东亚道路":中日韩全民医保政策比较》,载《河南师范大学学报》(哲学社会科学版)2010 年第 1 期;刘晓梅、楚廷勇:《日本社会医疗保险全覆盖的经验——简评我国的医改方案》,载《探索与争鸣》2010 年第 7 期;[日]广井良典:《日本社会保障的经验——以不发达国家的社会保障制度整备过程为视角》,张君译,载《社会保障研究》2005 年第 1 期。

② 吴显华:《国内外农村医疗保障的政府规制比较分析》,载《医学与哲学》2008 年第 1 期。

制的综合目标实现程度得分最高,名列第一。①

（一）整合之前日本多元社会医疗保险法律制度建设概况

日本的多元社会医疗保险制度自 20 世纪 20 年代开始建设,经历了如下几个阶段:

1. 职域健康保险建立及其覆盖面逐步扩大。为平息第一次世界大战后日益高涨的工人运动,以德国社会医疗保险制度为样本,日本于 1922 年制定并于 1927 年颁布了《健康保险法》,成为亚洲最早实行社会健康保险制度的国家,其适用对象早期仅为《矿工法》、《工场法》等调整的大型工矿企业劳动者、10 人以上小企业体力劳动者以及民间受雇者。此后,日本又不断出台法案,逐步扩大职域疾病保险的适用范围,将 5 人以上小企业劳动者、受雇者之受抚养人等群体逐步纳入,并于 1929 年修订了《健康保险法》,将保费由自愿缴纳改为强制征缴。1939 年因战争扩大,为了确保海上运输安全,《船员保险法》和《职员健康保险法》颁布,将职域医疗保险制度的被保险人由产业雇佣工人扩大到海员和政府工作人员等其他职业类别。

2. 地域健康保险从自愿参加到强制参加。1938 年为应对昭和危机后农村的凋敝,响应陆军“健兵健民”的政策,日本制定公布了《国民健康保险法》,以非受雇的农渔村居民以及都市中自营工作的地方居民为被保险人。该法施行之初,在全国选取 12 个试点地方进行模式运行探索,②非受雇的农渔村居民及都市中自营工作的地方居民自愿参加,将市、町、村设立为基本国民健康保险组合单位,基本国民健康保险组合单位自主确定保费和保障范围。1942 年《国民健康保险法》修法,实行国民健康保险的强制设立,强制加入。于是,日本城乡 95% 的地区纷纷成立了国民健康保险组合,进一步扩大了覆

---

① 世界卫生组织:《2000 年世界卫生报告》,人民卫生出版社 2000 年版,第 11 页。
② 关丽敏:《日本农民健康保险对我国的启示》,硕士学位论文,大连理工大学,2005 年,第5 页。

盖范围。①

3.建立国家公务员和公共企业单位互助会制度。1948 年日本将第二次世界大战前分别建立于各个行政机构的政府雇员共济组合,合并改编成统一的国家公务员互助会制度。此外,原有的民间互助会筹建新的公立互助会制度,1953 年私立学校教职员成立私立学校教职员互助会制度,1954 年成立市镇村互助会制度(后改为地方公务员互助会制度),1956 年成立公共企业单位职工互助会制度。

总之,经过 30 余年的发展,日本健康保险制度取得巨大的进步,形成由健康保险制度(包括由组合掌管的健康保险和政府掌管的健康保险)、国民健康保险制度、船员健康保险制度、国家公务员互助会制度、私立学校教职员互助会制度、地方公务员互助会制度、公共企业单位职工互助会制度等八个制度组成的多元健康保险法律制度。②

(二)日本整合社会医疗保险法律制度的特点:部分整合医保制度并实施整体性治理

日本多元健康保险制度突出存在两个问题:一是大量国民被排除在被保险人之外,到 20 世纪 50 年代仍有三分之一国民没有成为健康保险覆盖的对象。二是大企业员工和中小企业员工,城市居民和农村居民之间因为收入差距、未参保等问题导致社会阶层对立激化。③ 为此,日本从 20 世纪 50 年代开始,对医疗保险制度进行整合,通过历次修法,逐步整合相关医疗保险制度,整合政策主要集中于:强制参保、整合部分健康保险机构、调整多元健康保险制度间的待遇差距、建立地区健康保险基金风险平衡机制等。并且,还另行分设

---

① 赵永生:《日本国民健康保险制度的构建——统筹城乡医保体系的启示》,载《中国卫生政策研究》2009 年第 12 期。

② 田多英范:《日本的全民医疗保险和全民年金体制》,载《社会保障研究》2005 年第 2 卷。

③ 田多英范:《日本的全民医疗保险和全民年金体制》,载《社会保障研究》2005 年第 2 卷。

高龄者医疗保险制度。如同学者所述:"在国民皆保险实现的第一天,日本全民医保制度就面临着一元化的改革,不过,直到今日,医疗保障一元化改革仍没有取得实质性的进展。"①日本医保制度经过多年的整合,最终实现医保制度部分整合,在保留职域和地域医保制度的相对统一基础上,分立创建了老年保健制度。日本的医疗保障之所以取得令世人瞩目的成就,主要基于医保制度部分整合基础上多元医疗保险制度有效衔接,并且以整体性、精细化治理实现了有效运行。

1. 强制全民参加健康保险。1956年,日本政府开始推动在全国普及国民健康保险。1958年修订《国民健康保险法》,规定医疗保障是国家的责任,国民健康是国家的集体委任事务,全国范围的市町村均要承担实施国民健康保险的义务,强制所有未加入其他种类健康保险制度的国民必须加入国民健康保险制度。经过4年的国民健康保险普及运动,到1961年建成了"全民皆保险"的健康保险制度。

2. 推进部分健康保险机构整合。推进都道府县以及市町村国民健康保险的整合,通过地域联合,实现资源共享,发挥整体管理与运营优势。"市町村国家健康保险在地区内进行业务扩展,实现健康保险机构的整合与协作,提高基金运营效率。政府掌管健康保险将设立全国地方法人保险机构,以都道府县为单位进行基金运营。组合健康保险在全国范围内进行健康保险机构的改组与合并,可以建立跨企业、跨行业的地区性组合健康保险机构。"②

3. 调整多元健康保险制度间的待遇差距。将职域健康保险的待遇降低,将国民健康保险的待遇提高,以平衡两种制度之间的差距。"为了实现全民医保的目标,缩小健康保险与国民健康保险的待遇差,1957年日本政府对《健

①　赵永生:《日本国民健康保险制度的构建——统筹城乡医保体系的启示》,载《中国卫生政策研究》2009年第12期。
②　柳清瑞、宋丽敏:《基于制度稳定性的日本医疗保险制度改革分析》,载《日本研究》2006年第4期。

康保险法》进行修改,引入门诊、住院费个人部分负担机制,明晰被雇佣者家属的范围,建立保险医疗机构和保险医师指定制度等……1984 年《健康保险法》对健康保险相比国民健康保险过高的医疗给付待遇进行了重大修改:被雇佣者的健康保险给付从发生额的 100%降为 80%"。① 2008 年医疗给付实行统一的 70%(除老人儿童),在很大程度上实现了给付公平。但在缴费上,制度内与制度间仍存在较大差异,如何做到地区间公平仍然是日本医疗保险制度面临的问题。②

4. 建立调剂制度平衡地区风险。1988 年《国民健康保险法》导入了"保险财政调剂制度"和"特别调整制度"。根据调剂制度,各市町村缴纳相当于医疗费发生额 10%的调剂金,建立调剂基金,平衡地区间的实际负担。③

5. 分离高龄者医疗制度。由于各个医保制度中高龄者所占比例的不均衡,造成各个保险制度医疗费支出以及医疗保险费负担不同,尤其是国民健康保险制度中 70 岁以上高龄人员所占比例远远高于职域健康保险。因应各个制度中被保险人年龄结构不同造成的医保待遇差距,日本先后颁布了《老人福祉法》(1963 年)、《老人保健法》(1982 年)、《健康和医疗服务法》(1982年)、《介护保险法》(1997 年)等法律,实施以老年人为对象的特别医疗保险制度,"试图以此来厘清高龄者医疗受益负担机制,提高医疗效率,平缓各制度间财政不均衡"。④ 2003 年由厚生劳动省起草的《关于医疗保险制度体系及诊疗费用体系的基本方针》得到日本内阁会议通过,"后期高龄者医疗制度"得以创设,以替代原有的老年人保健制度,该制度将 75 岁以上的老人和

---

① 赵永生:《日本国民健康保险制度的构建——统筹城乡医保体系的启示》,载《中国卫生政策研究》2009 年第 12 期。

② 宋健敏:《日本社会保障制度》,上海人民出版社 2012 年版,第 116 页。

③ 方乐华:《日本社会保险立法的演变及最新动向》,载《华东政法学院学报》1999 年第5 期。

④ 任静、程念等:《日本医疗保险制度概况及对我国新农合制度的启示》,载《中国农村卫生事业管理》2012 年第 3 期。

65 岁以上的残疾人或长期卧床老人从一般医疗保险中分离出来,实行医疗费用单独结算,患者自付比例为 10%,剩余的 90% 以 5∶4∶1 的比例由国家、地方公费和其他医疗保险机构的支援金以及后期高龄者的医疗保险基金分摊。此外,针对 65 岁至 75 岁的前期高龄者的医疗费用,实行医疗费用调节制度。[1]

6. 精细化管理衔接三元医保制度。概括地说,经过 20 世纪 50 年代以来医疗保险制度的整合,现行日本的医疗保险制度是三元、板块化的医保制度,包括:个人和受雇单位缴纳健康保险费、以职域细分和管理的健康保险制度;以个人缴纳为主、国家给予适当补助的自由职业、无业居民参保的、地域管理的国民健康保险制度;以及被单独分离出来的、75 岁以上老年人口的老年保健制度。三元医保制度彼此独立管理,为此,日本政府在健康保险和卫生资源的精细化、整体性整合治理方面着力,政府在制定健康保险和医疗系统的法律框架、配置卫生资源、平衡各地区之间的医疗服务和控制医疗服务供给等方面占据着绝对主导地位。同时,日本建立了严格的健康保险基金审查制度,成立了健康保险诊疗报酬支付基金会和国民健康保险团体联合会,主要由"保险机构代表、医生代表、患者代表和公益代表等四方成员组成"[2],对医疗保险结算进行独立的审核。而且,在多元健康保险制度之间,日本还建立了基金风险调剂机制、医保待遇调整机制、各级政府财政制度化分担机制等。精细化管理、整体性治理和政策的灵活调整,使得三元医保制度有效衔接,保障日本健康保险体系的高效运行。

二、韩国整合社会医疗保险及其法律制度

20 世纪 60 年代经济起步,经历七八十年代经济飞速发展的亚洲"四小

---

[1] 任静、程念等:《日本医疗保险制度概况及对我国新农合制度的启示》,载《中国农村卫生事业管理》2012 年第 3 期。

[2] 任静、程念等:《日本医疗保险制度概况及对我国新农合制度的启示》,载《中国农村卫生事业管理》2012 年第 3 期。

龙"之一的韩国,顺应经济社会发展,其社会医疗保险也起步于 20 世纪 60 年代,1977—1989 年用了短短 12 年时间,职域医保和地域医保相结合,渐进性实现了医疗保险制度覆盖全民的目标,并从 1997—2007 年实现了多元医保制度的整合统一,实现了实质意义上全民医保一体化。相对于其他国家,韩国社会医疗保险一体化经历了较短时间。

（一）整合之前韩国社会医疗保险渐进覆盖全民及其法律建制概况

起步于 20 世纪 60 年代韩国的社会医疗保险制度建设,1977—1989 年用了短短 12 年时间,职域医保和地域医保相结合,渐进性实现了社会医疗保险制度覆盖全民的目标。

1.多元医保渐进性实现医疗保险制度覆盖全民的目标

（1）早期医疗保险建制。1963 年,韩国在经济起飞的早期,以日本为摹本制定了《医疗保险法》,规定医疗保险是任意适用而非强制性加入。由于 20 世纪 60 年代韩国政治剧变、经济欠发达以及社会不安定等原因,尽管《医疗保险法》出台,韩国政府却没有能力尽快依法推进社会医疗保险制度的实施。直到 1969 年才出现了一个自愿性医疗保险社团,允许私人直接购买医疗保险。这一时期,韩国只有 10% 人口参加了自愿性的公共或商业医疗保险。[1]

（2）强制性企业医疗保险的实施。20 世纪 70 年代后期,强制性医疗保险才得以实施。1976 年韩国政府全面修订了《医疗保险法》,政府开始启动强制性医疗保险计划,确定了 1989 年实现医疗保险全覆盖的目标,并制定了强制参与、以个人收入为保费计算标准、获益水平相对独立的三项基本原则。[2] 1977 年韩国医疗保险协会联盟成立,企业医疗保险政策开始推进,首先在

---

[1]　Anderson,G.F.Universal health care coverage in Korea[J].Health Affairs,1989.8(02):24.

[2]　顾海、李佳佳:《中国城镇化进程中统筹城乡医疗保障制度研究:模式选择与效应评估》,中国劳动社会保障出版社 2013 年版,第 132 页。

500 人以上的大型企业实施,此后于 1979 年扩大到 300 人以上企业实施,
1981 年扩大到 100 人以上的企业实施,1983 年扩大到 16 人以上企业实施,
1988 年扩大到 5 人以上的企业,符合要求的企业必须参加医疗保险。雇员
人数尚未达到法定要求的其他企业,则通过企业联合的方式创建了共同的
医疗保险协会。职工的医疗保险费率被控制在工资收入的 3%—8%,由雇
主和雇员均摊。①

(3)公教医疗保险建制。1979 年,韩国制定了《公教医疗保险法》,将公
务员和私立学校的教职工纳入医疗保险保障范围。

(4)地域医保建制。1988 年,农渔村地区医疗保险确立,农户和政府各承
担一半的保险费用。② 1989 年,城市地区自营业者医疗保险建立。

至此,自 1976 年政府启动医疗保险计划 12 年之后,韩国实现了医疗保险
制度覆盖全民的目标,按职业和居住地的不同分为企业职域医疗保险、地域医
疗保险和公教医疗保险。

2. 多元社会医疗保险制度体系存在的问题

韩国多元医保制度体系构建以来,通过非营利性保险协会来运营多元医
保基金,即"将全体国民按照收入形态以及收入可掌控程度、医疗利用率、地
域等条件分成类似的多个集团,并由多个依法成立的独立于政府的保险经营
者,按照独立核算的方式以组合自律主义为基础自主经营"。③ 到 1998 年,韩
国有 142 个企业职工医疗保险协会、1 个公务员和教师医疗保险协会、227 个
自雇者医疗保险协会(其中,92 个针对农村自雇者,135 个是针对城市自雇
者,两者共覆盖 50%的人口)④,存在着制度之间不公平、管理效率低下、基金

---

① Anderson,G.F.Universal health care coverage in Korea[J].Health Affairs,1989,8(2):34.
② 杨艺、庞雅莉、吕秀莲:《韩国等亚洲国家农村医保制度改革对我国的启示》,载《中国卫
生经济》2003 年第 12 期。
③ 郑文换:《韩国医疗保险制度整合过程研究》,载《韩国学论文集》第 19 辑,第 257 页。
④ NHIC,1999."Internal reports(in Korean)",Seoul,Neoul,National Health Insurance Corpora-
tion.

财务不稳定等问题。①

(1)筹资不公平。虽然,韩国各个保险协会在法定医疗服务包和补偿医疗服务提供的标准方面并不存在差异。② 但是,由于各个保险协会按照职业、身份、地域组成,在组织方式上分离、在财务上彼此独立,各医疗保险协会根据参保者风险的不同,以及依据不同的方法确定的保险费率并不同,特别是农村和低收入群体缴纳的保险费比城市及其高收入群体缴纳的保险费占其收入比例要高得多,引发对公平性的质疑。而且,经济落后地区经常遭遇筹资困难。城乡之间、贫富之间筹资差距还影响了医疗保险事业的稳定发展。

(2)管理成本较高。众多保险协会的分散经营管理增加了管理成本,1997年,管理成本占保险总费用的8.5%,个别基金甚至高达15.6%,远高于加拿大1.5%及英国2%的水平③。

(3)财务不稳定。随着城市化扩张,农村人口大幅减少,并且快速老龄化,在医疗支出不断增大的同时,筹资能力下降,使得地区医疗保险协会面临严重的支出压力。而保险人规模小且分散,风险分担能力较弱。从总体上看,1996年以后随着给付范围的扩大、老龄化及慢性病增加等因素,保费支出超过收入,赤字逐年增大,至2000年已经高达1兆90亿韩元。④

(二)韩国整合医疗保险法律制度的特点:短时间实现全民医保制度一体化

韩国医疗保险制度整合并非一帆风顺。"1998年之前的政府担心整合

---

① 孙菊:《全民覆盖视角下的韩国医疗保险制度》,载《武汉大学学报》(哲学社会科学版)2013年第6期。

② Kwon,S.Health care financing reform and the new single payer system in the Republic of Korea[J].International Social Security Review,2003.56(01):75.

③ 左延莉、王小万、马晓静:《韩国医疗保障体系简介》,载《中华医院管理杂志》2009年第3期。

④ 郑文换:《韩国医疗保险制度整合过程研究》,载《韩国学论文集》2011年,第257页。

会导致医疗保险体系的刚性发展、组合自律主义消失,会增加国家财政支出负担以及企业和雇员负担,所以并不赞同进行医疗保险制度的整合。"①伴随韩国民主化进程的发展,农民团体、市民团体以及学者集团对政策决策施加了不可忽视的影响力。韩国金大中政府执政后启动了医疗保险制度整合,通过 1997 年的《国民医疗保险法》和 1999 年的《国民健康保险法》的制定,分两步于 2007 年实现医疗保险制度的整合。在具体整合制度上,规定缴费统一、待遇统一、财务统一、经办统一、管理统一。整合后不仅制度更加公平,收入再分配效果显著,②而且大大降低了管理成本,提高了管理效率。③

　　1. 两次整合。韩国经过两次整合完成医疗保险制度的一体化。第一次整合将地域医疗保险和公教医疗保险合并为国民医疗保险。1997 年韩国颁布了《国民医疗保险法》,废除《公教医疗保险法》,将 227 个地区医疗保险组合(覆盖农渔村居民和城市自营业者)和公务员、教职员医疗保险公团整合为"国民医疗保险管理公团"。④ 第二次整合将国民医疗保险和企业医疗保险合并为国民健康保险,1999 年颁布《国民健康保险法》,废除《医疗保险法》和《国民医疗保险法》,将国民医疗保险公团和 139 个企业保险协会合并,组建特殊公法人的"国家健康保险公团"作为健康保险唯一保险人。《国民健康保险法》的颁布与实施,标志着韩国多元医疗保险法律制度时代的结束,单一保

---

　　① 郑文换:《韩国医疗保险制度整合过程研究》,载《韩国学论文集》2011 年,第 257 页。

　　② 根据 2008 年数据,将所有参保者按收入分为 5 等分,最低收入组的保费支出相当于最高收入组的 1/5,但获得的保险给付却较为接近,从最低收入到高收入组,获得的保险给付与保费支出的比例分别为 3.36、2.09、1.72、1.46 和 0.98。chung, hyung-Gun." National Health Insurance Program of Korea; Achievement and challenges",2010,8,Tranining Course on Social Health Insurance, korea.转引自孙菊:《全民覆盖视角下的韩国医疗保险制度》,载《武汉大学学报》(哲学社会科学版)2013 年第 6 期。

　　③ 整合后保险公司雇员减少了 1/3,管理成本由 2000 年的 7.3%降低到 2001 年的 4.4%,再到 2006 年的 3.7%和 2010 年的 3%,转引自孙菊:《全民覆盖视角下的韩国医疗保险制度》,载《武汉大学学报》(哲学社会科学版)2013 年第 6 期。

　　④ 金钟范:《韩国医疗保障制度演进》,载《中国医院院长》2014 年第 11 期。

险者健康保险法律制度时代的开始①。2002 年 7 月韩国颁布《国民健康保险财政健全化特别法》，对健康保险财政实行统一管理，至 2003 年 7 月 1 日，韩国实现了地域和职域健康保险财政整合运营。2007 年 7 月 1 日实现完全整合。

2. 费率统一。② 整合后的健康保险实行统一费率制度，雇员保险费由月平均工资乘以保险费率（标准月工资的 4.48%），由雇主和雇员各负担 50%。非雇员由于人群范围广、收入多样、客观估算这部分人的收入较为困难，因而不能按照收入比例计算保险费，他们的保费按照标准收入点数乘以每点金额计算，由全体家庭成员分担。标准收入点数根据自由职业者家庭的财产、收入、年龄等因素计算并分等级定额制，由户主主动缴纳或者保险公团人按户征收，其余的 35% 由财政补贴。此外，对学生、残疾人、老年人等群体给予保费减免的优惠政策，实现了按照参保人的支付能力付费，富裕者多缴费，贫困者少缴费，增强了保费负担的公平性。

3. 待遇统一。在医疗保险给付上，韩国实行按需求分配医疗资源，参保人及其被扶养人的疾病、受伤、生育时的医疗服务和健康检查，以及医疗费、丧葬费和残疾人保障用品等都属于健康保险给付范围。被保险人在接受住院医疗服务时统一承担 20% 自付费用，在接受门诊医疗服务时根据医院层级承担 30%—50% 不等的自付费用。

4. 管理和健康保险服务统一。保健福祉部（现为保健福祉家庭部）作为行政主管机构统一管理健康医疗保险，制定相关社会健康保险政策，管理监督全国国民健康公团。国民健康保险公团属特殊公法人，作为健康保险的保险人负责参保人资格管理、保费征缴及保险给付等事项。健康保险审查评价院属于中介机构，负责审查医疗服务机构提交的医疗服务费用，评估其医疗服务

---

① 金瑛：《韩国健康保险法律制度简析》，载《延边党校学报》2007 年第 6 期。
② 资料来源：韩国健康福祉部《2006 年保健福祉白皮书》。

质量,并接受医疗服务机构的医疗保险结算申请并将结果报告给国民健康保险公团。

总之,韩国经过立法,两年整合了多元医疗保险的制度体系,短时间内实现了多元医保的一体化。但是,韩国在医疗药品体系改革和医疗服务项目支付体系改革方面遭遇利益集团的反对,影响了改革政策的执行力度,①在医疗保险的风险调控和成本控制方面的改革相对不成功,在与医疗服务提供者进行谈判和控制医疗费用方面没有显著的改革措施。②

---

① 蔡江南:《医疗卫生体制改革的国际经验》,上海科学技术出版社 2016 年版,第 41 页。

② 顾海、李佳佳:《中国城镇化进程中统筹城乡医疗保障制度研究:模式选择与效应评估》,中国劳动社会保障出版社 2013 年版,第 139 页。

第七章 境外整合城乡社会医疗
保险法律制度之镜鉴

上述国家社会医疗保险法律制度不同,在医疗保险制度一体化整合过程中,因经济发展、利益博弈、历史传统等国情不同,各有符合本国国情的整合路径和法律政策,并无唯一的解决方案。然而,于各国不同的整合路径和法律政策方案中亦有诸多共性和规律之处。研究借鉴,既要根据本国实际情况,从本国整合城乡基本医疗保险的问题着手,汲取其他国家整合城乡社会医疗保险的积极经验,探索适合本国国情的整合之路。

第一节 境外整合城乡社会医疗
保险制度的经验和借鉴

上述国家整合城乡社会保险法律制度的丰富实践,给我国提供了可资借鉴的经验和教训。

一、把握时机,顺应经济社会发展契机整合城乡社会医疗保险制度

无论是西方早期资本主义国家的英国、德国,还是东方后发工业化国家诸

如日本、韩国,这些国家社会医疗保障的制度形式与经济结构、就业结构、人口结构等因素密切相关,与社会医疗保障相关的因素一直处于变动中。因此,各国都顺应经济社会结构、就业结构、人口结构变迁的规律和趋势,不断地改革和调整其社会医疗保障制度。不可能脱离经济社会发展以及经济结构、就业结构、人口结构的大势去讨论社会医疗保障制度的整合和统一问题。医疗保险制度是各国社会医疗保障制度的核心项目之一,自 1883 年德国建立社会医疗保险制度以来,绝大多数国家都建立了某种类型的医疗保险制度。但是,顺应经济社会发展、产业结构、就业结构、人口结构以及疾病谱系的变化,为谋求医保公平、控制医疗费用等目的,各国都在不断进行社会医疗保险制度改革与制度结构整合。

从世界历史角度来看,社会医疗保险制度产生的本身就是国家应对工业化、社会化、职业分层问题的社会政策。职业分层是现代工业社会的一个基本结构特征,决定了社会医疗保险构建伊始的结构特征。"职业社会分层是现代工业社会的一种客观存在,它本身形成于现代工业生产体系的专业化和分工,并密切联系着不同职业阶层间收入分配和社会福利。"① 因此,无论是西方发达国家德英,还是后发性的、政府主导、出口导向②的日本、韩国,建立社会医疗保险,都将雇工职业团体保险制度作为社会保险制度主轴先予建设。盖因产业雇工处于雇佣关系中,其工作必须听从雇主的指示行事,同时,还要被安置在企业组织中,具有人格从属性以及经济从属性等特性。③ 因此,与农业社会不同,农业社会的社会风险是地区性的、分散的,非天灾瘟疫不会酿成大面积的社会问题。而工业社会的社会风险和就业工厂紧密相连,雇工的生存风险集中、容易迅速演变为社会问题。因此,在城乡二元化时期,各国首先建

---

① 黄颂:《当代西方社会分层理论的基本特征述评》,载《教学与研究》2002 年第 8 期。
② 李莲花:《医疗保障制度发展的"东亚道路":中日韩全民医保政策比较》,载《河南师范大学学报》(哲学社会科学版)2010 年第 1 期。
③ 钟秉正:《社会保险法论》,三民书局股份有限公司 2014 年版,第 173 页。

立雇工职业团体社会医疗保险制度。随着工业化、城市化的深入发展,经济社会由城乡二元化向城乡一体化迈进,涉及产品和服务、资本以及人员等要素的跨城乡、跨地区、跨行业流动,特别是人员的流动则会对社会再分配产生直接的影响。为此,各国的雇工职业团体性社会医疗保险制度或者以扩大覆盖面的形式向农民、向城市自由从业者、向城市居民覆盖,或者仍然遵循职业分层逻辑,为农民、为城市居民构建单独的医疗保险制度。随着人口老龄化的到来,各国医疗保险制度应对老龄化,纷纷建立了老龄介护制度。顺应工业专业分工、功能分割的理念之下构建的多元社会医疗保险制度,各国也构建了分散化、多元分割的医疗保险管理制度。这样的管理医疗保险的体制会根据部门利益需求来制定医保政策,或者影响医保政策的制定过程,从某种程度上加剧了各国多元医保制度的职业分割、地区分割,出现多元医保制度本位主义盛行,整体管理效率低下,服务功能叠床架屋,基本医疗保险抗风险能力低下,加重不同医保制度待遇的公平性,成为城乡二元经济社会的结构性特征。为此,以整合社会医疗保险来整合城乡二元社会成为各国共同的经验。西方代表国家英国、德国,后发工业化国家的代表日本、韩国,社会医疗保险制度从工业化起步阶段的雇工职业团体性制度建设,到工业化进程中的城乡"分割"多元医保制度建设以实现全民覆盖,再到后工业阶段多元医保制度城乡整合和统一建制,不仅适应了城乡社会结构变动的需要,同时促进了城乡社会结构的整合与一体化,成为经济社会结构转型的一个重要标志与内容。

二、循序渐进,借鉴别国经验但要走自己的路

"通过本国和本地区特色,寻找适合自己国情的发展道路,这不仅是中国经验,也是其他国家或者地区的实践。"[1]各国家根据本国的国情与社会医疗保险制度发展的特点,选择适合本国情况的社会政策组合整合多元社会医疗

---

[1]　周弘:《全球化背景下"中国道路"的世界意义》,载《中国社会科学》2009年第5期。

保险制度。这是一个系统化调整和推进的过程,需要循序渐进,逐步实现社会医疗保险制度的整合及其一体化运行。

英国、德国、日本、韩国社会医疗保险法律制度整合各有其特色,都经历了务实性的整合过程。英国不仅整合原有健康保险制度,也整合了医疗保险与医疗服务制度,还全面整合了包括社会保险在内的社会保障制度,走向福利国家。韩国则将多元医疗保险制度完全整合,实现缴费、给付、经办、管理、财务的统一,不同的是韩国在医疗保险全民覆盖后通过两次法制变革渐进实现整合。作为社会保险制度起源地德国并没有采用行政干预的方式将全部社会保险经办机构整合,而是通过开放市场、强化竞争和基金风险平衡的方式渐进性整合经办机构数量;同时,提高基金的集中度增强安全性,统一社会医疗保险待遇规则体现公平性。日本较早地实现了医疗保险全民覆盖,但是,整合的过程极为缓慢和渐进,主要集中于强制参保、整合部分健康保险机构、调整多元健康保险制度间的待遇差距、建立地区健康保险基金风险平衡机制;而且,根据老龄化的需要另行分设高龄者医疗保险制度;因而,日本只是实现医保制度的部分整合,不为整而整,有整有分,在保留职域和地域医保制度的相对统一基础上,适应人口老龄化需要分立创建了老年健保制度。日本整合多元医保制度突出的特征体现在有效衔接三元医保制度,以精细化、整体性治理实现了三元医保制度的整合和有效运行。

三、缜密设计,整合城乡医保需要明确的法律规范和政府主导推行

整合城乡基本医保的"目标很重要,过程及其具体制度与规则的选择更需要重视"①。各国整合城乡多元医保制度,无论是德国、日本的渐进性整合,还是英国的革命式整合,无论是一体化整合,还是部分整合,各国整合都伴随

———————
① 向春华:《社会保险请求权与规则体系》,中国检察出版社2016年版,第388页。

着相关法律出台,同时,强调政府依法主导推进。

各国医保制度体系作为主要的收入再分配制度,都是通过法律加以规范和引导。多元医保制度整合更是一场调整利益格局、追求制度体系公平性以及调整医保相关组织结构的深刻变革,整合立法无疑是制度整合的有力推动力量。作为法治国家,上述各国在整合多元医保制度时均离不开依法规范。因此,整合城乡多元医保就是整合法律体系,各国都以立法途径,通过民主讨论、专家参与、缜密设计整合的立法案。相关整合的立法,不仅注重城乡多元医保的制度的结构改革,还整合医保管理和医保保险人组织;不仅注重多元医保主体权责义的变革,还整合多元医保的基金投入结构、调整基金财务模式,等等。可见,各国整合多元医保通过立法设计,由法律明确责任,细化功能,为整合提供配套的、明晰的、全面的、可操作的法律规范,对于现代化的法治国家而言,依法整合多元医保制度是必不可少的工程。

社会医疗保险制度的诞生,本身就是政府主导和致力民生的法治化产物。本质上,整合城乡多元医保制度是客观推进城乡二元经济社会走向城乡一体化过程,推动城乡多元医保制度整合和一体化离不开政府的主导作用,关系到城乡多元医保制度能否很好实现整合,关涉政府财政事权与职责、政府的财权与能力。具体来说,关涉政府对贫困群体参保补贴和强制覆盖,对多元差异化医保基金整合的基金调剂和财政担保,对整合后多元医保待遇利益的兼顾和公平保障等,始终需要政府承担相应的责任。整合能否顺利达至社会目标,更是对政府执政能力的直接挑战。如英国不仅整合多元医保制度,还整合医疗服务体系,还将之前的健康保险、济贫制度、慈善等多元健康保障制度整合到国家卫生服务制度之下,由国家通过税收筹建资金,利用财政拨款提供医疗服务,没有政府的坚强执行力和法治化推进,英国革命式实现一元统一的国家卫生服务制度是不可能的。德国虽然保留医保保险人之间的自由竞争,但是政府对医保和医疗服务运营的监管极其严格。日本虽然只是部分实现城乡多元医保制度的整合,但却以精细化、整体性治理实现了三元医保制度的有效运行著称。

四、社会团结,整合城乡医保需要非政府组织参与推进

由工会、政党、其他非政府社会团体形成的利益集团,不仅是西方发达国家社会保障制度产生和发展中一个不可或缺的制度要素,①而且,也是上述各国推进整合城乡医疗保险制度的基本力量,这些社会团体和利益集团经过长期的相互影响达成一种社会价值认同和主流社会意识,提出社会政策,利用普选制度对政府的政策产生巨大的影响。"80 年代末、90 年代初,韩国在 20 多年的快速经济增长之后,在民主化过程中相继实现了全民医保。韩国的全民医保与政治民主化进程是同步进行的,韩国 80 年代至 2007 年,实现了全民医保,几轮政党竞选纲领都包含整合医保和全民医保实现。"②

五、配套建设,整合城乡医保需要配套整合医疗服务体系

社会医疗保险是购买基本医疗服务的分担计划,社会医疗保险制度包括医疗服务提供的环节制度,医疗保险制度需要平衡三个要素,即医疗保险基金、医药服务提供及其监管。由于医疗服务的经济性、特殊性、公益性及复杂性,加上医药费用不断上涨,上述各国社会医疗保险制度都配套对医疗医药服务进行管制,整合城乡医疗保险制度的同时,也配套整合医疗服务和医药体系,使得有限的医疗保险基金能够购买更多、更有效率、更高质量的医疗服务。英国政府对医疗保险基金与医药服务实行一体化管理,以社区保健作为卫生服务的重点,采取全科医生制度,在卫生保健的实施及管理方面强调国家中央集权控制卫生资源的分配。德国的社会医疗保险以及卫生医疗统一制度、分层管理、社会自治、鼓励竞争,医疗保险机构与提供医疗服务的医生、药店和医

① 周弘:《社会保障制度能否全球化》,载《世界经济》2002 年第 8 期。
② 李莲花:《后发地区的医疗保障:韩国与台湾地区的全民医保经验》,载《学习与实践》2008 年第 10 期。

院等参加的医师协会签订合同,各医疗保险机构施行统一的医疗服务目录;德国保险人"直接以具备公法人资格之特约医师协会为特约关系之当事人,将给付审核、费用分配等事项完全委托受托团体办理,合约则是在保险人与受托团体之间透过对等协商而成立,个别医院、诊所则只具有团体内部成员之地位,并非合约当事人"①。

第二节　境外整合城乡社会医疗保险的法律技术借鉴

各国整合城乡医疗保险的模式虽然各有差异,其共同点是立法推进整合,法律制度先行或者至少同步于整合多元医保政策的制定与实施。各国整合城乡社会医疗保险从法律规范角度而言,也值得我们参酌借鉴有关的法律技术。②

一、从行政管理制度看,强调部门整合和大部制机制,明确主管医保事业的责任主体

从境外整合医疗保险及其一体化改革的进程可以看出,卫生行政管理职能和社会保障管理职能出现整合趋势。英国的国家卫生服务制度中,由卫生部门统一管理,卫生部门既是医疗服务的提供者,也是医疗服务的购买者。2002 年德国将劳动和社会政策部的社会保障职能和卫生部门合并,组建成新的卫生和社会保障部。2001 年日本将厚生省与劳动省合并成立厚生劳动省,担负医疗保障、国民健康等职责。据统计,在人类发展指数较高并建立了法定医疗保障制度的 55 个国家/地区中,有 37 个国家/地区(占 67.3%)是将医疗

---

① 蔡维音:《全民健康之给付法律关系析论》,元照出版有限公司 2014 年版,第 136 页。

② 本节部分主要创新性内容参见课题组阶段成果,马瑞霞、曹克奇:《国外医疗保险一体化立法对我国的启示》,载《中共山西省委党校学报》2013 年第 1 期。

保障制度(或加上工伤保险等)与医疗卫生服务交由一个部门统筹管理。此外,经合组织中 83.3%的成员国,以及 7 国集团的全部成员国,也都是实行医疗保障制度与医疗卫生服务统筹管理的体制。①

由于医疗保险的实施过程需要医疗、医药服务机构的直接介入,"医疗方和医药方的诊治直接决定着医疗保障的费用或成本高低"②,所以,基本医疗保险的管理,需综合运用社会医疗保险和医疗服务两方面的知识。纵观各国社会医疗保险的管理模式,最初,首创社会医疗保险制度的国家,只是简单地围绕独立医保"第三方付费"机制,建立了由社保部门管理包括医疗保险在内的所有社会保险,由卫生部门管理医疗服务的医保"制衡"管理模式。为了弥补部门之间分立和制衡对医疗服务质量的制约,有的国家则开始强调医保和医疗服务的"协调"发展,尝试由社保部门自办医疗机构的管理模式。现代社会保险制度发展较为完善的德国、日本等国家,都纷纷在医保和医疗服务实现"管办分离"的基础上,合并卫生部门和社保部门职责,建立卫生社保合并的"大部制",实现医保基金控费和医疗服务质量的"协调管理",以促进医保、医疗服务和被保险主体权益保障的"协调",以最大限度地为被保险主体提供与医保基金相适应的、高效率的医疗卫生服务。

二、从参保人制度来看,突出强制全民参保和量能负担,重点解决非正规就业人群参保

在社会保险的发展历程中,最早"俾斯麦式"的社会医疗保险制度以"团体性"为特征,仅以职业团体的职员作为强制保险对象,于是,国民中若干非正规从业者或者未从业者的个体一开始就成为医保制度的遗漏人群。"纵观

---

① 赵东辉、宋大平、汪早立:《国际社会保障制度及其管理体制对我国的启示——以医疗保障制度为分析视角》,载《中国初级卫生保健》2008 年第 10 期。

② 郑功成:《论中国特色的社会保障道路》,中国劳动社会保障出版社 2009 年版,第248 页。

世界,即使在发达国家,正规部门(政府机构、现代化产业等)职工的医疗保险都是比较容易解决的,难的是收入和就业形态不稳定的农民、个体工商户和灵活就业人员。包括拉丁美洲在内的大多数发展中国家没能实现全民医保的原因就是没能解决这些人群的问题。"①因此,保障遗漏在医保体系之外的未参保人群成为城乡医保制度一体化过程中的主要任务和主要目标,而实现这一目标的方式有二:一是由政府通过补贴保障全民参加医疗保险;二是强制全民量能负担参加医疗保险。

首先,政府通过补贴非正规就业人群参保实现全民参加医疗保险。日本、韩国是第二次世界大战后的后发工业化国家,"由于这些国家的工业化是后发的、压缩性的、现代正规部门和非正规部门之间的差距也是世界上罕见的"②。这些国家和地区在谋求全民医保时,均担负着大规模农业人口,非正规部门占比重很大,通过庞大的"以乡土团结为基础划分保险区域""地区性医疗保险"扩面,并通过"强大的政府干预和倾斜式财政补助"来实现向农民、非正规就业人口的扩面和覆盖。"日本的国民健康保险占总人口的49.63%,韩国地区医保占42.88%,为两国医疗保险体系中参保人数最多的制度。"③1958年日本修订《国民健康保险法》,规定医疗保障是国家的责任,国民健康是国家的集体委任事务,全国范围的市町村均要承担实施国民健康保险的义务,强制所有未加入其他种类健康保险制度的国民必须加入国民健康保险制度。1961年日本的国民健康保险筹资总额中的44.66%为中央政府和地方政府的补助。而且,日本对于"承担制度运营的市町村,国家也进行积极的财政支援,如财政支持力度从20%(1953)→25%(1958)→35%(1962)→45%

---

①　李莲花:《后发地区的医疗保障:韩国与台湾地区的全民医保经验》,载《学习与实践》2008年第10期。

②　李莲花:《医疗保障制度发展的"东亚道路":中日韩全民医保政策比较》,载《河南师范大学学报》(哲学社会科学版)2010年第1期。

③　李莲花:《医疗保障制度发展的"东亚道路":中日韩全民医保政策比较》,载《河南师范大学学报》(哲学社会科学版)2010年第1期。

（1966）→50%（1984）逐渐增大"①。2002年7月韩国颁布《国民健康保险财政健全化特别法》规定，非正规雇员由于人群范围广、收入多样、客观估算这部分人的收入较为困难，因而不能以收入比例计算保险费，他们的保费按照标准收入点数乘以每点金额计算，由全体家庭成员分担。标准收入点数根据自由职业者家庭的财产、收入、年龄等因素计算并分等级定额制，由户主主动缴纳或者保险公团入户征收，其余的35%由财政补贴；此外，对学生、残疾人、老年人等群体给予保费减免的优惠政策。

其次，强制全民量能负担参加保险。强制全民量能负担参保，并且财政给予补贴使医疗保险制度的社会性增加，在整体的保险运作上转向强烈的福利倾向，一方面在避免保险产生"逆选择"的情形，形成弱势保险的现象，另一方面借此达到风险分摊以及所得重分配的理想。各国在医保整合和实现全民医保过程中，纷纷依法强制全民参保。2007年3月德国颁布《法定疾病保险——强化竞争法》要求，从2009年1月1日起，任何一个尚未拥有其他充分疾病保障措施的居民都有义务加入疾病保险，据此对所有在德国有固定住所的人实施普遍强制保险，是德国历史上第一次改变了"制度覆盖"全民的历史，实现了真正意义上全民疾病保险，对已有120多年历史的俾斯麦模式来说是革命性举措；②一直以来，德国医疗保险筹资与劳动力市场紧密联系是其优势，实行的是"家庭免费联动保险原则"；但是，进入21世纪，自由职业者和个体户越来越多，德国强制这些人参加社会医疗保险也是有难度的，"国家财政资金有限介入，重点解决低收入特定人群的问题。政府显性补贴的对象主要包括失业者、残疾人，补贴水平以达到基金最低保障水平为参照。退休人员的医疗保险费则来自退休金，军人和警察等特殊人群的医疗保障由政府预算资

---

① ［日］广井良典：《日本社会补助的经验——以不发达国家的社会补助制度整备过程为视角》，张君译，载《社会保障研究》2005年第1期，第72页。

② 参见丁纯：《德国医疗保障制度：现状、问题与改革》，载《欧洲研究》2007年第6期；［德］埃森布莱特：《德国：新医改实行强制医疗保险》，载《中国发展观察》2007年第4期。

金直接负责(2007年这部分人口占总人口的2%)"。①"保费是按照人们收入的一定比例征收的,因此不存在支付不起的情况。对于那些无收入者和领取失业救助金生活的人员,他们的保费将由联邦劳动机构或者福利机构支付。"②1958年日本修改了《国民健康保险法》,将任意保险改为强制保险,至1961年4月,实现了国民皆保险的目标,除了0.6%依靠政府援助的人口,日本所有人都被纳入职域医疗保险和国民健康医疗保险。2000年7月,韩国实施强制性的全民健康保险,分雇员和非雇员两类人群量能负担征缴保险费,并对学生、残疾人、老年人等群体给予保费减免的优惠政策。

三、从社会保险经办制度看,整合分散的医疗保险组织机构,统一医疗保险经办机制

医疗保险本质是互助共济、风险共担。由于经济局限和历史沿革,各国实行社会医疗保险制度,初始都是按照职业和地域差别组建数量众多的、分散的医保基金及其经办机构,不利于医保财务的可持续发展。整合这些分散的医疗保险及其经办机构,便成为各国医疗保险制度发展的共同内容。各国采取了不同的整合路径,一种是以德国为代表的市场竞争路径,另一种是以韩国、日本为代表的行政干预路径。不管何种整合路径,其共同目标一致,即通过整合医疗保险组织机构,统一医疗保险经办机制,提高医保基金统筹范围。

(一)市场竞争路径

以德国为例,1883年德国通过了《工人法定医疗保险法》,成为世界上最早实行社会医疗保险制度的国家。德国社会医疗保险制度由法定疾病保险体系和私人疾病保险体系组成,其医疗保险组织机构实行自治,按照行业、职业、

---

① 何毅:《全民医保:从"碎片化"到基金整合》,中国金融出版社2014年版,第129—130页。

② 蔡江南:《医疗卫生体制改革的国际经验》,上海科学技术出版社2016年版,第259页。

地区对参保人群归类划分,形成了分散的医疗保险组织机构态势。1885 年,德国全国医疗保险组织机构有 18942 个,1902 年更多达 23214 个①,直至 1992 年还有 1223 家。② 1992 年德国颁布《医疗保险结构改革法》,1996 年颁布《法定医疗保险重构法》,打破行业、地区限制,引入竞争机制,允许被保险人交叉和跨界自主选择愿意参与的疾病保险组织,到 1999 年时,德国医疗保险组织减少为 453 个。2007 年颁布《加强法定医疗保险竞争法案》,建立全国性的健康基金,截至 2009 年,还有六大类 193 家,而且还在不断减少。③ 实际上,德国医疗保险组织机构整合的集中度相对较高,规模排前三位的医疗保险组织机构覆盖人群已经达到总人口的 85%。④ 德国市场竞争的一体化路径主要内容包括:(1)允许投保人自由选择法定疾病保险机构,通过竞争促进疾病基金组织机构整合和合并。(2)建立医保经办组织机构的退出机制,允许所有的保险机构自由合并。⑤ 由于市场竞争的增强,促使大量规模较小的手工业疾病基金、地方性疾病基金和企业基金等中小型疾病基金被大型疾病基金兼并重组。

(二)行政干预路径

如韩国、日本,1998 年,韩国的医保保险机构包括:1 个为公务员和教师提供保障的保险机构,142 个为产业工人提供保障的保险机构,227 个(92 个分布在农村,135 个在城市)为个体经营者提供保障的保险机构,经过两次整合组建特殊公法人"国家健康保险公团"作为健康保险唯一保险人。在日本,健

---

① 参见彭宅文:《多元与自治:德国社会医疗保险体系的组织特征》,载《中国医疗保险》2010 年第 12 期。
② 参见丁易:《德国社会保障制度及其改革》,载《中国工业经济》1998 年第 6 期。
③ 参见郑庆华、李淑春:《德国医疗保险跨境就医管理》,载《中国社会保障》2009 年第 11 期。
④ 参见何毅:《全民医保:从"碎片化"到基金整合》,中国金融出版社 2014 年版,第 131 页。
⑤ 参见丁纯:《德国医疗保障制度:现状、问题与改革》,载《欧洲研究》2007 年第 6 期。

康保险由职域保险和地域保险两大体系构成,"政府掌管的健康保险由社会保险厅负责运营。组合健康保险由单一企业或同类复数企业主组织的健保组合负责运营,2007 年共有 1561 个保险者。市町村国保由市町村负责运营,2007 年共有 1835 个保险者"①。由不同经办机构运营的医疗保险制度不仅保险费率有差别,而且财政收支状况也有差异,带来了财务风险增加、多头管理、制度不公平等严重问题。日本政府通过对都道府县的保险机构进行整合以提高基金运营效率,如鼓励在全国范围内通过合并与改组以建立跨行业、跨企业的地区性组合健康保险机构,市町村国家健康保险在地区内进行业务扩展,以实现资源共享,发挥整体管理和运营优势。②

四、从社会医疗保险基金管理制度看,整合基金并建立风险调剂机制,形成一体化风险共济机制

各国城乡社会医疗保险制度的分散化、碎片化,实质就是"医疗保险基金分立,其基金之间无法实现全体国民跨基金统筹"③。所以,整合城乡基本医疗保险制度的重点环节就是整合城乡基本医保基金。

英国《国家卫生服务法》以税收为主要形式筹资,实现了英国式的医疗保障全覆盖和一体化共济,从筹资方式上"革命式"地截断了过去以保险费筹资以及基金分散的局面。1883 年德国建立强制性疾病医疗保险制度,其医疗保险基金长期处在自治性的地方基金、职业基金和私人保险基金的分散状态。德国通过长期"渐进式"整合方式整合保险基金,并最终形成一体化的全民医保风险共济机制。1996 年德国通过《法定医疗保险重构法》,开始对医疗保险基金进行大规模重组,打破行业、地区限制,引入竞争机制,被保险人可以根据

---

① 熊菲:《日本医疗保险制度对我国的启示》,硕士学位论文,武汉科技大学 2009 年,第 17 页。

② 参见柳清瑞、宋丽敏:《基于制度稳定性的日本医疗保险制度改革分析》,载《日本研究》2006 年第 4 期。

③ 何毅:《全民医保:从"碎片化"到基金整合》,中国金融出版社 2014 年版,第 44 页。

自身偏好自主选择愿意参与的疾病基金。为避免参保人的逆向选择,2007 年颁布《加强法定医疗保险竞争法案》,建立全国性的健康基金,取消法定医疗保险机构自我收缴管理医疗保险费的财政主权:①一方面,全国性的健康基金统一保险费率、统一筹资管理,之后基金再将每个参保人所需的医疗费用划拨给各家独立的保险机构;②另一方面,为平衡开放承保的强制性保险政策导致基金无法进行的风险选择,1994 年建立"风险调剂机制",2001 年《法定医疗保险风险结构平衡改革法》建立医疗保险机构之间的全面"财政平衡机制",③实现了所有医疗保险基金之间的"一体化"风险共济。

五、从社会医疗保险待遇支付上看,完善社会医疗保险的预防和老年照护功能

各国在建立医疗保险的初期,都把疾病津贴作为医疗保障首选内容,继而把治疗费用纳入保障范围,在治疗费用中,首先纳入的是对人们生活水平影响较大的高额住院医疗服务费用,继而扩大到一般医疗服务费用,④这是社会福利最大化原则的要求。作为国民收入再分配范畴的社会医疗保险制度,其目的是通过再分配的形式,既要兼顾为不同收入的社会成员提供公平享有医疗福利的机会,同时又要考虑社会保险资金和医疗卫生资源的稀缺性,所有社会成员无限的医疗需求难以完全同时予以满足,必须按照社会福利最大化的原则将有限的资源予以合理配置。因而各国社会保险的初期,对一般人群实施以化解大额医疗费用风险为重点的社会医疗保险制度,符合社会福利最大化原则,随着经济的不断发展,社会医疗保险的保障内容逐步扩大;同时,对健康

---

① 参见郭小沙:《德国医疗卫生体制改革及欧美医疗保障体制比较——对中国建立全面医疗保障体制的借鉴意义》,载《德国研究》2007 年第 3 期。

② 参见何毅:《全民医保:从"碎片化"到基金整合》,中国金融出版社 2014 年版,第 128 页。

③ 参见[德]乌里奇·贝克尔:《德国社会保障制度最新改革》,戴蓓蕊译,载《社会保障研究》2005 年第 2 辑,第 52 页。

④ 参见乌日图:《医疗保障制度国际比较》,化学工业出版社 2003 年版,第 63 页。

概念有了新内容和新要求,一些国家将预防保健、健康教育、康复护理等也纳入医疗保险待遇支付范围内。

　　进入 20 世纪末以来,随着人口老龄化、少子化加剧,各国和地区都纷纷关注老年人口的长期照护和疾病预防。主要有三种模式,第一种模式以德国为代表,1994 年颁布《护理保险法》,单独建制,"护理保险跟从保险的原则",所有参加医疗保险的人都得参加护理保险,保险费由个人、单位、国家共同负责(个人与单位保险费超过 2/3),分类对护理对象提供住宅和住院护理。第二种模式以某些地区为代表,将老年人照护纳入社会医疗保险待遇范围,围绕基层诊所和家庭医师核心功能,探索实践了家庭医师整合型照护计划,其以医保带动医疗服务体系整合的经验值得借鉴。第三种模式以日本为代表的分离建设高龄者医疗制度,日本先后颁布《老人福祉法》(1963 年)、《老人保健法》(1982 年)、《健康和医疗服务法》(1982 年)、《介护保险法》(1997 年)等法律,实施以老年人为对象的特别医疗保险制度,即介护①保险制度。日本的介护保险制度整合了之前日本的福利行政给付的老人福利服务和医疗保险给付的老人保健制度,筹资上包括被保险者缴纳的保险费(占 50%),中央政府和地方政府财政支出(占 50%,政府财政支出中国家、都道府县、市町村按照2∶1∶1 公费负担);待遇支付上整合了原有的福利、保健、医疗保险的重复和遗漏,建立统一的给付体系,对 65 岁以上和 40—64 岁的两类人群提供不同种类的待遇支付。

---

　　①　"介护"一词在日本有特殊含义,综合了护理、看护、照顾、长期照护之意。日本《介护保险法》1997 年出台,于 2004 年开始实施。介护保险与当下国内学界正在讨论的老年护理保险基本上一致。

第四编

整合实证与经验总结

4

城乡三项基本医保制度从"分割"走向"整合"近30年的变迁及其矛盾，贯穿《社会保险法》的起草、讨论、出台和实施。各个地方基于地方情况、地方发展、地方利益、地方知识，基于对境外整合城乡医保经验的不同吸取，在城乡医保管理体制中以多种模式实现区域城乡医保的整合。整合的制度模式主要有，三项基本医保制度"全统一"的整合制度模式、二元制度两种基金统筹的整合制度模式、一元制度两个基金统筹的整合制度模式、二元制度三层基金统筹的整合制度模式等。地方整合城乡医保的实践和建制探索，不仅为修改和完善《社会保险法》提供了可资借鉴的经验，也为正在制定的"基本医疗保险条例"提供了实践支持和试验性立法。因而，客观系统地调查整合城乡基本医保的现状，梳理建制的基本走向，并以地方整合的试验立法为例，辨析整合城乡基本医保地方立法和全国性立法的脉动，准确界定城乡医保立法的难题及其突破之路，是非常有裨益的。

第八章　地方整合城乡基本医保制度的实证调研

第一节　调研设计

为了保证调查的顺利进行,课题组在学术文献综述基础上,进行了认真的调研设计论证,即调研目的与调查方法的确定、调查方案设计、调查地点选择等。

一、调研目的

直观地说,城乡三项基本医保制度从"分割"走向"整合",凸显我国基本医疗保险制度过渡型、未定型和时代局限性。同样,是"分割"还是"整合"这一问题导致基本医疗保险立法遭遇一系列难题:不仅是社会保险法立法草案四审稿争论的焦点问题之一,也是 2010 年出台的《社会保险法》相关基本医疗保险法律规范扭结特点的致因,甚至是社会保险法的实施条例难产的重要原因之一。地方自发整合城乡基本医保的政策实践和试验立法也是推动"基本医疗保险条例"尽快出台的契机。因此,需要我们"法外求法",[①]法外求

[①]　法律规定的是"是什么",立法解决的是"为什么"。本书研究的"法外求法",主要是运用社科法学方法,探寻基本医疗保险立法难题解决之道。

237

法,即法律之根底,非法律本身,实为社会、甚至与社会关切甚密之自然。故离开社会,法律难以自存;弃社会而言法律,必致画虎不成反类犬,终然不得其要领。① 为此,调查城乡医保"分割"与"整合"的状况、原因、经验、教训,并探寻蕴含其中的基本医保建制的规律和本质。

调研的目的具体有两个:

一是对地方整合城乡三项基本医疗保险制度的真实情况进行全面调查和总结描写,回答整合城乡基本医疗保险的地方建制探索的"是什么"、"怎么样"的问题。

二是揭示和探寻整合城乡基本医疗保险的规律及其制度规范本质,主要回答整合城乡基本医保建制"为什么"、"怎么办"的问题。

二、调查方法

调查目标决定着调查方法的确定。党在十八大报告中就提出"整合城乡基本医疗保险制度"的纲领性政策建议,其中包含"整合城乡基本医疗保险法律"的建议。"在中国,党的全体代表大会有立法建议权,一般只提出方向性要求。其立法建议变成法案的路径是,方向性要求被转化为具体政策,其决策过程往往是政府各相关部门权责和利益的博弈,以及对众多方案的利益权衡。"②因此,本书研究确定了如下三个定性调研的主题及其定性调研方法:对地方探索整合城乡三项基本医疗保险制度进行典型调研和重点调研;对参与地方和国家整合城乡医保的政策制定的城乡基本医保的行政管理者和城乡医保经办机构等进行深度访谈调研;对地方探索建立的整合城乡经办医疗保险的制度,包括政策和地方试验立法进行政策分析和案例分析。

一是典型调研。2000年,一些城镇化发展较快的地方就开始自发探索整

---

① 参见谢晖:《法律的意义追问——诠释学视野中的法哲学》,商务印书馆2004年版,序言,第1页。

② 熊先军、高星星:《规制大病政策,回归制度本位》,载《中国医疗保险》2016年第3期。

合城乡医保制度,逐步推动整合城乡医保的政策出台并引导全国实施整合,截至 2017 年 6 月底,全面整合城乡医保还没有在全国实现。因此,选择具有代表性的地方进行典型调研,通过系统、深入调查,客观描述和定性分析全国整合城乡医保的状况、存在的问题及其解决办法。

　　二是深度访谈调研。深度访谈调研是着重调查了解地方整合城乡医保政策制定的背景、程序、内容、难点,以及政策执行状况等。访谈前,课题组要预定访谈计划,制定受访者提纲、访问者提纲;采取标准化访谈①与非标准化访谈②交互结合;对主要政策制定者的个体访谈与政策制定、实施者的座谈会集体讨论访谈相结合;标准化访谈与非标准化访谈中随机深度追问、自由讨论、深度挖掘相结合。首先是要对政策和地方立法制定的参与者进行个体深度访谈调查,"立法者是法律的创制主体,立法者对法律的认知状况直接决定着法律的创制结果。立法者之社会历练不同、知识素质不同、职业岗位不同、性格方法不同、观察方法不同。法律创制的主观能动性与客观规定性的协调"③。其次,是对政策和地方立法制定的参与者、执行者进行集体讨论式的座谈会访谈,"那种不开调查会,不作讨论式的调查,只凭一个人讲他的经验的方法,是容易犯错误的。那种只随便问一下子,不提出中心问题在会议席上经过辩论的方法,是不能抽出近于正确的结论的"。④

　　三是政策分析法。运用社会政策基本理论和社会保障法基本理论阅读和研判地方探索制定的整合城乡基本医保的政策和地方立法文件。"在阅读社会政策的相关理论时,不应将其视之为学者所做之与实际社会政策发展无关

---

①　详见本书附录1。标准化访谈提纲力求简约、宏观涵涉调研对象的所有关键环节问题。标准化访谈提纲是应对每个访谈人的共同问题,罗列问题切忌繁多化、理论化、抽象化,避免让受访人产生畏难情绪。

②　详见本书附录2。非标准化访谈提纲为"理论化"提纲,是对标准化访谈提纲的理论提升、提炼,也是弥补标准化访谈提纲的表面化。非标准化访谈提纲应用好,将会引导受访人进入学术探讨境界,也会帮助访谈人从调研表象上尽快提升,进入理论研究层面。

③　谢晖:《法学范畴的矛盾思辨》,山东人民出版社 1999 年版,第 77—85 页。

④　毛泽东:《反对本本主义》,见《毛泽东选集》第一卷,人民出版社 1991 年版,第 116 页。

的学术看法,而是应当将理论视为学者对于社会政策发展经验的规则累积与整理。每个社会政策的理论多是相关领域学者在对于社会政策发展的研究已经累积至一定数量时,从其研究结果中找出可能的约略规则。"①

四是案例分析法。"政策分析中的案例分析比量化研究要更有效,"②"在中国公共政策研究中,要特别注意经典案例的挖掘,只有这样,才能凸显公共政策执行的中国实践,解释公共政策执行的本土化经验,推动公共政策本土化理论知识的积累,以便更好地指导具体公共政策的中国实践。"③本书在对东部、西部、中部代表性样本省的整合城乡基本医疗保险进行大面积调研的基础上,选取整合城乡基本医疗保险进行体制机制创新之东莞、三明、神木的政策和地方立法进行案例分析,以探究整合城乡基本医疗保险规则的定型和法律规范的设计。

三、调研地点

2016 年 1 月国务院《关于整合城乡居民基本医疗保险制度的意见》政策出台之前,地方自发探索整合城乡医保制度共有 9 个省区,以及其他省的 39 个地市以及 42 个地市的 91 个县(区)也实现城乡医保整合。④ 对这些自发探索整合城乡医保的地方进行典型调研,将有利于调研目标的实现。

为此,在对大量的学术文献、公开的大量政府公报、文件、报告的文献调查和分析基础上,本书以政府权威主管部门相关全国整合城乡医保"普遍调查"的大数据为根据确定了典型调研的"代表性样本"。根据本书调研具体目标不同,典型调查分两类:

一是以地区差异选择代表性典型调查地点。诸如东部、中部、西部不同经

① 周怡君、钟秉正:《社会政策与社会立法》,洪业文化事业有限公司 2006 年版,第 6 页。
② [英]迈克尔·希尔:《现代国家的政策过程》,赵成根译,中国青年出版社 2004 年版,第 22 页。
③ 贺东航、孔繁斌:《公共政策执行的中国经验》,载《中国社会科学》2011 年第 5 期。
④ 金维刚:《依法推进城乡居民医保整合》,载《中国劳动保障报》2016 年 2 月 5 日。

济发展水平地区至少各选择2个省,其中,各个区域调研典型样本省的选择,既要有全省整体实现城乡医保整合的样本,也要有全省只是部分地方实现城乡医保整合的样本;而且,根据三项医保统筹层级的差别化实际,每省选择2个地市和1个县;实地调研各地"先行先试"整合城乡基本医保的实践,从宏观角度概观扫描整合城乡基本医保制度建设的基本现状、与经济社会发展的联系以及整合制度变迁的规律,探寻整合城乡基本医保的体制机制难题和突破口。课题组选择的具体调研地方为东部2省:江苏、山东;西部2省:重庆、宁夏;中部2省:安徽、山西。

二是以整合的体制机制创新来选择政策案例分析的重点调研地点。在各类区域整合城乡医保的实地典型调研的基础上,挑选整合城乡基本医保的体制机制创新的典型样本模式,即福建三明市、广州东莞市、陕西省神木县展开重点调研和政策分析调研。重在比较分析整合城乡医保体制机制改革创新的宗旨实现、主观进取、制度价值、进步程度、整合程度等,试图通过观测和分析不同典型地方的创新细节及其发展脉络,透析整合城乡医保的制度理念、基本原则、规则规律,竭力对整合城乡医保的法律问题进行挖掘。

四、调研进程

本书课题组调研根据任务顺序,循序渐进,远处调研放在寒暑假,近处调研利用周末,历经三年,课题组组长带领课题组核心成员四人完成了调研任务,访谈记录累计30余万字,收集各地整合城乡医保的政策和地方立法汇编等第一手资料百余本(册),形成了"特色资料库"和"特色问题库",收获丰厚。调研的进程大致如下:

(一)初步调研

凡事预则立,不预则废。对整合城乡医保进行科学的调研,就必须制订详细、周密的调查方案。首先,根据课题研究大纲与调研目的、调研对象的特征,在扎实、充分的文献调研基础上,先行设计了初步调研提纲,包括实地调研、访谈调研标准化访谈与非标准化访谈提纲,并召开小型调研提纲论证会。其次,选择课题组所在地山西省和太原市的人力资源社会保障部门、卫生和计划生育部门及其所属城乡医保经办机构作为前期调研地点①,初步探索调查研究的起点和重点,基本形成解决调研的研究假设、调研方法和具体步骤,并召开初步调研汇报会,完善调研提纲。

（二）典型调研

本书课题组选择了6个省为典型调查地点,每个省在对省人社厅、卫计委行政主管部门调研基础上,还根据各省整合城乡基本医保的特点至少选择2个地级市、1个县进行典型调研。② 典型调研主要使用访谈调研法,具体访谈信息和访谈记录列表(详见本书附录3,大致按调研时间和省域顺序列表),每个调研地方的调研结果,都要整理形成书面访谈记录,并编号罗列。

典型调研之前,调动各种可用的社会资源,分省联系重点调研地点、访谈人物、调研时间。每到一个重点调研地点之前,课题组都要针对性进行文献资料查阅,在课题组预定提纲基础上,单列调研地点整合城乡医保的独特问题,课题组通过实地调研、集体访谈和个体深度访谈相结合、标准化与非标准化访谈相结合,对如下几方面的问题进行资料收集:

1. 整合城乡基本医保的价值之维。具体包括:整合城乡医保的必要性与可行性;整合城乡医保的总体目标与方案设计;整合城乡医保的理念和基本原则;整合城乡医保的体制机制创新。

2. 整合城乡基本医保的实践之维。具体包括:整合城乡基本医保制度的

---

① 就近选择初步调研地点,主要考虑初步调研若有遗漏,方便回访调研。

② 每个省的调研之所以以省、地级市、县都为要调研,主要原因在于新农合制度基本上为县级统筹,城镇居民医保和职工医保则以市为统筹;各地在整合城乡医保时,有的是以县为统筹出台整合城乡医保的政策,有的以地级市为统筹出台整合城乡医保政策,有的则以省为统筹出台整合城乡医保的政策。

体制机制障碍；整合城乡基本医保制度建设的最大障碍；整合城乡基本医保制度建设的最大难点；整合城乡医保的地方模式（案例）；整合城乡医保实践中的经验教训；整合城乡医保的政策和立法。

3. 整合城乡基本医保法律规范的技术之维。具体包括：整合城乡基本医保参保制度；整合城乡基本医保筹资制度；整合城乡医保的基金管理制度；整合城乡基本医保待遇支付制度；整合城乡基本医保管理与监督制度；整合城乡基本医保经办制度；异地就医医保转接制度的整合与衔接；多层次医疗保障制度整合与衔接。

每次访谈结束后，课题组都要深入讨论，与访谈之前查阅的文献以及之前对别的地区整合城乡医保的访谈内容联系起来进行综合分析，逐步对全国整合城乡医保的政策形成过程和政策的执行难点及其突破口有了一个相对综合和全面的印象。

（三）重点调查

在典型调研的基础上，对整合城乡医保制度体制机制创新具有引领作用、示范作用的福建三明市、广州东莞市、陕西省神木县展开重点调研和案例分析调研。深度挖掘整合城乡医保的制度理念、基本原则、规则规范。

（四）总结研究

在调查的总结研究阶段，主要做好如下工作：一是将相关整合城乡医保的总政策、基本政策、具体政策予以条理化、系统化的梳理，明晰整合城乡医保政策的进程和阶段性任务。二是将访谈调研进行文字体现和理论加工，分析各地整合城乡医保政策形成和执行过程，探究整合城乡医保的体制机制难题、根源和突破重点，剖析地方突破整合城乡医保体制机制的理念和法理。三是分析在整合城乡医保法律理论的不足和局限，辩证人社部、卫生部门起草的"基本医疗保险条例"（草案）和"新农合管理条例"（草案）争执、难产、需要协调解决的环节;梳理地方整合城乡基本医保创新的政策规范与地方试验立法规范,辩证"基本医疗保险条例"制定的路径、基本制度和具体规范。

第二节　地方自发整合城乡医保制度之探索

进入 21 世纪以来,我国城乡二元体制开始松动和改革,城乡一体化发展逐步加速。但是,城乡一体化发展也呈现"渐进性"和地区发展"不平衡性"。伴随着城乡一体化发展,地方整合城乡基本医保自 2000 年从深圳、佛山、东莞等地自发探索开始,基于地方情况、地方发展、地方利益、地方知识的不同,各地整合城乡医保制度的探索呈现不同面貌。而且,地方整合城乡基本医保不断从分散走向集中,从部分走向整体,从局部走向整个区域,渐成不可阻挡之势,推动全国整合城乡医保政策出台。

本节选取东部江苏、山东两省,西部重庆、宁夏两省,中部安徽、山西 2 省为典型样本,通过对各地整合城乡医保制度的历程和主要做法进行介绍,可以"窥一斑见全豹",概括总结全国整合城乡医保的状况。

一、江苏省

2016 年国务院决定全面整合城乡医保制度之前,江苏省域内自发整合城乡医保在全国最早起步,整合模式多样化,整合后江苏城乡医保行政管理体制仍然"分割"。而且,江苏省又有全国唯一的新农合地方立法——《江苏省新型农村合作医疗条例》①,城乡医保制度"分割"表现较为突出。因此,江苏省是全国城乡医保"分割"与"整合"交叉的"缩影地",是本课题组典型调研的"优选地"。

课题组 2014 年 8 月 4—7 日在江苏调研,对江苏省人社厅、卫计委、苏州

---

① 2011 年 3 月 24 日由江苏省第十一届人民代表大会常务委员会第二十一次会议通过,自 2011 年 6 月 1 日起施行。

市人社局、镇江市人社局、镇江市医保结算中心、常熟市卫生局进行了小组访谈调研,并对江苏省新农合行政管理负责人,江苏省城镇医保行政负责人,苏州市、镇江市整合城乡医保的负责人等进行了个人访谈调研,以下根据调研记录整理,叙述江苏省整合城乡医保的状况及其致因。

　　江苏省是我国东部经济发达地区,也是人口大省,城镇化发展在全国也具有比较优势,2015 年末江苏省的城镇化率为 66.5%。省内苏南、苏中、苏北区域发展趋于协调,苏南现代化建设示范区引领带动作用逐步显现,苏中融合发展、特色发展加快推进,苏中、苏北经济总量对全省的贡献率达 46.2%;沿海开发有力推进,对全省经济增长贡献率达 19.4%。江苏省居民生活水平不断提高,根据城乡一体化住户抽样调查,2015 年全年全省居民人均可支配收入29539 元。按常住地分,城镇居民人均可支配收入为 37173 元,农村居民人均可支配收入为 16257 元,全体居民人均可支配收入中位数为 25095 元。

　　江苏省职工医疗保险以 1994 年"两江"试点开先河,2003 年新农合启动,2007 年城镇居民医保启动,截至课题组 2014 年 8 月调研时,江苏基本医疗保险体系逐步完善,城乡居民医疗保险制度实现全覆盖,覆盖率达 95%以上,2015 年末全省城镇职工基本医疗保险(含参保退休人员)参保人数达2428.25 万人,城镇居民基本医疗保险参保人数(含人社部门办理的新农合参保人数)为 1586.75 万人。[①] 2014 年末,全省有 73 个统筹地区开展了新型农村合作医疗,参合人口数达 4076 万人,参合率为 99.96%,新农合全省人均筹资达 439 元,其中政府补助人均 347 元。全省医疗机构 30670 个,其中,非营利性医疗机构 24828 个,占医疗机构总数的 80.95%。医疗机构中,三级医疗机构 141 个,二级医疗机构 332 个,一级医疗机构 653 个。[②]

---

① 　上述数据除了特殊引用外,主要来源于《2015 年江苏省国民经济和社会发展统计公报》。

② 　数据来源于《2014 年江苏省卫生和计划生育事业发展统计公报》。

（一）江苏整合城乡医保的基本状况

截至课题组 2014 年 8 月对江苏省进行调研,江苏省城乡医保还未实现全省域内的整合,但是,省域内一些市、县自发探索整合城乡医保制度在全国属于先行者。

1. 江苏省域内自发整合城乡医保属于全国典型

江苏省虽然未出台整合城乡医保的统一政策,已有苏州市、镇江市、泰州市等地结合城乡一体化发展实际,自发探索整合城乡医保制度。

江苏省域内整合城乡医保进展最快的是苏州市。苏州市城乡医保整合非常具有典型意义,2009 年苏州被确定为江苏省城乡一体化综合配套改革试点城市,该年初,苏州市出台全辖区范围的城乡医保"五统一"整合政策,即覆盖范围、保障项目、待遇标准、医疗救助办法、管理制度上城乡医保统一;苏州市还将由卫生、民政、总工会、残联等部门分散管理的医疗救助对象统一纳入社保部门管理,整合了医疗救助制度。到 2012 年,苏州市整合了城乡医保、养老、低保等九项社会保障制度。苏州市整合城乡医保的典型性体现在四个方面:一是苏州辖区一些地方整合城乡医保在全国最早开展。2004 年,苏州昆山、常熟等地在新农合试点之初,城镇居民医保尚未出台之际,鉴于城乡一体化发展较为成熟、已经取消农村户口的实际,自发将新农合制度覆盖城镇居民,从一开始就不存在新农合和城镇居民医保制度的区分建设。2007 年,苏州市区在全国率先出台统一的社会基本医疗保险管理办法——《苏州市社会基本医疗保险管理办法》①对全市已纳入医疗保险的各类参保对象按制度进行整合,分别界定了职工医疗保险、居民医疗保险、学生医疗保险的参保范围

---

① 《苏州市社会基本医疗保险管理办法》是在苏州市政府 2000 年以来先后出台的《苏州市城镇职工基本医疗保险管理办法》《苏州市少年儿童住院大病医疗保险试行办法》《苏州市市区居民医疗保险试行办法》等文件的基础上进行整合、调整、补充和完善后,以政府规章形式出台的一揽子政策规定。

和对象,将不同人员分别纳入了相应的医疗保险范围。并且,根据不同人员参保情况,明确了职工医疗保险与居民医疗保险不同险种医保关系的转换衔接办法,实现了城乡医疗保险参保人员在时间与空间上的全覆盖。二是苏州早期整合城乡医保的管理权"分割"设置。根据地方知识和地方理解,昆山市将城乡医保管理归属人社部门主管;常熟市属于传统农村合作医疗发源地、新农合创新地、初级卫生保健先进县,基于历史传承和经验,以及新农合政策早于城镇居民医保出台的政策现实,2009 年出台了《常熟市居民基本(农村合作)医疗保险》,将整合后的城乡居民医保管理权归属卫生部门管理。① 三是苏州市全辖区整合城乡医保渐进性进行,苏州在各区县整合城乡医保基础上,又在全市辖区范围内进行进一步的整合。四是苏州市全辖区整合城乡医保的政策推进艰难,苏州全市辖区整合城乡医保的政策虽然统一,但是执行中,常熟市一直属于典型个例存在。

2. 省域内城乡医保"分割"与"整合"的制度创新遍地开花

江苏省经济和城镇化的良性发展,推进了该省基本医保领域改革和发展,江苏省在城乡医保制度各个领域"敢闯敢试"而载入史册:有全国城镇职工基本医疗保险的"两江"试点地——镇江市(1994 年);有传统农村合作医疗的发源地——常熟市董浜镇观智村(1955 年);有新农合制度发源地的江苏吴县(1989 年开始)。1994 年,吴县在全国率先出台了《关于建立县乡两级农村大病风险医疗制度的意见》;苏州句容市则是城镇居民医保的发源地(2004 年)②;还有"大病再保险"的创新模范——太仓模式(2011 年);又有全国唯一

---

①　根据课题组对常熟卫生局的小组访谈记录,2002 年,常熟市已经完成城乡户籍一体化改革,取消了农村户口,实行统一的居民户籍登记制度。常熟出台的《常熟市居民基本(农村合作)医疗保险》将"新农合"作为括号内容,原因之一,是作为一种历史传承的体现;原因之二,是2004 年常熟新农合就覆盖城镇居民,同时就将医疗救助、城镇居民医保管理划归卫生局管理;原因之三,是常熟的初级卫生保健工作自 20 世纪 70 年代以来一直是全国的典型示范地,农村卫生体系完备。

②　2004 年句容县试点新农合时,直接将城镇居民纳入覆盖范围。

的新农合地方立法——《江苏省新型农村合作医疗条例》。镇江市历史上是职工医保的"试验田",1993年,根据党的十四届三中全会决定"建立统一的社会保险管理机构,社会保障行政管理和社会保险基金经营要分开"的要求,镇江市成立了社会保险局。1994年镇江市拉开了著名的城镇职工基本医疗保险的"两江"试点。2000年,镇江市在全国率先建立职工子女及学生住院医疗费用统筹制度,参保对象包括在校学生及市区范围内的各类企事业单位职工未满18周岁的不在校子女,2004年纳入合作医疗保险制度统一管理和运行。2001年,镇江市出台《社会医疗保险暂行办法》,将基本医疗保险覆盖人群从城镇职工向包括城镇居民在内的社会各类人群扩展,对破产企业、困难企业职工、退休职工的参保做了明确规定,建立了连续参保缴费的激励机制和风险防范机制,初步建立起多层次社会医疗保障体系框架。近年来,镇江又是全国整合医保和"新医改"的"试点地"。

访谈中,镇江制定政策的参与者认为:"镇江医保早走了一步,遇到的问题更多,有很多重大的体制问题亟待突破";"医保上的很多理念、管理方法,在镇江都试验过,镇江就是全国的试验田,包括到现在还在为全国做试验,为全国创造经验。但是,这种试验是有代价的,试验的东西不一定都对……镇江医保部门负责医保政策的制定和基金的征缴,卫生部门负责医保的结算,主要是职工医保当时改革时法律不健全,只好用行政手段强制推行和管理医保待遇支付。这在当时是正确的,但是留下了后遗症,随着医保法律体系的不断健全,不能老依赖行政手段推行医保待遇支付。"①可以说,无论是历史上,还是当下,无论是三项基本医疗保险制度的"分割"创新,还是城乡三项基本医保制度的"整合",江苏是敢闯敢试、敢为人先的"聚焦地",也是中央高层和各个主管部委的"联系地"、"关注地",自然也是城乡医保整合歧见的"交锋地"。

---

① 参见附录3:访谈信息和访谈记录列表,课题组访谈记录4D。

（二）江苏全省整合政策难出台的原因以及地方整合的经验教训

江苏省辖内城乡医保"分割"与"整合"的制度创新遍地开花,既有"整合"城乡医保最早的经验,也有"分割"城乡医保的教训。可以说,江苏整合城乡医保的经验和教训一体两面,难解难分。

1.江苏全省范围内整合难。尽管江苏省的苏州市等地属于整合城乡医保的全国创新先锋,但是,"分割"城乡医保制度的力量在全国也较为强劲,2011年江苏出台了全国唯一一部新农合地方立法——《江苏省新型农村合作医疗条例》,标志着江苏省新农合的规范化管理成为全国的模范。因而,至2014年课题组调研之时,江苏省大部分地区尚未实现城乡医保的整合。江苏省整合城乡医保的统一政策出台难,医保上级主管部门的分属管理及其干预是主要原因,正如省内相关整合城乡医保政策参与制定者所言:"江苏城乡医保整合难度大,来自部门干预过多";"苏州整合城乡医保的常熟属例外现象,一方面是因为常熟的初级卫生保健工作基础规范,其逐级转诊制度、新农合基金管理规范,是卫生部和世界卫生组织的改革联系点,是卫生部副部长主抓的'新医改'联系点";"每次苏州人社部门争取整合常熟医保时,卫生部总有副部长亲自坐点,很难整合一起的"。①

2."管理体制整合"是顶层设计问题。"管理体制整合"是城乡医保整合的第一难题和突破口,只有顶层设计才能从根本上突破。江苏省整合城乡医保政策歧见交锋难出台,但是,整合城乡医保已经成为江苏省各级政府和医保主管部门的共识,课题组江苏省访谈记录中,城乡医保管理者的共识和思路清晰可见②。有人社部门的管理人员认为:"城乡一体化发展必然要求社会管理体系顺应和跟进,取消二元医保制度是一体化发展的内容";"苏州整合城乡医保不是主管部门积极去争取的,而是苏州推进城乡一体

---

① 参见附录3:访谈信息和访谈记录列表,课题组访谈记录4A、4B。
② 参见附录3:访谈信息和访谈记录列表,课题组访谈记录4A、4B、4C、4E。

化进程中,地方党委政府城乡一体化综合配套改革的决策内容";"整合城乡医保管理体制关键是党委政府的理念问题,不是部门利益,是一个顶层设计问题";"管理体制是顶层设计问题,应该国家层面做顶层设计,否则,让地方去摸索去竞争,部门利益、部门决策、目标不同,肯定会影响整合城乡医保的进展";"管理体制顶层不确定,地方整合城乡医保就会摇摆、观望、割据"。

3. 人社部门和卫生部门管理权争执只是整合城乡医保的表层问题。城乡医保整合后,由卫生部门管理,还是由人社部门管理? 对两部门之间的争执问题,无论是人社部门,还是卫生部门的管理干部大多认为人社部门和卫生部门管理权争执只是表层问题,问题的实质是医保管理体制如何构建的问题。在现有体制下,两部门管辖的基层经办服务人员对两部门管理的特点和优劣是有共识的。江苏省卫生部门新农合经办负责人分析[①]:"卫生部门监督医疗服务机构,处罚违规医疗机构,往往是鞭子高高举起,轻轻落下,下不了手是卫生部门监管医疗服务机构的软肋,因为要考虑医院的生存和发展空间,还有人情。但是,卫生部门管着院长的'乌纱帽',管着医生的资格和晋升,医生不敢太过分。"苏州社保城乡医保经办负责人认为:"社保部门长于专业化、信息化监管,长于使用医保待遇支付杠杆对医疗机构进行监管。但是,社保部门难于判定医院和医师行为是否合理,况且,社保部门经办人员大多是中级职称,他们去和医院的主任医师、副主任医师去辩论什么是合理、不合理,显得底气不足。"江苏省卫生部门管理干部认为:"人社部门和卫生部门管理城乡医保虽然各有优劣,但是,现有管理水平都亟待提高,共同的缺点是粗放管理医保,不管是卫生部门管理医保,还是人社部门管理医保,精细化、信息化、专业化管理是精髓,粗放管理都不可持续。""医保与医疗是博弈关系、制衡关系,关键是建立医保对医疗服务的制衡制度,这是医保管

---

① 参见附录3:访谈信息和访谈记录列表,课题组访谈记录4F、4B、4E。

理制度的核心和实质。"①

4. 城乡医保整合是系列制度整合。整合城乡医保管理体制,"不仅仅是实现城镇职工医保、城镇居民医保、新农合三种医疗保险在管理上的并轨,而且包含覆盖人群、管理机构、经办服务、制度架构等方面内在的、系统性整合与统一"②。这是江苏各地整合城乡医保的共同经验,"管理和经办资源整合是最容易、最快的,城乡医保制度整合后,因原有城乡医保制度人口结构不同,保障基金安全首当其冲。有的地方整合采取过渡的办法,如'一制两档'筹资和待遇给付;有的地方整合城乡医保只是城乡医保经办资源归口管理,而不是将两种制度合并。"③昆山市将新农合与居民医疗保险并轨,城乡居民身份平等、统一参加居民医疗保险。太仓市将城乡所有居民都归并于同一个医疗保障制度下,并按照不同群体、不同年龄、不同经济条件、不同健康状况等,建立高中低三个医疗保险筹资和待遇标准,同时,借助地方财政的大力支持,医疗保险待遇和报销政策向基层、贫困人员和老人倾斜,有效解决了这几类对象以往传统医疗保险保障待遇"一刀切"政策所导致的因病致贫、因病返贫问题。苏州城乡医保整合后,其行政主管负责人认为,管理体制整合是城乡医保整合的初级层面,进一步的整合是医保经办体制的改革和医保筹资与待遇可持续发展问题:"医保经办和医保待遇的可持续发展是个体制性难题,苏州城乡医保整合后,探索医保经办体制改革和精细化管理是主要任务。"

---

① 江苏对于人社部门和卫生部门管理医保各自的利弊观点与课题组在宁夏、重庆、山西、山东的调研结论类似,例如,重庆城乡医保管理干部认为:"卫生部门管理医保有它的道理,从早期的医疗合作社到合作医疗,到 20 世纪 90 年代的集资医疗,再到 2003 年的新农合,都是卫生部门在管理,有历史延续性;而且,从新农合低筹资角度看,卫生部门既管新农合,又管乡镇卫生院和县级医院,卫生部门运用行政管理手段,可以较好地控制医疗费用。但是,卫生部门既当运动员又当守门员,手心手背都是肉,帮医院创收是无疑的。从这个角度看,人社部门管理医保有它的优势,人社部门管理可以动用医保支付手段为杠杆,通过调整医保政策实现管理"。

② 樊路宏、平其能:《统筹城乡医疗保障管理体制的探索——以苏州经验为例》,载《学海》2012 年第 2 期。

③ 参见附录 3:访谈信息和访谈记录列表,课题组访谈记录 4A、4B、4C、4D、4E、4F。

5. 下级整合、上级不整合造成许多不必要的工作困扰。苏州整合城乡医保后,上级"管理分割"给他们经办服务工作带来一些不必要的困扰:"苏州市整合了城乡医保,但是,国家层面、部里、省里还没有整合,卫生部门负责新农合,人社部门负责城镇居民医保,制度上我们和卫生部门已经不一样了,特别是药品目录,报销比例上,我们执行的是职工医保的政策,政策不一样。苏州整合城乡医保后,省卫生厅多次通报,多次提要求,也没有妥协方案,搞得我们很难。报送统计数据,不得不人为地拆分两部分,不仅难以反映真实的统计数据,也增加了工作难度和工作量"。①

6. 对"大病保险"由商业保险机构经办政策存疑。② 2012 年 8 月国家发改委等六部委发布的《关于开展城乡居民大病保险工作的指导意见》(以下简称《指导意见》)规定,要利用基本医保结余资金购买商业保险对城乡居民大病医疗费用给予进一步保障。③ 而且,"大病保险"政策最先为媒体和学者们称道的有苏州的太仓模式④,太仓被称为"大病保险"政策的发源地之一。访谈中,从省到市县,无论是人社部门还是卫生部门,江苏省城乡医保的行政管理者和经办服务者对"大病保险"由商业保险经办的政策普遍存有疑惑。⑤ 人社部门行政管理人员和医保经办服务人员认为:"江苏省不谈太仓模式,只谈太仓经验。太仓经验只是比较好地解决了大病医保的可行性问题,在探索新

---

① 参见附录 3:访谈信息和访谈记录列表,课题组访谈记录 4A。
② 江苏调研的这一结果,与课题组在安徽、山东、山西、宁夏等地,无论是人社部门还是卫生部门的省厅管理部门,还是城乡医保基层经办机构,均对"大病保险"由商业保险机构经办的政策存疑。但均按国务院 2012 年 8 月国家发改委等六部委发布的《关于开展城乡居民大病保险工作的指导意见》执行,当然,有些地方是变通执行。
③ 2015 年国务院办公厅进一步下发《关于全面实施城乡居民大病保险的意见(国办发〔2015〕57 号)》进一步要求,在 2015 年底前大病保险覆盖所有城乡居民基本医保参保人群。
④ 太仓模式始于 2011 年,太仓市人社局与中国人保健康股份公司合作推行大病保险。太仓市在城乡基本医保基础上,按照城镇职工每人每年 50 元、城乡居民每人每年 20 元的标准另行筹资,并委托商业保险机构提供大病保险服务。大病保险单次及年度起付线为 1 万元,无最高支付上限,1—50 万元间由低向高分为 13 个费用段,补偿比例逐步提高。参见顾海:《大病医保,太仓提供了什么经验?》,载《社会观察》2012 年 11 期。
⑤ 参见附录 3:访谈信息和访谈记录列表,课题组访谈记录 4A、4B、4C、4D、4E、4F。

机制过程中还有许多难点问题需要应对,短时间内把一地的做法固化为一种模式,这个提法我们本身就不太赞同";"太仓经验是城乡医保基础上,另外筹资的再保险业务,是补充医保,可以委托商业保险经办,这个定性很明确,是补充医疗保险;而发展改革委出台'大病医保'政策,从城乡医保基金结余中切一块资金委托商业保险经办,政策定位较为模糊。"当下,"因病致贫的问题,主要是医疗服务系统突破医保三个目录,是目录外用药水平过高造成的,这才是真问题。解决问题的办法是医保经办服务体制改革和精细化管理服务的问题。""基本医保由商业保险公司经办,以营利为目的的商业保险来承担国家的基本医疗保险经办,怎么在运行管理过程中处理这一根本矛盾,是不可回避的。""城乡基本医保是政府举办的社会保险,商业保险公司又不是雷锋,肯定要赚钱的,与其这样,结余多了为参保人提高待遇;而交予商业保险公司经办,结余的保险公司当利润拿走了……大病保险相当于二次报销,商业保险公司经办,费用的核算、经办过程都是从基本医保过来的,不增加基本医疗保险经办机构的工作量,都是系统结算的。如果以政府购买服务的方式这是可以的,我们的政策、标准给你,政府拿钱购买服务是可以的。但是,大病保险商业保险公司经办,从基本医保基金中切一块搞商业保险经办,商业保险公司保本微利,自负盈亏,但是,保本微利怎么可能自负盈亏?"①

　　江苏卫生部门受访管理干部对"大病保险"由商业保险经办政策也有疑惑:"新农合保障水平较低,根据高层领导的意愿,卫生部门在新农合基础上划定病种搞了个'重大疾病保障';发展改革委又出台了'大病医保'政策并交给商业保险公司经办;无论'重大疾病保障'还是'大病医保',从名称上就不

---

① 这一调研结果,与课题组访谈卫计委以及人力资源社会保障部的调研结果也是一致的,他们认为:"大病医保由商业保险公司经办,大家都有不同的看法,因为是从基本医保中拿钱做大病医保,而且这些病还是为一部分病人报销,这意味着基本医保水平会降低,实际上等于降低所有参保人的待遇水平去提高一部分人的保障水平。""这一制度,当时征求意见时,不同司局都有不同的看法,我们一直都不同意。""商业保险是营利机构,为什么要拿出这么一块放商业保险公司那里,而不是在基本医保基金内运作,这也是让人想不通的,只能保留自己的看法"。

很规范,容易混淆,本身就是对城乡基本医保制度的'再分割',应该整合";
"这些政策的出台都不是按照社会保障的理念和范畴去做,而是根据某些人的意图去做,将业内人士都搞晕了。"

7."三医联动"改革失衡——不得不说的话题。医保无论从覆盖率和基金筹集增长水平上都可圈可点,取得了巨大成就。但是,2009年开始的"新医改"中医保、医疗、医药"三医联动"改革失衡,医疗、医药改革较为滞后,降低了医保改革的效能。江苏"新医改"各个领域都在创新,"三医联动"改革是调研中受访者人人主动与我们交谈的内容。①

人社部门基层管理干部认为:"整合城乡医保当然还受新医改的牵绊,实际上,医保改革可以突破医疗体系改革和医药体系改革,但是,医保改革主导不了、更代替不了医疗体系改革和医药体系改革。"江苏省人社部门基层管理干部表示担忧:"镇江作为全国第一批'新医改'的试点地方,医改永远说不完,越做越艰难。镇江职工医保过去建立的人社部门与卫生部门一个管筹资一个管医保待遇支付,这种管理缺乏效率,职工医保基金已经赤字,改革镇江医保管理独特体制已被政府提上议事日程……镇江这一届政府比较重视的,不停地调研,市领导自己跑到医院挂号,体验医改的症结问题到底在什么地方。省委书记亲自到镇江专题调研几次。""新医改出路到底在什么地方? 医保是为了提高资金使用效率,但是,近几年的医疗服务改革总体上是刺激需求的,出发点不一样,医疗服务一改革就搞得那样贵,将医保的改革效果弄僵了。""卫生管医保,把医保当工具,推行新医改,这样做是不对的。卫生部门既要管卫生,还要管新农合,还要管'医改办',改革肯定会失去平衡。'医改办'放在发展改革委,与其职能也不相符合。镇江正在考虑成立实体性的'医改办',直属政府管理。"

省卫计委多年管理新农合的行政管理干部建议:"医疗保障不能就医疗

① 参见附录3:访谈信息和访谈记录列表,课题组访谈记录4A、4B、4C、4D、4E、4F。

保障讲医疗保障,是与医疗服务捆在一起的。江苏基层卫生基础不错,2001年制定了《江苏省农村初级卫生保健条例》,2006年制定了《江苏省城市社区卫生条例》。江苏医疗服务改革有最好的,也有最差的,宿迁卖了县乡公立医院,现在花几个亿全部收回,改革成本太高了。基层医疗服务机构做好了,老百姓就近就医,不可能都去跑县医院,跑三甲医院。"常熟卫计委城镇居民医保行政管理干部也忧心忡忡:"现在新医改效果不明朗,越是改革越往大医院集中,特别是2009年实施基本药物制度以后,基本药物反而供应不上,基层医疗机构功能大大萎缩,苏州以前的乡镇卫生院比西部的县医院的服务水平都要高,现在江苏的基本药物连麻醉药都缺货,最常规的小手术基层医疗机构都不能提供,基层医疗服务机构对于医疗服务功能萎缩也不满意。"基层医疗服务机构职能萎缩还有一个原因:"基本公共卫生将基层医疗机构人员都养起来了,基层医疗机构不看病也能运转,基本医疗服务只占总费用的2%"。① 省卫计委专家尖锐地指出:"改革公立医院,'去行政化'是突破口,先去掉公立医院的行政级别,公立医院的院长副厅级正厅级,医保监督不了,这是公立医院真正的弊端所在"。

二、山东省

整合城乡居民基本医保制度及其管理体制,是2012年党的十八大作出的重大决策,也是国务院2013年的重点任务。2014年,山东省全省辖区对"城镇居民医保"和"新农合"实施整合,出台了整合"时间表"和"实施工程表",2014年山东全面完成整合工作。山东省全省域内整体实施城乡医保整合,其

---

① 江苏调研的这一结果,与课题组在安徽、山东、山西、宁夏等地调研结果一致;2016年10月7日去山西省灵石县最大最好的静升卫生院实地调研,结果一致。在学术界,熊先军研究员用大数据分析,"新医改"的"强基层"政策包括:强制基层医生的用药范围、强制实行收支两条线、强制招标降价、强制零差率等,因为整个医疗服务体系还没有建立适应市场经济体制的医师自由执业为核心的医师管理制度和医疗开业制度,"强基层"的政策效应较小。参见熊先军:《医保评论》,化学工业出版社2016年版,第97—98页。

整合城乡医保的历程、步骤、经验很有借鉴意义。

2014 年 8 月 20—25 日课题组在山东调研,在山东省人社厅、东营市人社局、潍坊市人社局、青州市人社局和卫生局进行了小组访谈调研,并对山东省人社厅城乡居民医保行政管理、东营市城乡居民医保行政负责人、经办机构负责人等进行了个人访谈调研,以下根据调研记录整理,叙述山东省整合城乡医保的现状、经验及其执行中的问题。

山东省地处我国东部、黄河下游,是我国主要沿海省市之一,是我国的经济大省、人口第二大省,国内生产总值列全国第三,占我国 GDP 总量的 1/9。2013 年,与广东、江苏一起被评为我国最具综合竞争力省区。山东省城镇化水平加快提升,2015 年全省常住人口城镇化率达到 57.01%。人民生活水平继续提高,全省居民人均可支配收入 22703 元,城镇居民人均可支配收入 31545 元,农村居民人均可支配收入 12930 元。山东省基本医疗保险制度体系逐步完善,2015 年末职工基本医疗参保人数比上年增加 44.2 万人,居民基本医疗保险参保人数 7331.4 万人。居民大病保险累计补偿 180.7 万人次、37.8 亿元。居民以及职工政策范围内住院费用报销比例分别为 70% 和 75% 以上。卫生服务条件有所改善,2015 年末医疗卫生机构 7.7 万所,其中,医院 1927 所,基层医疗卫生机构 7.3 万所。医疗卫生机构床位 51.9 万张,卫生技术人员 61.9 万人,执业医师及执业助理医师 23.7 万人,注册护士 25.4 万人。[①] 山东省区域经济统筹发展,半岛蓝色经济区、省会城市群经济圈发展强劲,黄河三角洲高效生态经济区和西部经济隆起带加快发展。但是,山东省区域发展仍然不平衡,我国是一个发展中国家,而山东正是这一特征的典型写照:胶东半岛的沿海城市繁花似锦,而鲁西、鲁西南的黄河滩区,民众生活还相对艰难。[②]

① 数据来源于《2015 年山东省国民经济和社会发展统计公报》。
② 肖楠:《李克强:紧紧咬住"双中高"目标不动摇》,载《新京报》2015 年 10 月 6 日。

（一）山东省全省整合城乡医保的历程与经验

山东全省整合政策制定谨慎,操作方案详细,不断被全国各地作为学习借鉴的楷模。其整合城乡医保的历程与经验值得总结。

1. 省人大和省政府明确城乡医保整合方向,东营率先试点取得经验

2012年山东省人大十二届三次会议政府工作报告明确提出,要整合城乡居民基本医疗保险制度,实施城乡统一的大病保险制度,并决定先期在东营市率先试点。2013年1月1日,东营试水新型农村合作医疗和城镇居民医疗保险合并,成为山东省第一个在市级层面实现城乡医保一体化的地市,实现了城乡居民医保"统一统筹层次、统一筹资标准和筹资方式、统一药品目录和诊疗项目目录、统一待遇水平、统一信息管理系统、统一基金管理"的"六统一"整合目标,建立起了统筹城乡发展的居民医疗保险体系。东营市整合城乡居民医保经办取得效益明显:参保居民受益明显、财政负担不增加、全市减少重复参保8.2万多人、基金保障能力提升、医保经办服务能力加强等。[①] 其主要做法和经验如下[②]:

(1)组织得力,制度先行。"东营产黄河口大闸蟹,在山东整合城乡医保上东营第一个吃螃蟹,但螃蟹不是那么好吃的,很难。"东营市在市委、市政府组织下,成立由医改办、人社部门、卫生部门、编办、财政部门等参与的领导组,在组织考察广东、宁夏等地整合经验基础上,反复讨论,上下协调,组织各区、县城乡医保管理经办工作人员论证整合的基本方案,最后制定了《东营市城镇居民医保和新农合整合移交工作方案》和《东营市城乡居民基本医疗保险暂行办法》,明确"理顺体制、整合制度、城乡统筹、一体发展"的整合思路,确

---

①　参见山东省发改委、东营市政府研究室联合调研报告:《用一个制度统筹城乡居民医保建设——关于东营市整合新农合与城镇居民医保的调研报告》,详见东营市社会保险管理中心:《东营市城乡居民医疗保险文件汇编》,2014年1月编印,第172—174页。

②　以下总结根据附录3:访谈信息和访谈记录列表,访谈记录6D,并参考东营市社会保险管理中心2014年1月编印的《东营市城乡居民医疗保险文件汇编》。

立"政府主导、上下联动、积极稳妥、惠民利民"的基本原则,细致安排整合的运行机制。

(2)密切协作,整体移交。成立政府各主管部门参与的"整合移交工作督导小组",各部门密切协作、上下联动,在对新农合基金审计基础上,打包封存新农合数据,将原新农合经办工作的机构人员、财务资产、基金、档案资料等全部移交到人社部门。

(3)双轨过渡,平稳衔接。由于新农合与城镇居民医保的筹资、待遇、管理、信息制度环节的差异,管理体制整合并轨后,在基金审计、信息系统改造、数据采集、统一医保卡等具体制度和经办服务整合方面需要一定时间,2013年采取"一制两档"筹资和待遇,双轨过渡,平稳衔接,待遇水平就高不就低;2014年顺利将"一制两档"合并为"一制一档"。

(4)加强监管,优化服务。要求各地在整合期间严格基金管理,加强基金使用的审计和监督,落实工作责任,严肃工作纪律,确保基金安全完整。

2. 制定全省整合城乡医保的实施方案,统一推进

2013年11月,在总结先行试点的东营市整合经验的基础上,山东省政府出台了《关于建立居民基本医疗保险制度的意见》(鲁政发〔2013〕31号)和《关于印发山东省整合城乡居民基本医疗保险工作实施方案的通知》(鲁政办发〔2014〕2号),明确了全省域内整合的基本原则、组织实施、整合内容、整合步骤等。①

(1)整合职能、机构、编制、人员、资产、档案、信息数据。《实施方案》明确了省、市、县(市、区)和乡镇从事新农合工作的在编和聘用人员统一划归人力资源社会保障部门的时间节点,新农合管理职能、固定资产、资金、文书档案、数据资料等,随人员划转和移交。

———————
① 以下总结根据附录3:访谈信息和访谈记录列表,访谈记录6A,并参考《山东省人民政府办公厅关于印发山东省整合城乡居民基本医疗保险工作实施方案的通知》,见2014年2月27日山东省人力资源社会保障厅官网。

（2）整合城镇居民医保和新农合基金。将城镇居民医保基金和新农合基金（含大病保险资金）合并为居民基本医疗保险基金，纳入社会保障基金财政专户统一管理。整合完成前，城镇居民医保和新农合基金当期出现缺口的，由原统筹地区政府负责解决。

（3）整合城乡医保的信息系统。按照标准统一、资源共享、数据集中、服务延伸的要求，遵照《实施方案》的实践节点安排，整合、改造和升级城镇居民医保和新农合管理信息系统，建立起统一的居民参保人员数据库和药品、诊疗项目、服务设施范围目录数据库，并实现信息系统与所有经办机构、定点医疗机构的联网。

（4）整合基本医疗保险制度。一是整合参保制度，在山东省行政区域内不属于职工基本医疗保险参保范围的城乡居民，包括农村居民、城镇非从业居民、国家和山东省规定的其他人员（不含灵活就业人员），均可参加居民基本医疗保险。二是升级统筹层次，居民基本医疗保险基金实行市级统筹，原则上统收统支；暂不具备基金统收统支条件的市，可先从建立市级调剂金制度起步，县（市、区）上缴调剂金比例不低于当期基金收入的 20%。实行调剂金制度的市要积极创造条件，尽快向市级统收统支过渡，到 2017 年底，各市全部实现基金市级统收统支。三是统一筹资方式和标准，居民以家庭、在校学生以学校为单位参加居民基本医疗保险，实行年缴费制度；各市统一确定个人缴费档次，具备条件的可采取一档缴费方式；暂不具备条件的可采取"多档"次缴费方式，缴费档次原则上不超过三档，并逐步向一档过渡。打破城乡居民身份限制，允许居民自愿选择缴费档次。四是统一城乡居民基本医疗保险待遇，整合和逐步统一普通门诊统筹制度，将城乡参保居民全部纳入门诊统筹制度的保障范围，按规定享受门诊医疗待遇，门诊统筹所需资金一般掌握在居民医保基金总额的 15% 左右，参保人员在定点基层医疗卫生机构发生的政策范围内的门诊医疗费用，原则上支付比例不低于 50%；整合和逐步统一住院医疗待遇政策，各市居民基本医疗保险政策范围内住院费用平均支付比例不低于

70%,2015 年达到 75%,最高支付限额要达到当地居民可支配收入(城镇居民可支配收入和农民人均纯收入加权平均)的 8 倍以上;适当拉开不同级别医疗机构支付比例差距,引导参保人员到较低级别医疗机构就医。五是统一药品目录、诊疗项目目录、高值医用耗材目录和医疗服务设施目录;2014 年整合过渡期间,城乡居民暂时分别执行城镇基本医疗保险和原新农合药品目录、诊疗项目目录、医疗服务设施目录;从 2015 年起,原新农合药品目录药品品种整体纳入山东省基本医疗保险用药范围,对选择不同缴费档次的参保居民用药品种分别作出标识。六是整合基金管理和监督制度。各市按年度编制居民基本医疗保险基金收支预算,统筹基金当年结余率控制在 15% 以内,累计结余一般不超过当年统筹基金的 25%。连续两年统筹基金当期结余率超过 15%的,可适当提高参保人员医疗保险待遇水平。

(二)山东省全省整合城乡医保执行中的问题

整合城乡居民医疗保险是个复杂细致的工程,既要调整部门关系、上下关系,又要搞好城乡医保经办服务衔接和信息化统一,更要实现城乡医保制度整合。调研发现,山东全省整合城乡医保执行中存在一些问题和困难,具有普遍意义。

1. 信息化统一建设亟待加强。城乡医保整合之前,统筹层次低,经办和信息化建设属地方政府公共事务,信息系统各自建设,互不衔接。整合后,"信息系统整合是第一大难题,因为城乡医保服务整合、筹资、待遇的整合都需要通过信息系统来体现。"特殊问题是:"部分新农合经办机构和农村医疗机构管理基础相对薄弱,一些地区仍然采取手工操作方式,依托乡镇卫生院或村卫生室医务人员经办医保,信息化程度较低。"而且,"信息化建设没有统一的基础,各地整合前有各自的要求,找不同的信息公司做。因而,整合和统一城乡医保信息系统工作量非常大,前期投入多,如果没有配套经费,难度就很大"。①

---

① 参见附录 3:访谈信息和访谈记录列表,课题组访谈记录 6A。

2. 医保基金平衡和管理能力亟须提升。整合城乡医保时，为了实现差异化城乡医保筹资的整合和统一，采取"筹资就低、待遇就高"的整合原则。同时，新农合目录范围扩充、并与城镇医保制度统一，特别是原新农合报销目录较窄，而且外出就医报销比例很低，整合后群众报销比例有了大幅度提高。但是也带来另一个问题，原新农合时期积累的医疗需求加快释放，基金支付压力明显增大，经东营市人社部门测算，整合启动第一年，城乡居民医保基金支出同比增长了 26.6%。从全国已经整合的省市来看，一般整合后三年内容易出现较大的基金风险。为此，整合后医保基金的平衡和管理能力亟待提升。山东省人社厅城乡医保负责人称："卫生部门管理新农合基金，同时还举办医疗机构，与医疗机构是父子关系，就动用行政手段管理新农合基金，对医疗机构照顾比较多，在新农合责任书考核中把住院增长、门诊量增长都作为考核指标，不需要住院的都弄进去，导向上有偏差，百姓利益受损些。""城乡医保整合后，待遇就高不就低，基金平衡压力陡增，需要城乡医保经办服务机构提升专业化、信息化、精细化管理能力，需要下大力气搞好医保支付方式改革，提升医保基金管理和平衡能力。"而且，"医保付费方式的改革，需要医保经办体制改革跟进"。①

3. 医保管理体制改革亟待深入。山东省潍坊市社保中心医保负责人分析道："我们现阶段整合城乡医保，只是统筹城乡医保政策、统筹信息、统筹筹资和待遇、统筹管理和经办模式，深度的医保管理体制和经办体制改革还未触及。""现有城乡医保经办机构还未进行法人制度改革，这种改革需要涉及财政体制改革。现有的城乡医保市级统筹，只能是提取医保风险金的管理模式，以风险金平衡辖区内各县基金风险，市级不承担医保基金的平衡责任，各县城乡医保基金仍然得自求平衡。"因此，"城乡医保管理权的整合只是城乡医保整合的初级阶段；相关医保管理职能的整合和改革涉及人社、卫计、财政、物

---

① 东营市人力资源社会保障局 2013 年 12 月 8 日《关于整合城乡居民医保工作的汇报》，见东营市社会保险管理中心 2014 年编印：《东营市城乡居民医疗保险文件汇编》，第 211 页。

价、民政、商务等部门,如何进一步深入进行医保管理职能和管理体制改革,提升医保管理整体效能,山东省还没有来得及探索"。①

4.医保经办体制整合和医疗服务能力需要尽快跟进。城乡医保整合后,需要提升医保经办能力,需要提升医保基金的预算管理、运行分析能力,需要加强定点医疗机构的协议管理,加强医疗服务智能监控和业务稽核,这些基础性工作都做好,才能提高医保基金系统性风险防控能力,确保基金安全、支出合理,维护城乡参保人的权益。山东省潍坊市社保中心医保负责人分析:"与医保管理权限、管理职能改革同步的是医保经办体制的改革,经办体制的整合和改革涉及医保、医疗、医药方方面面,整合和改革的难度也不小。"山东省青州市原新农合中心负责人介绍:"过去卫生部门通过新农合推进医改②,现在(山东整合城乡医保)是先保证整合城乡医保制度能够平稳运行,其他改革还没有顾及。"比如说:"卫生部门推进基本药物目录挂网招标,许多药品不允许到乡镇卫生院,本来是为了通过基本药物目录加强乡镇卫生院和村卫生室的服务功能,控制过度医疗,以实现县、乡、村三级服务功能改革。但是,这种改革与城乡医保整合后'保基本'相矛盾,如何推进农村基层医疗机构和县级公立医院改革,是整合城乡医保制度后的一大考验。"东营城乡医保中心负责人根据当地的"新医改"实际绩效分析:"推行医改要靠制度,不能靠医保,卫生部门推行基本药物目录,结果是公共卫生将基层人员都养起来了,乡镇卫生院基本没有病人,农村基层医疗服务能力萎缩,将病人都赶往大医院,分级诊疗无法开展。"③

5.城乡医保制度有待规范。整合的最后一个环节或者程序就是制定一个规范性的城乡居民医保制度,需要总结整合后的经验教训,需要宏观定型城乡

① 参见附录3:访谈信息和访谈记录列表,课题组访谈记录6B、6D。
② 2002年10月19日中共中央、国务院发布的《关于进一步加强农村卫生工作的决定》首次提出建立新农合,只是农村卫生体制改革的一个内容,将新农合制度作为推进农村卫生体制改革的一个环节和需方投入制度。
③ 参见附录3:访谈信息和访谈记录列表,课题组访谈记录6B、6C、6D。

医保相关参保人的社会分层、基金筹集的中央与地方财政分权、中央与地方各级政府经办医保公共事务的事权划分,需要城乡医保各相关利益群体参与讨论,需要坚实的理念指导,需要法律教义学的思辨论证,才能制定较为规范化的城乡医保制度规范。

三、重庆市

重庆市面积 8.24 万平方公里,辖 38 个区县和 2 个开发区,集大城市、大农村、大库区、大山区和民族地区为一体,区域间、城乡间差异大,经济和社会发展整体上还处于欠发达阶段。2007 年重庆和成都被国务院确定为城乡统筹综合发展改革实验区,当年重庆市政府决定启动整合城乡医疗保险制度。重庆市整合城乡医保走了一条"渐进性"探索之路。第一阶段是各区县在人社部门和卫生部门各自发力下探索,各区县各自为政,管理体制"再分割";第二阶段则是全市城乡医保管理体制统一;第三阶段是城乡医保制度的统一。重庆市"阶段式"整合城乡医保的历程,是当下全国阶段式整合城乡医保历程的"缩影式呈现",这是课题组选择重庆市进行典型调查的意义。

课题组负责人 2008—2009 年曾经参与卫生部经济研究所"新农合与城镇居民医保衔接"课题调研,有重庆市 2009 年之前整合城乡医保调研的资料。在此基础上,2014 年 8 月 12 日课题组再度赴重庆市,对重庆市人社厅医保处、九龙坡医保中心进行了小组讨论访谈调查。以下根据调研记录整理,叙述重庆市整合城乡医保的历程与经验教训。

重庆市 2015 年实现地区生产总值 15719.72 亿元,比上年增长 11.0%。2015 年末全市常住人口 3016.55 万人,比上年增加 25.15 万人。城镇化率 60.94%,比上年提高 1.34 个百分点。户籍总人口 3371.84 万人。其中,城镇人口 1391.02 万人,乡村人口 1980.82 万人。全年外出人口 505.50 万人,外来人口 150.21 万人。全市居民生活水平不断提高,常住居民人均可支配收入 20110 元,比上年增长 9.6%。按常住地分,城镇常住居民人均可支配收入

27239 元,增长 8.3%;农村常住居民人均可支配收入 10505 元,增长 10.7%。
重庆市 1998 年启动职工基本医疗保险制度,2003 年启动新农合制度,2007 年
国家启动城镇居民基本医疗保险制度时,重庆市认为城镇居民基本医疗保险
制度与新农合相似,直接将之与新农合合并为"城乡居民合作医疗保险制
度"。截至课题组 2015 年 8 月调研,重庆市基本医疗保险制度体系比较完善,
城乡居民基本医保整合成效明显。城镇职工基本医疗保险参保人数 588.46
万人,增长 2.2%;城乡居民基本医疗保险参保人数 2677.75 万人,下降 0.1%。
2015 年末全市共有各级各类医疗卫生机构(含村卫生室)19806 个,其中,医
院 631 个,乡镇卫生院 924 个,社区卫生服务中心 203 个,诊所(卫生所、医务
室)5357 个,村卫生室 11280 个,疾病预防控制中心 42 个,卫生监督所 40 个。
共有医疗卫生机构床位数 17.67 万张,其中医院床位 12.40 万张,乡镇卫生院
床位 3.93 万张。全市共有卫生技术人员 16.65 万人,其中执业医师和执业助
理医师 6.10 万人,注册护士 7.00 万人。①

（一）重庆市城乡医保整合的历程及其经验教训②

重庆市整合城乡医保经历了三个阶段:

1. 人力资源部门和卫生部门各自发力整合城乡医保(2007—2009 年)

2007 年,重庆市启动了"城乡统筹综合发展改革",统筹城乡医保是综合
改革的必要内容。同年,重庆市成立了由市政府分管领导任组长,劳动保障、
卫生、财政等部门为成员单位的"重庆市城乡居民合作医疗保险工作领导小
组",负责全市"城乡居民合作医疗保险"工作的组织领导。在机构设置方面,
成立了城乡居民合作医疗保险管理中心,工作人员主要从卫生、人社两部门抽
调人员,具体负责城乡居民合作医疗保险经办工作。当地城乡医保管理干部

---

① 上述数据主要来源于《2015 年重庆市国民经济和社会发展统计公报》。
② 以下总结根据访谈记录,并参考重庆市医改领导小组 2013 年汇编:《重庆市医改文件汇
编(2011—2013 年)》。

帮助我们分析当时设置城乡医保整合管理机构的考虑："2007 年重庆市在建立城镇居民基本医疗保险的时候,就没有用'城镇居民基本医疗保险'这个名词,我们就直接把它合到新农合里面了。但这个就存在两个问题,第一个就是归谁管的问题,第二是取什么名字。我们取名为'城乡居民合作医疗保险',既有'合作',也有'保险'。因为新农合叫'新型农村合作医疗',没有'保险'两字。融合在一起以后,为了避免两个部门打架,当时就没有确定由卫生部还是劳动部来管,而是在市里专门成立了一个'统筹城乡医疗保险综合改革办公室',办公室设在医疗保险处(即人社厅医疗保险处),隶属市政府管。办公室的成员单位有人社部、发改委、财政部、卫生部、民政部等五个部门的人员组成,主要工作还是由人社部门在做。"实际上,"这样的机构设置没有真正的权力,因为管理权限不清楚,管理职能没有划分清楚,辖区各区县在整合城乡医保时就各自为政,导致管理体制'再分割'"。①

2007 年整合城乡医保的试点有 5 个区县,2008 年有 17 个,到 2009 年有 25 个区县。各区县整合城乡医保的管理体制出现了五种模式:有的是人社部门管理;有的是卫生部门管理;有的是区县政府直管模式,政府成立领导小组,下设办公室,组建合作医疗保险管理中心,中心主任兼任区卫生局副局长和劳动局副局长,医保中心同时接受区卫生局和劳动局的业务指导;有的是政府直管模式,成立合作医疗保险管理中心,由新农合和城镇医保管理机构人员组成,接受政府直管,政府副秘书长兼中心主任;有的是劳动局和卫生局分别管理,成立政府整合城乡医保领导小组,但实际是"两张皮"。重庆市辖区内这种多模式、多元化的城乡医保整合管理模式,导致了多头领导、群众参保不便、工作协调难度大等问题,一定程度上影响了整合城乡医保工作的顺利开展。

2. 全市统一城乡医保管理体制阶段(2009—2011 年)

多头管理给城乡医保经办公共服务带来一些困难,九龙坡城乡医保中心

---

① 　参见附录 3:访谈信息和访谈记录列表,课题组访谈记录 8A。

工作人员告诉我们:"卫生部和劳动部双重领导,我们也不知道该听谁的,就给市政府打报告,如果不整合管理体制,城乡医保统筹就白做了,而且越做越混乱。"为此,市政府组织力量做了大量调研,召开专题会议研讨,综合各方面的意见,2009年9月下发了《重庆市人民政府关于调整重庆市城乡居民合作医疗保险管理体制的意见》,要求各区县按照统一行政职能、统一经办机构、统一信息管理系统、统一定点医疗机构管理办法,按照基金统一管理、分账运行的要求,将承担新农合、城乡居民合作医疗保险的非人力社保(劳动保障)部门管理的经办管理机构及工作人员划转人力社保(劳动保障)部门管理。2009年11月重庆市人力资源与社保局、市编办、市财政局、市卫生局联合下发了《重庆市城乡居民合作医疗保险管理体制移交工作实施方案》,明确市区(县)两级移交内容、移交时间和工作要求。为保证经办管理机构和工作人员的完整和稳定,按照"编随事定,人随事走"的原则,将经办管理机构及其工作人员进行划转合并,合并后的经办管理机构依照《公务员法》管理。2009年11月至2010年4月,重庆完成了市级和区县的移交工作,实现管理体制的统一。同时,全市城乡居民医疗保险的经办工作由市社保局负责,全市有13个区县成立了独立的城乡居民医疗保险管理中心,25个区县将城乡居民医疗保险经办工作与医保局或社保局合并。

重庆市城乡医保管理负责人分析:"从2009年开始,统一城乡医保管理体制,明确管理职能,重庆市才真正进行了城乡医保整合,从上到下进行合并,先从上面合并,然后是下面每一个区县,新农合的人、财、物整体移交到人社部门,管理体制上理顺之后,城乡医保整合才能顺利进行。"①

3. 以市级统筹为手段整合城乡医保制度阶段(2011年至今)

重庆市虽然统一了城乡医保管理体制,但是,各区县城乡居民医保政策只是相对统一,为此,从2011年开始,重庆市以市级统筹为手段,开始进一步整合城乡医保制度。

2011年10月,重庆市政府出台了《重庆市人力资源和社会保障局关于进一步做好城乡居民合作医疗保险市级统筹准备工作的通知》,提出按照"统一政策、分级管理,统一预算、分级核算,统一调剂、分级平衡,统一考核、分级负责"的原则整合城乡医保制度。

2011年11月至2012年12月,制定了《重庆市城乡居民合作医疗保险市级统筹办法》,统一城乡居民医保市级统筹管理政策和经办流程,同时按照市级统筹要求,进行城乡居民医保信息系统建设,建立市级管理平台,开发城乡居民医保管理软件。2012年11月,完成市级统筹前期准备工作,开始分期分批上线运行。到2012年12月底,重庆市全市所有区县实现市级统筹信息联网,实现了参保政策、待遇、就医管理、信息管理、基金管理和经办管理的统一。

(二)整合后重庆市城乡医保制度的基本内容①

1. 参保范围。具有重庆市城乡户籍的农村居民和不属于城镇职工医疗保险覆盖范围的城镇居民。

2. 基金来源。基金的主要来源为个人缴费、财政补助资金、集体(单位)和个人扶持。

3. 筹资标准。实行全市统一的筹资标准,分为两档,在实际操作中,95%的居民选择了一档缴费。

4. 筹资方式。实行以家庭为单位参保,按年度缴费的方式筹集。家庭中符合参保条件的所有成员选择同一档筹资水平参保,选择档次一经确定,两年之内不得变更。家庭医保费由镇、街道的社保所代收,学生医保费由学校代收,征缴信息由代收人员直接录入内网系统。这种双重征缴的做法既可以保证参保率,直接录入网络,又可以避免个人的重复参保。

---

① 参见附录3:访谈信息和访谈记录列表,课题组访谈记录8和2013年重庆市城乡医保制度的内容。

5. 调剂金制度。各县区按照每年基金收入的 8% 提交调剂金,由市级经办机构根据当年各县区的基金收支情况调剂使用。各县区调剂金结余部分可结转下年使用,每年调剂金总额保持在当年基金收入的 8% 即可,每年仅需补足差额。

6. 待遇水平。参保人住院的待遇标准为:住院及门诊大病封顶线为一档 7 万元/人/年,二档 11 万元/人/年。住院报销比例:一档为一级医疗机构 80%,二级 60%,三级 40%;二档在一档的基础上提高 5 个百分点;未成年人在同档参保成年人的基础上提高 5 个百分点。此外,对孕产妇发生的生育费用,给予每人 100 元的产前检查和 400 元的住院分娩定额补助。

7. 信息网络管理。在信息网络利用方面,通过专网将镇、街道的社保所和定点医疗机构连接到内网系统,实现平台办理业务。征缴信息由代收人员直接录入系统。居民住院、门诊费用由医院联网结算,定点医院(含社区卫生院、乡村卫生服务站)联网率达 100%,居民医疗费用联网结算率达到 90% 以上。

(三)重庆市整合城乡医保制度存在的问题

重庆市城乡医保制度整合后,实现了城乡医保统筹,缩小了城乡医保的待遇差距,覆盖人群大幅增加,基金保障能力显著增强,参保群众看病就医更加方便快捷。整合城乡医保的社会效果是明显的,但是,整合制度执行过程中仍然存在一些困惑和问题,具有典型意义。

一是基金平衡压力增大。城乡医保制度整合后,重庆市城乡居民医保基金支出年增幅都在 30% 以上,但是,受医疗费用上涨、就医人次增加等影响,群众对提高报销水平的感受并不明显,要求提高报销水平的呼声仍然较强烈。

二是"三医联动"改革协同机制未有效建立。以药养医、药价虚高、大检查、大处方问题未根除,医疗费用过快增长,门诊住院化现象时有发生。目前,仅靠人力社保部门来加强医疗机构和医生监管难度较大,由医保、卫生计生、审计、社会力量等共同构建的医保监控机制尚不能发挥联动合力。

三是医保公平待遇制度亟待改进和细化。重庆市城乡医保制度统一,医保基金也实现了市级统筹,不论是城镇居民还是农村居民,只要参保,只有医院级别不同形成报销比例之差,没有城镇居民和农村居民的待遇之差。重庆市城乡医保负责人分析:"重庆市城乡二元结构突出,区域经济社会差异明显,医疗资源存在鲜明的城乡差异,城市有先进的医疗服务资源,农村医疗服务资源落后,按照统一比例享受医保待遇,存在'穷帮富'现象。为此,需要针对不同人群制定医保待遇细化标准,医保待遇向弱势群体适当倾斜才能真正体现公平,重庆这些制度完善性设计还没有跟上,需要继续改进"。①

四、宁夏回族自治区

宁夏是我国五个少数民族自治区之一,属典型的西部不发达区域。但是,宁夏于 2009 年自发启动整合城乡医保,2012 年统一了城乡居民医保制度,是全国最早实现城乡医保整合的省份,是各地整合城乡医保学习取经之地,自然是课题组典型调研的关注地。

2015 年 8 月 21—22 日课题组在宁夏调研,在宁夏人社厅、石嘴山市社保中心、永宁县医保中心进行了实地调研,并对宁夏人社厅城乡居民医保行政管理、石嘴山市城乡居民医保行政负责人、经办机构负责人、永宁县医保经办机构负责人等进行了个人访谈调研,以下根据调研记录整理,叙述宁夏回族自治区整合城乡医保的现状、经验及存在的问题。

宁夏回族自治区位于我国大陆的西北部,经济和人口发展平稳增长,2015 年全区实现生产总值 2911.77 亿元,按可比价格计算,比上年增长 8.0%。2015 年末全区常住人口 667.88 万人,比上年末增加 6.34 万人。其中,城镇人口 368.90 万人,占常住人口比重 55.23%,比上年提高 1.6 个百分点。全区

---

① 　附录 3:访谈信息和访谈记录列表,课题组访谈记录 8B。

居民收入有所提高,根据城乡一体化住户调查结果显示,全年居民人均可支配收入 17329 元,同比名义增长 8.9%,农村常住居民人均可支配收入 9119 元,同比名义增长 8.4%,全年城镇常住居民人均可支配收入 25186 元,比上年增加 1901 元,名义增长 8.2%。宁夏城镇职工医保制度 1999 年起步,2003 年实现城镇职工基本医保制度全覆盖,2007 年实现新农合制度全覆盖,2008 年实现城镇居民医保制度全覆盖。截至课题组 2015 年 8 月调研时,宁夏全区基本医保制度体系建设日益完备,2015 年末,全区参加基本医疗保险人数 584.77 万人,增加 6.17 万人,其中,参加职工基本医疗保险 114.77 万人,参加城乡居民基本医疗保险 470 万人。2015 年末全区共有医疗卫生机构 4289 个,其中医院 168 个,卫生院 219 个,疾病预防控制中心 25 个,妇幼保健机构 22 个。医疗卫生机构床位 3.2 万张,卫生技术人员 41505 人,其中执业(助理)医师 15860 人,注册护师、护士 16135 人①。

(一)宁夏回族自治区全区整合城乡医保的历程与经验

宁夏全区整合城乡医保起始于 2009 年,宁夏回族自治区党委、政府按照国家统筹城乡发展总政策的要求,依据国家 2009 年 3 月颁布的"新医改"政策中关于"探索建立城乡一体化的基本医保管理制度,并逐步整合基本医疗保障经办管理资源"的工作部署,出台了《宁夏回族自治区人民政府关于印发自治区医药卫生体制改革近期重点实施方案》(2009—2011 年的通知),决定整合宁夏城乡居民医保管理经办资源和城乡居民医保制度,实行自治区统一的城乡居民医保制度。整合工作经历了四个阶段:②

1. 整合城乡医保管理与经办体制阶段。2009 年底,宁夏回族自治区政府

---

① 上述数据主要来源于《2015 年宁夏回族自治区国民经济和社会发展统计公报》。

② 以下总结根据附录 3:访谈信息和访谈记录列表,课题组访谈记录 9,并参考 2015 年 7 月 24 日宁夏人力资源社会保障厅编写的《宁夏回族自治区统筹城乡居民基本医疗保险情况汇报提纲》。

常务会议决定将卫生部门承担的新农合管理、经办职能移交人社部门。2010年自治区人社部门主动与卫生部门对接，共同制定管理经办移交接收方案，并报自治区政府审核发布了《宁夏回族自治区新农合制度管理职能移交工作实施方案》（以下简称《方案》），根据《方案》，除了新农合参合人员报销工作正常开展外，冻结新农合机构人财物，自治区和各市县人社部门和卫生部门点对点进行职能、人员和文档资料等的移交，从决定到全区移交完成历时40天。

2.统一城乡居民医保政策阶段。城乡医保管理与经办职能统一后，自治区人社厅会同财政、卫生、民政等部门调查研究，学习借鉴外地整合城乡居民制度经验，对自治区城乡居民医保相关数据反复测算，召开不同层次座谈会进行论证，征求国家人力资源和社会保障部指导意见，2010年10月发布了《宁夏回族自治区政府关于统筹城乡居民基本医疗保险的意见》，决定自治区全辖区实行包括"参保缴费、基金管理、筹资、待遇支付标准、定点医疗服务机构管理、经办管理和网络信息统一"的城乡居民医保整合政策。

3.试点阶段。为确保统筹城乡居民医保制度顺利实施，2010年10月先行选择城市人口占比较多的石嘴山市和农村人口占比较多的固原市试点一年。

4.全面推开阶段。在总结评估石嘴山市和固原市试点经验的基础上，2012年宁夏整合城乡居民医保的政策在全区五个地级市全面实施。在整合城乡医保政策实施的近4年时间里，根据《宁夏回族自治区政府关于统筹城乡居民基本医疗保险的意见》和国家医改年度工作安排，先后三次调整城乡居民医保筹资待遇标准。

（二）宁夏统一城乡居民医保制度的主要内容

《宁夏回族自治区政府关于统筹城乡居民基本医疗保险的意见》中指出，

统筹工作要实现制度框架、管理体制、筹资标准、支付结算、信息系统、经办服务"六统一"。总的来说,根据社会保险的制度要素构成①分析,宁夏统一城乡居民医保制度的主要内容如下②:

1.统一城乡居民医保监督管理机制

整合后的城乡医保统一由人社部门管理监督。同时,统一明确了统筹城乡医保中编办、发改委、财政、卫生、教育等各部门相关职责。

2.明确城乡居民参保范围

在自治区辖区内,凡户籍不属于城镇职工医疗保险参保范围的城乡居民、大中专院校就读的大学生、长期投资和务工的外省区人员的未成年子女等均可参保。

3.统一城乡居民筹资机制

一是建立"一制多档"的筹资机制。全区筹资标准统一为三个档次,城乡居民自愿选择,多缴多享受。一档与新农合现行缴费水平持平,不增加农民负担;二档较城镇居民成年人现行缴费水平略有下降,容易平稳过渡;三档个人缴费略高,主要为重病、慢性病患者以及经济条件较好的家庭设计,减轻重病患者家庭经济负担。同时,政策还规定,农村居民可以自由选择一、二、三档缴费,城镇居民选择二、三档自由缴费;城乡未成年人及大中专学生按一档标准缴费,享受二档医疗保险待遇;③未在缴费期的新生儿可以参保母亲的名义享受医疗保险待遇。

---

① 社会保险每个项目制度都由受参保主体、基金筹集、基金经办、基金监督管理、保障待遇支付等"要素"环节制度构成。

② 以下总结根据附录3访谈记录9,并参考《宁夏回族自治区政府关于统筹城乡居民基本医疗保险的意见》。

③ 如石嘴山市2013年选择一档参保的占总人数的66%,二档参保的占28.5%,三档参保的占5.5%。引自2013年3月8日石嘴山市人社局编印:《石嘴山市统筹城乡居民基本医疗保险工作的情况汇报》。

表1　宁夏回族自治区 2015 年城乡居民基本医疗保险筹资标准

参保档次	筹资标准(元)						
	个人缴费	特困人员缴费					
		低保对象			重点优抚对象等		
		个人缴费	财政补助	民政资助	个人缴费	财政补助	民政资助
一档	70	20	0	50	0	0	70
二档	220	110	60	50	90	60	70
三档	440	440	0	0	440	0	0

以上各级财政补助 2014 年为 372 元(含自治区自增 60 元),2015 年为 432 元。一、二、三档次个人缴费标准从 2011 年的 30、160、280 元提高到 2015 年的 70、220、440 元。

在以上补助标准不变的前提下,由财政对城乡居民中的三级中度残疾人员再补助 170 元;对城镇三无人员和贫困家庭中二级以上残疾人员再补助 310 元,对农村"五保户"和贫困家庭中二级以上重度残疾人员再补助 370 元。

二是明确年缴费时间和缴费方式。每年 9 月至 12 月底自治区统一安排缴费工作,街道社区和乡镇民生服务中心具体实施,参保缴费由个人持社保卡在银行缴费,允许偏远山区村干部组织收费,并按规定时间到银行缴费。由于实行身份证实名制管理,自治区内重复缴费已经杜绝。

三是实现基金自治区区级统筹。经历了市级统筹和省级统筹两个阶段,第一阶段从统筹城乡起步,到 2014 年,基金管理上固原市、银川市先后实行了全市统收统支管理,其他三个市仅仅实行了统一政策管理。第二阶段从 2015 年开始,实施了自治区省级统筹,全区统一政策,基金管理实行 10% 上缴调剂金制度。

4.统一城乡居民医保待遇机制

一是统一住院待遇标准。按照缴费权利与义务对等的原则,分档次、分医疗机构等级设计城乡居民医保住院待遇报销体系。

表2 2015年宁夏回族自治区城乡居民医保待遇住院待遇支付标准

	参保档次	住院起付标准(元)				政策范围内住院费用报销比例(%)			
		三级甲等	三级乙等及南宁医院	二级	一级	三级甲等	三级乙等及南宁医院	二级	一级
全区	一档	1000	700	400	200	45	70	80	85
	二档					60	80	85	90
	三档					65	85	90	95

二是统一门诊统筹制度。取消城乡居民医疗保险个人账户,实行门诊统筹筹资政策,统一门诊大病目录和诊断标准。截至2015年,门诊大病统筹病种28种,门诊大病起付标准为500元,起付标准以上医疗保险报销比例一、二、三档分别为50%、60%、65%,并设定门诊大病年度最高支付限额,与统筹基金年度最高支付限额捆绑使用。

三是统一医保"三项目录"管理。城乡居民医疗保险统一执行宁夏基本医疗保险药品目录、诊疗项目、医疗服务设施和一次性医用耗材目录,原新农合药品目录即行废止。

四是实行多种付费方式。在住院上主要有总额预付制、按病种付费制;门诊统筹上主要实行按人头包干预付制。

5.统一城乡居民医保的经办服务机制

一是统一城乡居民医保的经办服务机构。2010年11月,自治区编制委员会下发关于整合保险经办机构的通知,将全区13个县(区)新农合经办机构并入同级医保中心,将6个市辖区新农合经办机构更名为:"社会保险经办服务中心",目前,宁夏共有医疗保险经办机构23个,全部属于全额拨款事业单位,共有编制内工作人员439人,编外聘用人员56人。

二是统一城乡医疗机构定点管理。将原城镇居民医保和新农合的定点医疗服务机构全部统一纳入定点医疗机构进行统一管理。

三是统一全区医保监管网络。依托社会保障一卡通工程,实现全区数据大集中,开发使用了全区统一的城乡居民医保管理系统和医疗费用监控系统。全区乡镇以上医疗机构联网率100%。截至课题组调研的2015年8月,宁夏回族自治区内已经全部实现了参保人员持卡即时结算,还制定发布了异地就医即时结算暂行办法。

(三)宁夏整合城乡医保制度存在的问题

1.医保筹资对外来人口有选择性"扩面"覆盖。宁夏回族自治区城乡居民统一参保制度,参保人识别标准为宁夏回族自治区的户籍。同时,参保政策向在自治区大中专院校就读的大学生、在自治区长期投资和务工的外省区人员的未成年子女等扩展。宁夏参保政策以户籍为参保人识别标准,落后于城乡户籍制度改革,其向外来部分人口扩展覆盖,虽然是进步,但是仅仅选择外来人口中的未成年子女和大中专学生等医疗风险较低人群,是一种医保参保人身份平等的损伤性选择。

2.统筹层次并非越高越好。统筹层次的提高,不仅要考验和提升医保管理经办水平,还要与人口规模、经济发展水平、医疗发展水平、信息化水平等相适应。宁夏回族自治区人口规模虽然与一个发达省份中型城市人口大致相当,但是,宁夏地域辽阔,域内各区县经济社会发展差异较大,医疗服务资源不平衡,人口结构不同,过早实现全省基金统筹,对宁夏医保管理、经办、医保待遇的公平实现都是一个巨大考验。宁夏基层医保管理干部分析:"宁夏回族自治区辖区内经济发展水平南北差距大,固原市与银川市的经济发展水平相差六倍多,医疗服务水平差距也大,固原市没有三甲医院;石嘴山市则是个老龄化很高的'三线'建设城市,城市化率高,医疗资源丰富,医疗消费高。统筹高,会存在'穷帮富'的不公平效果。统筹层次应该随着经济社会发展水平、医疗服务发展水平逐步提高。"①

---

① 参见附录3:访谈信息和访谈记录列表,课题组访谈记录9B、9C。

3.医保待遇档次不需要太多。社会医疗保险基金是按照"量能负担"原则筹集的,国际上一般对参保人进行群体划分,每种人群根据经济社会地位和收入状况设计不同的参保缴费政策。因为我国的收入客观征信制度还未成熟,城乡居民收入又缺乏客观记录平台,在制度约束下,城乡医保的筹资进行多档次设计有一定的合理性。但是,医保待遇支付就不应设计过多档次,过多档次的医保待遇会抵消基本医疗保险制度的再分配功能。宁夏基层医保经办干部分析:"参保政策搞两档就可以了,与新农合筹资持平为一档,与城镇居民医保持平的为第二档,农村困难少缴一些,城市富裕多缴一些(而且,城市居民享受的医疗服务资源比农村好得多),财政补贴都一样;在此基础上,给予低保人群、残疾人群予以财政补贴;第三档缴费就应该与城镇职工医保缴费对接。至于医保待遇档次,各种档次缴费应该报销比例一样,这样才符合量能负担的医保筹资原则和医保再分配的功能。"①

4.医疗医药体系改革滞后导致医保难于独善。课题组在宁夏回族自治区调研,无论医保机关管理干部,还是基层经办服务人员都认为,在现有医疗服务体制下,"控制医院医疗费用的增长,根本做不到,我们运用综合医保待遇支付手段管理医院,费用也控制不下来。"宁夏回族自治区的首诊和双向转诊模式还无法形成,医疗、医药体系改革有些滞后。

5.医保管理体制争执应该回归本质问题。对于医保管理的争执,宁夏回族自治区医保管理干部认识一致:"应该争执,争执是对的,关键把医保基金管好,花好,这是医保管理体制争执的起始点和落脚点。"现阶段,"卫生部门和人社部门管理医保都存在粗放管理,在我国医保管理粗放条件下,在现有医疗服务体系改革未跟进的约束条件下,卫生部门运用行政管理有它的优势,它比较专业的,能够将医院的专家们管好;人社部门要管理医保,医保的谈判机制、医保待遇支付机制、信息化管理等精细化管理必须配套"。②

---

① 参见附录3:访谈信息和访谈记录列表,课题组访谈记录9B、9C。
② 参见附录3:访谈信息和访谈记录列表,课题组访谈记录9A。

6.医保待遇幅度提升过快不够科学。宁夏基层医保经办干部反映:"城乡医保整合过程中,出现了不考虑基金平衡而过快提升医保待遇水平的现象。这种过于激进提高医保报销水平,导致一些地方医保基金风险凸显,在医保管理经办政策和管理措施不到位情况下,倒逼医疗服务系统开始过多限制城乡居民住院的现象。""医保待遇应该逐步提高,不能跃进式地提高,2009年报销比例还是30%—40%,'哗'就到了60%,然后到70%,基金无法承受。而反过来,当医保基金出现风险时,限制城乡居民就医,医保制度的公平性反受其害。"①

五、安徽省

安徽是我国中部不发达省份,是农业大省,省域内经济社会发展不平衡,淮南经济发达,江淮经济条件较好,淮北平原人口多,经济贫困。安徽属于卫生部"新医改"重点联系省,新农合管理工作是卫生部的"一面旗帜"。为此,卫生部门对安徽省整合城乡医保的预案关注度很高。安徽省域内2011年底有26个县(市、区)自发整合城乡医保,相关医保管理体制的整合,根据各级地方政府的选择,有的归属卫生部门,有的归属人社部门,还有成立独立机构管理的。截至2014年8月课题组对安徽整合城乡医保进行调研,安徽全省辖内并没有实现城乡医保制度整合。安徽整合城乡医保具有特点,吸引课题组典型调研的关注。

2014年8月8—12日课题组在安徽调研,对安徽人社厅、卫计委、铜陵市医保中心、肥西县新农合管理中心进行了实地调研,并对安徽人社厅、卫计委城镇居民医保行政管理负责人、新农合行政管理负责人、经办机构负责人、铜陵市医保中心和肥西县新农合经办机构负责人等进行了个人访谈调研,以下根据调研记录整理,叙述安徽整合城乡医保的现状、经验及存在的问题。

---

① 参见附录3:访谈信息和访谈记录列表,课题组访谈记录9C。

安徽省位于我国大陆东部,是首个新型城镇化试点省,经济平稳发展,城镇化水平逐步提高。2015 年地区生产总值 22005.6 亿元,按可比价格计算,比上年增长 8.7%。2015 年末全省户籍人口 6949.1 万人,比上年增加 13.3 万人;常住人口 6143.6 万人,比上年增加 60.7 万人。城镇化率为 50.5%,比上年提高 1.35 个百分点。全省居民生活水平改善,2015 年常住居民人均可支配收入 18363 元,比上年增长 9.3%。城镇常住居民人均可支配收入 26936 元,增长 8.4%;农村常住居民人均可支配收入 10821 元,比上年增长 9.1%。2015 年末,安徽省基本医疗保险制度体系逐步完善,参加城镇基本医疗保险人数有 1734.9 万人,参加新型农村合作医疗的农业人口 5190.8 万人,参合率为 101.7%。2015 年末全省有医疗卫生机构 24936 个,其中医院 1019 个、基层医疗卫生机构 22093 个、专业公共卫生机构 1740 个,其他卫生机构 84 个。基层医疗卫生机构中,卫生院 1384 个,社区卫生服务中心(站)1932 个,村卫生室 15302 个;专业公共卫生机构中,疾病预防控制中心 121 个,专科疾病防治院(所、站)47 个,妇幼保健院(所、站)121 个,卫生监督所(中心)113 个。全省卫生技术人员 28.5 万人,其中执业(助理)医师 11 万人,注册护士 12.1 万人,乡村医生和卫生员 4.8 万人。医疗卫生机构床位 26.8 万张,其中医院、卫生院床位 25.7 万张。全年医疗卫生机构共诊疗 2.7 亿人次。[①]

(一)安徽整合城乡医保的状况

截至 2014 年 8 月课题组赴安徽调研,安徽全省未出台整合城乡医保的统一政策,还未实现全省辖内的城乡医保制度整合。但是,省域内一些市、县自发探索整合城乡医保制度。

1. 省域内自发整合城乡医保的典型

截至 2014 年 8 月,安徽省辖内共有 26 个县(市、区)自发整合城乡医保。

---

① 上述数据主要来源于《2015 年安徽省国民经济和社会发展统计公报》。

据安徽省人社部门医保负责人介绍,整合实施最好的是铜陵市,其城乡医保整合具有典型意义。铜陵市作为安徽省城乡一体化综合配套改革试验区,为加快城乡一体化建设步伐,省委、省政府要求铜陵市"先行先试、探索经验、提供示范",铜陵市于 2013 年 5 月 1 日率先完成了城镇居民医疗保险和新型农村合作医疗制度并轨运行。

　　铜陵市整合城乡医保的典型性示范表现在"六统一":①一是统一城乡医保政策体系,在深入调研的基础之上,兼顾城镇居民医保和新农合政策各自所长,出台了《城乡居民医疗保险暂行办法》、《城乡居民基本医疗保险实施细则》、《铜陵市基本医疗保险慢性病门诊医疗费用补助暂行办法》等相关政策,做到了稳妥衔接,待遇稳中有升,着力构建维护公益性、保障可持续性的运行新机制。二是统一城乡医保经办机构,将新农合管理职能整合到铜陵市人社部门,在市社会保险事业服务中心增设城乡居民医疗保险服务科,新农合管理中心人员和编制整体划入,卫生部门与人社部门密切配合,顺利完成了经办机构整合,保证了两项制度并轨期间城乡参保人员的医疗待遇审核支付工作不间断。机构整合后,经办机构统一制定了工作流程,实行一站式服务。三是统一参保缴费,在参保范围上,打破了城乡二元户籍界限;在缴费标准上,统一城乡居民参保缴费政策,逐步实现城乡居民缴费标准统一。四是统一医保待遇,在普通门诊统筹待遇方面,取消原城镇居民门诊统筹起付线,统一按照新农合政策,实行单次门诊费用15元以内按60%报销,同时,确定年度支付限额为个人缴费的 50%,以控制门诊费用的无限制增长;在住院待遇方面,起付标准和报销比例取城镇居民医保和新农合政策的中值,乡镇卫生院、二级医院、三级医院的起付线和报销比例分别设定为150 元和85%、400 元和75%、700 元和65%,拉开基层医疗机构和高等级医

---

　　①　以下铜陵市整合城乡医保的经验和做法主要参考附录 3:访谈信息和访谈记录列表,课题组访谈记录 5A,以及 2014 年 4 月 9 日铜陵市医保中心编写的内部资料:《铜陵市城乡医保并轨工作介绍》。

院的差距,引导居民合理就医,住院费用报销比例稳中有升。五是统一信息系统,铜陵市以实施"金保工程"二期为契机,以城乡居民医疗保险发卡为突破口,农村居民、城镇居民和城镇职工均实行"一人一卡一编号"。六是建立城乡居民统一的大病医疗保险制度,铜陵市作为安徽省试点市,率先制定《铜陵市城乡居民和城镇职工大病医疗保险暂行办法》,规定年度内个人自付的符合规定的医疗费用达到起付线(2 万元)后,大病医疗保险给予分段累加报销。[①]

2. 省内城乡医保"分割"与"整合"的现状

安徽省内 26 个县(市、区)自发整合城乡医保,基于地方知识、地方利益,各试点地方整合政策设计存在差异。

一是从城乡医保整合后管理体制看,整合后城乡居民医保有三种管理模式,归人社部门统一管理的有合肥市瑶海区等 13 个区(县),划归卫生部门管理的有合肥市长丰县等 11 个县(市),成立独立机构管理的有界首市 1 个县级市。就芜湖市来说,所辖县、区分别采取不同的管理模式,5 个市辖区(含开发区)将新农合并入居民医保,由人社部门统一经办;繁昌、南陵、芜湖、无为 4 个县将城镇居民医保划归卫生部门管理。

二是从城乡医保整合后的基金统筹层级看,只有铜陵市实现了市级统筹。其他各地整合城乡医保都还处于县级统筹层次。

三是从城乡医保整合后的制度看,围绕整合城乡医保的参保、待遇支付等环节制度,各地整合后参保政策和待遇政策各有不同,报销水平、起付线、封顶线设计各具特色,只是实现了区域内城乡医保的整合,地方之间医保筹资、待遇标准各不相同。

---

① 2013 年 8 月 1 日起正式实施的《铜陵市城乡居民和城镇职工大病医疗保险暂行办法》规定,在起付线以上至 5 万元(含)部分按 40%报销,5 万元至 10 万元(含)部分按 60%报销,10 万元至 15 万元(含)部分按 70%报销,15 万元以上部分按 80%报销,省外医疗机构降低 5 个百分点。

（二）安徽全省整合政策出台难的原因以及地方整合的经验教训

安徽省省域内城乡医保"分割"与"整合"的制度创新遍地开花，既有"整合"城乡医保的典型经验，也有强力"分割"城乡医保的教训。其经验和教训一体两面。安徽省委、省政府积极组织力量对整合城乡医保制度进行了调研，省政府不断召集人社部门和卫计委部门商讨起草整合方案，但是，全省整合城乡医保统一政策酝酿很久，难以出台，其经验和教训也很典型。

1. 管理体制的统一是城乡医保实务部门由来已久的要求。调研所到之处，安徽人社部门和卫生部门的医保行政管理和经办服务负责人均认为，管理体制的统一是城乡医保实务部门由来已久的要求："医保管理经办机构对城乡医保分割的弊端体会最多，更多地从管理部门、地方经办、实际工作角度出发考虑城乡医保整合问题。城乡三项医保政策不同、筹资制度不同、医保待遇政策不同、医保待遇支付称呼也不同，他叫报销，我叫补偿，制度名称也不同，管理部门和经办部门理念不同、服务对象不同、工作思路不同，而且，还要互相争夺参保人。所以，难免交叉重复参保，也有参保人投机参保。""城乡医保两个部门管理，系统建了两套，经办机构建了两套，对政府财政经费是一种极大的浪费。"因此，"把管理体制统一了，整合城乡医保制度就能够顺利解决。但是，整合城乡医保全省没有统一政策，安徽人社部门和卫生部门竞争医保管理权，卫计委那边提出县里归他们管，城市归人社部门管，互相都在指导地方搞整合试点，铜陵市整合归人社部门管，叫城乡居民医疗保险，卫生部门在县里搞城乡医保整合后叫城乡居民合作医疗保险"。①

2. 安徽省全省整合城乡医保政策未能出台。近年来，安徽省各地自发整合城乡医保工作开展得不错，整合都是地方自发的，省一级管理部门只做引导。2014年以来，安徽省政府也在积极调研、讨论、起草全省整合城乡医保政

---

① 参见附录3：访谈信息和访谈记录列表，课题组访谈记录5C。

策。但是,整合政策难以出台。安徽省卫计委新农合管理干部分析:"国家整合城乡医保的政策在2009年'新医改'政策中就提出来了,国务院机构改革方案早在2007就提出要整合城乡三项医保政策,后来又退半步,只搞城乡居民两项医保的整合。国家卫计委希望以安徽为试点省,将整合后的城乡医保管理体制归属到卫生部门管理……而且,卫生部门主导20多个县整合了城乡居民医保,归卫生部门管理。"实现城乡医保制度整合的铜陵市医保管理干部总结分析:"整合城乡医保自下而上阻力是非常大的,如果政府不出面推动,下面职能部门,无论是卫生部门,还是人社部门都是做不到的。铜陵市整合最大的经验就是地方政府强力支持,光靠哪个主管行政部门是整合不起来的。铜陵市整合是因为市委市政府下决心,仅仅部门推动会有很大顾虑。"①

3. 整合城乡医保"上面不动让下面动"被动应对。安徽省一研究医保制度多年的行政负责人分析整合城乡医保"顶层政策不出台,让地方先行先试":"一是全国整合理论准备不足,整合实现什么目标不明确,中央对整合三项医保还是两项医保,目标也不清晰,政策还不断变化,怎么整合都没有政策设计。二是整合政策讨论缺乏百花齐放精神,甚至有段时间消息是封锁的。三是缺乏对实践的总结,对整合医保的调研也不足,只是听几个部委的会,接触不到下面。整合城乡医保,上面不动让下面动,卫生部门和人社部门互相争执,并对地方有所干预,政策有的互相矛盾。"②

4. 地方整合管理体制不顺为医保经办服务带来不必要的工作负担。调研中,无论是人社部门的医保经办机构,还是卫计委的医保经办机构的干部都呼吁,要尽快理顺医保经办管理体制,否则,"地方整合管理体制不顺,为医保经办机构带来不必要的工作负担,地方整合等于没有整合"。安徽一基层医保经办机构负责人分析:"以芜湖、合肥为例,两市所辖区并轨后由人社部门管理,所辖大部分县由卫生部门管理,同一个市两种管理体制并存,给上级部门

---

① 参见附录3:访谈信息和访谈记录列表,课题组访谈记录5B。
② 参见附录3:访谈信息和访谈记录列表,课题组访谈记录5B。

指导工作带来不利。宁国、界首两市要求整合后的医保经办机构要同时接受人社、卫生部门的指导,增加了经办管理和服务工作的难度。县、区一级医保并轨后,民生工程等考核仍然是以部门为主,上级主管部门在考核时,出于部门利益考虑,或多或少都会对被并轨的下级单位打低分、设置障碍,这势必会影响地方改革的积极性"。①

5. 医保资金既缺乏又浪费呼唤科学的医保待遇支付制度。安徽基层医保经办机构人员纷纷反映:"城乡医保筹资增长赶不上医疗费用的增长,医疗费用增长远远超过物价和医疗保险基金增长水平,显然是不合理的。""基本医保保障的是基本医疗,基本医疗根据基本医保目录调整,当然目录调整要及时跟上,成熟可靠的医疗服务技术和药品应该包括在医保目录里。现在过度医疗太严重了⋯⋯医疗服务应该是技术密集型的,现在有些医疗机构却搞成了资金密集型的,引进大设备去搞大检查、过度检查。有的所谓的医疗设备及新技术可能在临床上没有可靠结论,有的甚至是国外淘汰的,但却盲目技术引进,在临床上大范围应用。"在卫生部门长期工作的铜陵市医保经办管理干部分析:"卫生部门管理医保基金,考虑医疗服务机构更多,而不考虑医保基金的承受程度。卫生部门指责人社部门监管医疗机构没有专业服务队伍,这是个伪命题,对医疗费用的监管,再多的医保专业干部也监督不过医院专业服务人员。对医疗费用的监管,最根本的是医保待遇支付制度和监管制度设计更加公平和完善,并科学引导医疗服务行为;其次是要建立医保信息化、智能化的监管系统。"谈到"三医"之间的关系和"三医联动"改革,他们认为:"不能用医疗服务改革不到位来说明人社部门监管不到位;更不能用医疗体系改革代替医保管理,二者是相互促进、相互监督、相互制衡的关系。""'新医改'最大的焦点问题是医药供销体制问题,药品、耗材虚高定价,药品耗材大致占医保基金50%。国家若下决心解决医药体制,很多问题就迎刃而解。医改改来

---

① 参见附录3:访谈信息和访谈记录列表,课题组访谈记录5A、5C。

改去,还没有真正触碰这一既得利益集团。"①

六、山西省

山西城乡三项医保制度建设基本与全国同步,2001 年大范围启动城镇职工基本医疗保险制度改革,2003 年启动新农合,2007 年启动城镇居民医保,到 2010 年,从制度安排上已实现"全民医保"。近年来,在全国整合试点的影响下,山西人社部门与卫计委部门也各自在做整合的准备,但是,截至 2015 年底,山西整合城乡医保并没有实质性进展。②

2013 年 11 月至 2015 年 6 月,课题组分三次对山西人社厅、卫计委以及太原市、永济市、保德县、应县的城乡医保运行与整合状况进行了实地考察和访谈调研。以下根据调研记录整理,叙述山西省整合城乡医保的现状。

山西省位于我国大陆中部,经济属欠发达地区。2015 年全省生产总值 12802.6 亿元,按可比价格计算,比上年增长 3.1%,人均地区生产总值 35018 元。据 2015 年人口抽样调查,2015 年末全省常住人口 3664 万人,比上年末增加 16 万人。城镇常住人口 2016 万人,比上年增加 54 万人,增长 2.75%;乡村常住人口 1648 万人,比 2014 年减少 38 万人,常住人口城镇化率为 55.03%,比 2014 年提高了 1.24 个百分点。③ 全省居民人均可支配收入 17854 元,增长 8.0%;农村居民人均可支配收入 9454 元,增长 7.3%。山西省基本医疗保险制度体系逐步完善,2015 年末参加城镇基本医疗保险 1113.7 万人,参加新型农村合作医疗的有 2167.2 万人。2015 年末全省共有卫生机

---

① 参见附录 3:访谈信息和访谈记录列表,课题组访谈记录 5A、5E。

② 2016 年 1 月 3 日,国务院出台了《关于整合城乡居民基本医疗保险制度的意见》,在整合城乡医保的国家政策推进下,在全国此起彼伏整合城乡医保制度的影响下,2016 年 11 月 2 日山西省人民政府颁发了《关于整合城乡居民基本医疗保险制度的实施意见》,开始在全省范围内统一推进城乡医保制度的整合,见山西省政府网 www.shanxi.gov.cn。2017 年 1 月,课题组负责人受邀参与山西省整合城乡居民基本医疗保险相关政策制定的论证及其修改工作。

③ 山西省 2015 年城镇化水平为 55.03%。

构(含诊所、村卫生室)4.1万个,床位18.3万张。卫生防疫、防治机构134个,妇幼保健院(所、站)133个。全省卫生机构共有卫生技术人员21.4万人,其中,卫生院卫生技术人员2.2万人;社区卫生服务中心(站)卫生技术人员1.0万人;防疫、防治卫生技术人员0.4万人,妇幼保健(所、站)卫生技术人员0.6万人。①

(一)山西整合城乡医保的筹划活动

1. 地方自发整合稀少,短期内又被中断。山西自发探索城乡医保整合的是襄汾县和保德县。2004年襄汾县启动新型农村合作医疗的试点,当时襄汾县财政收入在临汾地区名列前茅,地方政府有条件将民生关切化为实绩。在县级政府直接领导下,在国家相关城乡居民医保政策出台前,2006年襄汾县财政自筹资金,自发借鉴新农合制度模式,先于全国城镇居民医疗保险政策进行了居民医保试点。2007年,县政府将"城镇居民合作医疗管理中心"划归卫生行政部门。2008年该县被卫生部确定为全国八个城乡居民医保整合试点县之一。在卫生部中央专家组的指导下,经过充分的调研讨论,《襄汾县新型农村合作医疗与城镇居民基本医疗保险"两制衔接"试点实施办法》于2009年初正式出台。就制度内容看,城乡居民医保只是形式上达到了统一,实质上两种制度建立了两个独立医保基金、双轨运行。2009年,经人社部门的干预和争取,该县城镇居民医保被分离出来,归并人社部门管理。

同样,2006年保德县的新农合开始试点,覆盖面扩展至城镇居民;两年以后,全国城乡居民医保制度开始建设,该县的城镇居民医保又划出来归人社部门分管。

2. 职能部门已拟定全省整合方案,政府迟迟未能拍板。2011年"十二五"开局之年,山西省启动"综改区"建设,创新体制机制,整合城乡医保,是推动

---

① 　上述数据除了特殊引用外,数据主要来源于《2015年山西省国民经济和社会发展统计公报》。

该省转型跨越发展的重要内容和主要任务之一。而且,山西省政府办公厅印发的《山西省国家资源型经济转型综合配套改革试验 2014 年行动计划》以及"2014 年目标责任书"都明确"统筹设计城乡居民医疗保险制度,在全省范围内建立统一的城乡居民大病保险制度"。并将责任单位确定为省人社厅牵头。省人社厅医保职能部门对整合城乡医保已经做了大量调研,并且设计了整合的行动方案。但是,直至 2015 年底,该行动方案还未报送省政府正式讨论过,政府领导处于"再等等看"的状态。

3. 地方试点被鼓动,观望思想为主导。按照"国家统一决策与地方分级管理相结合"的原则,山西省人社厅曾经鼓励晋城、临汾、保德县整合试点,但未能得到地方政府的有力响应。卫计委曾经鼓励太原市、河津市、怀仁县等地开展城乡医保制度整合的试点工作,也没有实质进展。总的来看,山西省各地市观望思想严重。Y 县受访的医保经办人员说:"我看(县)领导没有这个想法,提都不提,现在省里都在观望,在等国家出台政策,地区领导也是这个态度。"B 县受访的医保经办人员认为:"整合关键是看县里一把手,县里没有搞,我们就不能搞。"X 县受访的医保经办人员认为:"整合关键还是一把手,我们不能越级。"省人社厅医保行政负责人分析:"因为对整合城乡医保政策吃不透,只要不出事,宁可不干事,也不想开拓了。"①

4. 城乡医保经办人员希望尽早整合,踏实工作。课题组访谈调研时,无论是人社部门的经办人员,还是卫生部门的经办人员,都认为整合城乡医保是大势所趋,整合越早越主动,整合越早越利于完善城乡医保制度。②

省人社厅医保负责人认为:"从社会保险法来看,把新农合定位于基本医疗保险,我认为它的定性基本正确,没有什么问题,就应该将新农合作为基本医疗保险去对待。所以说,由于历史的原因,新农合在卫计委管理的时候,他们在人力物力财力不足、制度不完善时做了大量的工作和卓越的努力,管理得

---

① 参见附录 3:访谈信息和访谈记录列表,课题组访谈记录 7A、7C、7D、7E。
② 参见附录 3:访谈信息和访谈记录列表,课题组访谈记录 1 和 7A、7B、7C、7D、7E。

还是不错的,对我国最大的群体——农民给予了基本的保障,这是应该充分予以肯定。但是,从社会发展来看,从深化制度来看,这个早晚得整合,至于往哪儿整合才合适,就是说应该整合到人社部。咱们不说个人感情,就从法律的角度说,《社会保险法》已经规定新农合是基本医疗保险,而基本医疗保险又是社会保险的一部分,既然是社会保险,国家又设立专门的社会保障部门,那么就赋予社会保障部门管理社会保险这个职能和工作,如果说,不整合到这里,那么它的定性就有问题了,第一,它不是基本医疗保险,第二,它违背了国务院机构改革的原则,国务院机构改革的原则就是,一项工作、一个管理职能原则上应归一个部门来管,有利于提高效率,有利于方便群众,有利于整体推进,有利的条件很多,所以说,应该依法划归,就是依法归入一个部门。"

省新农合经办人员认为:"对基层来讲,不论是整合到人社部门还是卫生部门,我们都没有意见。只是希望快点整合,实在是耗不起了。再拖,这种观望的情绪越来越严重。而且,基层处于观望状态,工作任务就很难完成,尤其是对省里面,压力太大了。工作落实不了,任务完不成,是要担责任的。可是,基层的医保经办又不是垂直管理,它是属地化管理。现在的关键是:第一,赶紧整合,不管整合到哪儿;第二,调整整个医保管理结构。属地化管理,有些工作是很难弄的。比如说,一项政策的推行,县长决定这个想法不合适,那县里的经办人员听谁的? 他当然想听上头的,但是县长决定他的帽子,他不得不听"。

再如基层医保的经办工作人员也普遍认为,整合城乡医保有利于经办工作开展,有利于城乡居民享受公平医保。Y县级新农合经办人员说:"我觉得整合是一个趋势,而且必须整合,整合之后资源可以共享,可以给国家节约一部分资金。不管是省里的领导还是市里的领导,只要领导重视,整合就能做到。归人社还是归卫生都是次要的,这些人还是要干活,工作还是一样的。对我们来说,领导不一样了,具体工作还是一样的,还是要用这套人马,只要顶层设计确定,决心一定,领导思路一定,整合是很快的,全套人马直接过去就行了,这好弄。"B县新农合经办人员认为:"整合关键是看县里一把手,县里没有搞,我们也不能搞。从趋势上看,三个基本医疗保险应该一体。不管居民、农民、职工都应该是一样的"。

(二)山西自发整合城乡医保踟蹰的原因

1. 医保管理上级分割的牵绊。在山西省,无论是省一级医保整合的踟蹰,还是市、县医保整合的观望,主要原因在于医保管理体制上存在"分割"和"争执"。山西省医保整合迟迟没有行动,与其他地方一样,改革较难突破的就是管理体制。

2013年3月,国务院机构改革方案明确规定,城乡三项医保的管理整合到一个部门,6月底完成。也就是这段时间,人社部门和卫生部门就医保管理权的归属展开激烈论辩,并裹挟专家论战。一时间众说纷纭。理论界主要有两种观点:一种观点认为,城乡基本医疗保险应由卫生部门主管,采用"一手托两家"的管理,即卫生部门既管医疗机构,又负责医疗保险资金偿付。① 这种管理方式的优点在于,能统筹医疗服务供给和需求管理,满足医疗服务需求,并控制医疗费用的平衡,形成集中决策、统一负责的体制。这种管理方式的缺陷在于,保险方和服务方归为一家管理,可能加大医疗服务方道德风险,导致保险活力不足。另一种观点认为,城乡基本医疗保险应由人社部门主管②,优势在于医疗费用管理和医疗服务部门分离,便于相互制约、相互制衡。同时,医疗保险和养老保险、失业保险等由一个部门管理,各险种关系协调,管理经费可以得到合理利用。缺点是,无以关照医疗保险远较其他社

---

① 王延中:《卫生服务与医疗保障管理的国际趋势及启示》,见卫生部农村卫生管理司、中国卫生经济学会2011年编印:《基本医疗卫生制度建设与城乡居民基本医疗保障制度研讨会会议资料汇编》,第84—85页。

② 王东进:《切实加快医疗保险城乡统筹的步伐》,载《中国医疗保险》2010年第8期。

会保险的复杂性和特殊性,不易与医疗服务部门精细协调。以上两种观点各有所长,但是,对城乡医保管理的制衡都缺乏周密有力的理论依据,因而久议不决。

正是支持人社部门和卫生部门的学者观点各有不足,加之,医疗服务的技术垄断性、专业性、信息偏在性导致的医保管理监督分歧,使决策者难以拍板。山西省新农合经办工作人员分析:"国务院2013年3月公布三项医保管理改革方案时,要求城乡医保管理体制整合是有定数的。作为中央一级政府,不会随便公布改革方案。公布的肯定是经过深思熟虑、广泛调研以后已经确定了的东西。其实人社部已经做好接受新农合的准备。但是,卫生领域的专家奋起争论。中央领导又不可能了解部门工作的细节,听专业人员一说,好像挺有道理,又犹豫了,一直犹豫这么长时间。"在山西省,关于整合城乡医保管理体制,编委会讨论时,省级相关负责人认为:"国家层面还没有定局,咱们省先不要走得太快了,再等一等。"正因为城乡医保管理部门的上级分割和牵制,山西省各地整合被拖延。①

2. 政府相关医保管理权归属的政策不到位。尽管整合城乡医保已是大势所趋,2012年党的十八大报告明确提出整合的意见,但对医保管理具体归属哪个部门争执不下。对此,各级政府的政策都有不到位之处。

其一是国务院机构改革方案对基本医保管理权归属规定的不明确。国务院办公厅2013年3月26日发布的《关于实施〈国务院机构改革和职能转变方案〉任务分工的通知》原定要整合城乡医保管理权,但并未明确归属人社部门还是卫生部门,只是规定"整合城镇职工基本医疗保险、城镇居民基本医疗保险、新型农村合作医疗的职责等,责任部门是中央编办"。

其二是卫计委制定的"三定方案"对新农合管理权去留不明晰。2013年6月18日中央机构编制委员会办公室审批下发的《国家卫生和计划生育委员

---

① 参见附录3:访谈信息和访谈记录列表,课题组访谈记录7A、7B。

会主要职责内设机构和人员编制规定》,与 2008 年卫生部"三定"方案不同的是,并没有在基层卫生司的职责当中涉及新农合的管理问题。而且,加强规定了"由卫计委负责协调推进医药卫生体制改革和医疗保障",同时规定"将国家发展和改革委员会承担的国务院深化医药卫生体制改革领导小组办公室的职责,划入国家卫生和计划生育委员会。"这样的规定,实际为卫生部门争夺医保管理权提供了政策根据。"在'三定'方案公布之际,卫计委对新农合管理的相关问题作出了表态,诸如:新农合制度 10 年来运行良好,成为国际公认的绩效最高的基本医保制度之一;针对此次'三定'方案没有明确新农合的管理问题,整合城镇职工基本医疗保险、城镇居民基本医疗保险、新型农村合作医疗是项系统工程,具体管理体制问题不在本次'三定'范围内,将另行规定;在管理体制明确前,国家卫生计生委继续承担新农合管理职责。"①而且,近年来,"人社部门、卫生部门的相关学者就管理问题曾做过多次论证,但官方一直未予置评"②。"在久拖未决的情况下,多位专家向南都记者透露,目前中央编办将考虑另一种新方案,可能将成立一个类似'医保基金管理中心'的第三方机构,作为政府直属事业单位,统一管理医保基金使用。"③实际上,传来的消息准确与否且不论,这只是重复了医保经办机构的法律身份而已,并没有解决医保管理权的实质问题。

3. 山西各级政府观望思想较重。尽管医保管理权归属自上而下不明确,但是整合并归属一个部门管理是共识。作为党的十八大报告明确主张,各地应该有积极探索和推动城乡医保整合的责任。至 2014 年上半年,全国已经有 7 个省、以及省级地区和另外 40 多个地市,还有 160 多个县不同程度整合了

---

① 刘涌:《卫生计生委"三定",国务院医改办职责划入卫计委》,载《21 世纪经济报道》2013 年 6 月 19 日。

② 刘涌:《卫生计生委"三定",国务院医改办职责划入卫计委》,载《21 世纪经济报道》2013 年 6 月 19 日。

③ 龙玉琴:《三大医保整合迟延 1 年仍没谱,或由第三方机构管理》,载《南方都市报》2014 年 8 月 20 日。

城乡基本医疗保险制度。①　各地整合试验中,大多数自发归属社会保障部门管理。据统计,"截至 2011 年 9 月底,省级医保整合均由人社部门来管理,市一级由人社部门管理的约占 93%,县一级由人社部门管理的约占 61%,其他的归卫生部门或其他部门来管理"。②

可见,整合的趋势较为明显。实际上整合城乡医保,将管理权整合,只是为整个医保制度的整合建立管理平台、决策平台。究竟归属哪个部门并非当下整合城乡医保的根本诉求,也不是整合最难操作的环节。整合的根本诉求是城乡医保制度的整合,"要消除城乡医保分割状态下制度不统一,及其由此直接衍生的城乡居民重复参保、财政重复补贴、经办资源重复建设等效率低下和浪费等诸多弊端。"③这才是整合的最大利益和最根本的诉求。至于医保管理权归属,虽然它是整合突破口,是整合"能否开始"的难题,但却是整合最容易操作的事项和环节。这也正是各地自发整合的宝贵经验。

山西各级政府在整合最容易操作的环节止步不前,为此,一再推迟出台整合政策。除了上级政府对医保管理整合没有明确表态,以及人社部门和卫生部门上级主管部门牵制等原因外,观望思想严重,缺乏创新意识。

第三节　地方整合城乡医保体制机制的创新"样本"

如果说,城乡医保制度整合前最大难题在于突破管理体制,而医保管理体制实施整合后,最大的整合难题则集中于两方面:一是医保经办体制的改革和

---

①　李唐宁:《七省份完成城乡医保并轨,三保合一仍有障碍》,载《经济参考报》2014 年 5 月 13 日。

②　人社部农保处:《2011 年地方医疗保险城乡统筹管理整合情况》,载《中国社会保障》2012 年第 3 期。

③　郑功成:《城乡医保整合态势分析与思考》,载《中国医疗保险》2014 年第 2 期。

创新,形成医保制衡医疗服务的机制;二是城乡居民医保权利的公平实现。调研中,来自医保管理的行政负责人分析:"与其说整合城乡医保管理体制高层迟迟没有拍板,不如说,整合城乡医保的体制机制涉及面广、太过复杂,理论准备不足,高层没有完全吃透,或者清晰的政策制度没有传递到高层,所以就迟迟不敢拍板。"正因为整合城乡医保的复杂性,决策层举棋未定,地方突破、地方试验就是策略。

但是,多数地方自发探索整合城乡医保,都流于医保的管理权归属层面,流于城乡医保参保人制度、筹资制度、待遇支付制度、管理与经办制度的简单整合和归并,或者就城乡医保参保人制度、筹资制度、待遇支付制度、管理与经办制度等主要环节制度进行一些单项目、单环节的整合和制度创新,很少有地方对基本医保制度建设最为复杂环节,即医保经办体制进行改革和创新,形成医保制衡医疗服务的机制;更乏见对整合城乡医保的公平价值目标进行全方位、可操作的审视和规范。实际上,通过整合城乡医保的管理和经办体制的创新,最终目标是实现城乡居民享受公平医保。剖析公平医保实现的制约因素和有利因素是极具现实意义的。

当下,公平医保的实现仍面临诸多制约因素:(1)城乡收入差距较大,据统计,2012年我国城镇居民人均可支配收入24565元,农村居民人均纯收入7917元,城镇居民人均可支配收入为农村居民人均纯收入的3.1倍,城乡居民收入差距明显,使得职工医保和新农合的筹资水平相差十倍以上①,必然导致了不同医保制度间保险待遇相当的差距。(2)主管部门归属问题。当下,职工医保和居民医保隶属于人社部门管理,新农合由卫生部门管理。整合后的医疗保险由哪个部门管理,卫生部门和人社部门看法迥异。卫生部门认为:

___

① 据中国社科院2012年发布的《社会保障绿皮书》及《中国社会保障收入再分配状况调查》"按2000年不变价格计算,2010年职工基本医疗保险制度的筹资水平是人均1331.61元,新型农村合作医疗的人均筹资为126.24元,前者是后者的10倍以上。"参见《中国医疗保险筹资水平差异悬殊 保险待遇差距巨大》,2013年12月22日人民网,http://society.people.com.cn/n/2013/0225/c1008-20592385.html?_fin。

应"一手托两家",权责统一,统筹管理医疗保险和医疗服务,利用专业技术优势,保障公民健康。人社部门则认为,医疗保险管理归属于统一的社会保障部门管理,不仅名正言顺,而且自身与医疗机构没有利害关系,有利于保障基金安全。两部门各有利弊,管理权归属久议不决。(3)医疗资源分配不均,我国城乡医疗资源分配不均,在城乡差距、地区差距明显的地区,城镇居民住院服务利用和费用水平均明显高于农村居民,制度整合后可能会形成医保基金从农村到城市逆向补贴①。

　　当然,城乡居民实现公平医保也存在着有利因素:(1)社会各界形成共识,基本医疗保险制度分割、人群分设②,无论是中央还是地方,不管是人社部门还是卫生部门,不管是人大还是政协,有关医保整合的提案屡见不鲜,据媒体报道"2011 年全国两会的提案议案中,有 1/3 与医保统筹有关。"③(2)中央政策导向,整合城乡医保是两届政府推动医保发展的明确决策。党的十八大报告要求"统筹推进城乡社会保障体系建设","整合城乡居民基本医疗保险制度"。《中共中央关于全面深化改革若干重大问题的决定》、《"十二五"期间深化医药卫生体制改革规划暨实施方案》、《关于深化收入分配制度改革的若干意见》以及《中华人民共和国国民经济和社会发展第十三个五年规划纲要》和 2016 年 1 月国务院《关于整合城乡居民基本医疗保险制度的意见》的"路线图""时间表"要求。(3)学术界形成共识,整合城乡医保,建立更加公

---

①　有学者调研发现,2010 年,该市某区 14% 的城镇居民使用了 22% 的医保基金,2% 的二档参保人员使用了 12% 的基金,其中 82% 是城镇居民;基金从农村到城市逆向补贴 662.49 万元。参见刘平安:《医保"农帮城"现象需警惕》,载《健康报》2013 年 4 月 28 日。

②　如全国人大代表在《关于新型农村合作医疗与城镇居民医疗保险两制合并的建议》提案中即指出:"相对于新型农村合作医疗,城镇居民医疗保险的人均筹资水平、补偿待遇较高。但是,城镇居民医疗保险的个人缴费金额和补偿起付线较高,导致城镇灵活就业人员对居民医疗保险产生不满。城乡医疗保障的差异,产生了新的社会矛盾。"参见李爱青:《关于新型农村合作医疗与城镇居民医疗保险两制合并的建议》,见 2013 年 12 月 22 日 http://lianghui.people.com.cn/2012npc/GB/17378755.html。

③　刘涌:《重复参保率超 10%:医保城乡统筹迫在眉睫》,载《21 世纪经济报道》2012 年 2 月 15 日。

平的医疗保障制度大势所趋,即使管理权归属存在争议的卫生部门和社保部门,也均认为整合三大医保制度,建立城乡一体化的医疗保险制度是必然的发展趋势。现在分歧不在于整合城乡医保的目标及其必要性,而在于整合的路径如何设计。

通过整合城乡医保制度进行体制机制创新,推进公平医保实现,成为理论探讨难点以及实务部门取经学习的明星"样本",公推广东东莞、陕西神木和福建三明的医保整合和体制机制创新实践。三地不仅是整合城乡医保的优秀"样板",也是当地经济社会发展的软实力"名片"。以改革的时间顺序排列,课题组根据实地调研结果,总结三地城乡医保体制机制创新成果,以及推进公平医保之实践经验。

一、东莞经验:"渐进式"整合与公平医保之路

东莞市是广东省经济发展水平较高的地市,城乡差别不大。2013 年末全市户籍人口 188.93 万人,常住人口 831.66 万人,其中城镇常住人口738.10 万人,人口城镇化率为 88.75%。2013 年东莞国民生产总值5490.02 亿元,全年城市居民人均可支配收入 46594 元,农村居民人均纯收入 27214 元。2013 年东莞全年的财政收入 974.16 亿元,市公共财政预算收入 409.01 亿元,市公共财政预算支出 450.73 亿元,其中,一般公共服务支出 23.80 亿元,公共安全支出 33.65 亿元,教育支出 71.81 亿元,社会保障和就业支出 13.53 亿元。2013 年东莞全市基本医疗保险参保总人次为618.09 万人次。年末全市有医疗机构 2254 个,其中三级甲等医院 8 所,门诊、诊所、医务室、卫生站、社区卫生服务机构等基层医疗机构 2132 个。全市卫生技术人员 4.21 万人,医疗机构病床 2.57 万张。全市建成并投入使用的社区卫生服务中心(站)389 个。①

---

① 以上数据来源于《2013 年东莞市国民经济和社会发展统计公报》。

东莞市在医保制度建设和改革方面有着较为清晰的历史变迁和丰富的实践经验,他们大胆创新,先行先试,提出了很多超前的医保发展理念,并落实于医保制度。2013 年 9 月 17 日课题组走进东莞市,对东莞市整合城乡医疗保险制度进行了为期一天的调研,并对东莞市社会保障局负责人及其行政管理团队进行了小组讨论式调研。

(一)为何选择东莞

东莞敢为人先、先行先试,坚持"人人享有基本医疗保障"的基本理念,在全国率先建立城乡一体的基本医疗保险制度,而且,降低了基本医疗保险筹资水平,较好实现了"保基本"的医保制度目标,走出了一条独具特色的东莞医保发展之路,在国内产生了巨大的示范效应,为全国创新医保制度提供了可资借鉴的经验。多年来,东莞市统一城乡医保的经验已经成为全国各地基本医保改革实务部门学习的楷模。

东莞建立城乡一体的基本医疗保险制度,成为相关学者们聚焦研究的热点地区。① 长期跟踪研究医保的学者岳经纶给予东莞医保经验很高的评价:"东莞人口结构年轻人占比较高,财政实力雄厚,这是东莞城乡医保统一的有利条件。但是,更重要的是,我们要清楚地看到东莞整合城乡医保的做法代表着新的理念和未来发展趋势。"②"2008 年东莞建立的全市统一的社会医疗保险制度,这在全国尚属首次,具有重要的标本意义"。③

---

① 参见岳经纶:《社会政策与"社会中国"》,社会科学文献出版社 2014 年版,第 175—180页。顾海、李佳佳:《中国城镇化进程中统筹城乡医疗保障制度研究:模式选择与效应评估》,中国劳动社会保障出版社 2013 年版,第 146—148 页;仇雨临、翟少果:《城乡医疗保障制度统筹发展研究》,中国经济出版社 2012 年版,第 81—85 页。

② 岳经纶:《社会政策与"社会中国"》,社会科学文献出版社 2014 年版,第 180 页。

③ 岳经纶:《社会政策与"社会中国"》,社会科学文献出版社 2014 年版,第 176 页。

（二）可能复制的"东莞经验"

根据东莞市社会保障局负责人介绍和总结,[①]东莞整合城乡医保走了一条"渐进式"整合之路,历经五个阶段的发展:第一阶段是探索准备阶段(1992年3月—2000年4月),1992年,东莞市就开始自发探索建立市属企业职工医疗保险制度,按照职工工资总额6%征收医疗保险金(其中单位缴纳4.5%,个人缴纳1.5%),并对筹资、待遇支付、定点医疗机构管理等进行三次机制改革,于1999年底完成了社会统筹大病医疗保险制度的探索工作。第二阶段是打破职工户籍界限建立城镇职工基本医疗保险制度(2000年4月—2004年6月),在国务院1998年颁布《关于建立城镇职工基本医疗保险制度决定》的大背景下,东莞医疗保险制度改革进入高速发展时期,于2000年打破职工户籍界限,将外来务工人员纳入城镇职工基本医疗保险制度覆盖范围,享有与本市户籍的职工同等的医疗保险待遇。第三阶段打破城乡居民户籍界限,建立统一的城乡居民基本医疗保险制度(2004年7月—2008年6月)。2004年6月,东莞根据经济社会发展实际,按照职工基本医疗保险模式,并衔接和吸收新农合制度,建立了"农(居)保基本医疗保险制度",筹资设置了A、B两档,让各居(村)民委员根据自身实际,统一选择一个档次参保。2007年7月取消A、B两档筹资之分,统一为B档,最终实现农村户籍居民和城镇户籍居民医保筹资和待遇的统一。第四阶段打破就业和非就业界限,统一职工医保与城乡居民医保制度(2008年7月—2013年9月),根据2008年《关于建立东莞市社会基本医疗保险制度的通知》的要求,2008年7月1日起,东莞市按照

---

① 课题组访谈时,时任东莞市社会保障局负责人介绍和总结,并提供总结资料《东莞市基本医疗保险工作的过去、今天、未来》、《医保改革十年,情系百姓健康——走向"人人享有基本医疗保障"的东莞医保模式》(东莞市社会保障局2010年9月1日编)、《东莞市基本医疗保险文件汇编》(2009年版,东莞市社会保障局2009年7月编印)、《整合"金卡"、"银卡",走向"公平全民医保"》(2013年8月东莞市社会保障局编写的医疗保险新闻通稿)。

"统一制度、统一筹资标准,基金实行市级统筹、统收统支、调剂使用"的原则,用一个统一医保制度覆盖所有人群,包括全市职工、按月领取养老金的老人或失业人员、全市灵活就业人员、城乡居民以及大中专院校学生。第五阶段是走向"公平全民医保"(2013年10月至今),2013年8月东莞市制定了《东莞市社会基本医疗保险规定》、《东莞市补充医疗保险办法》。从2013年10月1日起,东莞市基本医疗保险打破"金卡"与"银卡"界限①,打破补充医疗保险以单位性质区分参保的限定,所有基本医疗保险的参保人,均可以用人单位或村(社区)为单位统一参加补充医疗保险,实现了"保基本、多层次、重公平、可持续",走向"公平全民医保"。

东莞市历经20年"渐进式"的医保制度改革,最终统一了城乡基本医保,并基本上实现公平全民医保,其经验具有标本意义。"东莞经验"可能为其他地方借鉴的有:②

1. 统一城乡医保管理和经办体制,保证整合城乡医保政策有效执行。2004年,在试点新农合制度时,考虑卫生部门需要新的管理平台和新的经办队伍,为了节约管理和经办服务资源,当时的东莞市委市政府决策将新农合划归东莞社保局管理,充分利用社保局的组织队伍、服务网络和技术力量。这样,东莞从节约管理资源角度出发,先行统一了城乡医保管理体制。正如东莞社保部门干部分析:"新农合制度建设伊始,东莞社保部门认为新农合属于医疗保险,市政府支持社会保障局将新农合管理起来,所以,东莞城乡医保管理体制一开始就统一,一直没有分开过……社保局是全体人民的社保局,包含城镇职工、农民、居民、外来人口,所有人的社会保障都交给我们,再也不是用职工的眼光观看农民,也不是用农民的眼光看居民。"城乡医保管理体制统一,

---

① 在东莞市,2008年建立的城乡统一基本医疗保险中,"金卡"覆盖市属企业职工,采取"统账结合"模式,缴费率为9.5%,单位缴费6.5%,个人缴费2%,1%为补充医疗保险;"银卡"覆盖镇区企业职工以及个体经济组织从业人员,由单位缴费2%,个人不缴费,建立"门诊住院双统筹"模式。

② "东莞经验"总结根据课题组访谈记录以及东莞社会保障局提供的总结性资料。

医保经办服务体系也统一建设,特别是城乡医保与其他社会保险联网在统一的信息系统里。东莞社会保险经办信息系统的人性化、社会化、阳光化服务理念和服务标识是"记录一生、管理一生、服务一生、跟踪一生"。城乡医保管理、经办和信息系统的统一与领先,使得东莞城乡医保整合步步领先,从2004年起,就借鉴职工医保制度框架,实行城乡医保的统一管理、统一经办、统一信息、统一医保目录、统一定点医疗服务机构管理、统一基金调剂,走上了整合城乡医保制度的"快车道",成为全国最早实现城乡医保制度一体化的地方。

2. "渐进式"整合路径,逐步实现城乡三项医保制度统一。东莞在20世纪80年代以来,凭借比邻港澳的区位优势,吸引大批外来人口来东莞工作,形成了加快城乡经济社会一体化转型的社会结构和人口结构条件,快速发展为东莞市加快形成城乡医保一体化体制机制提供了有力的经济社会条件。但是,面对我国计划经济体制下城乡分立的基本医保格局,东莞市推进城乡医保一体化不是一天建成的,需要突破诸多体制机制藩篱,既没有捷径可走,也无预定路线,更无前人经验可资借鉴。东莞社保渐进性探索创新,创新医保体制机制,分"四步走","四次打破"了参保人的身份、职业、地区限制,"四次创新"城乡医保制度筹资和待遇支付制度,一步一个脚印,踏石留印,历经20年,最终成就城乡医保制度的统一,并实现了公平医保。

3. 创新筹资"双轨过渡"模式,渐进提高待遇,最终实现城乡三项医保待遇的统一。参保筹资和待遇支付是基本医保制度的两个核心环节,地方整合实践一再证明,在我国经济社会由二元结构向一元结构过渡过程中,整合多重标准交叉分类的筹资参保和待遇支付制度,是整合城乡医保制度的关键性难题。"整合"城乡医保的筹资和待遇支付制度,关涉城乡一体化发展的"渐进性"和地区发展的"不平衡性",做到着眼长远、量力而行,要从整个医保制度体系上激浊扬清,设计一体化"有差别的统一"的医保筹资和待遇规范。东莞市"渐进式"整合城乡医保制度,通过"四步走"、"四次创新"城乡医保筹资和待遇支付制度,针对城乡不同职业参保人群的收入和社会经济状况,设计筹资的"双轨过渡"模式,缓步、渐进性地实现了城乡医保统一筹资。同时,渐进地提高城乡医保待遇,做到医保待遇可持续发展,最终实现城乡三项医保待遇支付统一。[1]

(1)1999 年,创新职工基本医疗保险筹资方式和待遇支付方式,建立统账结合(缴费率为 9.5%,单位缴费 6.5%,个人缴费 2%,1% 为补充医疗保险)与单建统筹(镇区企业职工以及个体经济组织从业人员,由单位缴费 2%,个人不缴费,建立"门诊住院双统筹"模式)并举模式,尤其是住院基本医疗保险的设立,在缴费水平与保障水平之间取得平衡。

(2)2004 年,创新农(居)民基本医疗保险筹资和待遇支付模式,建立农(居)民基本医疗保险缴费 A、B 档(和职工基本医疗保险筹资基本持平)制度,既适应了不同镇、街经济发展水平需要,还通过由 A 档向 B 档的转换,缩小了农(居)民基本医疗保险和职工基本医疗保险的缴费差距,为顺利实现三项医保制度整合和统一打下了基础。

(3)2008 年,创新东莞市社会基本医疗保险制度全民平等参保和待遇支付制度。按照"多方筹资、财政补贴"原则,统一基本医保保险费费率、量能负担,并明确了政府、单位与个人的参保缴费责任。参保人待遇支付包括:住院、特定门诊、社区门诊以及生育医疗费。待遇报销标准统一,住院发生的基本医疗费,按照医疗费用花费额度累退比例报销,基金分别核付 95%(不足或等于 5 万元,退休人员报销100%),75%(5 万元以上不足或者等于 10 万元,退休人员报销80%),55%(10 万元以上不足或者等于 15 万元,退休人员报销60%),45%(15 万元以上不足或者等于 20 万元,退休人员报销50%)。特定门诊基本医疗费按照不同病种,医疗费限额从 4000—60000 元/年不等,支付比例为75%(退休人员 80%)。社区门诊发生的基本医疗费,基金按 70% 支付,不设起付线和封顶线。生育医疗费待遇是,剖宫产一次计发 3500 元,经产道分娩

一次性发 2000 元。课题组访谈调研时东莞市社保局分管副局长帮我们分析："东莞基本医疗报销设计,站在巨人肩膀上吸取参考其他国家和地区是医保经验,也遵循卫生经济和社会医疗保险学原理设计,东莞市测算每年住院花费超过 20 万的只有四五个人。而且,医疗社会保险学认为,超过 20 万的浪费一大半,治疗是无价值的。东莞的报销比例设计突出基本医疗服务,超过基本医疗服务的,由医疗救助和多层次医保解决"。

表 3　东莞市社会基本医疗保险缴费比例表(2008—2013 年)①

参保人类别	待遇形式	缴费费率			
		单位缴费	个人缴费	财政补贴	合计
职工	住院	2.0%			3.0%
	门诊	0.3%	0.5%	0.2%	
灵活就业人员	住院		2.0%		3.0%
	门诊		0.8%	0.2%	
城乡居民大中专学生	住院		1.0%	1.0%	3.0%
	门诊		0.5%	0.5%	

　　(4)2013 年,打破"金卡"与"银卡"界限,基本医疗保险与补充医疗保险分类实施,基本医疗保险缴费降低,人人公平享受。在基本医保公平基础上建立多层次医保制度,兼顾多样化医保需求。首先,对所有参保人实施"双统筹"(住院统筹和门诊统筹)的基本医疗保险制度,所有参保人同缴费、同保障,享受相同财政补贴,更好地体现基本医疗服务均等化、公平享受。基本医疗保险费筹资总费率调低为 3%。待遇支付包括社区门诊、住院、特定门诊以及生育医疗费用等基本医疗保险待遇,年度最高支付限额为 20 万元。其次,所有基本医疗保险参保人(打破了补充医疗保险以单位性质区分的参保规定)均可以用人单位或者村(社区)为单位统一选择参加住院补充医疗保险,

---

　　① 数据来源于东莞市社会保障局 2009 年 7 月编印:《东莞市基本医疗保险文件汇编》(2009 年版)。

补充医疗保险筹资由 1% 调整为 6.5%（其中，住院补充医疗保险 2.0%，医疗保险个人账户 4.5%）。住院补充医疗保险待遇支付包括超限额医疗费用补助、自费项目补助、特定门诊补充病种待遇、提高部分基本医疗分段保险比例、生育津贴。医保个人账户支付本人及其家庭成员在本市定点医药机构就医购药规定范围内的医疗费用，以及按规定支付住院自费医疗费用。

4.对医疗服务的监督实施精细化管理，建立分级诊疗制度，通过规则制衡和谈判机制保证医保待遇支付良性运行。东莞对医疗服务的监督和管理看重标准化、专业化的机制建设。一是东莞建立了专业化的社区医疗机构，社区医疗机构对社区门诊统筹基金实施总额包干。社区医疗机构的功能是健康管理、首诊负责、转诊分配。二是区分营利医疗机构和公益性医疗机构的定位，公益性医疗机构要"因病施治"，解决基本医疗问题，解决公平问题，并控制医疗服务费用。东莞社保局负责人分析："医疗服务不是一个微观经济学能够解决的普通商品问题，是技术密集型行业，存在技术垄断下的主导甚至诱导需求定律，国家基本医疗保险有必要建立制度，控制基本医疗服务及资源恣意……公益资源得因病施治，重在基本医疗，重在公平，公益资源不能有钱就看病，公益资源若用钱的办法则永远看病难、看病贵。"三是对住院统筹基金费用的监管实施"总额预付制"下的"分时分类付费法"、"医疗费用按大小排序报销法"（挤去小额病人住院医疗费用），社保局与医院就总额和按月的医疗费用实施谈判，照顾医院医疗服务习惯，基本根除了总额预付制下推诿病人的弊端。

（三）"东莞经验"对整合城乡医保、实现公平医保的启示

转型期中国，城乡医保制度渐进性构建 30 余年，相关基本医保的经济社会政治体制的基础性、战略性问题尚未解决，城乡三项医保制度以城乡不同户籍、不同职业为经，以区域为纬，部门政策与地方政策条块分割，形成了医保制度体系。面对农村和城市劳动人口跨城乡、跨地区、跨部门流动的新常态，通

过整合城乡医保制度,是我国医保制度走向公平和可持续发展的必由之路。如何整合,东莞在全国是"排头兵",其秉持"人人享受基本医疗保障"的理念和目标,不断探索,实现公平医保,对全国整合城乡医保具有借鉴意义,对完善社会保险法和制定"基本医疗保险条例"都有启示意义。

1.整合建制有目标、有规划、有具体制度保证落地。"人人享受基本医疗保障"目标使得东莞市整合城乡医保制度有长远规划,有实施路线图和实施步骤,有具体制度保证规划落地。课题组与东莞社保局相关管理、经办服务人员小组访谈讨论中,"人人享受基本医疗保障"的理念和目标被大家不断提及①:"东莞医保制度建设最大的特点是,以'人人享受基本医疗保障'为理念和目标,使得东莞在改革城乡医保不同历史发展时期都围绕这一目标制定规划、设计制度,经过 2000 年、2004 年、2008 年、2013 年的四次改革逐步实现了全民公平医保。""整合城乡医保不是钱的问题,是观念的问题,要看未来,看医保发展的方向,要按照基本医疗保险大数法则建立医保制度。""东莞没有新农合、城镇居民医保的概念,东莞一直瞄着社会基本医疗保险制度建设努力,2008 年东莞不分职业群体建立统一社会医疗保险制度,主要体现参保人公平。""基本医保的公平,有几个层面上的公平,一是参保机会上的公平;二是缴费水平上的相对公平,对个人来说,能够量能负担和承受;三是基本医保待遇的公平;四是补充医疗保险制度参保权利的公平。东莞几次基本医保制度改革,就是一步实现一个层次的公平。"

正是深植于东莞医保人心中的"人人公平享受基本医保"的理念,使得东莞城乡医保制度建设有长远规划,阶段制度改革有基本原则,以参保人公平参保为突破口,打破城乡户籍和职业界限,由差异化公平逐步过渡到实质公平,统一了医保制度、统一医保待遇、统一基金调剂使用、统一管理服务,最终实现了城乡居民统一的公平医保。

---

① 参见附录 3:访谈信息和访谈记录列表,课题组访谈记录 2。

2. 明晰基本医疗保险与补充医疗保险的界限,基本医疗保险筹资降低,所有参保人公平、可持续地享受基本医保待遇。对于什么是基本医疗保险,理论界就概念泛泛介绍,乏见全面深入论证。近年来,自下而上、自上而下地推进整合城乡医保制度,都在强调"增强公平性"。但是,如何增强公平性一直缺乏明确的、成熟的理念,也缺乏可操作的制度设计。东莞基本医保制度建设的核心人物之一介绍了东莞市社会保障局对"基本医保"的认识:"一是制度下每个人有平等参保权;二是人人享有基本医疗保险待遇;三是保障基本医疗服务,基本医疗服务要'因病施治,不能因钱施治';四是政府承担一定责任;五是可持续发展,符合这五条才叫基本社会医疗保险。"①基于对"基本医保"理念清晰和详细论证,东莞市 2013 年对基本医保制度进行了进一步的改革,改革的基础是明确基本医保的筹资和待遇支付的公平,并在基本医保公平基础上构建了补充医疗保险制度。其基本医保制度的"公平性"构建从如下几个环节着力:一是筹资公平,所有参保人,无论城乡户籍、无论职业,强制在同一缴费费率下量能负担基本医保保险费;同时,降低基本医保筹资,财政对于不同收入人群予以不同补贴,保障基本医保筹资的可持续性。二是待遇公平,所有参保人享受公平、普惠的基本医保待遇。三是基本医保经办机构对基本医疗服务的提供进行精细化管理和监督。四是基本医疗服务实行分级诊疗,并厉行公平分配规则。五是在基本医保基础上构建补充医疗保险,取消只有公务员才能参加的补充医疗保险制度,建立参保人自愿公平参加的补充医疗保险制度,以满足参保人非基本医疗保险需求。

3. 基本医疗保险性质决定了基本医疗服务的提供要以分级诊疗为基础,并严格予以监控,才能落实基本医保的公平分配。"基本医疗服务"是指在参保者患病时,能得到提供给他的、能支付得起的、与经济社会发展水平相适应的、适宜的医疗服务,包括基本药物、基本诊疗项目、基本医疗服务设施标准以

---

① 　参见附录 3:访谈信息和访谈记录列表,课题组访谈记录 2。

及急诊、抢救费用。这一综合性概念在基本医疗保险制度建设中,需要依据大量的社会保险法和基本医疗服务的行政法规、规章等来规范和界定。我国基本医疗保险制度建设中,依靠"职工基本医疗保险药品目录、基本医疗保险诊疗项目、基本医疗服务设施标准"等三项目录来框定"必须"的"基本"医疗服务以及基本医疗保险金的支付范围。基本医疗经办机构有义务为所有参保人提供基本医疗服务保障。但是,基本医疗保险的基本医疗服务给付是专业性、技术性较强的医疗服务工作,基本医保经办主体需要委托医疗专业机构来完成基本医保待遇支付,同时,监督医疗服务机构按质按量向参保人提供基本医疗服务,并且监控医疗服务机构"诱导需求"的过度逐利行为。此外,还得控制数量庞大的被保险人道德风险。因此,基本医疗服务的给付环节集中医保、医院、医生和患者等诸多当事人利益及其利益博弈,是考验基本医疗保险制度是否设计科学、是否公平的最为复杂的环节。各国一般都靠透明化、明确化、法制化的医保给付谈判机制、分级诊疗制度、医保经办监控制度的精细设计以求平衡各方利益。当下,我国各地基本医疗保险制度由于基本医疗保险服务给付环节制度不够精细、还有一些地方分级诊疗建制落后、医疗服务机构有的突破基本医疗三项目录提供"目录外"医疗服务等,人为地助推医疗费用过大,侵犯了基本医疗被保险人的利益。东莞在整合和改革基本医保制度的长期实践中,努力探索医保支付谈判机制、分级诊疗制度和专业化、信息化的基本医疗保险监控机制,保证东莞市基本医保在相对较低筹资水平下,实现了被保险人公平普惠享受基本医疗服务。虽然,东莞还没有做到尽善尽美,但是,努力探索做到这一步,实属难能可贵。

二、神木经验:专人负责制下的"组合式"整合与公平医保之路

神木县位于陕西省北部的榆林市,榆林市整体上属于典型的欠发达地区。尽管神木县近年来由于大量发现和开发煤炭和石油,成为当地首屈一指的富裕县,由于其所处的整体区域属欠发达地区,因而有学者将神木县称之为"嵌

入型"富裕地区。① 2015 年末,神木县常住人口 45.92 万人,按常住人口计算,城镇化率达 68.9%。2015 年,神木全县实现地区生产总值(GDP)968.24 亿元,人均地区生产总值(按常住人口计算)210991 元。全年实现财政总收入 176.88 亿元,根据抽样调查,城镇居民人均可支配收入 32610 元,农民人均纯收入 13622 元。2015 年末神木全县参加基本医疗保险 448234 人,其中,城镇居民参加基本医疗保险 87500 人,农村参加新型农村合作医疗 293318 人。全县有各类卫生机构 381 个,其中医院、卫生院 38 个,卫生防疫防治机构 1 个,妇幼保健机构 1 个。卫生机构拥有床位 2458 张,其中医院病床 2254 张,拥有卫生技术人员 3153 人。②

2013 年 12 月 7 日课题组专门赴神木县进行了为期一天的整合城乡医保的专题调研。

(一)为何选择神木?

《社会保险法》确定了城镇职工基本医疗保险、新型农村合作医疗、城镇居民基本医疗保险"三大板块"所组成的基本医疗保险制度。然而,不同户籍、职业适用不同的医保制度,享受不同的待遇,不利于社会公平。因此,党的十八大报告、十八届三中全会审议通过的《中共中央关于全面深化改革若干重大问题的决定》将"增强公平性"列为基本医保制度建设的三项方针之首③,明确要求建立更加公平可持续的基本医保制度。

一直以来,我国将整合城乡基本医保管理体制作为实现公平医保的突破口,在管理体制整合的基础上推动三项城乡医保制度的逐步整合,最终消

---

① 朱光喜:《"嵌入型"富裕地区政策创新:空间限制与行动策略——以神木"免费医疗"政策为例》,载《公共管理学报》2013 年第 2 期。

② 以上数据来源于《2015 年神木县经济社会发展统计公报》。

③ 党的十八大报告和十八届三中全会公报均提出:"要以增强公平性、适应流动性、保证可持续性为重点,全面建成覆盖城乡居民的社会保障体系",同时,明确"整合城乡基本医疗保险制度"是"今后一个时期我国社会保障制度的改革的重点任务"之一。

除城乡差异①。早在 2007 年,国务院在《关于开展城镇居民基本医疗保险试点的指导意见》(国发〔2007〕20 号)中就提出:"鼓励有条件的地区结合城镇职工基本医疗保险和新型农村合作医疗管理的实际,进一步整合基本医疗保障管理资源"。2009 年中共中央、国务院发布的《关于深化医药卫生体制改革的意见》中重申:"探索建立城乡一体化的基本医疗保障管理制度"。2013 年 3 月,国务院办公厅发布关于实施《国务院机构改革和职能转变方案》提出要在 2013 年 6 月底前完成"整合城镇职工基本医疗保险、城镇居民基本医疗保险、新型农村合作医疗的职责"。但是,2013 年底,"整合由哪一个部门承担"没有敲定,整合城乡三项医保制度在各地艰难推进。

神木县却早已跨越管理整合、制度整合的过程直接实现了医保城乡公平。

2009 年,神木县以实施"免费医疗"政策整合城乡医保,并跨越式实现了城乡居民公平医保。神木县在城乡医保整合政策推进缓慢、地方探索整合城乡医保困难重重之际,以"免费医疗"高调整合了城乡医保,自然引起社会各界的广泛关注和讨论,一时间也褒贬不一。神木县的政策一开始实施,就有大量批评和否定的舆论:连东部发达地区都没有搞"免费医疗",一个西部的小县城搞"免费医疗"过于超前,②持这种意见的还包括榆林市的领导和上级相关部门的官员。③

另一方面,对神木县的改革创新,也不乏支持者,当时卫生部领导考察神木"免费医疗"后,给出的评价则是神木"医改"是民生建设重大创举,全民免

---

① 王东进认为:"增强医保制度的公平性,首先就要实现制度的统一,制度统一才能确保公平,这是健全医保体系的核心要义。""实现基本医疗保险城乡统筹可以采取'三步走'的方式:第一步,整合管理资源,实现一体化管理;第二步,实现行政管理的统一;第三步,实现制度融合"。参见王东进:《全民医保隐忧待解》,载《医药经济报》2013 年 7 月 3 日;王东进:《加快基本医保城乡统筹的步伐》,载《人民日报》2012 年 5 月 15 日。

② 黄哲雯:《"全民免费医疗"也许"超前"了些》,载《工人日报》2009 年 5 月 19 日。

③ 薛春生、葛蕃:《神木免费医疗变奏曲》,载《榆林日报》2010 年 1 月 19 日。

费医疗模式可以推广。① 劳动和社会保障部领导考察神木时也指出,神木"全民免费医疗"就其制度框架和基本内涵仍属于基本医疗保险制度的范畴,并对神木在一定程度上打破了城乡二元结构,打破了身份界限、深化医药卫生体制的改革、卫生资源得到合理布局等"神木经验"予以肯定。②

从整合结果上看,神木县的"免费医疗"政策仍然在不断完善中。

2009年神木因"免费医疗"而为社会所关注,但无论政府、舆论还是学界,多将视线聚焦于"免费",探讨其可持续性和可复制性,而忽略了其以强力财政政策支持整合城乡医保背后的制度设计。那么,神木是如何跨越式整合城乡医保制度并实现城乡公平? 又能为我国医疗保险制度改革发展带来怎样的示范作用?

(二)可复制的"神木经验"

2005年神木县实施了新型农村合作医疗制度,2006年自发实施了城镇居民医疗保险制度。由于中央实施城镇居民医保的政策2007年才出台,因此,在全国政策出台之前,神木城镇居民已经通过参加新农合实现了全民医保。2009年3月1日,神木实施"免费"医疗制度,从其制度运行实际看,"免费医疗"的称谓并不准确。如2012年神木免费医疗制度下人均住院实际报销比例县内医院为84.63%,县域外就医为53.31%,③因此,神木免费医疗制度应称为"保障水平较高的医疗保险制度",即只要参加城乡合作医疗和职工基本医疗保险,不论农民、城镇居民,还是干部职工,住院后的起付线、报销范围、封顶

---

① 参见中央电视台 2010年全国"两会"特别节目《小丫跑两会》3月11日节目中主持人对时任卫生部部长陈竺的采访。认为神木县"免费医疗"可以推广的依据是:神木县每年约投入1.2亿—1.5亿元,按40万人口计算,人均投入不到400元,这是很多富裕县的财政能力可以承担的。

② 王东进:《走进陕西神木,静观"免费医疗"》,载《中国医疗保险》2010年第9期。

③ 本文有关神木免费医疗数据来源于神木县卫生局2013年编印:《2013年神木县全民免费医疗工作汇报材料》。

线都是一个标准,享受的医疗待遇完全相同,从实质意义上实现了公平医保。从路径上看,神木没有经历城乡医保管理机构整合,而是通过制度组合和强力财政支持实现了公平医保,"神木经验"也具有样板意义,可为其他地方借鉴的有:①

1. 专人负责下的跨部门医保管理体制。神木实行的是县委县政府领导、卫生部门主管、相关部门配合、医保经办机构运行、城乡居民参与的跨部门组织管理体制。2008年成立了专项领导机构——"神木康复工作委员会",委员会主任由县委书记担任,县长、分管县委副书记、副县长和县卫生局局长担任副主任,县委宣传部部长、县委办公室主任、县政府办公室主任、县财政局局长、县人力资源和社会保障局局长担任委员会成员,负责政策制定、工作协调、长期规划和年度计划等。康复工作委员会在卫生局下设办公室,负责总体协调和落实各项工作。具体实施单位是医保办和合作医疗办,医保办负责经办城镇职工免费医疗的各项工作,合作医疗办负责经办城乡居民免费医疗的各项工作。

2. 多基金的统筹模式。社会保障具有再分配功能,而且基金规模越大,抗风险能力越强。但是,神木并没有将两大基金合并,一方面维持城镇职工筹资和补偿水平基本不变,另一方面增加政府对城乡居民医保的补贴,进而拉平两大制度的待遇差距,最终彻底打破了以往农民、居民、职工、干部医疗保障待遇不同的局面,真正体现了医疗保障待遇的公平性。

3. 政府财政的强力支持。为实现"免费医疗",神木为城乡居民医保提供了强力财政支持,2012年,城乡居民免费医疗共筹集资金2.27亿元,其中,城乡居民个人筹资370万元,陕西省投入财政5805万元,神木县财政投入专项资金1.69亿元,人均615元。当然,即使神木当地官员也认为每年1.69亿元的医保投入在其他地方没有复制可能性。但需要注意的是,这1.69亿不是绝

---

① 参见附录3:访谈信息和访谈记录列表,课题组访谈记录3。

对的投入数字,第一,神木城乡居民个人承担了极低的医保缴费水平,每人每年仅 10 元,而 2014 年全国人均筹资水平已经达到 70 元。第二,神木县内就医参保者只承担起付线以下部分,其余合规费用全部由医保基金 100% 报销。但这一制度设计从社会保险理论和各国实践看,不利于控制患者医疗费用,也不应予以提倡。所以,综合这两项,公平医保的投入应少于 1.69 亿元。第三,神木跨越式直接实现公平医保,对于经济发展水平较低的地区,可以制定合理规划,渐进式增加投入。中央政府逐年增加新农合筹资水平也体现同样的思路。①

(三)神木实现公平医保的启示

1.专人负责制是管理体制整合的实质。神木并没有像其他地区那样,整合城乡医保后将医保管理体制确立由单一的行政部门主管医疗保险,而是采取政府主要领导人负责制下的跨部门协作管理体制。其优势在于:第一,从改革的动力和资源看,政府主要领导人负责制下跨部门管理体制的核心是"县委书记负责制",在神木,免费医疗是县乡"一把手"主抓的"民心工程",是当地"十大惠民工程"之一。与单一部门管理体制相比,"一把手"的直接管理,能最大程度上激励部门主管,同时调动财政等部门的资源,为公平医保提供有力保障。例如为解决社会保障的可持续发展,2011 年神木启动了医疗卫生等三大慈善基金募捐活动,共筹集 19.07 亿元,这在单一部门管理体制下,是难以想象的。第二,从改革的阻力看,对于地方政府来说,不仅面临着与中央政府同样的卫生部门管好还是社保部门管好的两难选择,同时,还要面对整合后与上级主管部门对接的实际困难,无论城乡医保交给哪一个主管部门,都会面

---

① 根据医改"十二五"规划,到 2015 年,城镇居民医保和新农合政府补助标准提高到每人每年 360 元以上,个人缴费水平相应提高,探索建立与经济发展水平相适应的筹资机制。职工医保、城镇居民医保、新农合政策范围内住院费用支付比例均达到 75% 左右。

临上级另一方主管部门的不解、指责①。神木回避了管理权问题,在尊重历史迁延的前提下,最大程度地尊重了部门利益,也就减少了改革阻力。第三,整合城乡医保管理体制,目的在于解决城乡居民重复参保、财政重复补贴,医疗机构疲于应对不同的药品目录、诊疗目录和管理要求的问题。在神木,合作医疗办和医保办将参保信息统一交付康复办,由康复办汇总剔除重复参保人员。而且,康复委员会具有政策制定的功能,有权统一不同医保的待遇标准、信息系统。

2. "组合式"整合路径可成为整合城乡医保的选项之一。2008年4月25日,东莞市政府发布《关于建立东莞社会基本医疗保险制度的通知》,实现了保健干部、职工、居民、农民平等参保缴费,同等享受医保待遇。与神木不同,东莞"整合式"公平医保之路是建立在制度统一、管理统一以及基金调剂使用统一的基础上,实现了深度城乡一体化。而神木则相反,制度、管理、基金都没有统一,而是走了"组合式"公平医保之路。两种模式的优劣在理论上或可探讨,但从实践上看,无疑都是地方政府反复权衡经济发展、人口结构、部门利益等的选择。站在公平医保的目标取向上,"组合式"整合路径可称为整合城乡医保的选项之一。

3. 同病同权、公平医保并非遥不可及。在我国整合城乡医保的政策中,强调管理体制的整合,即把新农合、城镇居民医保、城镇职工医保交由一个部门主管或一个经办机构经办,真正实现保障待遇政策统一、保障水平统一。但是,保健干部、职工、居民、农民同病同权的并不多见。公平医保的实质内涵在于管理体制,在于如何实现基本医保的再分配公平,在于如何全力整合政府的财政资源和行政资源执行公平的医疗保障政策,以实现对全体国民医疗保险

---

① 如全国政协调研报告曾指出:"坚决制止通过扣减相关项目经费和能力建设补助资金等方式对开展城乡统筹探索的地区进行约束、钳制的行为,消除推进医疗保险城乡统筹的人为障碍。"可从侧面反映这一问题,参见徐梓:《探寻医疗保险城乡统筹之路——全国政协社法委"医疗保险城乡统筹与制度完善"调研综述》,载《人民政协报》2010年6月14日。

权的平等保护,取消一切基于户籍、职业、身份的待遇差异(同病同权)。在基本医保的实质公平上,神木的经验具有启发意义:第一,从筹资上看,2012年陕西省新农合人均筹资365元,神木县城乡居民医保人均筹资615元,也就是说对于筹资水平最低的农民,人均增加250元,就可达到和筹资水平最高的职工相同的保障水平,考虑到新农合是政府和农民共同出资,对于财政收入高、城乡差距小(2009年神木在全国百强县排名59名)、农民收入高的地方完全可以实现。第二,从待遇上看,实质公平、同病同权并不是要降低职工医保的保障水平,也不等于拿职工的钱保障农民。以神木经验为例,神木县所在榆林市职工医保待遇水平为三级医疗机构起付500元,报销90%,二级医疗机构起付300元,报销92%,一级医疗机构起付200元,报销94%,社区卫生服务机构起付为0元,报销94%,最高支付限额10万元①;而神木免费医疗县域外医院参保人起付线为3000元,报销70%,县级医院(神木县人民医院为二级医院)起付线为每人次400元,100%报销,乡镇医院的起付线为每人次200元,100%报销,封顶线为30万元;总体上看,职工在县内就医的医保待遇要高于原有制度,在县外就医低于原有制度,因此,职工医保的待遇并没有降低,同时,职工和农民医保基金统筹分立、互不挤占。可见,实质上的公平医保并非难以实现。在理论上,我国之所以少谈医保实质公平,是因为更多看到了城乡之间巨大的筹资差异。但是如果考虑职工医保是部分积累制,职工的筹资中既包含了当年的缴费也包含了退休的缴费,而新农合和城镇居民医保则是现收现付制,只包含当年的缴费。那么,在政府、农民共同缴费的情况下,在人均250元的筹资差距下实现职工和城乡居民医保实质公平,对于很多地方并非遥不可及。

　　总之,整合城乡医保,"公平"是价值,是追求的目标方向,"整合"是路径。神木经验则表明整合只是路径之一,在不改变现有城乡医保管理体制、制度形

---

　　①　2011年9月30日发布的《榆林市城镇职工基本医疗保险制度市级统筹暂行办法》第10条。

态的情况下,以地方政府主要领导人负责制为管理体制改革的路径,通过组合现有医保管理和经办资源也能实现医保公平。从理论上看,我国初次分配中,城乡收入差距巨大,导致不同医保制度之间待遇水平存在较大差距,作为二次分配的基本医保制度应"更加注重公平",发挥基本医保再分配的基础性功能。但长期的城乡分割已经形成既得利益,不改革引发社会矛盾,改革可能会引发新的社会矛盾。因此,神木经验在于,推动"免费"医疗的过程中,没有改变管理体制,没有改变制度形态,也没有在不同基金之间实现合并互通,而是借助税收所形成的政府财政的强力投入和转移支付,以二次分配矫正医保制度中存在的差距。总而言之,神木组合式公平医保之路可以归纳为:第一步,建立"一把手"负责的跨部门管理体制,对不同制度统一决策。第二步,在卫生部门下设办公室,建立统一的医疗信息交换平台,强制医保经办机构和医疗服务机构交换信息。第三步,在参保人范围内剔除职工参保人,减少政府补贴人数,集中力量补贴城乡居民,以财政转移支付方式拉平城乡医保筹资差距,实现公平医保。总之,神木经验在于基本医疗保险制度的改革,不是集中于城乡医保管理权责的划转和制度的合并,而是以同病同权为目标,以二次分配为主要手段,综合考虑部门间的协调及合作的机制,保障全民基本医保公平享有。

三、"三明经验":"三医联动式"整合与医保公平之路

三明市位于福建省西北部丘陵地带,是一个以农业为主的山区市,所辖12个县(市、区)全部是原中央苏区,经济发展相对滞后,财政比较困难,12个县(市、区)中,有10个县属于省级财政转移支付支持的贫困县。三明市中心则是老工业城市,未富先老特别明显①。改革开放后,三明工业基地逐渐衰落,退休人员财政供养压力巨大,远高于全国水平,职工医保赡养(在职/退

---

① 三明市是20世纪五六十年代,以南下部队和上海迁厂为主要力量建设的工业城市。

休)抚养与 2012 年相比为 1.9∶1(2015 年为 1.73∶1,远高于全国 3∶1 的平均水平)。① 2015 年末,三明全市常住人口 253.0 万人,其中,城镇常住人口 142.4 万人,占总人口比重为 56.3%,全年实现地区生产总值 1713.05 亿元,全年公共财政总收入 130.67 亿元。2015 年全年三明市居民人均可支配收入 20434 元,其中,农村居民人均可支配收入 12806 元,城镇居民人均可支配收入 27393 元。2015 年末,三明全市参加职工基本医疗保险 40.3 万人,参加城乡居民基本医疗保险 220.92 万人;共有各类医疗卫生机构 2809 个,其中医院 42 个,卫生院 123 个,疾病预防控制中心 13 个,妇幼保健院(所、站)11 个。拥有医疗机构床位 13371 张,卫生技术人员 15121 人。②

2015 年 8 月 26 日课题组专赴三明进行了为期一天的专题调研。

(一)为何选择三明

"2009 年三明市的职工医保基金开始收不抵支,至 2011 年形成了 7000 多万元的巨大缺口。与此同时,三明 22 家公立医院中先后有 8 家院长被查出涉及严重的药品腐败。"③职工医保严重亏损、医药腐败问题突出、百姓看病难看病贵"倒逼"三明市开启了医保、医疗、医药"三医联动"的系列"组合拳"改革。三明的"三医联动式"整合与医保公平之路取得效益非常靓丽:"三明市城乡居民个人自付费用由改革前 2011 年的 2194 元下降到 2015 年的 1757 元;22 家县级以上医院医务性收入由 2011 年占总收入 39%的 6.8 亿元,增加到 2015 年占比 65%的 15.3 亿元;医保基金由 2011 年亏损 2.08 亿元扭转为 2015 年结余 12996.8 万元"。④

---

① 资料来源于三明市医疗保障基金管理中心:《医保支付方式改革方案设计》,2014 年编印。

② 上述数据除了特别引用外,参考《2015 年三明市经济社会发展统计公报》。

③ 叶竹盛:《"三明模式":"改革孤岛"的困境》,载《南风窗》2015 年第 7 期。

④ 王宇:《福建三明医改获认可:"三保合一"能否走活全国医改大棋?》,载《21 世纪经济报道》2016 年 9 月 20 日。

三明的"三医联动式"整合和改革,引起中央、国家有关部委和全国媒体、专家学者的广泛关注和讨论,好评如潮。中央和国家领导人及参与国家"新医改"方案的部分专家学者等,从"新医改"视角肯定"三明医改模式"是真改,是触及灵魂、触及深层次问题的改革,改革的总体目标、价值取向、制度设计是完全正确的,在全国是一个非常好的、可复制的模式。①

对三明医改也有不同声音。有的在充分肯定三明"三医联动"增强"新医改"的整体性、协同性、系统性和时效性的经验同时,对三明医改中存在削弱社会保障部门职能、弱化医保在"三医"改革中的基础作用提出不同意见。②有的对三明市"继续沿用行政手段管制医疗服务机构"之做法持怀疑态度,认为三明医改是通过强势政府、铁腕改革来解决,并不是通过社会医保的市场化谈判机制来解决的,这与国家提倡的"简政放权"相违背,③不建立"社会医保谈判定价机制",三明市医保支付机制不会长久。④

"三明经验"取得阶段成果后,福建省和中共中央决策高层高度肯定了三明经验。2016 年 8 月福建省政府办公厅发文在全省推广"三明经验",宣布成立福建省医疗保障管理委员会,委员会主任由分管卫生计生工作的副省长挂帅兼任。随后,福建省委机构编制委员会发文,要求各区市 11 月前成立市医疗保障管理局,归拢医保管理职责。三明样本效应开始放大。⑤ 2016 年 2 月23 日,中央深改组第 21 次会议听取了福建省三明市关于深化医药卫生体制改革情况汇报,⑥经过中央全面深化改革领导小组第 27 次会议审议通过后,

① 参见詹积富:《三明市公立医院综合改革》,海峡出版发行集团、福建人民出版社 2014 年版,第 3 页。

② 参见王东进:《从"三可"视角看三明医改》,载《中国医疗保险》2014 年第 12 期。

③ 参见梁春武、王泳:《三明医改启示录》,载《人民政协报》2016 年 6 月 28 日。

④ 参见沈念祖、赵燕红:《好榜样三明医改:何时不再是孤岛?》,载《经济观察报》2015 年 4 月 20 日。

⑤ 参见韩璐:《福建突围:杀出医改"第三条路"》,载《健康报》2016 年 11 月 4 日。

⑥ 参见董宇、李建广:《言出必行! 深改组 1000 天,看看习近平的改革成绩单》,载《人民日报》2016 年 9 月 24 日。

2016 年 11 月 8 日,中共中央办公厅、国务院办公厅转发国务院医改领导小组《关于进一步推广深化医药卫生体制改革经验的若干意见》,总结了全国医改 8 个方面 24 条符合实际、可复制可推广的经验。其中,三明创新的"建立强有力的党政'一把手'负责的医改的领导体制、建立'三医联动'工作机制、统一基本医保经办管理体制、设立医保基金管理中心、发挥医保基础性作用、破除以药补医,建立健全公立医院运行新机制"等经验位列其中①。显示三明经验对全国医保和"新医改"大势的影响力。

三明市因"三医联动式"整合城乡医保的改革为社会所关注,认为是可复制、可推广的经验。人们多是将视线聚焦于"新医改",探讨其可持续性和可复制性,而忽略了从整合城乡医保视角审视其经验及其制度设计。那么,"三明经验"又可能为我国基本医疗保险制度的完善带来怎样的示范作用?

(二)可以被复制的"三明经验"②

从整合城乡医保视角观察,调研组认为,三明市"三医联动式"改革的经验突出表现在:制度性、全局性对医保、医药、医疗"三医"进行革新,试图创造全新的体制机制,解决医保、医药、医疗三方各行其是的碎片化格局,消除过高的沟通成本,形成协同、整体推进"三医联动"改革的合力,共同阻断"双轨"运行及其交叉不协调带来的逐利冲动。其中,"三医联动"之中的医保是确保医改顺利推进的关键支撑,因此,从基本医保体系的整合和改革视角论,三明市"三医联动"改革的经验突出表现在:一是以整合、统一三项基本医保管理体制为起点,开启了医保、医疗、医药"三医联动"的系列"组合拳"改革。二是成

_____

① 参见 2016 年 11 月 8 日中共中央办公厅、国务院办公厅转发国务院医改领导小组:《关于进一步推广深化医药卫生体制改革经验的若干意见》。

② 2016 年 11 月 8 日,中共中央办公厅、国务院办公厅转发国务院医改领导小组《关于进一步推广深化医药卫生体制改革经验的若干意见》,将三明市"三医联动"改革树为一面旗帜,称"三明经验"是创新体制机制、突破利益藩篱的模范,是符合实际、可复制、可推广、可发挥示范、突破、带动"新医改"全局改革的作用。

立独立的医疗保障管理中心,探索建设基本医保独立的经办体制。三是发挥医保基础作用,探索建立多元医保支付制度,推进基本医保待遇支付的公平和可持续。整合城乡医保的"三明经验"具有"独特"的样板意义,其典型经验对推进医保及其"医改"全局具有示范、带动作用,可复制的经验主要有①:

1. 探索建设基本医保"大部门"管理体制,整合和建立政府问责制的"三医联动"管理体制

2012 年,三明市主要领导将有关医保、医疗、医药等"三医"的管理职能都归口、统一授权给一位副市长,解决九龙治水的"三医"管理局面。2016 年 7 月 10 日,三明市再次推进医保管理体制改革,在全国率先成立"医疗保障管理局",与市财政局合署办公,市人力资源和社会保障局、卫生计生委、财政局以及医疗保障基金管理中心等部门有关医保管理、药品采购、医疗服务价格修订、医改决策的相关职能被全部整合,划入新成立的医疗保障管理局。

从整合城乡三项医保管理视角看,三明市没有像其他地方那样仅仅停留在医保管理权的初级整合上,而是触及城乡医保管理体制的整合和改革。一是整合了城乡三项基本医保以及医疗救助、补充医疗保障的管理权,不仅减少了城乡三项医保"分割"管理的行政成本,还整合了医疗救助、补充医疗保障等"多层次"医保"分割"管理的行政成本,提高了管理效率。同时,统一城乡三项基本医保和医疗救助、补充医疗保障的规则制定权、执法权和监督权。二是积极探索基本医保的"大部门"管理体制,将现行分别在社会保障局、卫生计生委、财政局、物价局等相关基本医保的药品、医疗服务的"采购或者定价的行政管理权"整合归集,终结医疗、医药、医保由多部门"九龙治水"的管理局面。这样,三明市以整合和建立政府首脑问责制的"三医"管理体制为突破口,突破了"不同部门政策打架、部门间协调不畅,体制机制障碍改革政策落实"的重重难关,开启了医保、医疗、医药"三医联动"的系列"组合拳"改革。

---

① "三明经验"总结根据附录 3:访谈信息和访谈记录列表,课题组访谈记录 10C,以及三明医管中心提供的总结性资料。

2.成立独立的基本医保管理中心,探索建设基本医保独立经办体制,回归和扩大医保经办机构的法人职能

早在 2013 年 6 月,三明市成立"医疗保障基金管理中心"(以下简称"医管中心"),在全国范围内率先完成对分别隶属于人社、卫计部门的 24 个医保基金经办机构的整合。中心隶属于市政府,暂由市财政局代管;各县(市)设立市"医管中心"垂直管理的管理部。时任三明医管中心主任告诉我们,"医管中心"在过去医保基金筹集、待遇支付结算职能的基础上,新增了药品限价采购结算、医疗服务价格谈判和调整、城乡居民医保及职工医保定点医保机构的审核与结算,以及对定点医疗机构医疗行为的监管与稽核管理等。

从整合城乡三项医保经办视角看,三明市也没有像其他地方那样仅仅停留在医保经办资源的初级整合上,而是触及城乡医保经办体制的整合和改革。详言之,一是整合并改革了城乡基本医保经办机构的独立法人地位,在城乡医保管理体制整合的基础上,试图使未完成"政事分离"的"半成品"的城乡医保经办机构朝独立社会保险人的方向发展。二是三明市还尝试拆解行政主管部门对医保经办机构的利益,将行政主管部门履行的行政管理职能和医保经办公共服务职能分开,将行政主管部门从医疗保险的"举办者"转变成为医、患、保三方利益的规划者、监管者、调控者。三是回归和扩大本该属于医保经办机构的职能。作为独立于医保行政管理机构、具有独立法人地位的基本医保经办机构,对医保基金具有独立的法人财产权,除了受社会保险法委托筹集、管理医保基金,还要承担基本医保待遇支付的职能。作为医保基金法人财产权的所有者,基本医疗保险理论上普遍认为基本医保经办机构有权选择、委托、监督定点医药服务机构。长期以来,由于我国基本医保行政管理机构与基本医保经办服务机构没有分开,社会保险经办机构作为政府的"经办"单位,职能是不明确的,"经办"职能强于"保障"职能,基金"管理"职能强于"服务"职能,[1]

---

[1]　参见孙淑云、郎杰燕:《社会保险经办机构法律定位析论——基于社会保险组织法之视角》,载《理论探索》2016 年第 2 期。

有的经办职能还会受到行政主管机构种种限制。"三明经验"则回归医保经办机构独立经办医保事务的全部法人权利,三明医管中心接手了过去由人社部门和卫生行政部门分头负责的定点医疗机构准入工作,收归定点医院、药店的准入审批权,建立医疗服务价格谈判机制,建立药品限价采购和结算制度,依托信息系统和向医疗机构派员,对定点医疗机构医疗行为进行监管与稽核管理。

3. 积极探索建立多元医保支付制度,促进基本医保待遇支付环节制度的精细化设计,发挥医保基础作用,加强对医疗服务的外部制约,推进基本医保待遇支付的公平和可持续

三明"三医联动"之医保是确保医改顺利推进的关键支撑和基础环节,"三明经验"以整合和改革基本医保经办体制为基础,基本医保经办机构有了独立法人地位,独立承担基本医保的运营,专心打造专业化、信息化、透明化、科学化的基本医保经办服务体系,探索建立多元医保支付制度,促进基本医保待遇支付环节制度的精细化设计,发挥医保基础作用,切断医院、医生和药品、耗材之间经济利益关系,推动医疗从挣钱为中心转向以治病、健康为中心的作用机制。详言之,一是回归医保经办机构独立经办医保事务的法人权利,在原有筹集和管理医保基金、负责审核医保待遇支付的职能基础上,回归、扩大"承担药品采购和费用结算,医保支付谈判,定点医药机构的协议管理和结算等职能,充分发挥医保对药品生产流通企业、医院和医生的监督制约作用,为改革联动提供抓手"[1]。二是建立医保经办机构与定点医药服务机构的谈判机制,建立多元医保支付制度,促进基本医保待遇支付环节制度的精细化设计,发挥医保基础作用。医保支付环节是关涉基本医疗保险医、患、保三方利

---

① 参见 2016 年 11 月 8 日,中共中央办公厅、国务院办公厅转发国务院医改领导小组《关于进一步推广深化医药卫生体制改革经验的若干意见》。2021 年 6 月 17 日国务院办公厅印发《深化医药卫生体制改革 2021 年重点工作任务》,其中第一条即提出"进一步推广三明市医改经验,加快推进医疗、医保、医药联动改革"。

益最直接、最敏感环节,医保支付环节是控制医疗保险基金支付数量和质量的闸门,是控制医疗机构服务行为的重要杠杆,医保支付方式是否合理,直接影响医疗费用的数量和质量,进而影响医疗体系运行效率。"三明经验"在统一城乡医保用药目录、诊疗目录和服务标准基础上,探索建立医疗经办机构与定点医药服务机构的谈判机制、限价目录药品采购与结算制度、分级诊疗与差别化医保政策、门诊与住院分开制度,并设计医疗费用支付规则,推进医疗费用总额控制、按次均费用、按病种付费等多种复合支付方式。三是建立了医保支付政策与医疗服务价格调整①相结合机制,建立一套定性与定量、年度与日常考核相结合的包括 6 大类 40 项的院长考评体系,监督定点医疗机构向基本医保被保险人按质按量提供基本医疗服务;建立药品限价采购与结算制度,建立住院周转金制度和药品配送企业周转金制度等,切断医院与药品供应商之间的资金往来,挤压药品水分、取消药品加成后腾出空间,进而对医疗服务价格实行动态调整。

(三)"三明经验"对我国整合城乡医保、实现公平医保的启示

"三明经验"的最大特点也可以说是:实现公平医保的系列配套体制机制建设。"三明经验"依托系统性和联动性的"三医联动"系列配套体制机制改革和建设,以医保促进医疗、医药联动改革,推动"医疗从挣钱为中心转向以治病为中心,最终从治病为中心转向以健康为中心"②,推进公平医保的实现。

1. "领导班子授权式"负责制下的医保管理体制是关键和前提。基本医疗保险事务的高度专业性、复杂性和变动性,医保管理很难由社会保险基本立法规范,需要行政管理机构承接大量复杂规则制定之职责。而且,鉴于基本医

---

① 三明对医疗服务价格的调整机制基本上仍然沿用行政化命令式管理方式,这是三明医保需要进一步改革之处,也是"三明经验"被质疑之处。

② 王宇:《福建三明医改获认可:"三保合一"能否走活全国医改大棋?》,载《21 世纪经济报道》2016 年 9 月 20 日。

疗保险运行对医药服务体系的高度依赖性,世界各国对基本医保大都实行卫生部门与社保部门合并的"大部门"管理体制,将医保管理和医疗服务管理职能内部化,实现医保基金控费和医疗服务质量的"协调管理",以促进医保和医疗服务"协调发展",以最大限度地为被保障主体提供与医保基金相适应的、高效率的医疗卫生服务。"三明经验"表明,三明并没有像其他地区那样,仅仅停留于整合城乡医保管理体制,仅仅确立由单一的行政部门主管基本医保,而是由市主要领导将有关医保、医疗、医药等"三医"的管理职能充分授权委托给一位主管领导,并成立直属政府的医疗保障管理局,改变九龙治水的"三医"管理局面,形成主要领导负责制下的医保管理体制。这种"领导班子授权式"负责制,促进城乡公平医保的优势在于:一是,"领导班子授权式"负责制下管理体制的核心是"市委书记负责制",利于统一医保管理体制。医疗保障和医药服务由统一的政府部门管理,为全面整合城乡医保打好了体制基础。二是"领导班子授权式"管理体制,将基本管理授权交给主管领导全权负责,使得三明医保管理体制形成了"会抓、能抓、善抓"局面,从规则良好制定的关键环节保证了三明基本医保的良治发展。正如他们总结经验:"医改的主体是政府,政府是旧的医保、医疗、医药体制的执行者,旧体制不适应新的环境,政府就应当勇于承担起破旧制度、建立新制度的改革责任。"①

2. 整合和建立统一的城乡医保制度是基础。理论和实践不断证明,整合和建立统一的城乡医保制度是实现城乡居民医保公平的制度基础,整合城乡基本医保制度,就是要针对城乡基本医保制度身份化、地域化、部门化等致因,从全民医保的整体利益、根本利益、长远利益出发,整合协调多元利益,实现多重利益整合,实现均等化层次上的全民基本医保。当然,三明统一城乡医保制度还在进程中。从基本医保制度的要素环节制度看,三明市城乡居民医保制度实现了参保范围、缴费标准、待遇水平、基金管理、经办服务、信息管理"六

---

① 詹积富:《三明市公立医院综合改革》,海峡出版发行集团、福建人民出版社 2014 年版,第 1 页。

统一"。同时,三明市城乡居民医保制度与职工基本医保制度在管理、经办、医保目录上实现了统一,为未来与职工医保统一,实现全民统一、普惠的医保打下了良好基础。

3.建立基本医保经办良治是核心。医保经办是基本医保运行的核心,医保经办机构的法律地位、善治和职能履行直接关系到基本医保公平制度价值的实现程度。三明不是简单地整合城乡医保经办机构和经办业务,而是关注医保经办机构的法律地位,涉足医保经办机构及其职能、治理机制的多重整合和改革,整合后的医保经办机构具有独立的法人地位。在此基础上,三明锐意进取,建立了医保经办系列制度,诸如独立管理医疗保险基金,依托经办医保的专业化、信息化平台,建立精细化医保监督医疗和医药的制度,并通过集团谈判方法,改变了医保过去只能被动支付的现实,重新确定了医保在"三医"中的基础位置和作用,主动从医药服务机构为参保人购买基本医疗服务,从而降低参保人医疗费用负担,并有效控制医疗费用过快增长。

总之,整合城乡医保,"公平"是价值,是追求的目标方向,"整合"是路径。不同于"神木经验","三明经验"最突出的特点是,以整合和改革医保管理经办体制实现医保公平,更具有可持续性。

(四)法律视角解析"三明"体制机制改革

在三明调研时,课题组听取了三明医改中遇到的法律问题情况介绍,以及一些来三明考察学习者的法律疑惑问题。体制机制改革是通过政策和法律等固定和稳定,因此,改革就是在现有法律和政策的基本原则、基本方向、基本授权基础上,改革现行法律和政策不符合实际的条款。基于这个认识,笔者试图从法律视角解析"三明"体制机制改革。

1.管理体制改革创新与社会保险法

三明对城乡医保的管理体制进行大刀阔斧的改革和整合,"领导班子授权式"负责制下的医保管理体制,是三明市整合城乡医保的关键,是医保改革牵一发动全身的关键,是"三明经验"的法宝。对此,有不同声音,认为我国《社会保险法》第7条规定人社部门是社会保险的行政主管部门,三明将人社部门与卫生部门之间的城乡医保管理权整合后由财政部门"代管","是社保部门的职能被弱化、医保的基础作用得不到发挥,会直接冲击基本医疗保险制度的安排"①。

三明的解释:其一,为了挣脱无谓争执,"摆脱这两个部门的争执,选择财政厅挂靠,是一条折中之路"。其二,三明用财政部门"代管",用这个"暂时搁置争议"方式解决了医保归谁管,这只是管理体制改革的初级问题。关键是在新的"山头"上,以理顺管理体制、打破多头管理局面为目标的职权集中,以高强度的职能归口,改变医疗、医药、医保由多部门"九龙治水"的状态。②

笔者认为,三明改革是符合现行法律原则,寻找法律改革和完善的具体对策。具体表现在:

其一,三明将在人社部门和卫生部门之间的医保行政管理权交由财政部门"代管",符合《社会保险法》。我国《社会保险法》第7条规定基本医疗保险归人力资源社会保障部门主管,但是,该法第65条还规定:"县级以上人民政府在社会保险基金出现不足时,给予财政补贴",承认了由政府及其财政作为社会保险基金担保的责任人。正因为三明基本医疗保险基金连年收不抵支,威胁地方财政安全,人社主管部门和卫生部门又都无力解决,财政部门基于对基本医疗保险基金进行财政担保的行政主管,有权"代管"三明市医保基金及其经办机构,集中力量改革和解决问题。这种改革措施不仅符合《社会保险法》的规定,也符合我国《地方各级人民代表大会和地方各级人民政府组织法》第64条第4款规定:"自治州、县、自治县、市、市辖区的人民政府的局、科等工作部门的设立、增加、减少或者合并,由本级人民政府报请上一级人民政

---

① 王东进:《从"三可"视角看三明医改》,载《中国医疗保险》2014年第12期。
② 参见王宇:《福建三明医改获认可:"三保合一"能否走活全国医改大棋?》,载《21世纪经济报道》2016年9月20日。

府批准,并报本级人民代表大会常务委员会备案。"当然,三明财政部门"代管",只是暂时避开人力资源社会保障部门和卫生部门之间对医保管理职能的争执,关键在于,以高强度的职能归口,改变了医疗、医药、医保多部门"九龙治水"的医保管理局面,建立医保统一管理体制,为进一步改革创新开辟新"路径"。当然,"代管"就只是"代理"管理,等到改革任务完成,应该将管理权归还社会保险法规定的、全国统一的基本医保主管部门。

其二,三明管理体制改革既符合法律授权也符合立法机构的改革授权。基于我国基本医疗保险制度的参保人制度、筹资和待遇支付等各个关键要素环节制度的不定型,基本医保制度建设还处于改革探索进程中,为此,我国《社会保险法》采取了"确立框架、循序渐进"的立法原则,运用了原则性和灵活性相结合的立法策略,《社会保险法》只是确立了五项社会保险的框架制度。① 同时,《社会保险法》对整合城乡医保虽具有明确的导向性,相关整合城乡社会医疗保险制度主要以发展性、方向性、授权性规范呈现。② 其中,《社会保险法》及其配套法律还没有明确城乡医保管理体制的具体内容。为此,相关立法机构以国家政策形式一再授权地方对城乡医保的管理体制予以探索。2007 年,国务院在《关于开展城镇居民基本医疗保险试点的指导意见》(国发〔2007〕20 号)中就提出:"鼓励有条件的地区结合城镇职工基本医疗保险和新型农村合作医疗管理的实际,进一步整合基本医疗保障管理资源"。2009年中共中央、国务院发布的《关于深化医药卫生体制改革的意见》中重申:"探索建立城乡一体化的基本医疗保障管理制度。"2013 年 3 月,国务院办公厅发布关于实施《国务院机构改革和职能转变方案》提出要在 2013 年 6 月底前完成"整合城镇职工基本医疗保险、城镇居民基本医疗保险、新型农村合作医疗

---

① 参见 2007 年 12 月 23 日在第十届全国人民代表大会常务委员会第三十一次会议上关于《中华人民共和国社会保险法(草案)》的说明。

② 参见孙淑云:《整合城乡基本医保的立法及其变迁趋势》,载《甘肃社会科学》2014 年第5 期。

的职责"。2016年1月3日,国务院出台《关于整合城乡居民基本医疗保险制度的意见》中也规定:"鼓励有条件的地区理顺管理体制"。可以说,三明对城乡医保管理体制的改革和探索,既符合法律授权,也符合立法机构的改革授权。

2. 经办体制改革创新与社会保险法

三明在整合城乡基本医保制度的同时,对基本医保的经办体制也进行了大刀阔斧的改革。成立了独立于行政主管部门、直属于市政府的"三明市医疗保障基金管理中心"(以下简称"医管中心"),医管中心在管理医保基金筹集、支付以及基本医保和补充医保衔接的基础上,新增了药品限价采购结算、医疗服务价格调整、城乡居民及职工医保定点医保机构的审核与结算,及定点医疗机构医疗行为的监管与稽核管理工作。①

那么,"三明经验"这个做法是否和人社部门等相关"三个目录、两个定点、一个结算办法"②的管理不符呢?③

三明解释:"打破医保只管资金收付的现状,集中医保职能,为改革提供抓手。"笔者认为,三明对基本医保经办体制的改革是探寻法律改革和完善之策略。具体表现在:

(1)三明设立独立于行政主管部门、直属于市政府的"医管中心",符合《社会保险法》和相关医保经办机构体制改革的政策精神。其一,三明基本医保基金实现市级统筹符合现行法律的规定。由于社会保险制度改革的复杂性、艰巨性以及经济社会制度外围环境的未定型,2010年颁布的《社会保险

---

① 参见王宇:《福建三明医改获认可:"三保合一"能否走活全国医改大棋?》,载《21世纪经济报道》2016年9月20日。

② 即劳动和社会保障部、卫生部、国家中医药管理局、国家药品监督管理局等部门联合颁布的《城镇职工基本医疗保险定点医疗机构管理暂行办法》、《城镇职工基本医疗保险定点零售药店管理暂行办法》、《城镇职工基本医疗保险用药范围管理暂行办法》、《城镇职工基本医疗保险费用结算管理意见》等。

③ 参见王东进:《从"三可"视角看三明医改》,载《中国医疗保险》2014年第12期。

法》第64条第3款规定,基本医保"逐步"实行省级统筹,具体实践步骤由国务院规定。这一法律规定,与未定型的城乡三项医保制度基金统筹政策是相衔接的,相关职工基本医疗保险政策规定,职工基本医保原则上以地级以上行政区(包括地、市、州、盟)为统筹单位,也可以县(市)为统筹单位,北京、天津、上海三个直辖市原则上在全市范围内实行统筹;城镇居民基本医疗保险的相关政策规定,城镇居民基本医疗保险统筹单位原则与职工基本医疗保险统筹层级相同;新农合政策规定,新农合一般以县(市)为单位进行统筹,条件不具备的地方,在起步阶段也可以乡(镇)为单位进行统筹,逐步向县(市)统筹过渡。三明整合城乡三项医保的县级统筹制度,统一提升三项医保为市级统筹,与上述法律和改革政策不相违。其二,三明市设立独立的医管中心也符合现行法律规定。《社会保险法》第72条规定,统筹地区设立社会保险经办机构,也可以在本统筹地区设立分支机构和服务网点,统筹地区的经办费用由统筹地区同级财政予以保障。虽然,《社会保险法》第8条规定社会保险经办机构为"提供社会保险服务的"机构,尚未对于社会保险经办机构明确为独立法人地位。但是,立法机构通过政策授权改革是有的。1993年《国务院批转国家体改委关于一九九三年经济体制改革要点的通知》指出:"社会保险实行政事分开,社会保险管理部门从宏观上进行政策、制度、标准管理;社会保险经办机构具体承办社会保险业务并承担基金保值、增值责任。"①因此,三明市整合城乡医保职能,设立独立的、直属市政府的医管中心,既不违反《社会保险法》的规定,也符合我国《地方各级人民代表大会和地方各级人民政府组织法》第64条第4款规定。

---

①　1993年《国务院批转国家体改委关于一九九三年经济体制改革要点的通知》、2001年《社会保险行政争议处理办法》、2010年颁布的《中华人民共和国社会保险法》,均从其职能角度对社会保险经办机构做了描述性定义,既没有明确其法律概念、法律性质,也没有规定其治理结构。例如《社会保险行政争议处理办法》第2条第2款规定:"社会保险经办机构是指经法律、法规授权的劳动保障行政部门所属的专门办理养老保险、医疗保险、失业保险、工伤保险、生育保险等社会保险事务的工作机构"。

（2）三明市改革和扩大医保经办机构的职能也符合法律及其改革政策。一是符合《社会保险法》的方向性规定。2010 年颁布的《社会保险法》第九章对社会保险经办机构的职能予以概括罗列，[①]社会保险基本机构的职能为基金筹集、管理、待遇支付及其服务。第 73 条授权社会保险经办机构应当建立健全业务、财务、安全和风险管理制度。三明市医管中心在现有医保基金筹集、支付以及基本医保和补充医保衔接的经办职能基础上，新增了药品限价采购结算、医疗服务价格调整、城乡居民及职工医保定点医保机构的审核与结算、定点医疗机构医疗行为的监管与稽核管理等职能。这些"职能增加"，只是上述法律规定的基本医保经办机构职能的细化，是基本医保经办机构应该建立的业务、财务、安全和风险管理制度的内容。二是符合基本医保经办机构应有的"保障职能"之法理内涵。基本医保经办机构作为独立的保险人，作为全体参保人"团体购买"基本医药服务的法定受托人，负责选择、委托和监督定点医药机构向被保险人提供"必须"的"基本"医疗服务，必须建立选择、委托和监督定点医药机构的谈判机制，与定点医药机构签订定点服务协议，委托和监督约束定点医药机构向被保险人提供符合基本医保的基本医药服务。同时，基本医保经办机构委托定点医药机构向被保险人提供基本医疗服务，必须建立庞大而复杂的医疗服务审查与医药费用核付系统。当然，三明医管中心改革中"增加的""向医药公司直购药物并配送三明医院和各药店"之职能，是服务审查与医药费用核付系统内容之一。三是符合改革政策。2015 年 10 月 14 日，国务院发布《国务院关于第一批取消 62 项中央指定地方实施行政审批事项的决定》，取消地方政府基本医疗保险定点零售药店、定点医疗机构资格审查和行政许可的审批权。这一规定，旨在取消基本医保行政主管机构不该有的、违背基本医保经办机构职能发挥的行政职能，是回归基本医保经办机构"保障职能"之改革政策。三明市医管中心通过竞争机制，筛选符合条件的医

---

① 参见孙淑云、郎杰燕：《社会保险经办机构法律定位析论——基于社会保险组织法之视角》，载《理论探索》2016 年第 2 期。

药服务机构作为定点服务机构。并通过谈判机制,制约定点医药机构向被保障人提供符合社会保险法、社会保险行政规章(三大基本医疗服务目录)规范的、基本的医疗服务;同时,建立符合上述规范的基本的医疗服务的费用报销结算制度,这些都是基本医保经办机构法定职责的细化探索和落地,不是随意逾越基本医保经办机构的职能,恰恰是基本医保经办机构职能的完善和发展。

综上所述,三明市对基本医保经办机构、职能的改革不仅符合现行法律规定,也符合相关立法机构通过政策授权改革的方向。三明依照现有法律规定,在法律基础上的改革,是对相关法律空白性规定进行的"落地式"探索,其相关基本医保管理、经办体制机制改革的绩效已为实践所证明。2016 年 11 月 8 日中共中央办公厅、国务院办公厅转发国务院医改领导小组《关于进一步推广深化医药卫生体制改革经验的若干意见》,肯定了三明医改经验,2021 年 6 月 17 日国务院办公厅印发《深化医药卫生体制改革 2021 年重点工作任务》,其中第一条即提出"进一步推广三明市医改经验,加快推进医疗、医保、医药联动改革"。

当然,三明的体制机制创新和改革并非完美无缺,三明还在继续探索和完善。比如,对于三大基本医疗服务目录外的新医疗、新药品保持开放和弹性调整协议规范如何设计? 适应医疗、医药市场经济体制的医保经办机构与医疗服务机构的平等谈判机制如何构建? 以及如何建立参保人、医保、医药、受保障人四方三角利益平等诉求和民主协商的组织管理架构? 如何建立医保"第三方团购"医疗服务的系列"动态制衡机制"? 这些机制建设,是维护基本医保被保障人权利的关键制度,也是制衡医保、医疗、医药以及基本医保被保障主体等利益主体的系列制度,是基本医保经办机构应有的内涵式职能,需要不断探索和改革。

第九章 我国整合城乡医保的
体制与现状

上一章梳理了地方自发整合城乡医保制度的基本经验和教训,本章从总体和理论上对地方整合城乡医保政策和地方立法的经验及教训进行总结,着重辨析整合城乡基本医保的制度变迁及其制度藩篱,为基本医保立法进行制度性梳理和论证。

第一节 地方自发整合城乡医保的
特征及其建制现状

2002 年,在党的十六大"统筹城乡、全面协调可持续的科学发展"方针政策指导下,我国社会保障制度构建的同时,"整合"就在一些地方开始试验探索,自 2000 年起"整合"东莞、佛山等地试点职工医保向农民工扩面,2004 年东莞等地自发试点新型农村合作医疗制度向城镇居民覆盖,经过 20 余年历程。概括来说,我国地方自发整合城乡基本医保制度以"地域化"试验、"单项化"突破为主,并推动全国政策与法律规范的出台。

一、地方自发整合城乡医保的特征①

(一)整合的"地域化"试验

我国整合城乡基本医保的自发试验始于东部经济发达社会、城镇化较早、流动人口聚居之地。在城镇化、城乡经济社会"一体化"加速发展进程中,整合城乡基本医保制度成为地方经济社会发展的内在需求。地方整合试验生发于协调地区民众追求城乡三项基本医保制度公平待遇纷争的现实需要,基于辖区人民群众最大利益,通过地方有识之士的自主性努力来实现城乡医保制度的整合与创新。地方自发整合城乡医保制度以珠三角地区为先导,东莞市、佛山市、珠海市等,最早于2000年开始整合城乡三项基本医疗保险制度。至2016年1月3日,国务院出台了《关于整合城乡居民基本医疗保险制度的意见》,全国自发整合城乡医保制度有9个省级地区,其他省的39个地市以及42个地市的91个县(区)。② 不同于地方自发的、诱致性制度变迁式的整合城乡基本医保,2016年后,各地整合城乡基本医保是国家政策调整下的制度变迁。但是,国家政策调整制度变迁的城乡医保整合,基本上只是"统一覆盖范围、统一筹资政策、统一保障待遇、统一医保目录、统一定点管理、统一基金管理"等政策上实现"六个统一"。整合仍然由省级以下地方政府主导,在区域范围内实现城乡居民基本医保政策上的统一,对于城乡三项医保制度的统一和城乡居民医保全国范围的整合统一还有待时日。

(二)整合的"单项化"突破

城乡三项基本医保制度都由参保人、基金筹集、基金经办、基金管理、基金

---

① 本部分的核心观点和具体论证详见孙淑云:《社会保障体系"分化"与"整合"的逻辑》,载《理论探索》2015年第1期。

② 参见金维刚:《依法推进城乡居民医保整合》,载《中国劳动保障报》2016年2月5日。

监督、基本医保待遇支付等要素环节制度构成。我国城乡三项基本医保制度，都是围绕医保制度的这些"要素"环节制度进行差异化设计，形成了各种模式的基本医保制度。当然，"差异化"的各个"要素"环节制度，正是"整合"城乡医保制度的关键环节，整合需要对"差异化"的各项"要素"环节制度进行全面梳理、协调，才能实现城乡三项基本医保制度的全面整合。全景式观察各地自发整合城乡医保制度的试验，各地或主要选择单个环节或组合某些环节进行整合突破，或局限于新农合和城镇居民医保制度整合，无以全方位整合城乡三项医保制度的各个环节，更无以暇顾与医疗救助制度的衔接和协调，使得城乡基本医保制度整合缺乏整体性、系统性。2016 年 1 月国务院《关于整合城乡居民基本医疗保险制度的意见》出台后，"加强基本医保、大病保险、医疗救助、疾病应急救助、商业健康保险等衔接，强化制度的系统性、整体性、协同性"是整合的基本目标和基本原则。

（三）全国整合政策的号召性与立法的原则性

地方自发探索整合，以点带面，推动全国整合城乡基本医保政策的出台，城乡医保制度的整合步入全国推进阶段。

首先，党的十八大报告和十八届三中全会公报都提出，"要以增强公平性、适应流动性、保证可持续性为重点，全面建成覆盖城乡居民的社会保障体系"，同时，明确"整合城乡基本医疗保险制度"是"今后一个时期我国社会保障制度改革的重点任务"之一，号召"以增强公平性、适应流动性、保证可持续性"为方针，建立"更加公平、可持续"的城乡基本医保制度。

其次，行政部门推动全国医保制度整合。国务院着力推进城乡基本医保制度的整合，2007 年，国务院在《关于开展城镇居民基本医疗保险试点的指导意见》（国发〔2007〕20 号）和 2009 年中共中央、国务院发布的《关于深化医药卫生体制改革的意见》均要求"有效整合基本医疗保险经办资源，逐步实现城乡基本医疗保险行政管理的统一。"人社部门的《社会保障"十二五"规划纲要》和国家医改办公室的《"十二五"期间深化医药卫生体制改革规划暨实施方案》以及其后的"十三五"规划都作了相同和相近的规定:"探索整合城乡基本医疗保险管理职能和经办资源"。2016年1月3日,国务院发布《关于整合城乡居民基本医疗保险制度的意见》,要求各省(区、市)于2016年6月底前对整合城乡居民医保作出规划和部署,明确时间表、路线图,实现城乡居民医保"统一覆盖范围、统一筹资政策、统一保障待遇、统一医保目录、统一定点管理、统一基金管理"等"六个统一"。

再次,整合的全国性立法启动。总结中央和地方整合城乡医保的经验教训,2010年10月28日颁布的《社会保险法》,启动了整合社会保险的全国性立法。这部保险法主要以发展性、方向性、授权性的规范呈现,是我国进一步整合城乡基本医保的基本法律依据。①

二、地方自发整合城乡医保的多元化建制现状②

各地整合城乡医保的试验,做法不统一。基于不同的区分标准,可见各地整合城乡医保建制呈现多元化模式。

(一)整合的四种制度模式

一是"统一制度统一待遇支付"整合模式。这一模式以陕西省神木县和广东省东莞市为代表,神木县城乡医保整合在县康复办的统一领导和监督下,以统一的信息系统进行操作;职工、城乡居民分别按照城镇职工和新农合政策缴纳保费,加上中央和省市政府的转移支付,建立了医疗保障基金;全体县属地管理的居民在国家统一的医疗保险三个目录内的医疗费用统一由医疗保险

---

① 参见孙淑云:《整合城乡基本医保的立法及其变迁趋势》,载《甘肃社会科学》2014年第5期。

② 本部分的核心观点和具体论证详见课题组阶段成果柴志凯:《我国整合城乡三项基本医保制度试点分析》,载《中国农村卫生事业管理》2013年第10期。

基金支付;为此,神木还实现了基于民生保障的公共财政社会保障预算。①

二是"二元制度两种基金统筹"的整合模式,继续保留职工基本医保制度单独运行管理;另外将城镇居民医保与新农合并轨,统一管理经办、统一筹资、统一待遇。这一整合模式以珠海、汕头、昆明、长沙、常熟、嘉兴和青海为代表。

三是"一元制度两个基金统筹"的整合模式,将城乡三项基本医保制度整合为一个医保制度,虽然管理、经办统一,但职工医保与城乡居民医保区分两个基金统筹,两种不同筹资方式、不同筹资水平和保障待遇。这种模式以苏州、广州、天津、镇江为代表。

四是"一制多档"的整合模式。即一个统一的制度框架、分档缴费,分为高、中、低几个不同的档次筹资,对应不同的保障水平,由参保者根据自身的需要和能力自主选择。重庆、成都等城乡医保制度整合均采用这一模式。

(二)整合的五种行政管理模式

上述整合模式中,仅仅从呈现医保行政管理体制环节看,各地整合后城乡居民基本医疗保险的行政管理体制也呈多元化模式。

一是卫生部门管理模式,如浙江嘉兴市、常熟市基于城乡统筹发展的理念,分别于2006年和2007年将城乡居民非正式就业人群和无业人群统一到"城乡居民合作医疗保障制度"中,并且将行政管理统一归卫生行政部门。

二是人社部门管理模式,如重庆、宁夏、山东等地整合城乡医保制度后,都成立了城乡居民合作医疗保险管理中心,将医保行政管理归人社部门,统一管理基金筹集、基金结算以及对医疗机构的监管。

三是社保和卫生部门合作管理模式,如镇江市的农村居民和城镇居民参加统一的城乡居民基本医疗保险制度,基本医疗保险的经办由卫生部门和社保部门合作运行,社保部门负责医保基金的征缴,卫生部门负责对定点医药机

---

① 参见杨燕绥:《社会保险法精释》,法律出版社2011年版,第21页。

构的监管和基金结算,两部门发挥各自的比较优势,管理效果显著。

四是县级政府成立独立的社保局领导小组直接管理模式,如广东省东莞市设立了既独立于人力资源部门又独立于卫生部门的社保局领导小组,负责城乡基本医保的管理工作。统一监管城乡基本医保的经办工作。

五是由财政部门代管模式。福建省三明市以及福建省,整合城乡医保后,成立了独立的医疗保障管理中心,归属财政部门代管。这一模式除了主管部门不同于第四种模式外,与上述第四种模式在体制机制建构上相近。

第二节　地方自发整合城乡医保制度的状况[①]

在我国城乡三项基本医保制度构建 30 余年历史中,2002 年,我国城乡经济社会"二元"体制开始松动,一些地方开始探索职工医保向农民工覆盖。2003 年至 2004 年全国各地启动新农合试点,在东莞市等城乡一体化进展迅速的地区,就自发将新农合扩面覆盖城镇居民。2007 年,城镇居民医保建构伊始,国家出台政策整合城乡医保制度,整合城乡医保制度进入地方探索创新与政府政策推进相结合的时期。

但是,怎么整合? 牵动面甚广、全面的整合制度如何构建? 在党和国家的目标号召和基本方针指引下,基于"十二五"和"十三五"规划[②],重点在基本医保行政管理和经办资源整合。2016 年 1 月 3 日,国务院在总结地方整合城乡医保经验教训的基础上,发布了《关于整合城乡居民基本医疗保险制度的

[①]　本节核心观点及其详细论证参见课题组阶段成果孙淑云:《顶层设计城乡医保制度:自上而下有效实施整合》原刊发于《中国农村观察》2015 年第 3 期,载《新华文摘》2015 年第 19 期全文转摘。

[②]　关涉整合城乡基本医保制度的"十二五"规划有:《"十二五"期间深化医药卫生体制改革规划暨实施方案》、《人力资源和社会保障"十二五"规划纲要》、《卫生事业发展"十二五"规划》。关涉整合城乡基本医保制度的"十三五"规划有:《"十三五"深化医药卫生体制改革规划的通知》、《人力资源和社会保障"十二五"规划纲要》等。

意见》，要求地方"遵循先易后难、循序渐进的原则，从完善政策入手，推进城镇居民医保和新农合制度整合，逐步在全国范围内建立起统一的城乡居民医保制度。""鼓励有条件的地区理顺管理体制"。2010年颁布的《社会保险法》尚未明确整合城乡基本医保的法律规范。学术界也在相关城乡基本医保整合的研究成果集中于关注地方整合的试点经验、论证多元整合模式、分析不同整合路径等问题上①。多元理论指导下的各地整合城乡医保的试验也呈现出多种模式共存状况。

一、地方整合城乡基本医保制度实践

自2008年党的十七届三中全会明确我国加速城乡经济社会"一体化"体制机制建设以来，整合城乡基本医保的试验在各地如雨后春笋般展开，2012年党的十八大报告明确整合城乡医保制度，全国共有5个省级区域，40多个地市和160多个县不同程度地实行了基本医保城乡一体化，②省级、地级、县级，东部、中部、西部，均有城乡基本医保制度整合的成功范例③。整合试验在经济发达和不发达地区自发、积极、创造性地展开，表明整合城乡基本医保不仅是社会共识，而且不受区域经济社会发展差异的限制。虽然，地方整合城乡基本医保探索了许多宝贵经验，取得了不菲成绩。但是，地方整合城乡基本医

---

① 学术界相关整合城乡基本医保的时序、路径、内容的论证，主要有三种代表性观点：一是郑功成的"二加一"、三步走整合说认为，新农合与城镇居民医保"两板块"先行并轨后再与城镇职工医保整合；具体要整合经办管理体制，协调部门利益与阶层利益，调整城乡医保待遇，提高医保统筹层次。二是王东进的"三板块"整合说提出，应建立城乡既统一规范又开放兼容的基本医保制度。三是王虎峰的"多层次"医保体系说强调，要打破身份限制，建立缴费、待遇水平不同的多层次医保体系。详见郑功成：《中国社会保障改革与发展战略·医疗保障卷》，人民出版社2011年版，第46—49页；王东进：《基本医疗保障制度建设的城乡统筹》，载《中国医疗保险》2010年第2期；王虎峰：《中国新医改现实与出路》，人民出版社2012年版，第236—237页。

② 详见《深入推进医改，保障人民健康，建立公平的基本医疗卫生制度——在中国社会保障30人论坛2012年会上的演讲》："至2012年，全国共有5个省级区域，40多个地市和160多个县不同程度地实行了基本医保城乡一体化。"2012年2月11日，见国家发展和改革委员会网址。

③ 参见郑功成：《从整合城乡制度入手建设公平普惠的全民医保》，载《中国医疗保险》2013年第2期。

保的试验决策均是从地方实际情况出发,一地一策,制度的惯性依然持续,提示我们关注地方整合的问题。

(一)地方整合政策局限于地方的多样化选择

由于整合没有国家层面的统一概念、标准和规范,地方政策就成为建立地方整合制度、规范整合秩序的工具。地方利益、地方民意、地方决策者不可避免地导致各地整合实践呈现政策的多样化政策选择。

从整合政策制定主体的选择上看,基本医保的专业化决定地方整合的政策由负有行政主管职能的部门起草制定,而整合城乡医保行政管理权始终在人社部门和卫生部门之间拉锯①,两部门主管权的问题,也必然影响到地方整合政策制定的协调和合作,地方整合后医保管理权归属最终决定于"部门领导是否强势",基本医保管理权在地方或由卫生部门管理模式、人社部门管理模式、人社和卫生部门合作管理模式、政府直接管理模式、财政部门管理模式等。地方整合这些多元行政主管模式,无疑强化了医保管理权的部门利益,影响了全国城乡医保制度的整合。

从整合城乡医保筹资和保障待遇关键环节制度上看,筹资制度的整合是手段,保障待遇的整合是目标,可以说,整合城乡基本医保,就是在整合城乡不同人群差别筹资的基础上,实现保障待遇的整合。由于城镇居民医保和新农合筹资关涉中央、省、市、县四级财政补助责任的承担,现有政策和法律中相关央地财政补助责任划分模糊,加上有一些"酌情调节"②,地方政策选择因此存在一定偏差,形成了影响医保制度整合的内在动力。财力雄厚的地方,例如陕西省神木市,以财政补贴弥补城乡居民医保与城镇职工医保筹资水平的巨大

---

① 参见龙玉琴、彭美:《三大医保收入2020年或超万亿元,人社部卫计委争夺》,见2013年4月20日南方新闻网。

② 参见齐传钧、房连泉、高庆波:《厘清保险与福利,警惕社会保险福利化》,见2013年5月21日中国社科智讯网。

差距,倾向于选择城乡三项医保"一体化"的整合模式;反之,多数地方则趋向于选择高度相近的新农合与城镇居民大病医保"并轨"的整合模式①;或者例如成都等地,选择了与三项医保的筹资水平挂钩的"多档制"筹资对应"多档制"保障待遇的"组合"整合模式。

可见,具有地方特色的城乡医保整合试验,呈现出政策选择多样、制度模式多元、整合程度差异等局面。

(二)地方整合制度的规范具有强烈的本地特色

整合城乡基本医保制度的目标就是要打破城乡、群体、地区等分割和部门分管,将目前的基本医保制度进行重组和整合,建立起制度相对统一、责任明确、分担合理、互助共济的基本医保制度②。党的十八大报告也提出,城乡社会保障制度整合要"以增强公平性、适应流动性、保证可持续性为重点"。但是,各地自发试验的整合政策设计局限于地方的"局部利益",整合规范设计具有强烈的地方特色,难免偏离整合的一系列目标。

不消说,各地在自行整合城乡医保制度后,各具地方特点的管理权偏离了"打破部门分割以统一医保决策体制"的整合目标,整合后医保管理和经办运行也在低效状态,有的也出现了恶性循环现象。首先,从"适应流动性"的整合目标上考察,在各种整合模式中,"去身份化"仍然是"选择性"规范。例如东莞市将三项医保整合为"一体化"制度模式,虽然不排斥非户籍正式从业者参保,但仍以户籍作为确定非正式从业或者未从业城乡居民参保的标准。在

---

① 新农合和城镇居民基本医疗保险从制定框架上看,"两制"的性质、参保者特征、筹资来源、筹资水平、保障待遇等相同或相近;从社会经济发展方面看,"两制"在同一统筹区域内,城乡居民所处的经济社会结构基本相同。因此,"两制"并轨是制度简约和公共管理节约的题中之义。详见孙淑云:《略论城市居民基本医疗保险与新农合的并轨衔接》,载《晋阳学刊》2010年第6期。

② 参见申曙光、侯小娟:《我国社会医疗保险制度与制度整合目标》,载《广东社会科学》2012年第3期。

新农合与城镇居民医保并轨为"城乡居民医保制度"的整合模式中,各地基本上都强调以户籍作为确定参保人范围的标准,城乡非户籍居民未能进入。[①]这些确定参保人的选择性规范,偏离了"打破群体分割、地区分割以适应流动性"的整合目标,因此,流动人口重复参保和漏保、断保,医保转移接续仍然是各地整合后基本医保制度运行的普遍症结。其次,从"保证可持续性"的整合目标来审视,在保持现有城乡三项医保筹资差别的基础上实现三项医保待遇水平"一体化"的神木整合模式,基于本级政府财政补贴的有效运转和道德风险防范的考虑,除了限制非户籍流动人口参保外,对户籍内城乡居民基本医疗保险缴费"过度补贴"[②]、保障待遇对财政偏倚、基于盲目选择与制度本身性质不相符的"免费医疗"[③]等,不仅违背了基本医疗权利与义务相结合的原则和社会保险缴费与经济社会发展水平相适应原则,还导致"可持续性"堪忧。最后,从整合的结果看,各地整合城乡医保的制度虽然直接弱化了基本医保的城乡分割,却间接强化了城乡医保管理和经办的地区分割。

(三)地方整合制度呈现"再碎片化"

现行城乡基本医保制度是自上而下,分城乡、分群体、分部门、分时地一个一个建立起来的,而现有城乡基本医保的整合试验却是自下而上进行,在解决地方"局部"制度整合的同时,必然产生新的"碎片",即上面两个部门分属的医保管理权和决策权,下面整合后分解为更加多元的医保管理权和决策权,医

---

① 参见东莞市《关于建立东莞市社会基本医疗保险制度的通知》(东府[2008]51号)规定:"全市职工、按月领取养老金或失业金人员、本市灵活就业人员及城乡居民均属医保参保范围。"城乡居民"由村(居)民委员会办理参保"。

② 2009年2月9日神木县人民政府颁发的《神木县全民免费医疗实施办法(试行)》规定,神木县城乡居民只需缴纳保费10元,其余保费一律由财政补贴。而相对应的是,当年全国城乡居民个人缴纳基本医疗保险费至少40元。至2013年,全国城乡居民个人缴纳的基本医疗保险费最少已升至60元,而神木县人均缴纳基本医疗保险费一直保持10元的水平。

③ 神木县的"免费医疗"并非高福利国家的免费医疗模式,而是政府高补贴的全民医疗保险制度。参见曹政:《神木"免费医疗"下的变局》,载《健康报》2014年1月3日;王东进:《走进陕西神木,静观"免费医疗"》,载《中国医疗保险》2010年第9期。

保管理权条条块块纵横交错,在部门分别决策以及部门决策目标、部门利益冲突下,行政主导的制度整合也就是从地方实际情况出发来进行。

为此,着力消除制度"碎片化"的城乡基本医保制度整合试验难免"再碎片化":从整合城乡基本医保的地方角度来观察,对制度整合进行表面梳理可以看出,多样化的制度整合模式,强调地方制度整合的主动性、积极性和创造性,单兵突进式的地方整合制度"再碎片化"成为理性的、客观的选择。从整合城乡基本医保制度的全国局面深入下去,地方整合试验难免为了区域利益使制度整合规范设计"再碎片化"。

二、地方城乡医保整合的深层问题要求自上而下实施制度整合

城乡医保制度整合的地方探索,多元模式选择的困惑,制度"再碎片化"的现象,说明更深层问题在于主管部门决策、整合路径、整合制度内容未能进一步明确。因此,治本之策是顶层设计整合制度,并自上而下实施制度整合。

(一)主管部门决策决定了制度整合的顶层设计

现代社会保险制度作为强制性、政府主导的公共事业,需要政府确定主管部门统一管理和强制推行。同时,为了适应社会保险公共服务专业化、标准化、快节奏的需要,主管部门需细化社会保险管理和服务的行政立法和政策体系。基本医保作为标志性、基础性、法律关系最为复杂的社会保险制度,其行政立法和政策体系相对其他社会保险项目更为复杂。

人力资源和社会保障部门以及卫生和计划生育委员会分别管理城乡医保,围绕城乡三项基本医保制度,又分别建立了三种庞大的医保政策和行政立法体系。这种体制从一开始就决定了整合面临难题:它一边宣布要整合城乡基本医保,一边心安理得出台各项城乡医保制度。与此对应的是,我国社会保险立法依循了"政策构建、试点探索、法律总结"的路径,《社会保险法》有关三项基本医保的规定操作性不强,亟须行政主管部门起草基本医疗保险实施性

法规。但实施性法规也同样迟迟不能出台①,"政策制定部门间由于角度、视野或者立场的不同,出台了各种政策,针对各自认为的主要问题,互相打架、相互抵消"②。而且,地方整合试验中行政管理权的五种模式创新,使得医保决策"再分制",导致整合制度走向"再碎片化"局面。

为此,行政管理权、决策权与规则制定权的整合是城乡基本医保制度整合的先决条件,只有政府最高层面,才能整合"分割"的管理权和决策权,全国基本医保制度整合的设计才能避免"再碎片化"。

(二)"碎片化"的形成路径决定了自上而下整合制度

制度其实是习惯和规则的固定化和稳定化,是人类社会对自身行为进行选择和规范的产物,它以法律和政策规范为外在形态③。现行的医保制度包括医保政策和法律两个方面。

现行基本医保的政策是自上而下构建的,始于 20 世纪 90 年代初,是与改革计划经济时期的医疗保障制度齐头并进的。内生于城乡"二元"经济社会的基本医保制度,依赖计划经济时期城乡分离的路径,并遵循经济改革"摸着石头过河",采取"渐进"改革和创新方式,从正式从业群体开始,先改革和设计城镇职工基本医保制度,然后是新型农村合作医疗制度,继而是城镇居民基本医保制度。三项基本医保制度的构建,都是先由党的纲领性文件、国务院及政府相关部门的规范性文件来确定政策框架,再由各试点省、市、县在"执行"、"细化"上级政策的基础上,出台"地方化"政策。这些政策还在医保基金的不同统筹地区之间各取所需,本身就带有很强的试验性和探索性,在试点实践中不断试错和纠错,不断调整和完善,自上而下形成了基本医疗保险政策

---

① 参见孙淑云:《中国基本医疗保险立法研究》,法律出版社 2014 年版,第 144 页。
② 金春林:《政策制定力避碎片化》,载《健康报》2014 年 2 月 17 日。
③ 参见郑功成:《社会保障学——理念、制度、实践与思辨》,商务印书馆 2000 年版,第 246 页。

体系。

政府基本医疗保险公共政策的确立,是基本医疗保险立法的前提。2010年颁布的《社会保险法》出台之前,我国城乡三项基本医保制度仍然处于改革进程之中,诸如基本医保的行政管理、基金筹集、基金统筹层次、保障待遇支付等关键环节的制度尚未定型,还处于政策选择之中。是"分割"还是"整合",成为《社会保险法》(草案)三审稿争议的焦点问题之一。最终,出台的《社会保险法》其中第三章仅以 10 项条款确认了现行城乡三项基本医保制度体系,基本维持城乡"分割"的医保制度。该法第二章和第三章继续以城乡户籍、职业等"身份"确立城乡三项医保制度;第 24 条规定:"新型农村合作医疗的管理办法,由国务院规定",为卫生和计划生育委员会部门和人力资源社会保障部门分治城乡医疗保险留下了依据。

可见,基本医保的政策和法律是自上而下形成的,自然,整合现行基本医保的政策和法律也必须自上而下制定,需要在顶层设计下自上而下地整合制度。那种自下而上的地方整合试验,只能是对整合路径修修补补。

(三)"碎片化"的利益内容决定整合制度设计要从全局出发

现行的基本医保制度,依照正式从业和非正式从业以及城乡户籍的不同,确定了不同的参保方式、筹资方式和医保待遇水平,加之城乡之间、同一制度的不同统筹区域之间医保待遇水平的差异,经济发展水平以及基本医疗服务水平的差别,条块交错,导致基本医保利益多元分割,形成了不同的群体利益、城乡利益、区域利益、部门利益。"碎片化"的医保利益格局和不同医保权利待遇,导致多元制度之间医保权利衔接"不顺畅",流动人口医保权利"不便携"[1],使得基

---

① 2010 年人力资源和社会保障部、卫生部下发《关于印发流动就业人员基本医疗保险关系转移接续暂行办法的通知》,但难以突破城乡不同板块、不同区域之间医保制度的封闭性和利益争夺的困境,没有从根本上解决流动人口医保权利实现难的问题,沦为"纸上谈兵"的无效制度。详见苗艳青、王禄生:《城乡居民基本医疗保障制度案例研究:试点实践和主要发现》,载《中国卫生政策研究》2010 年第 4 期。

本医疗保险这一调节收入分配的重要制度性工具未能有效发挥作用,有的甚至出现"逆向调节"的情况。整合这些多层次、多方位的利益,地方整合制度未能脱离地方利益和局部视野,未能顾全整合城乡之间、区域之间、群体之间的医保利益,而只能从各地实际情况出发作选择,难免使制度设计五花八门。

社会保障权益普遍而公正地享有,是社会保障制度整合的内在逻辑①。整合城乡基本医保制度的本质,就是针对基本医保制度身份化、地域化、部门化等,从全民医保的整体利益、根本利益、长远利益出发,整合协调多元利益,着重去身份化、去地域化、去部门化,实现多重利益整合,实现均等化层次上的全民医保,实现基本医保待遇的同一受益标准②。多元利益的整合协调,不仅需要全局性、全面性、深层次的视野,还需要从全民医保的整体利益出发,基于基本医保的社会性和保险性双面属性,从基本医保的理念和基本原则出发,统筹城乡、统筹不同群体的参保权利,统筹调节中央与地方基本医保事权,统筹调整城乡基本医保财政投入结构以及整合成本的分担,才能全面、系统、联动地设计整合医保的制度规范。

第三节 整合城乡医保的制度与体制

综上所述,我国整合城乡医保制度由地方自发探索开始,到国家层面政策推进与地方创新相结合,整合制度由地方化、多样化转向统一制度,由形成整合的框架政策转向具体制度建设,由单项突破转向系统制度建制和综合推进,地方主动性和创造性不断增强,国家层面政策设计不断完善,重点难点问题逐步突破,"渐进性"走向基本医保制度的统一。

---

① 参见高和荣、夏会琴:《去身份化和去地域化:中国社会保障制度的双重整合》,载《哈尔滨工业大学学报》(社会科学版)2013年第1期。
② 参见朱俊生:《重塑全民医保制度的建构理念》,载《市场与人口分析》2006年第5期。

一、整合城乡医保的制度变迁

根据整合城乡医保制度的创制主体、时间节点、整合制度不同,可以将整合城乡医保的制度变迁划分为三个阶段。

(一)地方自发探索阶段:整合制度地方化、多样化(2002—2007 年)

2002 年是个重要的历史节点,2002 年正是"我国城乡二元结构改革的分界点,之前为城乡二元结构加强甚至固化时期,之后城乡进入转型时期,减轻城乡二元结构"①。党的十六大明确提出"统筹城乡经济社会发展"的要求,体现了明显的民生导向,社会政策得到了前所未有的重视,使用了"初次分配注重效率"、"再分配注重公平"的提法。2003 年,党的十六届三中全会提出以人为本、全面协调可持续的"科学发展观",再次提出统筹城乡发展的社会政策。2002 年 10 月,新农合政策创建,2003 年以新农合制度建设在地方启动试点。2004 年,党的十六届四中全会提出构建"和谐社会"的新理念,同年,劳动和社会保障部发布《关于推进混合所有制企业和非公有制企业人员参加医疗保险的意见》,明确要求将农民工纳入城镇职工基本医疗保险的保障范围。2005 年,经济和社会发展"十一五"规划纲要,在以往经济建设、政治建设、文化建设基础上,正式将社会建设列为政府的重点工作之一。2006 年,党的十六届六中全会发布《中共中央关于构建社会主义和谐社会若干重大问题的决定》,在构建社会主义"和谐社会"理念下,进一步明确了社会保障体系建设的目标是"适应人口老龄化、城镇化、就业方式多样化,逐步建立社会保险、社会救助、社会福利、慈善事业相衔接的覆盖城乡居民的社会保障体系"。

随着减轻城乡二元结构的社会政策出台,一些城市化发展较快的地区,比如广东省东莞市,早在 2000 年首先取消了城镇职工医保的户籍限制,城

---

① 程水源、刘汉成:《城乡一体化发展理论与实践》,中国农业出版社 2010 年版,第 7 页。

镇职工医保采取"直接扩面"的形式,将外来务工人员医保纳入城镇职工医保进行管理。2001 年,珠海市在现有城镇职工基本医疗保险框架内为农民工设定较低的进入门槛,保险费完全由用工单位缴纳,农民工个人不缴费,不建个人账户,以保大病(包括住院与特殊病种门诊)、保当期为主。上海市则在城镇社会保障体系之外,为农民工设立了独立的综合社会保险,包括工伤、住院医疗与老年补贴三项。深圳市很早就开始了农民工医疗保障的实践,1992 年,深圳市已将农民工医疗保险纳入社会保险的范畴,由于当时强调市民待遇,造成了缴费基数与费率过高,企业与农民工不愿参保的后果,后来将保障范围缩小到只保住院。2004 年,新农合试点在东莞市落地之际,将新农合直接向城镇居民覆盖,并按照职工基本医疗保险模式,衔接新农合制度,取消新农合名称,代之以"农(居)民基本医疗保险制度"。大多数地方,如江苏省的句容市、常熟市,合肥市的肥东县等,在新农合试点落地之时,自发将新农合覆盖城镇居民,或者将新农合与城镇职工医保统一管理和经办。

上述三项医保制度整合地方试验的探索和创新,顺应了时代的要求,整合制度建设具有鲜明地方政策自发创新的特点:一是整合制度地方化、多样化;二是整合制度没有总体规划、整合目标未能明确。

(二)国家政策号召性推进阶段:框架政策统一与医保管理权问题(2007—2015 年)

为回应地方自发探索整合城乡医保制度的难题,2007 年国务院《关于开展城镇居民基本医疗保险试点的指导意见》提出:"鼓励有条件的地区结合城镇职工基本医疗保险和新型农村合作医疗管理的实际,进一步整合基本医疗保障管理资源"。2009 年中共中央、国务院发布的《关于深化医药卫生体制改革的意见》中重申:"探索建立城乡一体化的基本医疗保障管理制度",要求"有效整合基本医疗保险经办资源,逐步实现城乡基本医疗保险行政管理的统一"。2010 年出台的《社会保险法》"立足国情,但过于迁就现实"①,基本维持了城乡"分割"的社会保险制度。该法第三章继续以城乡户籍、职业"身份"等要素设立城乡三项社会医疗保险制度;同时,《社会保险法》对整合城乡基本医保仅仅模糊和弹性处理"整合"。相关整合城乡社会医疗保险制度主要以发展性、方向性、授权性规范呈现。② 2012 年党的十八大报告、《社会保障"十二五"规划纲要》与《"十二五"期间深化医药卫生体制改革规划暨实施方案》等文件重申:"加快建立统筹城乡的基本医保管理体制,探索整合城乡基本医疗保险管理职能和经办资源",以促进城乡统筹,建设更具公平性、适应流动性和提高可持续性的医保制度。2013 年党的十八届三中全会公报《中共中央关于全面深化改革的若干重大问题的决定》指出,为建立更加公平可持续的医保制度,要整合城乡基本医保管理和经办资源。2013 年 3 月 26 日《国务院机构改革和职能转变方案》中明确任务分工,要求 2013 年 6 月底前,由中央编办牵头,完成城乡三项基本医保的行政管理职责整合。直至今日实际上还没有一个明确的方案。

上述一系列中央倡导性政策,只是框架性的政策,特别是对于创新制度主体的行政主管"管理和管理体制",尚未给出明晰的整合方向和具体制度设计,管理体制问题还在人力资源和社会保障部门和卫生和计划生育委员会之间未能理顺。地方整合医保出现了五种管理模式,管理模式多样又为地方整合制度建设的多样化添加了"动力",在主动性、积极性、创造性精神下,地方整合城乡医保的制度建设仍然难以走出基本医保制度。综合来说,这一阶段,地方整合城乡基本医保制度建设创制了四种模式,"统一制度统一待遇支付"的整合模式、"二元制度两种基金统筹"的整合模式、"一元制度两个基金统筹"的整合模式以及"一制多档"的整合模式。

---

① 郑尚元、扈春海:《中国社会保险法立法进路之分析》,载《现代法学》2010 年第 3 期。
② 孙淑云:《整合城乡基本医保的立法及其变迁趋势》,载《甘肃社会科学》2014 年第 5 期。

（三）国家层面政策规范化推进与地方创新相结合阶段：整合制度统一建设（2016年至今）

2016年1月3日，国务院在总结地方整合城乡基本医保经验教训的基础上，出台《关于整合城乡居民基本医疗保险制度的意见》（以下简称《意见》）要求："加强统筹协调与顶层设计，遵循先易后难、循序渐进的原则，从完善政策入手，推进城镇居民医保和新农合制度整合，逐步在全国范围内建立起统一的城乡居民医保制度。"《意见》还明确了时间表，要求"各省（区、市）于2016年6月底前对整合城乡居民医保作出规划和部署，健全工作推进和考核评价机制，严格落实责任制，确保各项政策措施落实到位。各统筹地区要于2016年12月底前出台具体实施方案"。《意见》提出建立覆盖范围、筹资政策、保障待遇、医保目录、定点管理、基金管理"六统一"的城乡居民医保制度。整合城乡医保"六统一"的具体制度设计，加速了全国城乡医保制度的整合进度，保证了全国整合城乡医保制度的统一程度。

《意见》尽管对于基本医保管理体制统一问题还尚未有具体办法，但是建议："鼓励有条件的地区理顺管理体制，创新经办管理，提高管理效率和服务水平"。相关"鼓励有条件的地区理顺管理体制"，是对"整合"的实施主体和责任主体要求的"整合"和"统一"。① 实施中城乡医保管理体制整合仍处于摇摆状态，引起学术界相关城乡基本医保的管理和经办体制整合等的新一轮争执和讨论。根据人社部统计，截至2016年7月，有17个省实现城乡医保制度的整合，并统一划归人社部门管理。② "陕西省将城乡居民医疗保险统一归卫生计生部门管理，福建省则将整合后的城乡医保归财政部门管理。从全国

① 参见王东进：《管理体制回避不得也回避不了——关于整合城乡居民医保的深度思考》，载《中国医疗保险》2016年第6期。
② 参见人社部：《17省实现全民医保人社统一管理》，见2016年7月29日人力资源和社会保障部官网。

来看,在省级层面以下,还有部分县市将整合后的城乡居民医保交由卫生计生部门。所以,城乡医保管理体制仍然未能统一。城乡医保管理经办体制牵扯最广、牵一发动全身。如何在医保基金、医疗服务、参保人生命健康三角利益博弈中建立"制衡机制",这种"制衡机制"由于在三角利益博弈的信息不对称,以及医疗服务的专业垄断和技术垄断上。为此,医保管理和经办需要处理好医疗服务的分配、基本医保基金再分配的公平性以及政府医保规管的效能关系,基本医保管理和经办构建体制是个复杂的系统工程。世界范围内,就有社会保障部门大部制和卫生部门大部制体制的争议,各国的医保体制选择多半也在这两个体制之间。在我国近 20 年城乡医保整合的制度变迁中,管理体制整合,最容易突破、最容易实现的是行政主管权的整合和统一,而这只是管理体制整合的初级问题。如何构建"大部制"管理体制,并推进基本医保经办体制改革,真正发挥基本医保支付功能,推进医保第三方付费对医疗服务机构和患者的"制衡"机制,以破解医院和药品费用的高速膨胀对医保基金的"虹吸效应",这才是整合城乡医保管理体制的目标和核心。整合城乡医保从地方自发探索,到国家层面政策支持,再到中央统一整合政策的强力推进,对城乡医保管理和经办这一综合性的、系统性的体制改革也需要进一步探索和研究。要将人社部门和卫生部门优势和各地创新实践经验结合起来,为整合提供务实性实践探索和系列制度建设的经验。三明市整合城乡医保管理和经办务实性改革取得了决定性突破,其创新系列制度支撑的大部制医保管理体制和经办体制,提高了管理效率和经办服务水平。2016 年 11 月 8 日,中共中央办公厅、国务院办公厅转发国务院医改领导小组《关于进一步推广深化医药卫生体制改革经验的若干意见》以政策形式向全国推进"三明经验",即"建立强有力的党政'一把手'负责的医改领导体制、建立三医联动工作机制、统一基本医保经办管理体制、设立医保基金管理中心、发挥医保基础性作用、破除以药补医、建立健全公立医院运行新机制"等。2018 年 3 月,国家医疗保障局成立,原由人社部、卫生计生委、民政部、发改委等"分权管理"基本医疗保险、新型农村合作医疗、医疗救助以及医药价格等职能,转由国家医保局"统一管理",开启了"大医保"体制机制的全面改革,医疗保障成为一个独立运行的社会保障体系。城乡医保在统一管理下,开始统筹规划、统一经办、统一信息。2021年8月13日,国家医保局、财政部《关于建立医疗保障待遇清单制度的意见》,将着力建立制度化的城乡医保待遇动态调整机制,并将促进城乡医保由机械整合走向深度融合。

当然,现阶段城乡居民医保整合只是将最相近的新农合制度与城镇居民医保制度进行了整合。整合城乡医保制度的系列任务亟待推进。一是还需要探索城乡居民医保制度与职工医保制度的整合统一;二是清晰界定基本医保、医疗救助与商业保险界限、功能基础上,整合和协调基本医保与补充层次医保制度;三是需要探索城乡医保制度逐步实现省级统筹;四是以立法定型全民统一的基本医保制度,实现三元医保制度一体化运行。因此,整合城乡医保任重而道远。

二、整合城乡医保的难题及其制约

城乡经济社会一体化加速发展,城乡人口结构和社会结构迅速变化,客观上需要加速推进整合城乡医保。但是,整合还在艰难推进中,离统一基本医保制度还有较大距离。整合实践不断凸显四大难题和制约,需要健全相关法律,凝聚共识,通过完善基本医保立法予以突破。

(一)医保管理体制整合难题

在我国,对计划经济体制下城乡"分割"的医保制度进行改革的主体是人力资源和社会保障部以及卫生和计划生育委员会,今天主导创新医保制度的主体也是这两个部门。长期以来,这两个部门各自主导新医保管理,相应地,医保主管权在地方也分别被归入人社部门管理模式、卫生部门管理模式、人社和卫生部门合作管理模式、财政部门管理模式、政府直接管理模式等。这种

"碎片化"的医保主管权和决策权,致使地方整合制度持续,并且涉及立法领域,《社会保险法》相关基本医保的实施条例被分别起草为"基本医疗保险条例"和"新农合管理条例",这是基本医保实施性立法久未出台的主要原因。管理体制分立两个部门是城乡医保整合未能有效推进的主要原因,因此,整合管理体制是"制度整合"的前提和基础。

(二)医保经办体制整合及善治

医保经办机构收取投保人缴纳的医疗保险费,管理医疗保险基金并通过集团谈判方法,从医药服务机构为参保人购买基本医疗服务,并与医药服务机构形成谈判制衡机制,既降低参保人医疗费用负担,并有效控制医疗费用过快增长,还得兼顾医药服务机构的利益和发展。因此,医保经办是基本医保运行的核心,医保经办机构的法律地位、善治和职能履行直接关系到基本医保制度价值的实现程度,是整合城乡医保的"机制"关键。

而且,我国基本医疗保险经办机构也是城乡分设,分属人社部门和卫计委管理,尚未真正实现政事分离,医保经办机构法人地位在体制上未能明确确立,医保经办机构附属于主管政府部门的事业单位,既办理医疗保险事务,又经行政主管机构授权行使一定的行政管理职能,实际上发挥了行政执行职能,作为政府的"经办"机构,主要执行和落实行政主管机构的管理意志,管理职能有余而服务和保障职能有些不足。各地试点整合城乡医保,整合的重要环节是医保经办机构的整合,但是,整合只是对城乡医保经办机构和经办业务的简单整合,较少关注医保经办机构的法律地位,也较难涉足经办机构治理及其职能的多重整合和改革,整合后的医保经办机构仍然是归属于行政主管部门,其职能也未能明确,"经办"职能强于"保障"职能,基金"管理"职能强于"服务"职能等。

医保第三方付费的动态制衡机制是整合城乡医保制度的难中之难。现行医保制度,按城乡、户籍、职业、区域确定了不同的筹资水平,加之不同地区经济发展水平和基本医疗服务水平的差别,形成多元化的医保利益,有些流动人口医保转移不便利、衔接不顺畅,未能发挥基本医保作为调节收入分配的重要作用。由地方整合制度试点难以整合城乡之间、区域之间、群体之间的医保利益,只能简单地选择城乡医保目录、城乡医保费用报销比例等部分环节实施整合,而协调医保、医疗、医药、参保人四方三角利益的医保待遇支付"动态制衡机制"还处于初步整合阶段,整合城乡医保制度需要进一步推进。整合和构建城乡医保待遇支付"动态制衡机制"在于相关配套制度还未成型:一是医保经办体制未定型,城乡医保经办机构独立法人地位未确立;二是基金筹资社会化团结制度未定型;三是医疗医药服务体系改革还处于制度建构未定型阶段。

(三)参保人制度整合是"关口"难题

参保是基本医保制度的"关口"环节,现行城乡医保的参保人按城乡、户籍、职业、地区多重标准交叉分类,因此,"去身份化、打破群体分割、地区分割以适应流动性"是参保人制度整合的目标。但是,"户籍、职业、地区"仍然是各种整合模式无法放弃的选择性标准,就是"去城乡、去身份"的"全统一型"整合模式中,仍然保留"户籍"选项。因此,存在不少流动人口重复参保和漏保断保、异地医保权利转移接续较难。目前,参保人制度构建面临三个难题,一是在我国处于城乡一体化转型期,以何种标准构建参保人身份平等制度;二是参保人分类如何与我国常态化的流动人口、大规模的自由从业人口相适应;三是在参保人参保身份平等基础上,如何科学类分参保人并建立社会团结分担的筹资制度。后两个问题的解决,需要经过社会讨论并达成社会共识。

(四)量能负担筹资制度整合是"技术"难题

社会团结、量能负担的筹资制度是基本医保制度的核心环节,当下,整合城乡医保制度,筹资的量能负担是"社会团结性"筹资难题。社会共同体的风险共担的需求是人类的自然需求,社会保险量能负担的筹资制度正是建立在共生共存、社会连带、社会团结、互助共济的人类社会共同体基础之上。当下，建立筹资制度面临的难题，一是上述各类参保人的社会阶层区分在我国还未达成社会共识；二是社会阶层客观区分基础上，体现社会团结的社会保险筹资的分担机制还未确立；三是公共财政的分担责任和央地财政分担责任的划分也未定型，当下，各级财政在城乡医保筹资中分担了几乎80%的筹资份额，泛福利化倾向明显；四是筹资水平如何与经济社会发展相适应。

第五编

整合立法与法律建制

5

在法治社会，基本医保制度当以立法为先建制，由法律来确立基本医保制度。"在我国渐进性改革背景下，立法必然是滞后的，因为改革之路就是突破原有的制度安排……中国 40 多年来所走的改革开放之路，就是通过体制改革、机制创新来达到重塑制度安排目标的。这是中国特色的发展之路，也是中国式改革的成功之路。"①同样，中国 30 多年医保建制，改革计划经济体制下的公费和劳保医疗体制机制来重塑医保制度，首先以政策和地方立法形式构建，从城乡医保"区分"建制走向"整合"。其中，整合城乡医保建制也同样走了一条别开生面的渐进性改革道路，也是从地方自发试验开始，历经近 20 年，最后推进全国性整合立法的出台。2010 年《社会保险法》启动了城乡医保的整合型立法，但是，全国性整合型立法的原则性、方向性及其争议，表明整合城乡基本医保立法还处于初级阶段。

从宏观角度考察，整合城乡基本医保立法呈现了"从初步整合到全面整合、从提高管理效率到增强制度公平性、从区域立法到全国性立法"的变迁，揭示了"全面整合"和"定型"城乡基本医保的全国性立法时机已经到来。剖析整合城乡医保立法的文本经验，梳理整合城乡医保的立法路径，启示整合式基本医保立法的逻辑框架、着力点和难题有："两个条例"与城乡医保管理经办体制的争执、参保人分类与筹资的量能负担、保障待遇与再分配的社会公平性等关键环节的制度建设。

---

① 郑功成：《深化医改应该回归常识，尊重规律》，见 2016 年 11 月 20 日中国社会保障学会网。

第十章　整合城乡基本医保的
立法变迁与路径选择

　　"法律通常是尾随着社会的变化而变化"①,伴随着地方自发探索整合城乡医保,地方立法担当了规范整合城乡医保秩序的重任。整合城乡医保地方立法的实践及其变迁,归其一点,就是不断启示和推动全国整合城乡医保的立法。2010 年颁布的《社会保险法》启动了整合城乡医保的立法,但是,处于城乡经济社会二元向一体化转型时期,该法对整合城乡医保虽具有明确的导向性,但可操作性欠缺,②对法律规范的"整合",强调以发展性、方向性、授权性规范。③ 实践中,人社部门和卫生部门分别就该法起草了基本医疗保险实施条例,即"基本医疗保险条例"和"新型农村合作医疗管理条例"。理应同属基本医疗保险的城乡三项基本医保制度,分别由两个部门起草行政法规,说明我国城乡三项基本医疗保险制度的立法存在诸多争议,整合城乡医保的立法任重而道远。原因是多方面的,有技术上的也有路线上的。本章主要研究三个方面,一是拟以整合城乡医保重要地方立法和全国性立法为依托,通过串联地

---

　　①　[日]大木雅夫:《比较法》,范愉译,法律出版社 1999 年版,第 3 页。
　　②　参见郑尚元、扈春海:《中国社会保险法立法进路之分析》,载《现代法学》2010 年第 3 期。
　　③　参见孙淑云:《整合城乡基本医保的立法及其变迁趋势》,载《甘肃社会科学》2014 年第 5 期。

标性的立法活动述说近 20 年整合城乡医保立法变迁,并探究其背后的经验,说明基本医保整合立法的变迁趋势及其难题。二是剖析整合城乡医保立法文本,为整合基本医保的立法做技术论证和准备。三是梳理整合城乡医保的立法路径,辨析整合基本医保立法的逻辑和着力点。

第一节　整合城乡基本医保的立法变迁

整合城乡基本医疗保险制度,实质是一场调整利益格局、追求制度体系公平性的深刻变革,整合立法则是这场制度整合的有力推动力量。梳理整合立法的基本情况,分析其变迁趋势,解决其面临的问题,是整合立法的一个非常重要的实证需要,也是学界需要深入研究和探讨的课题。目前,相关整合城乡基本医保制度的研究,多集中于地方整合城乡基本医保的政策实践、路径模式和经验总结等方面。乏见对整合立法现状的实证分析,更缺少对整合城乡医保制度进行法律规范性论证,缺乏整合城乡基本医保立法的规范化和科学化。本节客观系统地梳理近 20 年整合城乡基本医保立法的基本走向,以地方整合立法和《社会保险法》为例,辨析整合城乡基本医保地方立法和全国性立法的脉动及其难题,以期对加快整合城乡基本医保立法有所裨益。

一、整合城乡基本医保立法的基本状况

现行城乡基本医保制度建设,起源于 1992 年深圳市以及 1994 年江苏省镇江市、江西省九江市对计划经济体制的福利性特色的公费医疗和劳保医疗制度的改革,始建于 1998 年城镇职工基本医疗保险制度(以下简称"城镇职工医保"),扩展于 2002 年新型农村合作医疗制度(以下简称"新农合"),2007 年又折返城市建立城镇居民基本医保制度(以下简称"城镇居民医保"),2009 年城乡"三元"基本医保"制度覆盖"了全国,并在 2010 年颁布的《社会保险

法》中确定下来①。在党的十六大提出的"统筹城乡、全面协调可持续的科学发展"方针政策指导下,在我国城乡经济社会"二元"向"一体化"转型的大背景下,整合城乡"三元"基本医保制度及其立法也拉开了序幕,并从地方立法开始,延展到全国性立法,其间历经了近20年发展。

（一）地方整合城乡基本医保的立法

整合城乡基本医保的制度建设以珠三角地区为先导,早在1992年5月,深圳市取消了公费医疗制度,在全国率先开展统一的社会医疗保险制度建制,无论是否有深圳户籍,都可以参保享受统一的医疗保险待遇。② 广东省东莞市则在2000年取消了职工医保的户籍限制,通过参保对象"直接扩面",将外来务工人员医保纳入职工医保进行管理,佛山市于2004年开始整合城乡居民医保,随后东莞市、珠海市等地也成功地实现了新农合和城镇居民医保的"制度并轨"。截至2015年底,除了9个省级地区整合外,其他省份的39个地市以及42个地市的91个县(区)也实现城乡医保整合。③ 由于整合城乡基本医保的经验不足,城乡医保社会关系没有定型、全国性立法时机不佳,整合城乡基本医保的立法事实上多为地方实验立法和地方先行立法④。地方整合城乡基本医保立法多以地方政府的行政规章表达,具有影响力的是2003年7月

---

① 《社会保险法》23条至25条规定,我国城乡基本医疗保险体系由城镇职工基本医保制度、城镇居民基本医保制度、新型农村合作医疗制度等"三元"制度构成。
② 参见郑功成、黄黎若:《中国农民工问题与社会保护》下,人民出版社2007年版,第373页。
③ 参见金维刚:《依法推进城乡居民医保整合》,载《中国劳动保障报》2016年2月5日。
④ 实验立法特指经济特区为发挥"改革试验田"作用的立法,根据全国人民代表大会及其常务委员会的法律授权,根据经济特区的具体情况和实际需要,遵循宪法的规定和法律、行政法规的基本原则,制定经济特区地方法规的活动。地方先行立法,是指在《立法法》规定的中央专属立法事项之外,对于其他中央立法事项、中央与地方共享的立法事项,地方可以先行制定地方法律文件,不断积累和总结经验,待时机成熟,由中央制定法律或行政法规将其正式确立下来,地方法律文件中除了与中央立法相抵触的部分无效外,其他部分仍可继续有效。参见崔卓兰、于立深等:《地方立法实证研究》,知识产权出版社2007年版,第10—11页。

《深圳市城镇职工社会医疗保险办法》、2007 年 10 月 17 日发布的《苏州市社会基本医疗保险管理办法》、2007 年 12 月 3 日颁布的《珠海市城乡居民基本医疗保险暂行办法》、2008 年 11 月 18 日公布的《成都市城乡居民基本医疗保险暂行办法》、2012 年 2 月 3 日颁发的《天津市基本医疗保险规定》等。2013 年 4 月 24 日广州市人大常务委员会通过的《广州市社会医疗保险条例》，是第一部以地方法规形式规范整合城乡基本医保的立法文件。此外，由于没有立法权，大多数地方整合城乡基本医保以地方政府的规范性文件①来表达，最有影响力的是 2004 年 1 月 9 日颁布的《东莞市农（居）民基本医疗保险暂行办法》、2008 年 4 月 25 日公布的《关于建立东莞市社会基本医疗保险制度的通知》、2009 年 2 月 9 日发布的《神木县全民免费医疗实施办法（试行）》等。"地方政府依职权的行政创制性规范文件不一定有直接的法律依据，但符合法律的精神，增进公众的福祉，可以作为行政给付的依据，也应是人民法院审理此类案件的依据。"②依循行政法学这一通说，本文将地方政府相关整合城乡基本医保的创制性规范文件视同行政法的渊源纳入分析范畴。以"参保人制度、筹资制度、待遇支付制度、管理体制、基金经办制度"等基本医保的五个"要素"环节制度③的整合④为分析维度，上述地方整合立法可以归纳为四种模式。

一是"二元制度两种基金统筹"的整合立法模式，继续保留城镇职工基本医保制度，单独运行管理，单独立法；同时，另外立法将城镇居民医保与新农合

---

① 规范性文件是指行政机关以及被授权组织为实施法律和执行政策，在法定权限内制定的除行政法规和规章以外的决定、命令等普遍性行为规则的总称。参见叶必丰主编：《行政法与行政诉讼法》，中国人民大学出版社 2011 年版，第 70 页。

② 叶必丰：《行政法与行政诉讼法》，中国人民大学出版社 2011 年版，第 71 页。

③ "要素"环节制度，指社会保险制度的构成要素，亦称社会保险法的结构，它实质就是大多数单行社会保险法的基本构成要素。因为每个构成要素都由系列规范构成独特的制度，故称"要素"环节制度。

④ 我国城乡"三元"基本医保制度，是以参保人制度、筹资制度、待遇支付制度、管理体制、基金经办制度等五个"要素"环节制度的不同制定的。同样，整合城乡"三元"基本医保制度，就是围绕这五个"要素"环节制度进行不同程度的整合。

合并为城乡居民医保制度,统一管理经办、统一筹资、统一待遇。这一立法模式以珠海、汕头、昆明、长沙、常熟、嘉兴、青海为代表。

二是"一元制度两个基金统筹"的整合立法模式,将城乡"三元"基本医保制度整合为一个立法制度,虽然管理、经办统一,但职工医保与城乡居民医保区分两个统筹基金,两种不同筹资方式、不同筹资水平和两类保障待遇。这种整合城乡医保的立法模式以苏州、广州、天津、镇江为代表。

三是"二元制度三层基金统筹"的整合立法模式,继续保留职工基本医保的单独立法模式,将城镇居民医保与新农合制度整合为城乡居民医保制度单列立法,同时统一城乡居民医保的管理和经办。该立法模式的创新凸显在,将原有的城乡"三元"基本医保的筹资和保障待遇整合为"三档"或"多档"筹资和保障待遇,各档基金独立,赋予城乡居民根据自己的经济能力选择各档的平等参保权,最高档次筹资和待遇与职工基本医保留下制度"接口"。这种整合城乡医保的立法模式由成都创新,重庆紧随其后,为许多地方整合立法所借鉴。

四是"全统一"的整合立法模式,将城乡"三元"基本医保制度合并为城乡一体化制度,管理、经办统一,所有参保人无论是否正式从业和非正式从业者,无论城乡居民,分类平等参保,基金统筹调剂,医保待遇支付平等。这种整合立法模式是整合城乡医保制度的最高层次,以东莞市、神木县为代表。当然,两地立法内容不同,显著区别表现在,东莞市各类参保人员保险费分担主体不同、筹资方式不同,但是参保比例相同、保障待遇相同。神木县仍然沿循城乡"三元"基本医保参保制度,三类参保制度的保险费分担机制、筹资方式、参保水平没有变化,代之以县财政对城乡居民筹资差距的补贴,以及强力财政补贴下城镇职工医保与城乡居民医保待遇水平的拉平。

上述地方整合城乡基本医保的立法模式划分,是依据基本医保的五个"要素"制度所做的大致定性划分,各地整合立法中还有许多细节区分。总的来说,地方整合城乡基本医保的立法早于全国整合立法,是在城乡医保制度

"分割建设"过程中的局部整合立法,是地方政府依据工业化、城市化加速发展的实际,在党中央提出"统筹城乡、科学发展、以人为本、公平、公正、共享发展成果"指导下的制度探索和创新,并呈现立法制度的多模式、地方化以及艰辛成长的特点。

(二)全国整合城乡基本医保的立法

城乡基本医保制度"区分建设"过程中的地方整合立法,为整合城乡基本医保全国性立法预备了实践基础,积累了制度资源。事实上,在地方整合城乡医保立法实践的启示和思考中,如何整合城乡"三元"基本医保的讨论,伴随《社会保险法》的起草、审议、出台全过程,特别是《社会保险法》(草案)三审时,基本医保制度的"区分"建设与"整合",成为《社会保险法》(草案)审议时争议的焦点问题之一。① 最终,2010 年 10 月 28 日颁布的《社会保险法》启动了整合城乡基本医保的全国性立法,将城镇职工医保、城镇居民医保、新农合并列纳入基本医疗保险体系。尽管该法作为一部综合性、纲要式、原则性的立法,②对相关整合城乡基本医保的规定没有"具体性、操作性"的规范,主要提出了发展性、方向性规范,是我国进一步整合城乡医保的基本法律依据。

首先,从管理和经办的基础环节制度整合看,《社会保险法》第 7 条关于"国务院社会保险行政部门负责全国的社会保险管理工作",给予统一基本医保管理体制以原则性规定。《社会保险法》的总则、第九章就社会保险经办机构设立、机构职责、经费保障、信息系统建设做了较为详细的前瞻性、可操作性

---

① 2009 年 12 月 22 日全国人大常委会《关于〈中华人民共和国社会保险法〉(草案)修改情况的汇报》中解释:"草案二次审议稿第 24 条第 2 款对城镇居民医保和新农合合并实施做了原则规定。有些常委和部门提出,这两项社会保险险种的具体实施问题,不宜在法律中作出规定。法律委员会经同国务院法制办、卫生部、人力资源和社会保障部研究,建议删去这一款,同时增加规定'新型农村合作医疗的管理办法,由国务院规定'"。

② 参见郑尚元:《我国社会保险制度历史回眸与法制形成之展望》,载《当代法学》2013 年第 2 期。

的规定,为整合基本医保经办机制提供了较为充分的规范指引。

其次,从参保和筹资的关键环节制度整合看,《社会保险法》第三章区分城镇职工、城镇居民、农村居民三类参保人群,明确了基本医保保险费筹集分不同参保人群、区别筹集的原则;第64条第3款就基本医保统筹层次低的现状,对整合的区域医保制度做了弹性、授权性规定:"基本养老基金逐步实行全国统筹,其他社会保险基金(包括基本医疗保险)逐步实行省级统筹,具体时间、步骤由国务院规定"。

再次,从保障待遇的核心环节制度整合看,《社会保险法》第26条规定:"职工基本医保、新农合和城镇居民医保的待遇标准按照国家规定执行。"从这条规定的字面意义上看,未来国家可以通过整合城乡"三元"基本医保制度,以实现"三元"医保待遇支付标准的统一;这条规定"没有在法律上设置障碍,明确了城乡统筹的方向,"①为"三元"基本医保待遇的公平实现指明了方向。第58条规定:"国家建立全国统一的社会保障号码。个人社会保障号码为居民身份证号码",也预示着追求全民普惠性制度安排的方向。此外,第32条还对不同统筹区域之间基本医保待遇的衔接做了原则性规定:"个人跨统筹地区就业的,其基本医疗保险关系随本人转移,缴费年限累计计算"。

二、整合城乡基本医保立法的变迁趋势

综上所述,整合城乡基本医保的地方立法和全国性立法上下呼应,地方立法的区域探索性、多模式、地方化,全国性立法的原则性、方向性,表明整合城乡基本医保立法还处于初级阶段。但是,全景式考察整合城乡基本医保立法近20年历程,已经呈现明显的变迁趋势。

(一)整合立法的内容:从初步整合到全面整合

综合考察各个地方多模式的整合立法,无论哪种立法模式,整合管理经办

---

① 彭高建:《解析社会保险立法及其成就》,见2010年11月23日中国民商法律网。

是基础和前提,进而在统一管理体制下起草整合政策直至整合立法。"二元制度两种基金统筹"的整合立法模式中,只是将城镇居民医保与新农合合并为城乡居民医保制度,仍然以职业为区分标准,保留了城乡居民医保与城镇职工医保之间的不同。"一元制度两个基金统筹"的整合立法模式,制度貌似进步,但整合内容与前一模式相近。"二元制度三层基金统筹"的整合立法模式,"赋予城乡居民根据自己的经济能力选择各档次筹资的权利",在当今城乡居民从业方式多元、收入水平缺乏客观测定的约束条件下,借力城乡经济社会"一体化"加速推进的政策,以参保权利和参保人身份平等为突破口,消除参保者城乡、户籍、职业歧视,打破了"三元"医保的参保人制度和筹资制度的界限。"全统一"的整合立法模式中,以人为本,以参保人基本医保待遇公平实现为目标,实现了城乡"三元"医保制度的"全面整合"。可见,一个模式、一个阶梯,从最初"头疼医头,脚疼医脚"单纯的管理经办整合,到城乡医保五个"要素"环节制度的不同程度整合;从城乡居民"两元"医保制度的整合,到城乡"三元"医保制度的全面整合;从区域立法整合到全国性立法整合,整合立法的内容呈现从初步整合到全面整合的变迁。

微观解剖各个地方整合立法的内容,大多数地方整合立法的内容也经历了"从初步整合到全面整合"的渐进性过程。以整合立法较为理性、典型的东莞市为观察样本,整合经历了"三步走"阶段,整合立法内容也实现了"三步质的飞跃"。第一阶段,打破职工户籍界限,在2000年将非东莞市户籍外来务工人员纳入职工基本医保中。第二阶段,突破居民城乡户籍界限,在2004年国家建立新农合制度时,考虑到卫生部门需要新的渠道、平台、队伍,为节约资源、提高效率,东莞将新农合划归社保部门管理;同时将农民、居民一并纳入,并划分A档、B档两个筹资档次,其中B档和职工医保筹资水平差不多,为日后与职工医保的整合留下了制度性"接口";这样,东莞不仅以最短时间和最小花费协调了人社部门和卫生部门之间基本医保管理权的矛盾,还早于国家政策出台前,将城镇居民医保一起纳入新农合制度框架予以保障。第三阶段,打破正式从业人群与非正式从业①人群以及无业人群医保体系的界限,于2008 年将城镇职工医保与居民医保全面并轨,实现城乡"三元"基本医保制度城乡一体化运行,统一制度、统一缴费标准、统一基金调剂使用、统一管理经办。②

(二)整合立法的理念:从提高管理效率到增强制度公平性

法律制度背后是理念,理念、法律制度是一种由内到外的递进逻辑关系。城乡基本医保的整合立法在发展和嬗变进程中,整合立法的理念也在变革。

首先,大多数地方整合立法的理念,起初都是为了提高管理效率,以管理节约、经办效率为本位,先行将分别在人社部门与卫生部门之间的城乡医保管理经办整合归属一个部门。这样的理念是简单的、经验的。基本医保的管理制度,"作为'基础'和'重点'制度,如果能够统一行政管理,无疑更有利于顶层设计和顺畅实施"。③

其次,进一步的整合立法遵循"优先次序"来实施城乡居民医保制度整合,这种整合理念主要基于"两制"内容高度相似④,又与城镇职工医保制度差异较大的现实。在基本医保制度多元化向一体化目标转型过程中,在城乡经济社会发展差距较大地区,探讨制度相近的城镇居民医保和新农合的整合更具有优先、现实意义,也容易实施。上述"二元制度两种基金统筹"的整合立

---

①　非正式从业是指在劳动时间、收入报酬、工作场地、社会保险、劳动关系等几方面(至少是一方面)不同于建立在工业化和现代工厂制度基础上的、传统的主流就业方式的各种就业方式的总称。参见何平等:《非正规就业群体社会保障问题研究》,中国劳动社会保障出版社 2008年版,第 4 页。

②　参见张亚林、叶春玲、郝佳:《东莞市统筹城乡医疗保障制度的现状与启示》,载《中国卫生政策研究》2009 年第 12 期。该文第一作者张亚林为东莞市社会保障局副局长。同时,上述总结还有部分内容来源于本书附录 3 中作者 2013 年 9 月 17 日赴东莞市对张亚林副局长及其管理团队进行的深度访谈记录 2。

③　夏波光:《统筹城乡:社会保障的历史性跨越》,载《中国社会保障》2012 年第 11 期。

④　新农合与城镇居民医保两种制度在内容上高度相似,主要指"两制"在政策模式、政府职责、制度框架、筹资方式、筹资水平、保障水平等方面高度相似。

法模式和"一元制度两个基金统筹"的整合立法模式就是这种理念指导的产物。

再次,最高层次的整合理念是"增强城乡医保制度公平性",即所有城乡居民,不分正式从业、非正式从业还是无业,不分户籍,在参保机会上公平,参保缴费水平和医保待遇上相对公平。上述"二元制度三层基金统筹"的整合立法模式和"全统一"的整合立法模式,正是"增强城乡医保制度公平性"理念的实践。

可见,整合城乡基本医保的理念经历了从简单到复杂、从低级到高级、从经验型到理论型的嬗变过程,充分体现了理论来源于实践并受制于实践,整合理念受我国城乡经济社会从"二元"体制到"一体化"转型的实践进程制约,与政府执政理念的发展同步,即"从党的十六大统筹城乡经济社会发展,到十七大全面协调可持续的科学发展,再到十八大公平、公正、共享发展成果"的理念变迁,整合城乡基本医保的理念逐步完善,逐步理性。"公平、公正、共享发展成果"理念的贯彻,提升基本医保制度的公平性,已经成为当下整合城乡基本医保立法的根本性问题。

(三)整合立法的完善:从地方整合立法到"全面整合"的全国性立法

"立法是一种地方性知识和经验的总结"①,这是整合城乡基本医保地方立法多样化、地方化的理论合理性和价值正当性。而且,基本医保央地事权尚未厘清之下,以及地方事权加大的政策取向,地区经济社会发展不平衡之下地方政府主动性及其积极性的发挥,使得整合城乡基本医保地方先行立法具有极大的实践适应性,也是大势所趋。

但是,整合城乡基本医保的法律调整,不仅只关涉医、患、保三角社会

---

① 崔卓兰、于立深等:《地方立法实证研究》,知识产权出版社 2007 年版,第 2 页。

关系,还延至参保人个人、社会经济组织、各级公共财政等多元主体之间责任分担关系,更多地还涉及"三元"制度的不同参保人群之间、城乡之间、区域之间、地方与中央之间的庞杂的利益再分配关系。相对而言,整合城乡基本医保地方立法的多样性、地方化、功利化以及利益的狭隘保护、财政条件较好的地方立法的非理性福利扩张①等,客观上是不利于基本医保的再分配公平性和制度可持续性的,需要"全面整合"的全国性立法加以完善。

正如前面述及,《社会保险法》已经启动了整合的全国性立法。人社部门已经在充分论证的基础上,拟定了《社会保险法》配套法规制定工作计划,研究起草了《基本医疗保险条例》(送审稿),在 2011 年 12 月报送国务院法制办。② 依循上位法指导下位法的法理,"全面整合"的全国性立法就应该由"基本医疗保险条例"来担当,该条例应该将《社会保险法》相关整合城乡医保规范予以具体化、明确化、操作化。2018 年国家医疗保障局成立后,开启与"健康中国战略"相适应的"大医保"体制机制的全面改革,医疗保障成为一个独立运行的社会保障体系,总体上影响了医保法律秩序的重构。2018年,国家医保局编制《国家医疗保障局立法规划(2018—2022 年)》,③标志着医保法律体系建构工作的启动。2020 年至今,以"小切口"立法形式,国务院颁发了《医疗保障基金使用监督管理条例》,这是我国医保基金监管方面的首部专项法规。与此同时,国家医保局还配套制定了《基本医疗保险用药管理暂行办法》《医疗机构医疗保障定点管理暂行办法》《零售药店医

---

①　如神木县对户籍内城乡居民保险缴费的"过度补贴"、保障待遇对财政的偏倚、基于政绩观盲目选择与制度本身性质不相符合的"免费医疗"名称等,违背了社会保险基本医疗权利与义务相结合、社会保险缴费与经济社会发展水平相适应原则,从而非理性的将基本医保予以福利性扩张。

②　参见袁山:《法贵必行——社会保险法配套法规政策制定工作情况》,载《中国社会保障》2012 年第 7 期。

③　参见国家医疗保障局对十三届全国人大三次会议第 5326 号建议的答复,国家医疗保障局网,2020 年 8 月 28 日发布。

疗保障定点管理暂行办法》《医疗保障行政处罚程序暂行规定》等行政规章。

总之,整合城乡基本医保立法的变迁趋势表明,整合城乡基本医保的地方立法和全国立法,成果在于启动了整合立法,整合立法还需要进一步加以完善。20余年的整合立法实践,地方立法与《社会保险法》的探索、呼应以及完善,为"全面整合"城乡基本医保的全国性立法积累了制度资源,准备了实践基础,进行了理论论证。考察我国整合城乡基本医保的地方立法,"省级、地级、县级,东部、中部、西部,均有城乡基本医保制度整合的成功范例"①。整合的地方立法由点到面,在区域经济社会差异的各种地区全面展开,不仅呈现整合城乡基本医保立法与区域经济社会发展差异没有必然联系,还表明整合城乡基本医保符合经济社会发展的客观需求,是城乡医保制度完善的必然要求,揭示了实现"全面整合"城乡基本医保的全国性立法时机已经到来。而且,"全面整合"城乡基本医保的全国性立法过程,既是全方位利益博弈的过程,更是社会共识的凝聚过程。通过全国性整合立法推进"全面整合"城乡基本医保的进程,深化基本医保体制改革,促进基本医疗服务均等化,实现社会公平正义,已经是毋庸置疑的。

第二节　整合城乡医保地方立法文本的经验

伴随着20余年的城乡医保整合试点探索,整合城乡医保的立法已为整合型基本医保立法积累了充分的制度资源,特别是一些地方立法为基本医保国家立法积累了非常宝贵的技术试验。"在改革开放的中国,早有这样的立法经验,凡是重大问题、重要改革,要制定法律法规,一般需要先用政策来指导,经过群众性的探索试验,即实践检验的阶段。在此基础上,经过对各种典型、

---

① 郑功成:《从整合城乡制度入手建设公平普惠的全民医保》,载《中国医疗保险》2013年第2期。

各种经验的比较研究,全面权衡利弊,才能立法。"①因此,总结整合城乡医保地方立法的技术经验和不足,是很有裨益的。

一、整合城乡医保立法文本的现状

地方立法是指享有立法权的地方国家机关依据宪法和法律的相关规定,根据本地区的具体情况和实际需要,依照法定职权和程序,制定、修改和废止规范性法律文件的活动。② 根据我国《宪法》和《立法法》的规定,地方立法包括省、自治区、直辖市、较大的市(包括省、自治区政府所在地的市、经济特区所在地的市和经国务院批准的"较大的市")的人民代表大会及其常务委员会制定的地方性法规,这些省、市人民政府制定的规章以及民族自治地方的人民代表大会制定自治条例和单行条例。

截至 2015 年底,除了 9 个省级地区整合外,其他省的 39 个地市以及 42 个地市的 91 个县(区)实现城乡医保整合。③ 本节主要梳理 2016 年 1 月 3 日国务院出台《关于整合城乡居民基本医疗保险制度的意见》之前地方自发整合城乡医保的地方立法。梳理剖析,可以看到整合城乡医保地方立法有如下特点:

(一)地方规章的利用远远高于地方性法规。地方整合城乡基本医保立法多以地方政府的行政规章表达,最具影响力的是 2007 年 10 月 17 日发布的《苏州市社会基本医疗保险管理办法》、2007 年 12 月 3 日颁布的《珠海市城乡居民基本医疗保险暂行办法》、2008 年 11 月 18 日公布的《成都市城乡居民基本医疗保险暂行办法》、2012 年 2 月 3 日颁发的《天津市基本医疗保险规定》等。2013 年 4 月 24 日广州市人大常务委员会通过的《广州市社会医疗保险

---

① 杨景宇:《关于站在新的历史起点上做好立法工作的几点思考》,2016 年 12 月 6 日,见中国法评论网。

② 参见崔卓兰、于立深等:《地方立法实证研究》,知识产权出版社 2007 年版,第 1 页。

③ 参见金维刚:《依法推进城乡居民医保整合》,载《中国劳动保障报》2016 年 2 月 5 日。

条例》,是我国第一部也是唯一一部以地方法规形式规范整合城乡基本医保的地方法规。可以看出,我国整合城乡医保立法规章的利用较高,说明现行体制下地方立法侧重于运用行政系统内部法治资源的偏好。

(二)立法调整的医保整合项目不一。在整合城乡基本医保地方立法文本中,立法调整的医保整合项目不一。大多数地方将新农合与城镇居民基本医疗保险制度合并统一立法,如成都市将新农合和城镇居民医疗保险"两险合一"建立了"城乡居民基本医疗保险制度"(《成都市城乡居民基本医疗保险暂行办法》)。广州市、天津市将新农合、城镇居民医保、城镇职工医保"三险合一"建立统一的基本医疗保险制度(《广州市社会医疗保险条例》《天津市基本医疗保险规定》)。整合城乡医保立法调整的医保项目大多集中于新农合和城镇居民医保两个项目,反映整合城乡医保还只处于初级阶段,全面整合城乡三项医保制度任重道远。

(三)整合后医保关键环节制度差异仍然较大。各地整合城乡医保立法相关整合城乡医保的参保人、筹资、待遇支付、医保管理经办等关键环节制度的规定差异较大。

从理论上来分析,整合和"统一城乡医保"应该体现在四个方面:一是制度称谓的"合一",统一称为"居民基本医疗保险"或"城乡居民基本医疗保险",各项制度不再分别指称。二是管理体制的"合一",将分属卫生部门和人社部门主管的城乡医保主管机关和经办机构统一为单一主管机关和经办机构。三是参保人身份认定的"合一",不再区分城镇居民和农村居民,统一称之居民或城乡居民。四是从实质意义上言,医疗保险是以保障参保人平等的健康权利和医疗保障权利为目的。参加医疗保险的每个成员,不论其缴费多少,都有权获得同等的医疗补偿待遇。因此,依据医疗保险的根本属性,三项制度"合一"的实质标准是城乡统一的待遇给付。

从城乡医保地方立法实然状态看,整合和"统一城乡医保"的各地差异较大。除了东莞市、神木县建立了"城乡一体化统一医保待遇支付"制度外,绝大多数地方整合城乡医保立法的"合一式的立法"仅为形式上的"合一",非"城乡一体化统一医保待遇支付的合一"。说明城乡实质上一体化的医疗保险制度短期内尚未实现①。要探索城乡一体化的医疗保障管理和经办制度,而非城乡一体化的医疗保障制度。

二、整合城乡医保地方立法文本的具体制度比较

在此选取城乡医保制度的关键环节以及立法争议的五大焦点作为比较对象,以地方立法文本中的各项具体制度为中心,通过比较总结评析地方立法中的经验与不足。

(一)参保人认定及其筹资制度的比较分析:以户籍居住地,还是收入类分参保人并建立筹资制度。对于参保人的认定,整合城乡医保地方立法中主要有以下三种方式:其一,以户籍为标准确定城乡参保人,如《广州市社会医疗保险条例》规定,具有本市户籍的学龄前儿童、灵活就业人员、非从业人员、农村居民以及其他人员参加本市城乡居民社会医疗保险。其二,以户籍地和居住地相结合为标准确定参保人,如《重庆市人民政府关于调整重庆市城乡居民合作医疗保险管理体制的意见》规定,具有本市城乡户籍的农村居民和不属于城镇职工医疗保险覆盖范围的城镇居民,包括中小学阶段的学生,职业高中、中专、技校学生和少年儿童,以及其他非从业城镇居民,都可自愿在户籍关系所在地办理城乡居民合作医疗保险。其三,按照职业身份和缴费差异来区分参保人,如《天津市基本医疗保险规定》第 14 条规定,居民参加基本医疗保险实行差别缴费制度。学生、儿童和成年居民分别按照规定的标准缴纳基本医疗保险费。成年居民缴费标准设定不同的档次,由本人自愿选择缴纳。

---

① 目前新农合人均筹资和城镇职工医保相差约 10 倍、与城镇居民医保相差约 2 倍,要想使三项医疗保障制度达到同样补偿水平,实现城乡统一,在不降低城镇职工医保补偿水平的情况下,唯一的办法就是增加新农合和城镇居民医保的缴费金额,从现阶段看,无论是农民的收入水平和国家财政能力都无力支付。数据来源于辜胜阻:《社会保险法不宜过快统一城乡医保》,载《今日中国论坛》2010 年第 1 期。

政府按照规定标准对个人缴费给予适当补助。《成都市城乡居民基本医疗保险暂行办法》第 7 条规定,城乡居民基本医疗保险缴费标准分设三档:第一档每人每年 100 元;第二档每人每年 200 元;第三档每人每年 300 元。城乡居民可根据自身经济条件和医疗保障需求,在户籍所在地任选一档参保缴费,家庭成员所选缴费标准必须相同,且选定的缴费标准两年内不得变更。学生儿童缴费标准全市统一为每人每年 120 元。

从我国城乡一体化转型现状和社会保险理论视角来看,以职业和缴费差别来区分保障对象更符合我国城乡一体化的发展趋势。首先,从我国城乡一体化转型现状看,随着我国户籍改革进一步深化,户籍将无法作为区分城乡居民的标准。截至 2008 年底,全国有河北、辽宁等 13 个省、自治区、直辖市相继出台了以取消"农业户口"和"非农业户口"性质划分、统一城乡户口登记制度为主要内容的改革措施。① 2010 年,国务院首次提出在全国范围内实行居住证制度。2011 年国务院办公厅《关于积极稳妥推进户籍管理制度改革的通知》(国办发〔2011〕9 号)指出:"今后出台有关就业、义务教育、技能培训等政策措施,不要与户口性质挂钩。继续探索建立城乡统一的户口登记制度。"其次,从理论上看,依据社会保险理论,参保人群的划分应按照量能负担原则,依据收入不同确定不同的缴费人群。但是,我国非正规就业人群的收入水平难以确定,以城乡居住地为区别作为收入差距标准,缺乏有力依据,甚至是有的城镇居民贫困程度远甚于农村居民。

(二)管理体制之比较分析:管理权分属不同行政部门,还是政府主要领导负责制下的部门主管。2003 年新农合试点开始之时,基于对传统合作医疗制度的路径依赖,行政管理归属卫生行政部门。2008 年国务院通过的卫生与计划生育委员会的"三定"方案中进一步明确,卫计委下设农村卫生管理司,承担综合管理农村基本卫生保健和新型农村合作医疗工作,拟订有关政策、规

---

① 公安部:《公安部称已有 13 个省市区取消农业户口》,载《农村财政与财务》2009 年第 1 期。

划并组织实施。然而,同为基本医疗保险的城镇职工医保和城镇居民医保由人力资源与社会保障部门主管,两个管理部门相关城乡医保的管理职能相似,两部门分别管理造成资源分散,不可避免存在医保经办服务机构重复配置、居民重复参保、财政重复补贴等现象。

在地方立法文本中,城乡医保行政主管机关的选择也各不相同。具体有五种选择,一是浙江省嘉兴市、常熟市整合城乡医保后由卫生部门管理。二是重庆市、宁夏回族自治区、山东省等整合城乡医保制度后归人社部门管理。三是镇江市实施统一的城乡居民基本医疗保险制度后,社保部门负责医保基金的征缴,卫生部门负责对医疗机构的监管和基金结算。四是福建省三明市以及福建省,整合城乡医保后,成立了独立的医疗保障管理中心,归属财政部门代管。五是东莞市设立了社保局,既独立于人力资源部门,也独立于卫生部门,由市政府负责城乡基本医保的管理工作。

笔者认为,不仅医疗保险管理应整合归一个部门,还应该建立政府主要领导负责制下的大部制管理体制,将医疗保险管理和医疗服务管理也应整合到一个部门管理,使部门之间并列关系变成内部协调关系,将管理成本内部化。同时也明确公民健康的责任主体,避免分属不同部门之间。从国际上看,在建立了法定医疗保障制度的 112 个国家中,有 69.9% 的国家将医疗保险制度与医疗卫生服务交由政府单一大部制统筹管理。① 2001 年日本合并了厚生省和劳动省,成立厚生劳动省,负责日本的国民健康、医疗保障、社会保险等职责;意大利于 2008 年合并卫生部和劳动与社会保障部,成立劳动、卫生与社会政策部,综合管理各项社会保障职责。

(三)经办体制之比较分析:单一公办还是多元竞争的基本医保经办机构。职工医疗保险、新农合、城镇居民医疗保险政策都明确,由人社部门和卫生部门等行政部门下设公办基本医保经办机构,即职工医保经办机构、新农合

---

① 参见卫生部新农合研究中心 2007 年印制:《国际社会保障制度及其管理概述政策报告》。

经办机构、城镇居民医保经办机构。2009 年《中共中央国务院关于深化医药卫生体制改革的意见》(中发〔 2009 〕6 号)提出,在确保基金安全和有效监管的前提下,积极提倡以政府购买医疗保障服务的方式,探索委托具有资质的商业保险机构经办各类医疗保障管理服务的要求,深入推进医药卫生体制改革,加快建设适应我国社会主义市场经济要求的基本医疗保障管理运行机制。

从地方整合城乡医保的立法文本看,各地大多设立的是单一公办的基本医保经办机构。如《成都市城乡居民基本医疗保险暂行办法》第 5 条、《天津市基本医疗保险规定》第 6 条都作了同样规定。对于其他医保经办机构,只有青海省、山西省少数地方予以规定,如 2016 年 11 月 2 日发布的《山西省人民政府关于整合城乡居民基本医疗保险制度的实施意见》规定:"在确保基金安全和有效监管的前提下,进一步完善商业保险机构参与城乡居民大病保险管理服务制度,同时引入竞争机制,选择有条件的统筹地区通过政府购买服务的方式,委托具有资质、服务体系配套、能够实现异地就医直接结算的商业保险机构参与城乡居民医保的经办服务试点工作。"

从理论上看,单一公办基本医保经办机构不利于医保经办服务制度的长远发展,原因在于,首先,单一公办医保经办机构具有代理方和医疗服务购买方的双重垄断地位,使其可以轻易地通过费用转嫁等方式维护自身利益,而将费用控制难题交给参保人,无法实现通过第三方付费控制不合理医疗费用的制度诉求。其次,偏远地区城乡居民特别是农村居民居住分散,流动性强,单一医保经办机构很难有足够的经费和人员为参保人提供服务,反而增加参保人的报销负担。再次,商业保险机构具有精算和费用审核专业人员和全国性服务网络,有助于提高城乡基本医保资金的使用效率和经办服务质量。因此,应允许商业保险机构参与城乡医保经办服务,与公办医保经办机构相互竞争,形成多元竞争的医保经办服务体制。

(四)对医疗服务监督管理之比较分析:合同管理抑或行政管理。职工医疗保险、新农合、城镇居民医疗保险政策都明确,采用定点医疗服务合同的方式监督管理医疗服务机构行为,并规定完善诊疗规范,实行双向转诊制度。然而从实践中看,改革开放以来我国医疗服务体系的改革有的引入企业市场化运营,虽然打破了计划经济体制下的城乡三级医疗服务功能制度体系,但是,尚未建立起适合医疗服务市场化的分级诊疗制度体系。与此同时,城乡三项基本医保以选择公立医疗服务机构为单一的定点医疗服务机构,也没有形成竞争性医疗服务市场。因此,医保监督医疗服务的相关"暂停、取消定点医疗机构"这种强有力的合同制约方式等,对患者的就医选择影响较小,可能会影响参保人的医保待遇。因此,定点医疗服务合同在一些地区流于形式。城乡医保经办机构与医疗服务机构的纠纷多数并非通过民事诉讼解决,而往往诉诸共同的上一级行政主管机关通过行政监管等方式予以解决。

从地方立法文本看,反映了特定国情下定点医疗服务合同适用中的一些问题。一方面规定双方协议,另一方面对违反协议内容施以行政处罚。但在基本医保一般理论则认为,定点医疗服务合同为基本医保经办服务机构和医疗机构之间的民事合同,"……经办机构与定点医疗卫生机构签订合同,就定点医疗服务、进行医疗费用结算和审批等方面签订协议,明确双方的责任、权利和义务,建立平等的民事关系,而不是行政管理关系,通过合同规范管理"①。民事合同的定位使基本医保行政主管机关的行政处罚权在定点医疗服务合同中,不符合我国现行法律规定。因此,定点医疗服务合同并非民事法律关系,而是兼具公私法性质的社会法法律关系,当事人承担的综合法律责任而非单项法律责任②。而法律亦应设立相应的机制保证综合法律责任之实现。

三、整合城乡医保立法的技术性经验

整合城乡医保立法从各地自发试点开始,虽然在中央政府政策的引导下

---

① 乌日图:《"定点医疗机构管理暂行规定"答记者问》,见 1999 年 12 月 28 日 http://www.law-lib.com/fzdt/newshtml/21/20050709142329.htm。

② 参见董保华等:《社会法原论》,中国政法大学出版社 2001 年版,第 362 页。

逐步走向规范。但是,各地根据实际保留了地方特有的立法经验。总结和吸收这些有益的地方立法经验,对于制定全国统一的整合型基本医保立法具有极其重要的启示和借鉴作用。

(一)将低收入、无收入人群纳入基本医保保障范围,合理确定参保对象。《社会保险法》确立了三项基本医疗保险制度,由于经济发展水平和政府财力所限,三项基本医疗保险制度实质上的统一有待时日。因此,应打破城乡制度差别,对三项基本医疗保险的参保人制度予以合理定位,以保证所有公民能纳入全民医保体系中。在三项基本医疗保险制度中,职工医疗保险筹资水平和待遇水平最高,应提供高端社会医疗保险方案,以有稳定收入来源的正规就业人群——职工为基础强制参加,非正规就业人群自愿参加。城镇居民医保和新农合缴费和待遇水平低于城镇职工医保,提供中端医疗保险方案,面向城乡居民等非正规就业人群参加。当然,留下的低收入、无收入人群应当由政策详细规定这类人群的界定标准,并且由财政实施全额或者部分补贴缴费的办法。

(二)统一基本医保行政主管机关,整合管理体制。将卫生部门与人社部门基本医保管理职能合二为一,建立政府主要领导人责任制下的基本医保"大部门"管理体制,同时下设不同的内设机构分别监管医保经办机构和医疗服务机构,以协调医保政策和医疗服务政策,明确公民健康权与基本医疗保障的责任主体。国务院调整部门需要国务院常务会议讨论通过,提请全国人大或常委会决定。

(三)明确多元竞争的医保经办体制,提高经办效率。应允许原有公办城乡医保经办机构经办医保服务,也允许将一些医保经办服务委托给商业保险机构经办,财政部门按服务人数对经办机构支付经办费用,通过竞争促使医保经办机构提升服务质量,提高经办效率。同时,也实现政府从医保经办服务"举办者"向"购买者"转变,创新政府公共服务提供方式。

(四)设立基本医保争议的行政仲裁制度,并与诉讼制度衔接。基本医保的社会保险性质,决定了其不同于传统的行政争议和民事争议,其一,具有综合性,需要运用民事责任和行政责任两种责任措施。其二,具有专业性,关涉医疗服务供方行为的合理性审查。其三,及时性,关系到参保人诊疗用药的范围和费用,必须及时审结。因此,现有的民事纠纷与行政纠纷解决制度均无法满足基本医保实践需求,应设立基本医保争议的仲裁委员会,通过行政仲裁解决参保人、医保经办机构以及定点医药服务机构之间发生的争议事项,并依据裁决结果对责任人施以民事制裁或行政处罚。当事人对仲裁结果不服可以向人民法院提起行政诉讼。

第三节　我国城乡基本医保的立法路径与整合逻辑①

2010 年 10 月 28 日颁布《社会保险法》,在总结 20 余年城乡基本医疗保险(以下简称"基本医保")政策试点经验的基础上,用一章、十个条款确定了包括城镇职工基本医疗保险、城镇居民基本医疗保险和新型农村合作医疗等城乡"三三制"的基本医保体系。《社会保险法》相关基本医保的综合性、原则性、大纲式立法定局后,作为社会保障行政主管的人社部门着手起草综合性《基本医疗保险(实施)条例》,②与此同时,基于《社会保险法》第 24 条的授权,主管新农合的卫生部门起草了《新型农村合作医疗管理条例》。③ 同属基本医保制度,政府两个部门分别起草了城乡"二元"的实施性行政立法,其间加上学者们不同意见的讨论和争执。《社会保险法》颁布已十多年,相关基本医保的实施性立法仍然没有出台。④ 党的十八大报告提出"整合城乡基本医

---

① 本节具体论证内容详见课题阶段成果,孙淑云:《我国城乡基本医保的立法路径与整合逻辑》,载《河北大学学报》(哲学社会科学版)2015 年第 2 期。

② 参见孔令敏:《今起社会保险法实施,医保条例正制定》,载《健康报》2011 年 7 月 1 日。

③ 参见詹晓波:《新农合立法进程的示范效应》,载《健康报》2011 年 8 月 29 日。

④ 参见孙淑云:《中国基本医疗保险立法研究》,法律出版社 2014 年版,第 144—148 页。

保制度",①进一步引发了"如何整合城乡基本医保"的热烈讨论。因此,借助整合城乡基本医保的契机,梳理基本医保的立法路径,回顾立法的历史与现状,以整合式立法逻辑完成基本医保的实施性立法。

一、我国基本医保立法的路径:从政策试点到法律总结

我国基本医保立法,依循了"改革试验、政策构建、试点推行、法律总结"的路径。

(一)我国基本医保的改革试验与政策试点

如何在"二元"经济社会不发达及其"转型"时期建立基本医保制度,理论上争论较多,主要是因为基本医保制度建设关涉社会分层、收入分配、公共财政、公共管理等宏观经济和社会问题的解决。因此,基于"转型"期开创性、灵活性、未定型的经济社会制度背景,以及就业形式、劳动关系多元化、非就业人群普遍存在的民情,最终决定分不同时段进行改革试验,以政策形式创制了城乡三项基本医疗保险制度。

先行建设的是职工基本医疗保险制度,20世纪70年代末,计划经济向市场经济转变,为配套国营企业的改革,对福利性特色的公费医疗和劳保医疗制度进行改革,1992年在深圳等地先行试水建立城镇职工基本医疗保险制度,1994年在江苏镇江市、江西九江市进行政策试点,随后扩大试点;1998年,国家体改委、财政部、卫生部等部门总结政策试点经验,由国务院发布《关于建立城镇职工基本医疗保险制度的决定》,在全国推行城镇职工基本医保制度。其次,确立了新型农村合作医疗制度,新农合脱胎于计划经济时期的传统农村

---

① 党的十八大报告和十八届三中全会公报都提出:"要以增强公平性、适应流动性、保证可持续性为重点,全面建成覆盖城乡居民的社会保障体系",同时,明确"整合城乡基本医疗保险制度"是"今后一个时期我国社会保障制度改革的重点任务"之一。党的决策只是明确了整合城乡基本医保的基本原则。

合作医疗制度;因农村家庭联产承包责任制改革,传统农合制度失去了赖以生存的经济社会条件而衰落;20 世纪八九十年代,湖北武穴,河南武陟,四川简阳、眉山,上海和苏南的郊县等,或自发或在卫生部门、世界银行的扶持下开展了传统农合制度的改革试验;①2002 年 10 月,在总结各地改革经验基础上,中共中央、国务院联合下发《关于进一步加强农村卫生工作的决定》,确立了新农合的政策制度框架,在全国分批试点,直至 2008 年,新农合制度覆盖全国。最后建立的是城镇居民基本医疗保险制度,城镇职工基本医疗保险和新农合制度试点推进、覆盖全国之际,城镇非从业居民"失保";一些财力较好的地方自发选择以新农合制度方式为城镇非正式从业或者无从业居民提供医疗保障;2007 年 7 月,国务院复制新农合的主要制度框架,出台了《关于开展城镇居民基本医疗保险试点的指导意见》,至 2009 年,城镇居民基本医保在全国所有城市实施。

　　城乡三项基本医疗保险制度由城镇到农村、从覆盖正式从业人群到非正式从业以及无从业人群,从单一到多元,用了将近 30 年时间,实现了基本医保制度覆盖全民的目标。三项基本医保制度的政策建设,遵循"摸着石头过河"的渐进式改革理念,经历了地方改革试验、政策创新并确立制度框架、各地分批试点推行、一地一策、渐进完善的过程。三项基本医保政策的探索性、试验性、渐进性、权宜性、补缺型、多变性的制度变迁逻辑,"取决于体制作为一个整体的相互适应性的需要和社会承受力,不是按既定模式、既定理论走来的,是分类探索自然形成的"②。初步建立起的具有中国特色的城乡三大基本医保制度体系呈现三元化、地方化,无法普遍性地覆盖处于社会流动中的个体;制度运行中,基本医保筹资、基本医疗保障服务待遇差异、地区间还存在平衡、经济、

---

①　参见孙淑云、柴志凯:《新型农村合作医疗制度的规范化与立法研究》,法律出版社 2009 年版,第 156 页。

②　杨兆敏、陈敏娜:《人口结构变化:决定社会保障制度改革最终方向》,载《工人日报》2007 年 11 月 21 日。

便捷的一些问题,城乡三项基本医保制度未能持续发展,成为制约城乡经济社会"一体化"发展的瓶颈之一。为此,一些地方在建立城乡三项基本医保制度的同时,自发出台地方政策,试验整合城乡三项基本医保制度,截至 2010 年 10 月《社会保险法》颁布之前,不同程度地"探索医疗保险城乡统筹的有 3 个省级行政区、21 个地级市和 103 个县(市区),在地方探索上形成蓬勃发展之势"①。

(二)我国基本医保立法对政策的总结

政府基本医保公共政策的确立,是基本医保立法的前提,这是各国社会保障立法的普遍规律。在我国,对改革试验、政策试点的可操作性规范予以总结,是改革开放许多领域立法的经验和逻辑。三项基本医保制度的改革试验、政策试点,不仅为基本医保立法提供了实践支持,其可操作性的政策规范也为基本医保立法提供了可资借鉴的制度资源,基于政策试点的经验与教训,立法就可以直接将既有的取得成效的政策规范转变为法律的一个条款,用规范的行为模式与法律后果巩固政策探索取得的成绩。纵观城乡三项基本医保制度的变迁历程,伴随着三项基本医保制度的政策试点,我国基本医保立法逐步进行。

首先,是相关部委制定了基本医保的行政规章。在三项基本医保制度试点推行期间,人力资源和社会保障部、卫计委、财政部等相关行政管理部门,在管理权限内,对急需规范而又试点成功的业务管理政策予以总结,或者单独或者联合制定了一些行政规章。主要有:《城镇职工基本医疗保险业务管理规定》《城镇职工基本医疗保险定点医疗机构管理暂行办法》《城镇职工医疗保险用药范围管理暂行办法》《城镇职工基本医疗保险定点零售药店管理暂行办法》《社会保险费征缴暂行条例》《社会保险基金财务制度》《新型农村合作医疗基金财务制度》《新型农村合作医疗基金会计制度》等。

其次,基于社会保险基本立法以及国家行政立法尚未出台。为了便于操

---

① 熊先军、孟伟:《医保城乡统筹的路径走势——统筹城乡基本医疗保险制度与管理系列之一》,载《中国社会保障》2011 年第 6 期。

作,一些省、市尝试对三项基本医疗保险进行单行式或整合式立法,立法形式有地方行政规章、地方法规等①。但是,大多地方的立法形式、立法内容、立法程序介于地方立法与行政规范文件之间,是以政府办公厅文件形式下发的"实施办法",且大都根据上级政策和地方经济社会发展情势而变动不居。

总之,部门立法和地方立法,因受部门利益和地方利益的制约,各部门、地方之间立法还存在一些矛盾和不协调之处,最终导致统一的社会保险制度形成地方化局面。② 尽管如此,三项基本医保制度的政策试验、地方立法和部门立法实践,汇集成国家基本医保立法重要源流,《社会保险法》2010 年 10 月出台,开启了包括基本医疗保险在内的社会保险立法的新阶段。该法第三章总结了我国近 30 年基本医保制度改革和政策探索的经验,对基本医保制度做了原则性规范,对部门立法、地方立法的弊端做了相应的改进和完善。

二、我国基本医保的法律实施:弹性法律规范与法律实施的政策惯性

《社会保险法》相关基本医保统共只规定了十条,一方面,昭示我国基本医保制度由试验阶段走向定型、稳定、可持续发展阶段;另一方面,凸显《社会保险法》是理想和现实的综合物,是我国基本医保制度进一步改革的依据。这样的法律规范及其实施操作,别具特色。

(一)基本医保的弹性法律规范

《社会保险法》第三章用了十个条款确立了我国城乡"三三制"的基本医保体系,做了框架式、原则性、方向性的弹性法律规范。

---

① 例如:2011 年 3 月 24 日江苏省第十一届人大常委会发布的《江苏省新型农村合作医疗条例》(地方法规);2012 年 1 月 14 日天津市人民政府发布《天津市基本医疗保险规定》(地方政府规章);2008 年 11 月 3 日成都市人民政府发布《成都市城乡居民基本医疗保险暂行办法》(地方政府规章)等。

② 参见林嘉、张士诚:《社会保险立法研究》,中国劳动社会保障出版社 2011 年版,第 4 页。

首先是框架式、原则性规范。《社会保险法》以参保人制度、筹资制度、待遇支付制度等关键环节区分为主,以筹资的统筹层级制度、医保管理制度等为辅,界分了城乡"三三制"的基本医保制度体系。其中,三项基本医保的参保人制度、筹资制度的规范较为具体,设置了三项基本医疗保险制度各自的参保对象和保险费多元分摊的责任主体。相对而言,三项基本医保的统筹层级制度、待遇支付制度、管理制度,仅规定了统筹层级的方向和原则、基本医保待遇支付的范围和原则、结算原则、基本医疗服务协议原则、基本医疗保险关系转移接续原则、基本医保管理和医保经办服务原则等。

其次是授权性、弹性规范。毫无疑问,我国城乡三项基本医保制度还处于改革进程中,特别是新农合和城镇居民医保的筹资制度未定型、基金统筹的低层次、医保待遇支付的初级性、行政主管权分属人社部门与卫生部门之间,这些问题牵扯多元差别利益,延续着我国城乡经济社会的二元化与经济发展客观上的不平衡,伴随着激烈的学术争论,需要继续探索和实践,需要保持必要的灵活性。为此,《社会保险法》第 24 条授权规定:"国家建立和完善新型农村合作医疗制度。新型农村合作医疗的管理办法,由国务院规定。"为今后新农合制度完善和创新留出空间。① 同时,该法第 25 条针对城镇居民基本医保的未定型也作了授权性规定:"国家建立和完善城镇居民经办医疗保险制度"。此外,三项基本医保基金的筹集、统筹层级以"三板块、多层级"为特征,实质在于不同统筹地区经济社会发展差异下的"不同筹资、不同待遇、不同经办服务流程"等医保政策,当三项基本医保制度中的参保人在不同统筹地区间流动时,医保待遇的衔接成为三项基本医保的共同难题。为此,提高三项基本医保的统筹层级,是三项基本医保待遇公平化的途径之一,也是三项基本医保制度整合的主要制度内容。《社会保险法》第 64 条第 3 款就对此作了弹性规范:"基本养老基金逐步实行全国统筹,其他社会保险基金(包括基本医疗

---

① 参见芮立新:《浅谈社会保险法的原则性和授权性规定》,载《中国社会保障》2010 年第 12 期。

保险)逐步实行省级统筹,具体时间、步骤由国务院规定。"

　　再次是方向性、发展性规范。基本医保覆盖全民后,基本医保的公共产品属性决定,公平满足所有参保人的基本医保待遇便成为制度进一步完善的目标,即三项基本医保制度统一、量能负担的筹资制度统一,医保待遇公平统一等。但是,基于社会保险待遇与经济社会发展水平相适应的原则,以及我国区域经济社会发展的不平衡、各地户籍制度改革的不同步、中央和地方公共财政分权问题等,制约了城乡三项基本医保筹资这一"关口"制度的整合与统一,自然,统一医保待遇的"出口"制度也只能有待时日。为此,三项基本医保的政策都分别明确,有条件的地方,可以先行探索整合三项基本医保制度,实现三项基本医保待遇的统一。实际上,在地方自发整合城乡三项基本医保实践的不断启示和理论拷问下,如何整合城乡三项基本医保的讨论伴随《社会保险法》的起草、审议、出台全过程,特别是《社会保险法》(草案)三审时,相关新农合与城镇居民医保的"整合"成了争论焦点。[①] 因操作性实施条例未能出台,《社会保险法》第26条规定:"职工基本医疗保险、新型农村合作医疗和城镇居民基本医疗保险的待遇标准按照国家规定执行。"未来国家可以通过整合三项基本医保制度,以实现三项基本医保待遇支付标准的统一和所有公民基本医保待遇的公平享受,为三项基本医保待遇的公平实现预留了空间。

(二)基本医保法律实施的政策惯性

　　框架式、综合性、原则性、授权性、方向性的基本医保法律规范,必须进一步制定实施性的行政法规,才能保证《社会保险法》的有效实施。但是,《社会保险法》第24条制定"新型农村合作医疗管理条例"的特别授权,与综合性"基本医疗保险(实施)条例"出现了立法调整对象的竞合,城乡三项基本医保制度间存在多元利益主体的复杂博弈,分属人社部门、卫计委对城乡基本医保

---

　　① 参见2009年12月22日,第十一届全国人民代表大会常务委员会第十二次会议上《全国人民代表大会法律委员会关于〈中华人民共和国社会保险法(草案)〉修改情况的汇报》。

行政主管权,基本医保实施条例未能及时出台。由于基本医保实施性立法的延迟,三项基本医保的政策制度仍然是实施《社会保险法》的支撑和主宰,基本上延续了《社会保险法》之前的政策实施惯性,并呈现两个显著特征:

首先,政策的惯性强化了基本医保法律实施的现状。社会保险是依赖行政推行的强制性公共事业,我国《社会保险法》对于基本医保在人社部门和卫生部门之间的纵向分别管理的体制未能理顺,尽管为探索最优的基本医保管理体制预留了空间,但也为管理体制未能整合遗留了空间。现行城乡三项基本医保长期分属人社部门和卫生部门的纵向分别管理中,加上基本医保统筹层级地方自治纵横交错的管理体制,意味着条块分割的准立法权、执法权和监督权,以及管理模式、管理办法和政策体系未能整合,基本医保制度仍然处于原有状态。

其次,整合三项基本医保的地方政策试验进展强劲。2008 年党的十七届三中全会《关于推进农村改革发展若干重大问题的决定》要求加快城乡经济社会发展"一体化"体制机制建设,原有的三项基本医保制度,就被加速城乡经济社会"一体化"体制机制建设进程中。为此,整合城乡三项基本医保的地方政策试验进展强劲,至 2012 年,"全国共有 5 个省级区域,40 多个地市和 160 多个县不同程度地实行了基本医保城乡一体化"①。为此,2012 年党的十八大报告提出"全面整合城乡基本医保"。截至 2015 年底,9 个省级地区、其他省的 39 个地市、42 个地市的 91 个县(区)"自发"整合了城乡医保制度。②"我国省级、地级、县级,东部、中部、西部,均有城乡基本医保制度整合的成功范例。"③整合试验在经济发达和不发达地区自发、积极、创造性地展开,表明整合城乡医保不仅是社会共识,而且不受区域经济社会发展差异的限制。

---

① 孙志刚:《深入推进医改保障人民健康,建立公平的基本医疗卫生制度——在中国社会保障 30 人论坛 2012 年会上的演讲》,见 2012 年 2 月 11 日 http://www.sdpc.gov.cn/shfz/yywstzgg/ygdt/t20120213_461452.htm。

② 参见金维刚:《依法推进城乡居民医保整合》,载《中国劳动保障报》2016 年 2 月 5 日。

③ 郑功成:《从整合城乡制度入手建设公平普惠的全民医保》,载《中国医疗保险》2013 年第 2 期。

但是,地方整合试验基于地方视野、地方利益,在解决地方"局部"制度整合的同时,又产生了新的制度问题。总结各地整合试验的政策制度,可归纳有城乡三项基本医保"一体化"整合模式、新农合与城镇居民医保"并轨"整合模式、与三项基本医保筹资水平挂钩的"多档制"筹资对应"多档制"保障待遇的"组合"式整合模式等。多种整合模式,依然未能改变基本医保制度原有状态。

可见,城乡三项基本医保制度的"分割"与"整合"呈胶着状态,无论是城乡三项基本医保法律实施的政策惯性,还是整合三项基本医保的地方政策试验的强劲发展,都尚未能使《社会保险法》相关基本医保的法律规范得到有效实施。在城乡经济社会"一体化"加速发展,社会结构和城乡人口结构迅速变化,客观上推进和加速了整合城乡基本医保的地方自发试验,急需提升整合基本医保的制度化能力,实现基本医保法律的质变,这已经成为基本医保实施性立法的强力逻辑。事实上,我国"城乡三项医保制度从计划经济体制的'遗产成本'改革中开始,分类推进、分类建设,已覆盖全民。城乡一体化加速、人口结构变化迅速,具备了整合的客观基础、政策基础、实践基础、制度基础"[1]。此外,城乡三项基本医保的法律关系性质相同、权责义内容相同、制度化环节相同、管理体制相同,又都被《社会保险法》第三章统一纳入调整范围,使得整合具备了法律基础。这些都为整合三项基本医保的实施性立法创造了坚实基础。

三、我国基本医保整合式立法逻辑:刹住政策惯性,整合关键环节制度

综上所述,"整合"建设三项基本医保制度用了 20 余年,这也是世界各国基本医疗保险制度"分化"与"整合"的双重逻辑和一般规律。当然,何为整合? 如何整合? 除了社会发展、基本医保制度变迁打下的坚实基础外,还需要概念的澄清与积极的法律制度创新。《辞海》将"整合"释义为:"整理、组

---

① 王东进:《整合城乡居民医保刻不容缓》,载《中国医疗保险》2014 年第 3 期。

合"①；系统论学者认为"整合"指"结合、耦合、融合，是把诸多差异的东西整理、安排、集成为一个统一体"②。同理，基本医保的整合，是指将三项基本医保制度整理、融合为统一的医保法律制度。在《社会保险法》上位法相关基本医保的制度框架与基本原则定局的前提下，基本医保的整合式立法就得以综合性、实施性的"基本医疗保险条例"为主体；当然，基于新农合与城镇居民医保的初级性③，需要配套制定新农合与城镇居民医保合并、并向基本医保升级的政策性行动计划。具体设计整合式立法规范时，应该围绕三项基本医保的关键环节制度着力。

（一）以统一管理体制为关键，刹住基本医保制度的惯性

如前所述，在现行《社会保险法》"统分结合"立法体例下，"全面整合"城乡基本医保全国性立法应该由"基本医疗保险条例"来担当。综合性《基本医疗保险条例》（送审稿）和《新型农村合作医疗管理条例》均已有不同主管部门起草完成，④继续完善基本医保立法的逻辑就此凸显，即整合城乡基本医保管理权，去除城乡三项基本医保制度建设的"部门化"，是实现整合式立法突破的决定性力量。

早在1948年，整合英国第二次世界大战前的社会保障制度，是"贝弗里奇报告"的主旨，而"统一管理机构"则是"贝氏报告"三条指导性原则之一⑤。

---

① 辞海编辑委员会：《辞海》，上海辞书出版社1999年版，第3879页。
② 许国志：《系统科学》，上海科技教育出版社1999年版，第12页。
③ 因为新农合与城镇居民医保的筹资水平低、筹资调整非制度化、待遇非基本化、管理的粗放化，笔者将新农合与城镇居民医保制度概括为初级医保制度。参见孙淑云：《中国基本医疗保险立法研究》，法律出版社2014年版，第220页。
④ 参见詹晓波：《新农合立法进程的示范效应》，载《健康报》2011年8月29日。
⑤ "贝弗里奇报告"确立的英国社会保障制度改革的三个基本原则：第一条原则是，在规划未来的时候要充分利用过去积累的丰富经验，又不要被这些经验积累过程中形成的部门利益所限制；第二条原则是，应当把社会保险看成是促进社会进步的系列政策之一；第三条原则是，社会保障需要国家和个人的合作。参见劳动和社会保障部社会保险研究所组织翻译：《贝弗里奇报告——社会保险和相关服务》，中国劳动社会保障出版社2004年版，第3页。

贝氏报告的实施,"在英国彻底摒弃了碎片化造成的社会歧视,为欧洲和全世界树立起一个最新标杆",①创造了整合社会保障制度的成功经验。借鉴境外成功经验,依照我国行政管理体制和权限,国务院责无旁贷要担负整合基本医保城乡管理体制的责任。国务院吸取地方整合基本医保管理权和管理体制的经验,按照大部制逻辑,整合人社部门和卫计委基本医保的管理职责,统一基本医保的管理权、管理体制、决策体制、监督体制、经办体制,为制定基本医保实施性立法打好体制基础。可喜的是,2018 年"国家医疗保障局"的成立,标志着城乡医保正在从"部门分割、管理分割、经办分割、信息分割、资源分割"的旧体制,走向"统一管理、统筹政策、统一经办、统一信息"的新体制,结束了长达 30 年的城乡居民医保制度分别的管辖权。

(二)以参保身份平等为基础,整合城乡"三元"分割的参保人制度

现行城乡"三元"分割的参保人制度,是以城乡"二元"户籍为基础,以城乡居民不同身份、不同职业区别和确定的,不利于公民平等参加基本医疗保险权利,出现城乡基本医保制度差别。因此,"参保身份平等"关涉城乡医保整合大局的一项关键的、基础性权利,参保制度的"去身份化",是打破基本医保制度城乡割据、地区分割的"龙头"。城乡居民,以居住证为标准,不分城乡户籍一律"平等参保",整合城乡基本医保制度就此撕开一个口子,一通百通,参保者在城乡之间、区域之间、不同职业之间流动自由,参保权利平等,"区位"变化后的医保权利公平享受、公平保护,为此会形成一套新的基本医保法律规范,基本医保权利落到实处。

具体设计规范时,应该以当下我国户籍制度改革所确立的、与劳动贡献、纳税贡献挂钩的"居住证"制度为基础,"以居住证为基础,以职别为主"来确

---

① 郑秉文:《中国社会保险"碎片化制度"危害与"碎片化冲动"探源》,载《社会保障研究》2009 年第 1 期。

定参保人的范围和类别。具体来说,以"居住证"为标准界分参保者参加基本医保的"统筹单位";以"职别为主",指以职别区分正式从业者、非正式从业者、无从业者等参保人类别,借此确定量能负担的筹资方式、筹资标准和筹资政策。

(三)以阶梯式量能负担的分类筹资政策为关键,整合三项医保的筹资和待遇制度

筹资制度是基本医保关键环节制度,筹资差别本应是社会保险参保对象收入差别的伴生物。基于基本医疗保险的保险性、社会性之双重特征,以量能负担为原则,以统一筹资比例来计算,是较为理想的筹资制度;在此基础上,才能实现所有参保人基本医保的公平享受。我国三项基本医保则以参保人城乡身份差别、筹资差别为基础,强调保障待遇的差别结果。其一,职工医保也称正式从业者医保,是以统一筹资比例量能负担缴纳基本医疗保险费,职工所在单位也以统一筹资比例缴纳基本医疗保险费,这符合基本医疗保险筹资的基本规律。但是,新农合和城镇居民医保的筹资制度设计较为初级,农民和城镇居民不分收入差别,以相同、固定额度缴纳基本医疗保险费,财政也以固定额度补助保险费,这一筹资制度是针对我国农民、城镇居民收入不稳定、收入计算缺乏客观依据的考虑;但是,其缴费不论收入差距,缴费调升的非制度化,有违社会保险筹资量能负担的原则,也未能适应基本医疗保险与经济社会发展水平相适应的原则。

其二,差别筹资水平基础上,三项基本医保待遇水平差距较大。在我国非正式从业者、无从业者收入计算仍然缺乏客观依据,以及短期内很难协调城乡筹资差距、待遇差距的前提下,我国整合城乡基本医保的地方试验创造了原则性与灵活性相结合的筹资和待遇的整合办法,即自愿性、阶梯式量能负担的分类筹资和待遇整合制度,其运行机制包括:一是设计差别基本医保缴费档次和待遇档次,对所有城乡居民平等开放,由参保人自愿选择筹资档次和待遇档

次;最高档次以正式从业者为基础,正式从业者需强制参加,非正式从业者自愿选择参加;其余档次由城乡居民自愿选择参加。二是这种多档自选筹资和待遇制度,体现了基本医保"社会"保险的权利和义务相适应原则,也解决了个人缴费与未来待遇享受的"保险"激励机制,还很好地"解决了二元结构与社会统筹之间的矛盾和道德风险问题"[①]。三是在渐进过程中,当城乡"一体化"体制机制成熟时,当大多数参保人选择最高筹资档次时,一方面要适当降低最高筹资档次,另一方面要提高最低筹资档次,并设计免交社会保险费的条件和规范,提高各级政府财政对基本医保基金的担保责任,真正量能负担的筹资制度和待遇比例统一公平的医保制度就会水到渠成。

这一实践创造,符合我国城乡经济社会发展"一体化"加速的国情,也与城乡"一体化"发展的渐进性、长期性以及区域发展不平衡相适应,同时还顺应三项基本医保制度变迁的规律,国内多数学者肯定了这一做法,理应升华为整合基本医保筹资和待遇的法律规范。2021 年 8 月 13 日,国家医保局、财政部联合发布《关于建立医疗保障待遇清单制度的意见》,总结我国医保待遇支付渐进式自下而上的经验,着力统筹城乡医疗保障待遇标准,明确了基本医保待遇政策框架,从起付标准、支付比例、支付限额、倾斜政策等角度予以明确,建立健全与筹资水平相适应的待遇调整机制。

总之,我国城乡三项基本医保政策制度构建,以及立法路径启示,制度的"分割"逻辑中隐含着"整合"逻辑。《社会保险法》以参保人制度、筹资制度、待遇支付制度、管理制度为主要"区分"环节,确立了城乡三项基本医保制度,这正是"整合"城乡三项基本医保制度的关键环节,也是整合式基本医保立法规范设计的着力点。当然,城乡经济社会"一体化"的加速性、渐进性、长期性和区域发展不平衡性决定了整合制度设计的原则性与灵活性相结合。

---

① 郑秉文:《中国社会保险"碎片化制度"危害与"碎片化冲动"探源》,载《社会保障研究》2009 年第 1 期。

第十一章　整合城乡医保的法律制度建设

　　基于本书第十章的综合剖析，《社会保险法》"让社会保险制度迈出了从长期试验性改革状态逐渐走向法制化的关键一步"[①]，《社会保险法》"立法虽然未解决全部问题，但已经解决了根本和关键性问题，应该得到尊重"[②]。《社会保险法》解决整合城乡三项医保的根本性和关键性问题是，城乡三项医疗保险制度已经纳入《社会保险法》调整，该法开启了"三元"医保整合的方向，明确了三项基本医疗保险的城乡统筹原则。虽然三项基本医保制度之间存在种种差异，但是，基于社会医疗保险的同质性，三项医保的法律性质相同，权利义务主体的法律关系相同，围绕社会医疗保险的管理和经办、筹资、待遇支付等环节的法律权利义务同质。整合城乡医保的法律建制研究就应该以该法明确的关键性、根本性问题为基础，制定《社会保险法》的实施性条例——《基本医疗保险条例》。这一条例，当然应该遵循社会保险法已经明确的根本方向，即三项医保制度被统一纳入《社会保险法》之中，当然也应该统一纳入其实施性条例《基本医疗保险条例》之中统一调整，在统一立法体系中，统一论证基本医疗保险的管理与经办制度、参保人与筹资制度、医疗保险待遇支付制度等

---

　　① 郑功成：《让社会保险运行在法制轨道上》，载《中国社会保障》2015年第11期。
　　② 郑功成：《让社会保险运行在法制轨道上》，载《中国社会保障》2015年第11期。

关键环节制度及其法律规范的具体设计。

详论之,就是在《社会保险法》业已形成的社会保险制度框架下,"我国未来相当长一段时期的社保立法都将集中若干法律保留和授权条款,赋予行政机关的制度设计和模式选择的法制化和规范化上。"①因此,要立足《社会保险法》的基本宗旨、基本原则,针对《社会保险法》相关基本医疗保险的有关规范,精细化论证医保管理经办体制如何构建,城乡不同参保人如何分类,如何构建参保人制度,如何建构量能负担的筹资制度,以及如何构建公平的基本医保待遇支付制度等。

第一节　整合医保管理法律制度：基于职权统一析论②

一、我国城乡医保管理体制的历史沿革

医疗保障作为国家立法、政府主导、从全社会筹集资金、保障国民享受基本医疗服务的公共事业,需要政府确定主管部门,并细化专业化、标准化管理和服务的行政立法和规章体系。由于城乡三项医保制度不同的历史迁延,我国城乡医保被分别归属人社部门和卫生部门主管,两个追求不同行政目标的专业行政部门制定了不同的医保制度体系。

国务院早就提出要整合城乡医保的管理体制,2007 年,国务院在《关于开展城镇居民基本医疗保险试点的指导意见》(国发〔2007〕20 号)中就提出:"鼓励有条件的地区结合城镇职工基本医疗保险和新型农村合作医疗管理的实际,进一步整合基本医疗保障管理资源。"2009 年中共中央、国务院发布的

---

① 娄宇:《"管办分离"与"有序竞争"——德国社会保险经办机构法律改革述评与对中国的借鉴意义》,载《比较法研究》2013 年第 5 期。

② 本节创新观点详见课题阶段成果,曹克奇:《部门利益与法律控制:我国创新医保管理统筹的路径选择》,载《社会保障研究》2013 年第 1 卷。

《关于深化医药卫生体制改革的意见》中重申："探索建立城乡一体化的基本医疗保障管理制度"，要求"有效整合基本医疗保险经办资源，逐步实现城乡基本医疗保险行政管理的统一"。《社会保障"十二五"规划纲要》和《"十二五"期间深化医药卫生体制改革规划暨实施方案》都作了相同或者相近规定："探索整合城乡基本医疗保险管理职能和经办资源"；"以促进城乡统筹、更好适应流动性要求为目标，加快社会保障制度整合"。2013年党的十八届三中全会公报《中共中央关于全面深化改革的若干重大问题的决定》指出，为建立更加公平可持续的医保制度，要整合城乡医保管理和经办资源。2013年3月26日《国务院机构改革和职能转变方案》中明确任务分工，要求2013年6月底前，由中央编办牵头，完成城乡三项基本医保的行政管理职责整合。及至"十三五"开端，整合城乡医保的"十二五"规划并没有实现全部目标，延展为"十三五"社会保障规划的目标任务："整合城乡居民医保政策和经办管理"①。2016年1月3日，国务院在总结地方整合城乡医保的经验教训基础上，出台《关于整合城乡居民基本医疗保险制度的意见》要求，"加强统筹协调与顶层设计，遵循先易后难、循序渐进的原则，从完善政策入手，推进城镇居民医保和新农合制度整合，逐步在全国范围内建立起统一的城乡居民医保制度"。并且建议"鼓励有条件的地区理顺管理体制。创新经办管理，提高管理效率和服务水平。"相关城乡医保管理体制的整合的"鼓励有条件的地区理顺管理体制"等谨慎措辞，实际上是要"整合"医保的实施主体和责任主体。②

城乡医保管理体制何以整合？理论界主要有两种观点：一种观点认为，城乡基本医疗保险应由卫生部门主管，采用"一手托两家"的管理，卫生部门既

---

① 参见《中共中央关于制定国民经济和社会发展第十三个五年规划的建议》（2015年10月29日中国共产党第十八届中央委员会第五次全体会议通过）以及《中华人民共和国国民经济和社会发展第十三个五年规划纲要》第六十章第二节作了相同的规定："整合城乡居民医保政策和经办管理。"

② 参见王东进：《管理体制回避不得也回避不了——关于整合城乡医保管理体制的深度思考》，载《中国医疗保险》2016年第6期。

管医疗机构,又负责医疗保险资金偿付。① 这种管理方式的优点在于,能统筹医疗服务供给和需求管理,满足医疗服务需求和控制医疗费用的平衡,形成集中决策、统一负责的体制。这种管理方式的缺陷在于,保险方和服务方归为一家管理,可能加大医疗服务方道德风险,导致保险活力不足。另一种观点认为,城乡基本医疗保险应由人社部门主管②,优势在于医疗费用管理和医疗服务部门分离,便于相互制约,同时,医疗保险和养老保险、失业保险等由一个部门管理,各险种关系协调,管理经费可以得到合理利用;缺点是,无以关照医疗保险远较其他社会保险的复杂性和特殊性,不易与医疗服务部门协调。以上两种观点各有所长,但是,对城乡医保管理的统筹都缺乏周密有力的理论依据和实施方案,因而各说各话,甚至于缺乏理论交锋,无法达成共识。

随着我国城乡经济社会一体化加速发展,起始于地方自发试点的整合城乡医保制度中,整合城乡医保的管理体制是题中之重。基于城乡医保行政主管部门的分割,地方自发整合城乡医保根据地方情况、地方城乡医保主管机构的实际,整合后的管理体制出现了诸如卫生部门管理、人社部门管理、人社和卫生部门合作管理、县级政府成立独立的社保局领导小组直接管理、财政部门代管等五种管理模式。这五种管理模式为整合城乡分割的医保管理体制提供了新的思路。然而何种路径更有利于城乡医保的发展,理论上仍然各执一词,争执不下。

现有的研究提供了丰富的洞见,地方实践也提供了实践案例。然而,城乡医保管理体制整合之所以在两个部门之间长时间争议,不仅仅是因为两个部门管理各有利弊,难以取舍,更主要的是长期分权管理之体制机制、权责运行的惯性使然。"所谓医改深水区,就是医疗卫生体制改革、公立医院改革、医

---

① 参见王延中:《卫生服务与医疗保障管理的国际趋势及启示》,载卫生部农村卫生管理司、中国卫生经济学会 2011 年编印:《基本医疗卫生制度建设与城乡居民基本医疗保障制度研讨会会议资料汇编》,第 84—85 页。

② 参见王东进:《切实加快医疗保险城乡统筹的步伐》,载《中国医疗保险》2010 年第 8 期。

药流通领域改革、医疗保障制度整合以及医疗保障经办机制改革,这些改革无一例外地要较前一个时期以推进医疗保险覆盖面要更加复杂,也更加艰难,因为它事实上牵涉了部门利益及传统体制、机制……虽然医保覆盖率达到95%以上,但是,省与省之间、城乡之间差别依然很大,很多外出打工者,是两头都享受不到很好的保障。最大的阻力莫过于制度分割、部门分割,部门利益是最大阻碍。"①

总之,我国基本医疗保险制度分设、城乡分割、管理分离,不利于体现公平、不利于人力资源的流动,不利于制度可持续发展。我国城乡医保管理权分属于人社部门与卫生部门之间,根源于计划经济体制下的城乡"二元"分割、"二元"治理。自20世纪90年代到21世纪前十年,城乡医保的改革在政府主导下进行,不可避免要受当时时代的局限。为此,整合城乡医保制度自上而下、自下而上推进,整合统一城乡医保管理体制牵一发动全身,已成为决策者、学者和实务部门的共识。

二、医保管理权统一及法律规制:政府从医保的举办者向规划者、监管者、协调者转变

境外医保管理体制变迁经验也提示,统一城乡医保管理权是世界共同经验。随着人类健康问题成为举世瞩目的全球问题,健康理念发生转变,"健康至上"观念深入社会各个层面,健康权成为各国国民的宪法权利。各国政府的医保管理权也是在分权管理探索基础上,逐步整合统一医保管理权。当然,各国基于不同的政治、经济、社会体制,各有不同的选择。共同的经验在于,政府统筹协调医疗服务供需双方,以便为国民提供基本医疗服务。主要有两种方式,第一,设立临时性的议事协调机构,如我国现行联席会议、医改办等,决

---

① 《医改最大阻力是部门利益,人大代表寄望立法保障》,见 2012 年 3 月 10 日 http://news.china.com.cn/2012lianghui/2012-03/06/content_24824144.htm。

策层面上统一协调,但在具体执行过程中,各部门自行其是,未能达到预期的效果。① 第二,建立大部制,把并列关系变成内部协调关系,将管理成本内部化,同时也将公民健康责任主体明确到政府的具体部门。从国际经验看,在建立了法定医疗保障制度的112个国家中,有69.9%的国家将医疗保险制度与医疗卫生服务交由同一个部门统筹管理。② 据学者研究,在发达国家,例如经济合作与发展组织(OECD)30个成员国中,有26个采取大部制或单一卫生部门统筹管理模式。③ 德国于2002年将基本医疗保险管理职能从劳动社会政策部剥离,与原卫生部的职能进行合并,组建成新的卫生和社会保障部,统一管理医疗保障政策制定、医疗保险基金和医疗服务。法国于2009年在国家层面整合了卫生、劳动、社会保障、民政、食品药品监督管理职能,归于劳动、就业和卫生部;在地方层面合并了卫生与社会事务局、医疗保险局和医院管理局,成立了新的卫生局。2001年日本合并了厚生省和劳动省,成立厚生劳动省,负责日本的国民健康、医疗保障、社会保险等职责;意大利于2008年合并卫生部和劳动与社会保障部,成立劳动、卫生与社会政策部,综合管理各项社会保障职责。

总之,各国的共同经验是统一医保管理体制机制,并建立"大部制"的医保管理体制,同时下设不同的内设机构分别监管经办机构和医疗机构,具有如下优势:第一,"大部制"内设卫生政策咨询委员会,作为卫生政策发展的决策咨询机构,提供卫生政策、法规的研究及咨询事宜,成员由各部门成员、参保

---

① 例如,我国人社部门为每位公民办理社会保障卡,卫生部门为每位公民办理居民健康卡,如果参保人去医疗机构就诊需同时带两种卡,不仅不便,也是巨大的浪费。而实际上两种卡片完全可以合一,居民健康卡即可以为新农合参保人办理费用结算等医保服务使用。参见人社部:《社会保障卡统一标准,号码采用公民身份号码》,见2012年2月20日 http://finance.people. com.cn/insurance/GB/15543207.html。

② 参见《国际社会保障制度及其管理概述政策报告》,卫生部新农合研究中心,2007年,第58页。

③ 参见宋大平、赵东辉、汪早立:《医疗保障与医疗服务统筹管理:国际经验与中国现状》,载《中国卫生政策研究》2012年第8期。

人、雇主、基本医保定点医药服务机构等代表、专家组成。第二,在"大部制"下设医疗保险管理司负责医疗保险经办机构监管,具体职责包括:基本医疗保险年度计划及业务报告审查;基本医疗保险预算、决算审查;基本医疗保险业务检查事项;基本医疗保险财务、会计稽核事项;基本医疗保险风险准备金情况;基本医疗保险法规及改革研究建议事项;其他有关基本医保业务监督事项。第三,"大部制"内设社会保险仲裁委员会,审议参保人、投保单位、定点医疗服务机构、经办机关之间发生争议的事项。如参保人与经办机构就医疗服务付费项目的争议,医药机构与经办机构就定点医院、定点药店准入退出以及医保费用结算的争议等。委员会由主管机关代表、法学、医药及保险专家组成;参保人、经办机构等对争议案件审议不服时,将依法提起诉讼。

随着我国城乡一体化加速发展,人社部门与卫生部门之间也积极讨论如何进一步整合和统一医保管理权,地方整合城乡医保试点过程中,根据地方实际情况、地方政策选择,探索了各种管理模式,这样自上而下、自下而上的试点,结合我国实际,最终,福建省三明市集中统一的医保管理模式得到社会各界的不断论证达成共识。2018年3月,根据第十三届全国人民代表大会第一次会议批准的国务院机构改革方案,组建了中华人民共和国国家医疗保障局,作为国务院直属机构。原由人社部门、卫生计生委、民政部门、发改委等"分权管理"基本医疗保险、新型农村合作医疗、医疗救助以及医药价格等职能,转由国家医疗保障局"集中统一管理",开启了基本医疗保障体制变革、机制创新、制度结构性重塑的全面改革。

当然,统一城乡医保管理权,只是起始,重要的是管理体制的统一和法律规制。"法者,国之权衡也。"①法律的功能在于调节、调和与调解各种复杂和冲突的利益,即要求社会全体成员普遍遵守的一种行为准则,为人们追逐利益的行为提供了一系列评价规范,努力为各种利益评价问题提供答案。因而,法

---

① 《商君书·修权》。

律制度实质上是最为稳定的一种利益平衡机制。① 因此,在统一医保管理以后,更重要的是依法管理,立法规范医保主管部门履行行政管理职能和公共服务职能,实行"政事分开"和"管办分离";同时,政府从医疗保险的"举办者"转变成为医、患、保三方利益的规范者、监管者、调控者,促使城乡医保管理整合及其良性运转,不断提高医疗保障水平,确保医保资金合理使用、安全可控,统筹推进医疗、医保、医药"三医联动"改革,更好保障病有所医。

(一)以"大部制"体制改革为龙头,构建全民医保统一实施机制

国家医疗保障局统一城乡医保管理,并以"大部制"医保体制改革为龙头,开始构建全民医保统一的实施机制。一是将公民医保管理责任明确归位国家医保局,健全城乡基本医疗保险制度,并统筹规划多层次医保体系,统一信息平台、统一服务流程和规范,保证多层次医疗保障待遇衔接和兼容,为受保障主体提供较为充足的医疗保障服务。二是推进"管办分离"的医保管理和经办体制机制改革,构建医保经办机构的法人治理机制,完善医保经办的决策、执行、监督规则,形成法制化的医保经办机制。

(二)健全医保"第三方团购"机制,形成"三医联动"改革局面

国家医保局成立后,着力健全医保"第三方团购"机制,健全定点医药服务机构准入、准出、谈判、委托、监督机制。主要从以下两方面着力:一是建构医保支付多元利益平衡机制,以医保制衡和激励相容支付机制为核心,构建医保基金预算管理制度、医保保险财务制度、医保经办机构(联合会)与医疗医师医药机构(联合会)的医保支付谈判协定制度、医保混合支付下医保与医疗的风险分担制度、医保支付范围及其动态调整制度、医疗医药科学中立评价制度、结构型普惠平等的医保报销结算制度、医疗服务智能监控制度等。二是建

---

① 参见张新宝:《侵权责任法立法的利益衡量》,载《中国法学》2009 年第 4 期。

构医保支付之适配性医疗、医药制度,以医保责任边界为切入点,在国家统一的基本医保支付背景下,以特约医疗服务体系的可近性和可得性、医院和医生的专业审查代理权和诊疗自主权为内容,建构适配性的医疗协议管理制度、医保就医的功能型分级诊疗制度、医保医师制度、医疗服务考核评价制度、基本医保药品目录法律制度等。

（三）统一监管机制,健全医保基金监管法律制度

国家医保局成立之前,医保基金监管相关法律规范主要"分散""嵌入"在《社会保险法》《基本医疗卫生与健康促进法》《刑法》等的部分条款,以及原人社部门、卫生计生委、民政部门等"分管"下的医保基金监管规章中。2018年国家医保局成立以来,国家医保局编制《国家医疗保障局立法规划（2018—2022年）》,开始推动统一的医保法及专项医疗保障基金监管法律制度建构,2020年至今,以"小切口"立法为形式,倾注医保基金使用的监管,国务院颁发了《医疗保障基金使用监督管理条例》,这是我国医保基金监管方面的首部专项法规。与此同时,国家医保局还配套制定了《基本医疗保险用药管理暂行办法》《医疗机构医疗保障定点管理暂行办法》《零售药店医疗保障定点管理暂行办法》《医疗保障行政处罚程序暂行规定》等行政规章,医保基金监管法律制度体系初步得以构建。

第二节 整合医保经办法律制度：
基于组织法析论[①]

包括基本医保经办机构在内的社会保险经办机构处于社会保险事业运行的核心地位,是我国社会保险法律确定的专门运营、经办社会保险基金、提供

[①] 本节核心观点和论证详见课题阶段研究成果,孙淑云、郎杰燕:《我国社会保险经办机构法律定位析论——基于社会保险组织法之视角》,载《理论探索》2016年第2期。

社会保险服务的机构,其性质、职能和治理的法律定位,直接关系到社会保险制度价值的实现程度。然而在立法上,我国社会保险经办机构的概念、性质、治理、职能均需要进一步明确确定,①以此推动实践中的社会保险经办机构法人治理能力,加强服务能力,提升社会保险治理水平。近年来,学术界对社会保险经办机构法律定位进行了初步研究,但是,多从立法变迁、法律性质、行政隶属、机构设置、组织模式、职能职责等角度辨析。② 社会保险经办机构的法人组成、法人治理机制的实质性定位研究较少。有鉴于此,笔者从社会保险经办机构的法人组成、法人治理机制等组织法的核心视角剖析社会保险经办机构之法律定位,以此为基础剖析基本医保经办机构的特征和法律定位,进一步完善《社会保险法》,理顺基本医保经办的运行。

一、应然本质:社会保险经办机构是独立的社会保险法人

社会保险制度就是以保险形式、保险原则构建起来的社会互助和风险分担制度,国家以强制加入保险对社会成员的"私有财产权"进行干预来征收社会保险基金,当个别成员遭遇危及生存的老年、疾病、伤害、生育、失业等大风险时,可以从保险基金里获取最基本的保险金待遇。正因为社会保险基金的

①　参见 1993 年《国务院批转国家体改委关于一九九三年经济体制改革要点的通知》、2001 年《社会保险行政争议处理办法》、2010 年颁布的《中华人民共和国社会保险法》,均从其职能角度对社会保险经办机构做了描述性定义,既没有明确其法律概念、法律性质,也没有规定其治理结构。例如,载《社会保险行政争议处理办法》第 2 条第 2 款规定:"社会保险经办机构是指经法律、法规授权的劳动保障行政部门所属的专门办理养老保险、医疗保险、失业保险、工伤保险、生育保险等社会保险事务的工作机构"。

②　娄宇在剖析社会保险经办机构类型归属困难的基础上,从规范法学的法律主体论将社会保险经办机构定位为具有独立法人地位的特殊类公益事业单位。参见娄宇:《论我国社会保险经办机构的法律地位》,载《北京行政学院学报》2014 年第 4 期。胡川宁从社会保险基本原则出发,从组织模式的角度将社会保险经办机构定位为公法上的社团法人,认为我国的社会保险经办机构可参照有限责任公司的组织模式予以改进。参见胡川宁:《社会保险经办机构法律规制的重构——基于团结原则和补充性原则的视角》,中国社会法学研究会 2015 年年会论文汇编:《全面推进依法治国背景下社会法的发展》,第 1372 页。叶静漪、肖京从立法变迁、行政隶属、机构设置等视角,将我国社会保险经办机构定位为以服务为主但具有行政管理职能的事业单位。参见叶静漪、肖京:《社会保险经办机构的法律定位》,载《法学杂志》2012 年第 5 期。

筹集、管理与分配涉及庞大资源分配,涉及世代之间风险转移之承担,"人民常年将保险费投注在政府所主导的强制保险上,国家不能不对社会保险之连续性、体系性负担一定的责任"①。为此,社会保险制度成为国家立法保证、政府主导、永续性、体制性的国家给付制度。从抽象宪法角度观察,社会保险制度围绕公民社会保险权利展开,国家是公民社会保险权利的义务主体;但是,国家作为抽象概念不能成为具体的社会保险法律关系的主体,各国为此制定社会保险法律,确立了社会保险行政管理体制,强调国家统一管理的责任和能力;同时,成立独立于政府行政管理机构的社会保险经办服务体系,将社会保险给付义务委托社会保险经办机构,使其成为职权与职责相统一的公法主体,进而代表国家保障公民的社会保险权利,成为社会保险法律关系的具体权利义务主体。因而,社会保险经办机构的组织法律关系中,主要包含两个层面的法律关系:一是社会保险经办机构与国家及其行政主管机构之间的组织法律关系;二是社会保险经办机构与社会保险其他利益主体之间的组织法律关系。

（一）与国家及其行政机构之间的组织法律关系:社会保险经办机构组织外部独立于国家行政体系

"社会保险是对大的生活风险（疾病、老年等）给予保护的带有强制性质的共同承担责任的（社会）联盟。"②社会保险这一本质说明,尽管社会保险是政府主导、承担积极责任的国家给付制度,但是,社会保险是一定范围或者全体社会成员根据社会化原则③和社会团结原则成立的社会互助共济基金,社会保险筹资责任社会分担,资金来源具有多元性,包括国家、雇主和个人的筹

---

① 钟秉正:《社会保险法论》,三民书局股份有限公司2005年版,第59页。

② 霍尔斯特·杰格尔:《社会保险入门——论及社会保障法的其他领域》,刘翠霄译,中国法制出版社2000年版,第6页。

③ 社会保险的社会化原则要求将社会保险作为整个社会成员都来参与的事业,实现社会保险资金来源的社会化、社会保障管理的社会化、社会保险责任的社会化。参见董保华等:《社会保障的法学观》,北京大学出版社2005年版,第114页。

资。"共同体所筹集的资金不得用于共同体成立目的以外的领域,在社会保险领域则尤其表现为,缴费资金不得用于其他普通国家任务的开支。"①因此,社会保险基金具有独立性,国家不得将其国有化,这已是世界范围内的共识。这也是社会保险有别于以政府财政为财务保障的社会救助之处,社会救助是"政府给付",社会救助的"资金来源、基金管理和待遇支付具有政府承担直接责任的一元性,政府责任包括基金筹集、基金管理、提供待遇和服务。"②相对而言,社会保险则是"国家给付",是国家组织并建立治理机制的"社会给付",社会保险筹资责任的社会分担和筹资主体多元决定了政府在社会保险筹资上的相对责任③,也决定了社会保险基金管理和待遇支付上政府同样承担的是相对责任,即在有限政府的有限社会保障能力、财政能力、服务能力的条件下,将社会保险视为准公共物品建立行政分权的间接供应机制,将社会保险经办机构独立于政府设置,力图将社会保险经办服务事务与政府一般任务分离。为此,在保证政府对社会保险的规范、行政管理以及完善治理机制等行政管理权责不外移的前提下,政府将社会保险经办的公共服务功能依法授权各种非政府法人提供,或以购买服务的方式提供,政府则以间接方式④承担社会保险待遇支付责任。

比较法视野,政府管理之下的社会保险给付、社会保险经办机制大致有三种模式。其一,以私法属性的社会团体法人定位社会保险经办机构,以德国为代表的西欧、南欧以及这些国家的前殖民地,政府依据社会合作主义原则与雇主、雇员建立合作伙伴关系,依法授权非政府属性的、分散自治的、雇主与雇员

---

① 蔡维音:《全民健康之给付法律关系析论》,元照出版有限公司 2014 年版,第 82 页。

② 杨燕绥、阎中兴:《政府与社会保障——关于政府社会保障责任的思考》,中国劳动社会保障出版社 2007 年版,第 69 页。

③ 政府财政能力有限,在社会保险筹资环节中,除了英国等一些福利国家有预算式补贴,大多数国家仅对政府雇员、符合一定条件的贫困社会成员缴纳社会保险费予以缴费性补贴。

④ 在社会保险基金管理和待遇支付环节,政府对社会保险基金安全承担担保责任,对社会保险基金当期赤字予以补贴。

为成员的、以公益为目的的社会团体法人作为社会保险经办机构,经办社会保险费的征缴、基金管理和待遇支付。其二,以半自治的公法人①定位社会保险经办服务机构,以英美为代表的北欧国家、北美国家以及日本的年金管理机构、韩国的国民年金公团等,基于行政分权,将社会保险经办事务赋予公法人承担,这些公法人具有独立的法律人格,有权依法或依特许状在全国或特定的区域内经办社会保险公共事务,与行政机关保持相对独立,但受行政机关监督。其三,以特许的、民营自治的养老个人账户基金的公司定位养老保险经办机构,这种模式是以智利为代表的拉美地区和中东欧国家,"其基本特征是在职工养老保险制度中引入和建立个人账户,账户资金由特许的专业养老基金管理公司进行投资管理,各个特许的养老基金管理公司之间存在竞争关系"。② 三种模式中,社会保险经办服务机构虽然法律属性不同,但是,具有共同特征,即社会保险经办机构建立在行政官僚体系之外,行政成本列入社会保险基金支出,都是具有独立法人能力的社会保险人。社会保险经办机构"相对于国家独立,不隶属于行政系统,是独立的法人实体。它们依据社会保障组织法而成立,并依法就社会保障具体事务提供管理和服务。"③

(二)与社会保险其他利益主体之间的组织法律关系:社会保险经办机构组织内部具有独立治理机制

社会保险经办机构作为独立的法人实体,它不是一种单纯的法律虚构,为投保人和被保险人提供专业服务是其存在的目的,其法人意志如何产生,如何

① 英国、日本称为公法人,法国称为公务法人。称呼不同,性质一样,是给付行政发展中行政分权的一种形式,依据公共事业应通过公共手段实现的设想而成立。详见应松年主编:《行政法学新论》,中国方正出版社 2004 年版,第 64 页。
② 郑秉文:《中国社会保险经办服务体系的现状、问题及改革思路》,载《中国人口科学》2013 年第 6 期。
③ 董保华等:《社会保障的法学观》,北京大学出版社 2005 年版,第 117 页。

保证法人意思形成的真实性和有效性,如何保证法人意思得到执行,需要建立适合的内部组织机关和内部治理机制。与各种法人治理一样,社会保险经办机构组织机关和治理的核心是权利的向度和责任的归属问题,即社会保险经办权"从谁而来,如何运行,受谁监督"的问题。

　　社会保险事务经办权来源于公民社会权利的委托,社会保险所保护的社会权利是公民之间在社会连带、社会团结基础上结成的独立于国家利益、独立于公权的权利结构,社会权利本质上是由社会风险密切相关的利益人之间结成并且提升而成,国家以及社会保险经办机构只是全民社会权利、社会利益的代理人。"人性的首要法则是要维护自身的生存,人性的首要关怀是对其自身的应有关怀。"①当社会成员遭遇生老病死伤等大的风险,基本经济生活安全遭遇威胁时,理论上作为全民利益代表的国家不能坐视不管,因此,"社会契约理论也被认为是国家公权干预建立社会保险制度的理论基础,而契约从其产生之初,作为一种法的现象,就不以扬善为皈依,只是衡平善与恶的守恒关系,使利益主体不致在无情的利益冲突中一无所得或被毁灭。"②民众社会权利赋予社会保险经办机构经办社会保险事务的权力,民众还得靠"投票箱"来防止其权力随意扩张。社会保险制度创制鼻祖之德国,颁布社会法将本属于雇主与劳工互助共济的保险机制转化为社会保险的国家给付制度,赋予社会保险经办机构社会团体法人的主体地位,同时,社会保险的投保人即雇主与劳工双方选举同数代表组成代表大会或行政管理委员会,为社会保险经办机构的最高权力机关,并通过社会保险经办机构的章程选举理事会,理事会是对外代表社会保险法人的机关。以公法人定性的日本社会保险经办机构,在学理上被认为是雇主与劳工投保人的公共组合,具有作为人的结合体的社团法人的性格③,在保险人内部均设置组合会、运营委员会、运营审议会等作为组

---

①　卢梭:《社会契约论》,商务印书馆 2002 年版,第 9 页。

②　董保华等:《社会保障的法学观》,北京大学出版社 2005 年版,第 117 页。

③　参见[日]手岛孝、中川义郎:《基本行政法学》,法律文化社 2005 年版,第 40 页。

合的权力机关,并同时设置董事、理事、监事作为执行机关和监督机关;其中,权力机关的成员通常由雇主、被保险人、专家学者代表共同组成。① 在智利,养老基金管理公司是特许的私人公司,公司本身即为市场主体的独立法人,以公司治理机制运行,并接受国家监管。可见,尽管各国或地区社会保险人的法律性质不同,法人治理结构形式上也存在差异;但是,社会保险经办机构法人治理的规范架构相近,均是一组规范社会保险经办机构决策、执行、监督的规则和程序,是连接社会保险相关各方主体的责、权、利的制衡机制,是调整社会保险经办机构内外各相关利益主体法律关系的法律规范。通过治理机制的约束和规范,社会保险制度的目的以及实现这些目标的手段得以确定。社会保险经办机构作为独立的法人实体,依据保险基金自给自足之财务原则运作,社会保险基金的管理和运营的行政成本独立,社会保险收支尽力维持平衡相抵,保险费调整与保险金支出依法定的民主或者自治程序进行调整,与政府一般事务区隔,不受政府干预,为投保人和被保险人的利益依法履行义务、主张权利,并成为各类法律权利义务的归属者。

二、实然局限:我国社会保险经办机构为行政下属"经办"机构

改革开放以来,在"摸着石头过河"的渐进性经济体制改革背景下,我国社会保险制度的改革和建设在政府主导推动下进行。1993 年《国务院批转国家体改委关于一九九三年经济体制改革要点的通知》(以下简称《改革要点通知》)指出:"社会保险实行政事分开,社会保险管理部门从宏观上进行政策、制度、标准管理;社会保险经办机构具体承办社会保险业务并承担基金保值、增值责任。"由于社会保险制度改革的复杂性、艰巨性以及宏观经济社会制度环境的未定型与不确定性,社会保险经办机构的设置与改革的总目标至今尚未全部实现,2010 年颁布的《社会保险法》未明确对社会保险经办机构的组

---

① 参见日本《健康保险法》第 7 条之 18 及第 18 条等。

织、治理进行法律定位。

（一）与国家及其行政机构之间的组织法律关系：社会保险经办机构的法人地位在体制上不独立

我国现行法律对社会保险经办机构与国家及其行政主管机构之间的组织法律关系没有作专门规定，只有一些个别规定，1991 年国务院颁布《关于企业职工养老保险制度改革的决定》规定："劳动部门所属的社会保险管理机构，是非营利性的事业单位，经办基本养老保险和企业补充保险的具体业务，并受养老保险基金委员会的委托，管理养老保险基金。"2010 年颁布的《社会保险法》第 8 条仅说明社会保险经办机构为"提供社会保险服务的"机构。1993 年原劳动部下设"社会保险事业管理中心"，是综合管理全国社会保险基金和社会保险经办业务工作的部直属事业单位，地方各级政府也在人力资源和社会保障部主管机构下设事业单位属性的社会保险经办机构。

社会保险经办机构设置实践中，其法人地位在体制上也未独立。一是经办机构没有独立的人事权，政府在具体设置社会保险经办机构时，为了使经办机构"顺利运转"，便于对经办机构人事进行管理，对社会保险经办机构的工作人员参照公务员法管理，据统计，截至 2012 年底，全国社会保险经办机构中"参公管理"的有 4421 个，占机构总数的 52.6%。① 参公管理体制下，社会保险经办机构的人员由编制部门管理，无法进行独立的人事编制调整；而且，社会保险经办机构随行政级别而设，与社会保险统筹基金无关；与此同时，随着我国行政机构"小政府"改革，社会保险经办机构的规模被限制，未能适应社会保险事业快速增长的需求。二是社会保险经办机构形式上被置于保险人地位，实质上对社会保险基金不具有独立产权人或占有人地位，而是以行政划拨

---

① 参见郑秉文：《中国社会保险经办服务体系的现状、问题及改革思路》，载《中国人口科学》2013 年第 6 期。

的经费为责任财产①,社会保险基金的筹集、管理以及保险待遇支付采取公共财政的预决算方式,社会保险经办机构实际上是各级财政预决算的执行机关,并非社会保险基金"实质意义上的产权人,亦不对该基金独立承担运营责任"②。缺乏独立人事权和独立基金财产责任人的社会保险经办机构,其运营社会保险的重大事务决策权自然也无法独立作为,往往要接受社会保险行政主管机构的领导。总之,没有独立人事权、基金财产控制权和重大事务决策权的社会保险经办机构,实际上类似于各级政府以及政府编制部门、财政部门、社会保险行政主管等行政部门的下级机构,所以,社会保险经办机构的配置结构表现为以政府为核心的内部循环,在此背景下,"政府及其各个部门作为一个整体担当本应该由保险人承担之职责"③,社会保险经办机构只是政府之"经办",是政府掌控和运营社会保险之重要环节,"将保险运行的各项职能交由不同的行政机构分别执行的做法,导致每个部门的执行行为都将对被保险人权利的实现产生实质影响,但每个部门又均不承担社会保险的运营责任"④。因而,社会保险法律关系中,相对于被保险人权利义务的社会保险经办机构,政府形式上既是规则制定者也是执行者,既是裁判也是运动员。正是基于社会保险经办机构无独立法人地位的事实,《改革要点通知》以及《劳动法》第74条所明确的社会保险经办机构"承担基金保值、增值责任"的职能,《社会保险法》第65条对之不予规定或者不予承认:"县级以上人民政府在社会保险基金出现不足时,给予财政补贴",无疑证实了由政府财政作为社会保险基金的运营责任人。社会保险经办机构作为政府之"经办",其职能实际上

---

① 《社会保险法》第72条规定:"社会保险经办机构的人员经费和经办社会保险发生的基本运行费用、管理费用,由同级财政按照国家规定予以保障。"实务中,社会保险经办机构的"绝大多数经费费用由地方财政全额拨款,全国99.9%的经办机构实行全额拨款,只有5个实行差额拨款,5个实行自收自支,这10个经办机构均为县级以下机构"。参见郑秉文:《中国社会保险经办服务体系的现状、问题及改革思路》,载《中国人口科学》2013年第6期。

② 李文静:《医疗保险经办机构之法律定位》,载《行政法学研究》2013年第2期。

③ 李文静:《医疗保险法律制度研究》,中国言实出版社2014年版,第153页。

④ 李文静:《医疗保险法律制度研究》,中国言实出版社2014年版,第153页。

处于冲突、分散、缺位、错位状态，"经办"职能强于"保障"职能，基金"管理"职能强于"服务"职能，社会保险经办机构由此面临着严重的发展性难题。

（二）与社会保险其他利益主体之间的组织法律关系：社会保险经办机构法人治理制度

我国社会保险经办机构是在代表社会权利、社会利益的社会团体未能建立的情况下设置的，特别是虑及社会保险制度改革建设过程中的社会稳定，由政府出面代替社会团体的功能，建立了行政部门隶属的经办事业单位，以明确国家的社会保险义务。

对于社会保险相关利益人的社会保险事务管理权，没有明确的法律规定。《社会保险法》仅在第 80 条规定了由政府组织成立社会保险监督委员会："统筹地区人民政府成立由用人单位代表、参保人员代表，以及工会代表、专家等组成的社会保险监督委员会。"仅仅赋予社会保险相关利益人的社会监督权利，而且是一般监督"权利"，不是监督"权力"，属于"外部监督、事后监督、社会监督的权利，不涉及内部监督、事中监督"[①]。不过，有些地方在各项社会保险"先行先试"的政策制度建设中，规定统筹地区人民政府探索成立由用人单位代表、参保人员代表，以及专家组成"社会保险委员会"。这样的组织要么是半官方组织，要么是只有虚名、流于形式的组织；也没有构建起社会保险委员会对社会保险经办机构的决策、执行、监督的规则和程序。因此，没有社会保险投保人和被保险人结社组成的社会保险参加者联合会，难以形成利益共同体，也无法管理行政一元化主导的社会保险经办机构，社会保险各方利益当事人的利益诉求的形成、表达、保障机制未能建立起来，社会保险经办机构的决策权、执行权、监督权，由各级政府及其主管行政机构主导，社会保险经办机构的责任也被主管行政机构和各级政府所代替承担。

---

① 董文勇：《医疗费用控制法律与政策》，中国方正出版社 2011 年版，第 362 页。

三、局限克服:制定社会保险经办机构组织法,重塑社会保险经办机构的社会保险法人人格

完善的社会保险法人制度是社会保险公共事业稳定运行的保障。相反,社会保险经办机构的法人地位缺乏独立性、治理分化、责任缺失,易使政府陷入社会保险基金运营的财务责任困境中。需要朝着独立社会保险人的方向,对未完成"政事分离"的社会保险经办机构进行改革,甚至需要同步推进政府职能转变与社会保险经办机构法人制度改革,让政府的归政府,让社会保险人的归社会保险人。当下,应当尽快讨论制定"社会保险经办机构组织法",借鉴德、日、英等成熟完备的社会保险法人制度,结合我国实际,重点从以下几方面引导和重塑社会保险经办机构的社会保险法人人格。

(一)以保险人职能为中心,重塑社会保险经办机构之法人人格

其一,社会保险经办机构是职能明确的保险人。法律应明确规定社会保险经办机构为国家立法设立的、享有特别权能的、社团属性的公法人,明确其为职权与职责相统一的法人主体,赋予其社会保险人地位,并明确社会保险经办机构的职能有三类:一是代行国家社会保险公共服务,执行社会保险法律法规和政策。二是依法经办社会保险费的征缴、基金管理和待遇支付,作为公民社会权利、社会利益的代理人,依法为投保人和被保险人的利益履行义务、主张权利,并成为各类法律权利义务的归属者,保障公民社会保险权利实现。三是依据保险基金自给自足之财务原则运作,依法定的民主或者自治程序对保险费和保险金支出进行调整,依法承担社会基金保值、增值责任。针对我国社会保险财务与国家财政责任的现状,要重点将保险人财务责任与国家财政责任分离,并不是要放弃政府为社会保险承担最终责任,只是在保险制度运行中,"国家财政责任与保险人财务责任应当分别独立,国家财政对保险财务的补贴应当依法进行,其最后责任的承担方式应为于保险事业难以为继时进行

接管,而非对经营赤字予以日常填补"。①

其二,社会保险经办机构必须是独立法人的社会保险人。社会保险经办机构对于其内部的人事权、基金财务控制权、重大事务决策权有独立自主权,形成独立意思并自主执行、独立承担法律责任。针对我国社会保险经办机构各项自主权分散在不同行政职能机构现状,要实行政事分开和管办分离的改革,将分散于政府及其各主管部门的法人人事权、基金财务控制权、重大事务决策权整合,归集给社会保险经办机构,重塑社会保险经办机构的法人自主权。按照法人实体改革全国社会保险经办机构,将人力资源和社会保障部下属的社会保险事业管理中心升格为全国社会保险管理总局,作为法人总部,全国社会保险管理总局拥有公法人的独立自主权,对全国范围的社会保险经办系统实行垂直的法人治理;改变按地方政府级别设置社会保险经办机构的做法,依托社会保险基金统筹层次设置社会保险经办机构,还可以根据服务需求设立派出机构;在社会保险经办机构地方与总局关系中,强化上级管理功能,强化下级服务功能。

（二）以社会保险利益关系人的民主参与为核心,形成民主自治的社会保险法人治理机制

独立的治理机制是社会保险经办机构之所以为法人的内在要求。目前当务之急是社会保险经办机构治理的各个环节,要积极探索、培育和促成社会权利、社会利益相关方共同治理的格局。

其一,以社会保险利益关系人的民主参与为核心,探索建立民主自治的社会保险法人治理机制。掌握社会保险经办机构的决策权、执行权、监督权的内部治理机关,应当在法人内部依章程经民主程序选出,而不能由政府及其主管机构径行指定。当然,法律应当规定经办机构章程的法定必要内容,以及担当

① 李文静:《医疗保险法律制度研究》,中国言实出版社2014年版,第156页。

社会保险经办治理机构成员的资格并由行政机构监督。当下,可以先行在全国社会保险管理总局尝试确立管理委员会、理事会、监督委员会的内部治理机制。管理委员会权力机关应当为社会保险利益关系人的民主参与自治提供通道,管理委员会的成员由雇主、被保险人、专家学者代表共同组成,探索由雇主、被保险人、专家学者等各界人大代表组成,采取合议制,负责选举理事会和监督委员会,并提供社会保险政策、法规之研究以及咨询事宜。社会保险经办各分支机构可以根据各地实际情况,比照社会保险总局,循序渐进地建立健全内部治理机制。

其二,以专业化为主导,强化社会保险经办机构的服务能力。在社会保险经办机构法人制度之下,"经办机构能力强化的问题则能够真正转化为管理学上的技术问题而不再与该机构的法律定位问题纠缠在一起"[1],社会保险经办机构必将强化社会保险运营能力,专心打造专业化、信息化、透明化、科学化的社会保险服务体系。

四、基本医疗保险的复杂性及其经办机构的特别职能[2]

(一)基本医疗保险的复杂性

在社会保险的概念体系中,基本医疗保险是依社会保险形式建立的,为国民提供疾病所需医疗费用帮助的一种社会保险制度。基本医疗保险主体多元、法律关系多面,是五项基本社会保险制度中最为复杂的社会保险制度,"既有保险制度之架构,亦有医疗服务之规制,以及药品供应之法律调整"[3]。因此,社会医疗保险,同养老保险、失业保险、生育保险等其他社会保险项目相

---

[1] 李文静:《医疗保险经办机构之法律定位》,载《行政法学研究》2013年第2期。

[2] 本部分的核心观点及其详细论证参见课题阶段成果,孙淑云:《基本医疗保险管理的复杂性及其管理归属》,载《中国劳动》2015年第20期。

[3] 郑尚元:《社会保险法颁布的时代价值与未来期待》,载《中国社会保障》2011年第1期。

比,具有特别性和复杂性。

1.被保险主体疾病风险的经常性。基本医疗保险属于社会保险的重要项目,它是对国民疾病风险进行保障的一种社会保障。疾病种类繁多,加之每个人的个体差异性,以及治疗康复费用因个体禀赋差异和疾病的不同存在很大差别,导致医疗风险具有不确定性和方式多样性的特点。而且,疾病风险具有普遍性,与每个人一生伴随,不因性别、年龄、地域、收入而有别,是每个人都可能遭遇且难以回避的,高龄老人更是随时都会疾病缠身,它不像失业、生育、工伤甚至老年风险那样,并非每个人都会遇到,有些人甚至可以避开或降低这些风险。因此,基本医疗保险比工伤保险和生育保险有着更高的风险概率,为此,基本医疗保险待遇贯穿被保障人的一生,具有经常性。

2.基本医疗保险待遇支付的专业性。基本医疗保险是为了购买医药服务而进行的保险费用补偿机制,需要通过为被保险主体提供相应的医药服务,并对其费用予以补偿以达到恢复被保险人身体健康的目的。因为医疗服务具有专业性、技术垄断性特征,基本医疗保险的待遇支付就不能像养老保险和失业保险那样,直接向被保险主体支付保险金。需要基本医疗保险经办机构通过委托合同,委托定点医药服务机构向被保险主体提供社会保险保障范围内的基本医药服务。

3.基本医疗保险法律关系的多面性。基本医疗保险法律关系不仅涉及投保人、医疗保险经办机构、被保险主体和定点医药服务机构等四个主体间的四方三角法律关系;还涉及医疗保险经办机构、被保险主体、医药服务机构之间相关基本医疗保险服务提供的三方制衡法律关系。要处理好这些多面的基本医疗保险法律关系,必然需要兼顾主体各方的利益,建设多元制衡机制。因此,基本医疗保险法律制度不能独自成功,基本医疗保险法律制度的有效性,不仅取决于基本医疗保险法律制度本身的有效性、合理性;还取决于基本医疗保险基金调控、卫生资源的合理配置,以及医药卫生体制、医药流通体制的紧密配合等配套制度的有效性、合理性。

4.基本医疗保险中医患法律关系的双面性。医患法律关系本属民事法律关系,但是,基本医疗保险中的医患关系就相对复杂了。因为,基本医疗保险关系是一种"保基本"、不是无所不包的医疗保险制度,其所涉及的基本医药服务活动也只是基本医药服务,而不是患者所要求的全部医药服务,只能为被保险主体提供了基本医疗保险"基本医疗服务目录"范围内的基本医疗服务。而且,基于被保险人道德风险所设置的被保险人与基本医疗保险经办机构的"共付比"结算制度,基本医疗保险的被保险人需要结算自付部分的费用。因此,当一个被保险人作为患者去医疗服务机构就诊时,基本医疗保险中的医患关系更多的是既包括基本医疗保险关系,也同时包括医患民事关系。因此,基本医疗保险中的医患关系具有双面性,其医患关系权利义务主体、内容、客体、法律责任承担均具有双面性。

(二)基本医疗保险经办服务的特别性

正是因为基本医疗保险的复杂性以及法律关系的多面性,作为公共事业的基本医疗保险经办机构,就不同于养老保险和失业保险经办机构那样,仅仅只对保险基金的收支进行服务和管理,而且还增加了对委托提供基本医药服务的定点医药机构进行双重经办服务和监督管理的要求。

其一,基本医疗保险待遇支付环节主体的多元性,增加了基本医疗保险经办服务的难度。由于基本医疗保险待遇支付的专业性,不能像养老保险和失业保险那样直接向被保险主体支付保险金,基本医疗保险经办机构一般通过委托合同,委托定点医药服务机构向被保险主体提供基本医疗保险保障范围内的基本医药服务。为此,基本医疗保险与养老保险、失业保险在待遇支付时明显不同,增加了一种社会保险的辅助主体。医疗保险待遇支付,就不能只是基本医疗保险经办主体与被保险主体之间的待遇申请与待遇支付的双方简单的法律关系,而是涉及基本医疗保险经办主体、被保险主体、定点医药服务机构之间复杂的三角四方法律关系,为此,基本医疗保险经办服务难度增大。

其二,被保险主体疾病和医疗服务的特点,使得医疗保险经办服务难度加大。基本医疗保险的被保险主体的医疗风险具有不确定性、个体差异性,种类繁多,而且疾病发生的频率、医疗费用的高低都不同,其风险的预测和费用控制相当难。而且,被保险主体患病时,其实际花费的医疗费用无法事先确定,支出多少不仅取决于疾病的实际情况,还有医疗处置手段、医药服务机构的行为等都会对医疗费用产生影响。而且,医疗服务具有专业性、技术垄断性、不完全竞争性、信息偏在性等特征,使得基本医疗保险的被保险主体难以通过市场手段选择医疗服务的内容和质量,导致定点医药服务机构利益膨胀存在可能,这是全世界医疗服务费用处于上涨态势的重要因素。加之,医疗消费的人道主义色彩,对医疗消费全过程费用进行监督非常困难,管理成本非常高昂。因此,"任何医疗保障制度的设计,都必须兼顾分散疾病风险和防范道德风险两项基本功能"①。

其三,医疗服务机构与被保险主体之间合谋的道德风险,增大了基本医疗保险经办服务的难度。在基本医疗保险经办机构即第三方的付费机制之下,割裂了需求方与供给方之间的直接关系,把供需双方的关系变成了被保险主体、保险付费方与医疗服务供给方的三方关系,保险付费方与医方、患方医疗消费的信息不对称,使得第三方付费机制先天约束不足。

基本医疗经办服务的复杂性,决定了基本医疗保险经办服务的有效实现,除了与其他社会保险一样,建立与经济社会发展相适应的、可持续的筹资机制、基金管理机制外,还必须着重建立疾病医疗保险第三方支付对医疗服务的外部制约和激励机制,对医保、医疗、被保险人三方的利益进行调节,通过对医药资源配置机制控制医药成本。为此,需要着重解决以下关键问题:

第一,基本医疗保险经办服务需要兼顾保险基金控费和医药服务质量两方面。无论是对医疗保险基金风险的控制和管理,还是对医药服务质量的管

---

① 黎宗剑、王治超、朱铭来:《台湾地区全民健康保险制度研究与借鉴》,中国金融出版社2007年版,前言第1页。

理都得双重交叉进行。一方面是对有限保险基金风险的控制和监督。社会医疗保险基金通过为被保险主体购买医疗服务实现待遇支付,其基金风险的管理和监督,既要管理监督被保险主体在疾病风险的不确定性、个体差异性、种类繁多性、疾病发生的高频率性,还要监督管理超额的、不公平的投机享受等道德风险对基金的侵占。既要监管医药服务提供方在专业性、技术垄断性、不完全竞争、信息偏在中,因道德风险玩弄超额医药服务,对有限社会医疗保险基金的侵蚀;同时,还要对医药服务质与量进行管理和监控,不能因为对有限医疗保险基金的监督和管理,减少被保险主体提供医药服务的质与量,忽略或者侵蚀被保险人的基本医疗保险权益。

正是因为基本医疗保险经办管理要兼顾保险基金风险控制和医药服务数量质量两方面,为此,需要在控制医保基金风险、保证医疗机构合理合法收益、保障被保险主体社会保险权益三方之间寻求平衡,成为社会医疗保险经办服务管理的最高目标。首先,基本医疗保险经办机构与医疗服务机构通过行政委托合同,建立庞大而复杂之医药服务审查与费用核付机制,建构多元支付制度,包括按服务项目付费制度、总额预付制度、定额支付制度(又包括按人头定额支付制度、按平均费用标准支付制度、按病种费用支付制度等)、分值支付制度等综合性的混合型付费制度。① 多元支付制度的目标,既要控制医疗服务费用的过度、非科学增长,又能促进医疗服务机构为被保险主体提供保质保量的医疗服务。其次,为了防止被保险主体的道德风险,建构"共付制"医药费报销制度,以共付率、封顶线、起付线的高低来把握监管的"度",既不能随意降低被保险人的基本医保保险权益享受,又能达到防范被保险人道德风险的目的。

第二,基本医疗保险经办服务管理需要嵌入医药运行过程中建立约束和激励机制。基本医保制度目标的实现,高度依赖国家医药卫生服务体系及其

---

① 参见董文勇:《医疗费用控制法律与政策》,中国方正出版社 2011 年版,第 391—397 页。

管理。"医疗保障不仅是社会保障的组成部分,也是医药卫生体系不可或缺的组成部分。医疗保障制度框架下的支付制度、医疗服务质量管理、参保人满意度管理等与国家的医药卫生体系有着千丝万缕的关系。医疗保障与公共卫生、药品流通、服务提供等体系密切相关,国家医药卫生体系建设不成功,医疗保障制度就不可能成功。"①当然,医保制度代替不了医疗、医药管理体系,医疗保险不可能去制定医院的用药政策,不可能取代药监部门做药品技术性规范,"它要发挥激励和制约作用,综合运用各职能部门的管理政策和管理工具,制定出医疗补偿和医生激励中的考核措施。"②从基本医疗保险的功能实现上看,基本医疗保险第一个功能是解决被保险主体的"看病贵"的筹资风险,以及互助共济和风险分担问题,以解决被保险主体对基本医疗服务的"可得性"。基本医疗保险的第二个功能是第三方支付对医疗服务的制约和激励机制。没有医疗卫生资源的合理配置和医疗卫生体系的"适宜性技术"配合,基本医疗保险的功能很难发挥。从基本医疗保险待遇支付的监管运作上看,如果缺乏医疗管理机构对医疗服务行为和医疗过程的专业监管配合,基本医疗保险监管就会失去专业性和可行性。为此,基本医保第三方付费机制建设不可或缺。第三方付费机制要发挥对医疗、医药的制约和激励作用,综合运用相关医疗、医药各职能部门的管理政策和管理工具,建构医疗、医药的约束和激励考核机制。一方面,为了向全体被保险主体提供"可得的"、公平的、保质保量的医疗服务,就得根据基本医疗保险基金的承受能力,合理确定适宜的、与基本医疗保险基金相适应的、与医疗服务结构和水平相当的"基本医疗服务目录",并建构基本医疗服务目录的规范和标准。另一方面,为避免医保待遇支付规范只是站在基本医保经办机构视角

---

① 于德志:《2012 年中国卫生发展绿皮书——医改专题研究》,人民卫生出版社 2013 年版,第 10 页。

② 于德志:《2012 年中国卫生发展绿皮书——医改专题研究》,人民卫生出版社 2013 年版,第 14 页。

制定,以控费为目的,忽视被保险人享受最基本的、有质量的医疗服务;避免被委托的定点医疗服务机构成为其工具性、傀儡性专业团体,应该配套建立法制化、透明化、动态的第三方付费谈判协商机制,在规则制定过程中提升投保人(包括被保险人、各类投保人)与医药机构代表的参与、意见表达以及协商之机会和地位。

第三节 整合医保参保和筹资法律制度：
基于户籍制度改革析论[①]

参保人制度和筹资制度是基本医保的"关口"制度,筹资制度是在参保人类分识别基础上建立的分担筹资的制度。因此,本节将整合城乡参保制度与筹资制度放在一起论证。

一、城乡三项医保参保人识别的难题

社会保险法理论上,作为参加社会保险的自然人,在社会保险运行的不同环节、不同法律关系中有不同身份,申请参加保险时是参保人,缴费时是投保人,保险关系存续期间是被保险人。本节论证的参保人为申请参加保险时的参保人。"参保人的识别"是确定参保人社会保险权利的"入口"环节,是建立基本医保参保人制度的核心。我国城乡三项医保均以属地化管理为基本原则,以城乡户籍划分为基础,以职业界分来识别参保人。《社会保险法》第23条除了明晰职工基本医疗保险参保人认定标准外,没有明确城镇居民基本医保和新农合的参保人范围,后两项基本医保制度的参保人认定遵循国务院和主管部门下达的政策性文件的规定。

其一,《社会保险法》第23条和1998年颁布的指导性政策文件《国务

---

① 本部分的主要观点详见课题阶段成果。曹克奇:《新型农村合作医疗参保人的身份认定:从参合农民到参合居民》,载《晋阳学刊》2012年第6期。

院关于建立城镇职工基本医疗保险制度的决定》，以属地化管理为原则，按职业身份识别城镇职工医保的参保人："职工应当参加职工基本医疗保险……无雇工的个体工商户、未在用人单位参加职工基本医疗保险的非全日制从业人员以及其他灵活就业人员可以参加职工基本医疗保险。"2006年，《国务院关于解决农民工问题的若干意见》（国发[2006]5号）要求，有条件的地方直接将稳定就业的农民工也纳入城镇职工基本医疗保险中，并对各地下达"扩面"覆盖率指标，通过劳动保障部门行政性推广。①

其二，2007年，国务院城镇居民基本医疗保险部际联席会议出台了《关于开展城镇居民基本医疗保险试点的指导意见》，以属地化管理为原则，以排除法表述，以城镇户籍为基础，按照从业身份识别城镇居民医保的参保人："城镇居民基本医疗保险的保障对象包括：不属于城镇职工基本医疗保险制度覆盖范围的中小学阶段的学生（包括职业高中、中专、技校学生）、少年儿童和其他非从业城镇居民"。

其三，2003年1月16日国办发[2003]3号《国务院办公厅转发卫生部等部门关于建立新农合制度意见的通知》，以属地化管理为原则，以农村户籍为基础来识别新农合的参保人。该政策性文件中将新农合参保人称为"农民"（农民以家庭为单位自愿参加新农合），但农民的范围没有进一步确定。从实践中看，各地一般将农村户籍作为新农合参保人的识别标准，如2011年1月出台的我国第一部新农合地方性法规《青岛市新型农村合作医疗条例》第7条规定：农村居民参加户籍所在地的新农合；《江苏省新型农村合作医疗条例》第10条规定：农村居民（含农村中小学生）以户为单位参加户籍所在地统筹地区的新农合。安徽则通过专题会议研究明确："坚持以户籍划分参合对象。未纳入城镇职工基本医疗保险制度覆盖范围的城镇居民，参加城镇居民

---

① 参见劳动和社会保障部办公厅：《关于开展农民工参加医疗保险专项扩面行动的通知》（劳社厅发[2006]11号）。

基本医疗保险;农民参加新型农村合作医疗。"①

综上所述,三项基本医保制度均以属地化管理为原则,以城乡户籍为基础,按照职业区分识别参保人。近年来,随着户籍改革的加速推进,农业人口、非农业人口的户籍身份区别逐渐消失,户籍权益走向均等化,对此,各地城乡三项医保制定政策难免有出于相互争"地盘"、争"财政补贴资金"的动机和行为,②纷纷将流动人口、大中小学生纳入参保范围。有规定按原来户籍参加医保的,有规定按照居住证参加居住地城乡医保的,还有规定参加职工医保的。三项基本医保以城乡户籍和职业交叉标准识别参保人的制度,在实践中出现了混杂交叉的问题。

第一,重复参保难消除。中央政策和地方法规都明确城乡各类流动就业人员按照现行规定参加相应的城镇职工医保、城镇居民医保或新农合,不得同时参加和重复享受待遇。③ 然而,三项医疗保险都没有全国统一的立法对参保人识别予以明确,实践中医保管理分离后卫生、人社部门各自为政,政策互相冲突。具体操作中,为完成参合(保)率任务又互争参保资源,在管理方式和信息系统不统一的情况下,造成重复参保难以根除。④ 重复参保不仅增加了个人缴费负担,也导致了财政资金对新农合和城镇居民医保参保人的重复补助。

第二,特殊群体无归依。其一,返乡农民。原农村户籍人口因就学、服兵

---

① 《城镇居民基本医疗保险和新型农村合作医疗参保参合对象衔接工作专题工作会议纪要》(安徽省人民政府专题会议纪要第 13 号)。

② 参见王东进:《关于基本医疗保障制度建设的城乡统筹》,载《中国医疗保险》2010 年第2 期。

③ 如《流动就业人员医保关系转移接续暂行办法》第 2 条,载《青岛市新型农村合作医疗条例》第 9 条,载《江苏省新型农村合作医疗条例》第 12 条。

④ 例如根据《建立新农合制度意见的通知》要求农民以户为单位参加新农合,然而《国务院关于开展城镇居民基本医疗保险试点的指导意见》(国发[2007]20 号)允许在城镇就读的农村学生参加城镇居民医保,《国务院关于建立城镇职工基本医疗保险制度的决定》要求在城镇机关企事业单位工作的农村户籍职工必须参加城镇职工医保;根据《建立新农合制度意见的通知》第 3 条规定:"乡镇企业职工是否参加新型农村合作医疗由县人民政府确定",一些地方从新农合试点开始将其纳入保障对象,但一些乡镇企业职工招工后转为非农户口,又参加城镇居民医保或城镇职工医保。

役等原因将户口迁出,后又回到原籍居住。对于这部分人是否可以参加新农合,各地规定并不相同,如江苏规定停止参加其他基本医疗保险的即可参加新农合,青岛则要求不具备参加其他基本医疗保险条件的方可以参加。其二,失地农民。随着城镇化和工业化进程的加快,由于城市建设、交通建设、水电站建设等原因农业用地转为非农业用地,作为安置补偿方法之一,农业人口户籍转为非农业户口,但由于身份认同、收入水平等原因,一些失地农民主动提出参加新农合不参加城镇居民医保,在不同筹资主体间引起争议。其三,无户籍居民。一些农村居民因超生等原因,未进行户口登记的是否可以参加新农合,我国现行政策也未见规定。

第三,人户分离权难保。大规模的人口迁移在我国已经持续了20多年,据国家卫生和计划生育委员会统计,2012年,我国城镇化率为52.7%,流动人口总量达到2.36亿,占全国人口总数的17%。未来二三十年,我国仍将处于城镇化快速发展阶段,流动迁移人口规模将持续增长,如果政策环境没有大的变化,按照现在人口流动迁移模式,预计到2030年流动人口总量将达到2.79亿[①],如果再加上子女就学、商品房购置等原因造成人户分离的人口规模更为庞大。异地参保使参保人难以就近享受医疗待遇,也给三项医保的基金安全带来风险,虽然2009年底出台了《流动就业人员基本医疗保障关系转移接续暂行办法》,但是,三项医保制度之间,同一制度的不同基金统筹地区之间,基于不同医保地方利益,转入容易,接续难,各地仍是以城乡户籍和职业作为参保人识别的主要标准。

二、变迁中的城乡户籍制度造成参保人识别难点

城乡三项基本医保制度按照城乡户籍和职业交叉标准识别参保人,根源于变迁中、未定型的我国户籍制度。因此,对三项基本医保制度参保人身份识

---

① 参见国家卫生和计划生育委员会流动人口司:《中国流动人口发展报告(2013)》,中国人口出版社2013年版,第3页。

别难点予以解剖,应回到其历史的起点予以梳理。

(一)计划经济时期城乡二元户籍制度

1953 年,新中国开始实施第一个五年计划,推行重工业优先的工业化战略,建立了计划经济体制。基于经济发展水平现实条件下迅速推进工业化的要求,中央政府指示公安机关严格户口管理。1955 年,国务院发布了《关于建立经常性户口登记制度的指示》和《关于城乡划分标准的规定》,统一全国城乡户口登记,将"农业人口"和"非农业人口"确定为人口统计指标。[①] 1958 年,我国第一个户籍管理法规《户口登记条例》颁布实施,对人口从农村向城市迁移实行严格管理,从此,城乡二元制度化。农业人口和非农业人口划分的特点在于,不管居于城市、集镇,还是居于乡村,不管其所从事的产业,只要属于这种户籍制度下的人口,均为农业人口或非农业人口。农业人口不仅包括从事农业劳动者及其家庭中的被抚养人,还包括参加乡村集体经济分配的人口,如乡镇企业工人、民办教师、乡村医生等。在具体的户口户籍管理形式上,也有显著的差别。[②]

在计划经济体制下,户籍成为资源分配和权益享有的基础,形成城市与农村、城市与城市之间的制度障碍。在城镇,政府首先建立了公费医疗制度和劳动保险制度,由国家提供医疗公共产品。而在农村,在农业合作化运动中,农民自发将合作化思想从生产领域运用到医疗卫生领域,通过实践创造出农村合作医疗制度。[③] 而且,在人民公社集体化时期,合作医疗的统筹范围逐步从

---

① 《关于城乡划分标准的规定》(国秘字第 203 号)中指出:"由于城市人民和乡村人民的经济条件和生活方式都不同,政府的各项工作都应当对城市和乡村有所区别,城乡人口也需要分别计算"。

② 公安部统一制发的《常住户口登记表》(由公安部门保存)在左上方显目的位置上印有"户别"一栏,用于区别"非农户口"与"农业户口",而在非农业户口公民所用《迁移证》印字为黑色,农业户口公民则为绿色。参见马福云:《当代中国户籍制度变迁研究》,博士论文,中国社会科学院研究生院,2000 年,第 58 页。

③ 参见孙淑云、柴志凯:《新型农村合作医疗规范化与立法研究》,法律出版社 2009 年版,第 39 页。

低级的合作社向高级的人民公社过渡,在人民公社政社合一的管理体制、一大二公的生产体制、供给制和分配制相结合的分配制度下,合作医疗的参保人即是人民公社社员。①

(二)改革开放时期城乡居民的身份认定

改革开放后,我国逐步建立社会主义市场经济体制,户籍制度也开始变革,随着《国务院关于农民进入集镇落户问题的通知》(1984年)、《国务院批转公安部关于推进小城镇户籍管理制度改革的意见的通知》(2001年)等文件的陆续出台,我国有条件放开了小城镇的户籍限制,对高学历人才流动予以放松。同时,和户籍联系在一起的资源分配也开始弱化,粮食购销关系等最早和户籍挂钩的生活必需品开始脱钩,农业户口和非农业户口区分失去了存在的基础。

此时,农村行政体制改由乡镇政府执行,其经济职能则归于农村集体经济组织,由于家庭联产承包责任制实行,农村土地生产率和劳动生产率有了大幅提高,原来的公社成员农民从土地上解放出来涌入城市,户籍制度既不能制约不同地区的人口流动,也没有反映户籍人口真正的职业和居住状态,城乡居民身份认定的标准逐渐模糊。

(三)城乡经济社会化一体化加速时期城乡居民户籍身份逐步取消

2002年后,我国开始进入城乡经济社会化一体化加速时期,户籍改革进一步深化。2005年,拟取消农业、非农业户口的界限,探索建立城乡统一的户

---

① 参见卫生部1979年颁布的《农村合作医疗章程(试行)》第1条:农村合作医疗是人民公社社员依靠集体力量,在自愿互助的基础上建立起来的一种社会主义性质的医疗制度,是社员群众的集体福利事业。

口登记管理制度。① 截至 2008 年底,全国已有河北、辽宁等 13 个省、自治区、直辖市已相继出台了以取消"农业户口"和"非农业户口"性质划分、统一城乡户口登记制度为主要内容的改革政策。2010 年,国务院转发了国家发改委《关于 2010 年深化经济体制改革重点工作的意见》,首次在国务院文件中提出在全国范围内实行居住证制度。随着进一步改革开放,由经济体制转型带动社会结构转型,取消了农业、非农业户口,城乡统一的户口登记管理制度开始建立。

随着二元户籍划分的最终取消,城乡三项基本医保制度必然要脱离原有的户籍制度载体,重新识别和定位制度内的参保人范围。

三、以居住证为标准整合城乡医保参保人识别制度

比较法视野,实施全民社会医疗保险的国家,社会保险识别参保人,以确定其参加的社会保险的统筹基金单位,"不看参保人的身份,只看参保人职业活动的地域范围"②;同时,依据从业形式分类参保人并确定量能负担的筹资方式。一般将参保人分类为:被组织聘用的正式从业者;自营从业者以及零星受雇者;居民状态的个人(或称任意参保者);客观情形导致的身份不确定性的特殊群体。筹资机制是突破城乡"三元"基本医保制度的最佳切口,参考实施全民社会医疗保险的国家的经验,结合我国正在向城乡一体化加速推进的实际,需要整合城乡三项医保的参保人识别制度。

首先,破除城乡"二元"户籍制度,以户籍改革中形成的统一城乡居民的"居住证"为准,以属地化管理为原则,界定参保人参加基本医保的基金统筹单位(即基金统筹层级单元)。

其次,按从业形式将参保人分类为正式从业人员、非正式从业人员、居民

---

① 《全国将取消农业非农业户口界限》,载《农家之友》2006 年第 1 期。
② 周宝妹:《社会保障法主体研究》,北京大学出版社 2005 年版,第 29 页。

状态的个人;并明确城乡全日制在校学生、学龄前儿童、外国人等特定主体参保的"选择适用制度"。这样,以参保权利公民身份平等作为突破口,一律以"居住证"为统一规格,不分城镇居民还是农村居民,参保资格公平。在此基础上,以从业形式区分,不同从业人群有不同的筹资方式、不同的筹资分担主体,建立"量能负担"的筹资机制。

最后,明晰城乡居民医保的地方财政责任。在城乡居民医保中,地方政府作为具有自身利益的行为主体,难免会一方面希望获取来自中央更多的财政支持,另一方面希望较少地承担财政责任。因此,2009年,卫生部和财政部就城乡流动人口的医疗保险转移和接续问题出台了《关于印发流动就业人员基本医疗保障关系转移接续暂行办法》。但是,转出容易,接续难,困难重重,原因在于地方政府自身财政困难,难以承担非户籍人口的财政补助责任。因此,整合后的城乡居民医保应明确地方政府对居住证持有人的医疗保障责任,逐步放开居住证的取得限制,同时对跨省市参保的,原户籍地中央财政补助转为补助参保地基金;省内异地参保的,原户籍地中央财政和省级财政转为补助参保地基金;市内异地参保的,原户籍地三级财政补助转为补助参保地基金。①通过上级财政支持以激励地方政府接续在本地居住的非户籍人口参保。

四、参保人识别基础上的量能负担筹资制度

整合城乡"三元"医保的筹资制度是整合城乡医保的关键环节,当下,学术界和实务界通常都认为,筹资水平差距是阻碍城乡医保制度整合的主要问题,"整合城乡居民医保制度,首先会遇到现阶段城乡经济社会发展不平衡导

---

①　经济发展落后地区参保人会得到更多的上级财政支持,如卫生部《关于做好2011年新型农村合作医疗有关工作的通知》规定新增80元中央财政对西部地区补助80%,对中部地区补助60%,对东部地区(含京津沪)按一定比例补助。如山东省卫生厅《关于巩固和发展新型农村合作医疗制度的实施意见》规定省财政在中央补助的基础上,对东、中、西部地区参合农民每人每年分别补助30元、45元、70元。

致的缴费能力差距问题,农民缴多少,市民缴多少,这是一个绕不开的难题"①。笔者认为,这种认识只是从一个侧面观察到整合筹资制度的难度,却同时片面夸大了筹资水平差距造成的整合城乡医保的难度。实际上,不同人群的收入差距是客观的,社会保险的筹资理念是"量能负担",在参保人收入差别的客观基础上,建立"同等费率、合理分摊、多方筹资、财政补贴"的风险共担的筹资机制。基于这样的理论认知再去观察城乡医保筹资制度整合难题,实质在于:一是如何与体制转型、经济转型、社会结构转型相适应,特别是与国家大力推进城镇化和人的城镇化进程中"流动的中国"②相适应,整合双重标准分类下"三元"医保参保人的交叉与重复参保;二是如何在量能负担筹资理念下整合城乡医保筹资制度。

在上述以居住证为标准整合城乡医保参保人识别制度基础上,适应"流动的中国",以参保权利公民身份平等为基点,顺应城乡一体化发展的"渐进性"和地区发展"不平衡性",做到着眼长远、量力而行,既要从整个医保制度体系上激浊扬清,设计一体化过渡型"有差别的统一"的"量能负担"筹资制度。即在城乡居民参保权利统一的前提下,短期内,考虑城乡、区域差别较大的实际,适应传统单位制城乡正式从业者与就业多元化、自由工作者规模扩大、流动人口常态化并存的人口实际,按照社会保险激励原则,以收入为基准设立"一制多档"的、有差别的、过渡性的筹资制度,要求城乡正式从业者强制参保最高档次;收入缺乏客观测定标准的城乡非正式的多元从业者、流动人口、居民状态的个人量能"自愿选择"参保和待遇档次;并设计向居民状态的个人倾斜的保费补贴制度,以及无力支付保费的低收入人群免交保费制度;当然,还得辅助设计医保基金财务统筹制度,实现医保基金中不同参保档次之间的利益平衡。过渡性的、有差别的、"城乡居民量能自选筹资水平和医保待

① 向春华:《统筹城乡医保的法制路径》,载《中国社会保障》2014 年第 5 期。
② 蔡昉:《经济转型须配合以社会基层组织重构》,见 2016 年 12 月 5 日中国财经杂志网。

遇,在渐进过程中,当绝大多数城乡居民选择最高档筹资,即达到城镇职工筹资水平,城乡待遇比例统一的'普遍主义'模式医保制度就会水到渠成"①。

第四节　整合医保待遇支付法律制度:
基于社会保险双重属性析论

基本医疗保险以填补被保险人基本医疗费用支出为待遇支付目标,详言之,当基本医疗保险的被保险人发生伤病保险事故后,治疗疾病所花费的基本医疗费用,需从基本医疗保险基金中予以报销。基于基本医疗保险的特性,基本医疗保险待遇支付具有三个特征:一是每个被保险人享受的基本医疗保险待遇额度不确定,这是由疾病的个体差异性和不确定性所决定。二是基本医疗保险金筹资的有限性和被保险人生命健康追求的无限性决定了基本医疗保险金给付是一种"保基本、不保全部"的待遇给付,"保基本"是指根据经济社会发展水平制定保障目标,基本医疗保险购买的医疗服务应该覆盖公民身心健康和适应工作的基本治疗项目、药品和设备。三是被保险人享受的医疗费用得委托医疗专业服务机构之诊断和治疗核查才能确定,为此,基本医疗保险经办机构与定点医疗服务机构通过行政委托合同建立起庞大而复杂的医疗服务审查与费用核付机制,为此形成了基本医疗保险经办服务机构、定点医疗服务机构、被保险人的三方复杂法律关系。基于基本医疗保险待遇给付委托医疗服务机构专业核查法律关系的复杂性,各国都要制定复杂的基本医保待遇支付制度,核心制度有三:一是制定"基本医疗服务目录制度"来框定基本医疗服务范围和标准;二是制定"医疗服务审查与费用核付制度",以规制和监督定点医疗服务机构的服务和结算;三是建立基本医疗保险费用报销的共付比制度,以控制被保险人的无限医疗服务消费。

---

① 孙淑云:《"新型农村合作医疗管理条例"制定的战略取向——基于城乡一体化发展的视角》,载《山西大学学报》(哲学社会科学版)2014年第1期。

我国城乡三项医保制度由于参保对象的不同,筹资标准不同,围绕基本医保待遇支付的三项核心制度,即三项医保的待遇支付范围、支付标准、共付比、服务审查和核付制度进行了多样化设计,即便是同一个制度,不同统筹区域待遇支付模式和共付比标准也各不相同,在纵横交错的制度中形成地方化、多样化的医保待遇。

一、整合城乡三项医保待遇支付制度的地方创新与学术争议

城乡三项医保的待遇支付制度如何整合,才能实现不同参保人群医保待遇支付的公平,是整合城乡医保建制中最为复杂的环节制度,也是最为局限的环节制度,局限于三项医保制度筹资水平不同,局限于公共财政责任未定位。因而,也是整合城乡医保中最为争议的问题。学术争论主要围绕整合城乡三项医保待遇支付的实践做法展开讨论和争议。

基本医疗保险强调保障待遇的享受要与保险费缴纳的义务相应,相关整合城乡医保待遇支付总是与医保筹资整合捆绑进行。总结各地实践做法,主要有以下三种模式。一是“全统一”保障模式,以东莞为代表,即筹资和待遇支付全统一,打破城乡户籍界限,将城镇职工医保、城镇居民医保、新农合整合并轨为一个制度,城乡三项医保的参保人在同一筹资比例下量能负担保费,基本医保待遇范围和标准统一。二是“三合二”分层保障模式,大多数地区整合城乡医保采取这一模式,以苏州为代表,即将城镇居民医疗保险和新农合合并统一为城乡居民医疗保险制度,统一筹资、统一保障待遇,并与职工医保制度形成不同筹资、不同待遇支付的两层医疗保障体系。这一模式中,城镇职工医保与城乡居民医保区分两个统筹基金,两种不同筹资方式、不同筹资水平和两类保障待遇制度。三是“三合二基础上三层基金统筹待遇”模式,以成都和重庆为代表,继续保留城镇职工基本医保的单独筹资和待遇支付,将城镇居民医保与新农合制度并轨为一个制度后,以多层次筹资水平决定多层次医保待遇支付水平。这一模式在各地整合城乡医保实践中,经常被借用于新农合和城

镇居民医保整合的"过渡"政策,等待两项制度各个环节整合后,统一筹资、统一待遇支付。

整合城乡医保待遇支付的各种模式在整合路径上也各有千秋,基本上可以分为以下两种路径。一是一次性实现整合,以陕西神木为代表,即把三项保险制度统一整合起来,这样既节省成本便于管理,同时也促进了城乡居民医保待遇公平实现。二是渐进式推进整合,以东莞为代表。当然,这一整合路径实践中有两种观点和做法:国内大多数整合城乡医保的做法是整合城镇居民基本医疗保险制度与新型农村合作医疗制度,"两制"在筹集模式、补偿模式和补偿比例等方面比较接近,因此,医保制度的整合应先将两者合二为一,打破城乡界限,建立统一的城乡居民基本医疗保险制度,再进一步考虑将居民医疗保险制度和职工医疗保险制度合并,最终实现基本医疗保险制度的统一。另一种观点是世界卫生组织即在城市实行以省级为统筹层次的基本医疗保险制度,在农村实行以县或市级为统筹层次的农村合作医疗保险制度,等城市基本医保制度实施趋势至全国接近,然后将全国城市基本医疗保险政策统一;待时机成熟后,再将农村基本医疗保险并入当地所属城市,最后实行全国统一的基本医疗保险制度。① 基于对上述实践路径的总结,有学者认为,基于各地的经济发展水平、人口结构和规模等因素,建议因地制宜,选择与当地实际能力相符的路径来整合。经济发达的地方可以一次整合三个制度,经济不发达的地方可以先整合城居保和新农合,经济欠发达的地区先不整合,先巩固各个制度,完善和发展,待时机成熟后再开始整合。②

在整合城乡医保待遇支付制度的公平性方面,实践和学界讨论聚焦于两个问题。一是整合城乡医保待遇支付的经济社会条件的适应性,微观上,要关注基本医保基金自求平衡,以收定支、收支相等、财务自给自足,以实现基金的

---

① 参见世界银行:《中国医改政策建议》,见 2010 年 12 月 16 日世界银行网。
② 参见陈明星:《"十二五"时期统筹推进城乡一体化的路径思考》,载《城市发展研究》2011 年第 2 期。

可持续发展,这不意味着筹资与待遇水平越高越好。宏观上,要关注"合理"的筹资水平和"适度"的保障水平,防止地方福利竞赛,可能会造成政府全面干预经济、经济可持续发展乏力。① 二是现有城乡医保制度整合,要在微观制度设计上避免城乡医保待遇支付"穷帮富"结果产生。原因是我国城乡经济社会发展不平衡,城乡居民基本医疗需求和医疗消费水平差异很大,强调统一新农合和城镇居民医保的待遇支付标准,会造成城镇居民利用水平过高而伤害农村居民的利益,带来"穷帮富"的结果,产生明显的不公平。② 因此,各地整合城乡医保制度要关注如何减少农村到城市的逆向补贴和如何保持基金的可持续性。③

二、整合城乡医保待遇支付制度的易与难

(一)整合城乡医保待遇支付制度最容易实现的环节

概观整合城乡医保实践,整合城乡医保待遇支付制度,最容易整合的制度环节是"三统一"。

一是统一城乡居民医保待遇支付政策,新农合和城镇居民医保"两制"并轨是大多数地方整合城乡医保的选择,将"两制"并轨为统一的城乡居民基本医疗保险制度,统一参保识别标准、统一筹资水平、统一待遇支付水平、统一信息系统、统一管理和经办体系等。

二是统一城乡医保目录,统一城乡药品目录、诊疗项目目录、高值医用耗材目录和医疗服务设施范围目录,主要是将原来新农合药品目录、药品品种整体纳入城镇基本医疗保险目录范围。

---

① 参见朱俊生:《医保筹资要重申精算平衡与经济政治适应性》,载《中国医疗保险》2016年第5期。
② 参见刘梦羽:《医保:"城乡难下一盘棋"》,载《中国报道》2009年第3期。
③ 参见许汝言、叶露:《我国基本医疗保险整合模式比较分析》,载《中国卫生资源》2015年第11期。

三是统一和提升城乡医保统筹层级,将新农合与城镇居民基本医疗保险合并,就意味着新农合原来以县为统筹层级上升到城镇居民医保的市级统筹层级,原则上统收统支;暂不具备基金统收统支条件的整合地方,一般从建立市级调剂金制度起步,作为过渡政策,县(市、区)上解调剂金比例不低于当期基金收入的20%,实行调剂金制度的市要积极创造条件,向市级统收统支过渡。有些整合城乡医保的地区,如宁夏地区,建立了省级调剂金制度,正在向省级统收统支过渡。但是,在各地基金统筹层次的整合和提升中,城乡医保基金的平衡和管理能力亟待提高。

(二)整合城乡医保待遇支付制度最难实现的环节

客观地说,上述三个最容易整合的环节,为进一步整合城乡医保待遇支付制度打好了基础。当下,整合城乡医保待遇支付制度亟待突破的难题体现在以下三个方面。

一是城乡三项医保待遇支付制度统一是第一难题。基于职工医保与城乡居民医保筹资水平的过大差距,三项医保待遇支付制度的统一还有待经济社会条件的成熟。当然,三项医保待遇支付统一考验基本医保管理和经办水平。为此,整合城乡医保的绝大多数地区未整合和统一三项医保待遇支付制度,仍然有东莞等地城乡一体化较为成熟的地方,整合统一了三项医保的待遇支付制度,陕西神木则以强势地方财政补贴,实现了三项医保待遇支付的统一。

二是建立基本医保目录的社会化调整机制是第二难题。基本医保目录即基本医疗保险金的支付范围,具体指在参保者患病时,能得到提供给他的、能支付得起的适宜的医疗服务,包括基本药物、基本诊疗项目、高值医用耗材和基本医疗服务设施标准以及急诊、抢救费用。在比较法视野,基本医疗保险目录是个周期性、社会性的产物。但是,我国城乡基本医保目录属行政化调整机制,是政府主导下的医药厂家利益相关人的对话和博弈的产物,由人力资源和社会保障部、卫生与计划生育委员会、财政部等部门制定,原则上每两年调整一次,各省、自治区、直辖市对其药品目录可以进行相应调整。这一调整机制尚未建立社会对话、社会调查的筛选、民主决策机制,难免造成基本医疗保险保障的"陷阱"。应当回归和维护基本医疗保险社会契约、社会团结的本质,更多地让基本医疗保险被保险人、专家代表参与对话和调查,建立公平的与社会经济发展水平相适应的基本医保目录。

三是构建基本医保待遇支付的动态激励与制衡机制是第三难题。难在如何在医保基金、医疗服务、参保人生命健康三角利益博弈中建立动态激励与制衡机制,这种"激励与制衡机制"复杂性体现在医、患、保三角利益博弈的信息不对称,医疗服务的专业垄断和技术垄断,医患的道德风险,医保的有限性等。医保待遇支付建制如果只是站在医保经办机构视角制定,以控费为目的,定点医疗服务机构就会成为受缩限的委托者,为了自身医疗服务利益取得,缩限被保险人享受最基本的、有质量的医疗服务,长此以往,会伤害患者的社会保险权益,造成医患信赖关系淡漠。只有在尊重和"激励"定点医疗服务机构的基础上,才能取得"制衡良效"。需要基于医疗机构强势信息优势制约医保支付之核心约束条件,构建尊重医生诊疗自主权的激励相容支付制度①。重点建构医保支付的谈判机制、风险分担机制、专业评价机制。

三、社会保险双重属性下基本医保待遇支付公平的法律建制②

起源于职业团体互助保险、商业保险、政府干预机制相结合的社会保险制度,是一种具有"社会性"和"保险性"双重属性的社会保障制度。

其"社会性"是指通过公共政策的推行,将雇主、雇员、国家联系在一起,强调社会成员团结互助,共同分担社会风险,建立广泛的收入转移和调剂的社

---

① 参见朱恒鹏等:《医疗价格形成机制和医疗保险支付方式的历史演变》,载《国际经济评论》2018年第1期。
② 本部分创新性论证详见本书阶段成果,孙淑云:《整合城乡基本医保立法及其变迁趋势》,载《甘肃社会科学》2014年第5期。

426

会责任机制,这种社会责任机制的实质是:"在社会转移支付及其资金筹措支持下运转的社会再分配系统,涉及权利与义务,收入与财产,人与人,代与代,地区与地区的互助共济"①。而且,"国家基于多方社会支出之考量,将其在保险关系外部之社会给付转化为对被保险人之保险费分担"。再分配领域天然地追求社会公平分配之理想,基本医保作为再分配制度之一,基本医保待遇的分配应该以社会公平为第一原则,"社会保险含有社会扶助的性质,其给付虽与保费有一定联系,但更应顾及社会衡平因素"②。

同时,与社会保险的"社会性"并行不悖的是"保险性",社会保险是借用风险管理机制达到风险分摊的效果,是以保险费为主要财源支柱的财务规划,其财务运作以维持保险费与医疗费用支出之收支平衡为主轴,筹资、待遇支付的运作上具有"预先防范、预存式、财务自主、自助而后人助"的特性,强调保障待遇的享受要与保险费缴纳的义务相应,但是不具有商业保险统计学上的对价性,要适度兼顾筹资及其保障待遇的利益激励原则。

基于社会保险的"社会性"和"保险性"双重属性,社会保险保障待遇标准与规范设计要实现社会公平原则与利益激励原则相结合,这是各国设计社会保险保障待遇标准和规范的共同难题,多取决于各国根据国情对公共利益、社会互助、社会公平、社会衡平等多方社会政策的不同考量和选择。③

如上所述,当下,我国整合城乡三项基本医保待遇支付制度的难题,不仅难在城乡、区域经济社会发展不平衡、从业形式多元、不同从业群体收入差距造成的基本医保筹资差距较大,加大了公平实现保障待遇的难度;还难在待遇社会公平原则与利益激励原则相结合"度"的把握上。为此,设计保障待遇整合制度时,既要参酌镜鉴国际经验,更要审视我国国情、民情,以及整合基本医

---

① 覃有土、樊启荣:《社会保障法》,法律出版社 1997 年版,第 61 页。
② 柯木兴:《社会保险》,三民书局股份有限公司 2002 年版,第 106 页。
③ 参见钟秉正:《社会保险法论》,三民书局股份有限公司 2005 年版,第 33、36、44、137、144 页。

保制度建设的经验,进一步提高针对性,形成复杂而又有机统一的基本医保待遇支付的规范体系,而不是简单的人人一样。法律旨在调整相互冲突的利益,上述整合城乡医保的公平待遇支付难题,需要法律建制发挥引导、整理功能,明晰整合后基本医保待遇支付环节各种当事人的权利、义务、责任,创造一个公平正义的基本医保待遇秩序。

1. 明确基本医保待遇支付之基准。基本医保制度乃是宪法确立的、基于保障国民生存、基本健康维护的社会保险制度。故其必须维护宪法设立社会保障制度以维护国民生存权之基本目的,申言之,基本医保保障"必须达到提供人民在医疗上之最低生存基础保障,但又不能逾越基本限度,否则其对人民所课予之限制即可能逾越最小侵害之要求"①。各国一般都通过积极界限、消极界限的设置,来明确基本医保待遇支付之基准。其一,积极界限。我国《社会保险法》第3条规定社会保险待遇的方针是"保基本",为此保险待遇水平得坚持"与经济方针水平相适应"。即基本医保之"保基本"乃为确保人民依当时的医疗水准和条件获得"必须"之医疗照顾,凡为维护生存"必须"之医疗服务,则基本医保必须给付。比较法上,德国疾病保险立法②规定,保险给付必须是"足够、合乎目的以及符合经济性的",其不得逾越必要程度。1999年,我国社会保障部、卫生部、财政部联合发布了《城镇职工基本医疗保险用药范围管理暂行办法》构建了基本医保"保基本"的基准。同时,基本医保"保基本"之基准,则"一方面需要共同体共通之价值决定,一方面也要保留给医学专业判定的空间,"③建立透明化、法制化的医保给付范围的决定机制,在基本医保给付规则制定过程中提升投保人(包括被保险人、雇主)与定点医药服务机构代表的参与。比较法上,2004年德国法定健康保险现代化法案中就引进了健康品质与经济性研究所,其任务包括对于诊断与医疗程序中医药的最新

---

① 蔡维音:《全民健康之给付法律关系析论》,元照出版有限公司2014年版,第67页。
② 参见《德国社会法典》第5册第12条第1项。
③ 蔡维音:《全民健康之给付法律关系析论》,元照出版有限公司2014年版,第73页。

知识,根据实证加以评估与建议,以及推进人民对于健康资讯的一般理解。①其二,消极界限。即非属"必须"之医疗服务,当排除在基本医保待遇给付范围之外。我国《社会保险法》第30条规定,"应当从工伤保险基金中支付的、应当由第三方负担的、应当由公共卫生负担的、境外就医的"为基本医保待遇支付排除给付范围。借鉴境外立法,细究保险之实质,这一立法条款还有细化和完善之处:一是风险轻微,不构成个人生存之危害的风险,不应属于保障范围;二是身体或心理全部或一部分功能永久丧失,即"失能"无"健康之恢复可能",属于残废给付范围,不应为基本医保给付范围;三是老龄失能需长期照护,应透过长期照护制度应对,也不属基本医保待遇支付范围;四是个人追求保健提高所需服务,如美容、变性等应排除在基本医保待遇支付范围之外。因为,基本医保承担的"保基本"、"乃是最必须之基础照顾,而非最好、最理想的医疗品质,故而第一线只能提供对大多数人而言已经足够的医疗水准"②。

2. 建立动态的基本医保待遇与保险费率调整的平衡机制。基本医保待遇与基本医保费率调整是一个系统的动态平衡机制,这一平衡机制最为直接的是在医疗成本效益和保险财务之间的平衡;而且,"这个平衡不仅仅是基金平衡,涉及制度层面的保障功能、支付标准和适宜医疗服务。在医保费率与待遇调整机制上,重点是梳理系统性平衡的因素,建立相关影响参数,明确法定调整权限和规则。在此基础上,建立区域调剂机制和财政支持机制"③。其一,在《社会保险法》第64条明确的基本医保逐步实现省级统筹的基础上,根据第75条的规定,县级以上基本医保行政主管部门有义务按照国家统一规则建立辖区基本医保信息平台,建立和管理社会保险信息归集、统计和分析平台,建立基本医保宏观信息、法人信息、人口信息等基本医保筹资和待遇支付相关影响参数数据库。其二,为适应城乡居民从业形式多元、收入差距和筹资差距

---

① 参见蔡维音:《全民健康之给付法律关系析论》,元照出版有限公司2014年版,第73页。
② 蔡维音:《全民健康之给付法律关系析论》,元照出版有限公司2014年版,第71页。
③ 玖文:《医保费率与待遇调整关键得有一把尺子》,载《中国医疗保险》2016年第5期。

较大的实际,配合上述参保人及其筹资制度的整合,适应基本医保的保险性及其保障待遇的利益激励原则,短期内先建立与"一制多档"筹资制度相符合的、过渡性的保障待遇制度。其三,适应城乡、区域医疗服务发展不平衡的现实,体现社会保险待遇的社会公平和社会衡平理念,建立向偏远地区人群倾斜的"弹性待遇支付制度"。基本医保"保基本"包括"必须确保每个被保险人对于健康照顾资源之可近性,每个人都应有以合理期待之方式接触到医疗资源的机会"①。如果医疗服务资源分布不匀,不能克服被保险人就医障碍,这不仅不能实现基本医保之保障目的,对被保险人而言即是社会保险债务之不履行,更妄谈基本医保待遇之公平享受。如果医疗服务资源就近性暂时不可能解决,就应当减轻偏远地区群体基本医保保险费的缴纳,或者增加医疗保险待遇报销比例,或者由城市派送医疗服务队,或者建立远程诊疗系统,或者给予交通补助等暂时性方案。其四,明确各级财政对基本医保基金的担保责任。其五,建立向低筹资群体和高负担群体倾斜的"积极差别待遇制度",适度淡化医保待遇与医保缴费的关联性,积极缩小不同档次筹资制度之间的保障水平差距。同时,建立"止损条款"②制度,以免低筹资群体和高负担群体因高额医疗费用陷入经济困境。这样,在缩小不同筹资档次待遇的倾斜政策下,再经过渐进升级统筹层次,最终实现全民公平、"普惠性"的基本医保待遇。

3. 建立基本医保目录的社会化调整机制。基本医保目录的数量、质量和价格,制约着基本医疗保险的购买力和基本医疗保险的保障水平,决定了基本医保待遇支付的范围。基本医保目录的设置是为简化、程序化、经济效益化的应对大量的医保待遇支付所需。并非"用来缩限必要的给付范围,而是协助

---

① 蔡维音:《全民健康之给付法律关系析论》,元照出版有限公司 2014 年版,第 85 页。

② 止损条款,即个人自付封顶线,是国际上很多国家包括我国台湾地区医疗保险制度中最重要的一项制度。具体说,就是当病人的共付费用达到了规定的上线后,之上的费用将全部由基本医保基金支付,个人不用负担止损线以上的共付费用,从而可以避免病人及其家庭陷入财务困境。参见陈成文、廖文:《医疗卫生体制改革与改善民生——以几种典型低收入人群为例》,载《山东社会科学》2013 年第 1 期。

判断何为必要的综合性标准之一……是不得限制被保险人给付请求权的。"①因此,除了基本医保行政确立的三大基本医保目录外,应建立新医疗、新药品的弹性调整机制,由"中立之专业审议委员会来进行"②,使得医保主管机构为被保险人利益之委托,既能程序化、简化和大量迅速处理基本医保待遇支付,提高行政效率,又能最大限度公平地保护被保险人的保障利益。2018 年国家医疗保障局成立后,开始加大基本医保目录的改革调整力度,组织了抗癌药医保准入专项谈判工作,督促抗癌药降价、医保目录内抗癌药省级专项采购;精心组织好药品集中采购试点工作,通过带量采购推动药品价格下降等。③2019 年 7 月 22 日,国家医疗保障局就《关于建立医疗保障待遇清单管理制度的意见(征求意见稿)》向社会公开征求意见。"意见稿"提出,"国家统一制定国家基本医疗保险药品目录,各地严格按照国家基本医疗保险药品目录执行,原则上不得自行制定目录或用变通的方法增加目录内药品。"④"意见稿"是一个总结和包含以往医保相关政策经验的原则性文件,对"保基本"做了较为明确的"基准线"规定,在规范化上又进了一步。

4. 建立动态化的基本医保第三方付费制衡机制。基本医保经办机构作为法定、独占之单一基本医保保险人,宰制巨大的医保资源分配权力,通过与定点医药服务机构签订行政委托合同来控制、监督和调节定点医药服务机构的专业行为。同时,对被保险人给付请求权之形成与实现事实上有着关键影响。当然,在基本医保经办机构对定点医药服务机构的监督、审查规则之下,可能会出现被保险人的合法利益被牺牲之负面效应。为此,应该建立被保险人和定点医药服务机构制衡基本医保经办机构的制衡机制。一是明确设立被保险

---

① 蔡维音:《全民健康之给付法律关系析论》,元照出版有限公司 2014 年版,第 72 页。
② 蔡维音:《全民健康之给付法律关系析论》,元照出版有限公司 2014 年版,第 73 页。
③ 参见张红亮:《国家医保局大事记》,见 2018 年 8 月 7 日中国医疗保险网。
④ 胡静林:《在新的历史起点推进医疗保障改革发展》,见 2019 年 7 月 26 日中国医疗保险网。

人信息知情权、意见陈述、参与程序、救济途径、救济方法等权利,允许被保险人在基本医保经办机构具体审查定点医药服务机构以及被保险人能否报销的行政执行活动中,行使权利,制衡医保经办机构和定点医药服务机构。二是提高医事机构意见与参与程度,应该明确规定定点医药服务机构意见表达与协商之机会和地位,逐步提高定点医药机构意见表达与参与程度。欧洲有职业团体自治的传统,如德国社会保险人与医师公会之间就有议约的程序。

第五节　多层次医保制度衔接与
整合的法律建制[①]

城乡三项基本医保制度构建的同时,以基本医保为主体,城乡医疗救助制度为兜底,商业健康保险、其他多种形式医疗保险以及公益慈善救助为补充的中国特色的、多层次医保制度体系也初步形成。与此同时,探索多层次医保制度的衔接与整合,促使多层次医保制度角色搭配、功能互补、效果叠加,协同解决重特大疾病患者的因病致贫问题,成了整合城乡医保的必要内容。但是,各地的实践探索,学者们的理论研讨,基本上围绕基本医疗保险与商业保险、基本医疗保险与医疗救助两个"双边"制度衔接进行,对多层次医保制度衔接的全面性、系统性、协同性、整体性研究仅只限于政策号召、理论呼吁,乏见对多层次医保制度"为何要衔接、衔接什么、如何衔接"等基本性、方向性问题进行研究,更缺少可行性法律规范设计的研究,这是多层次医保衔接制度构建的当务之急,又是多层次医保制度完善的枢纽性环节。

一、多层次医保制度为何要衔接

社会保障是应对社会风险、减弱贫困的制度,不同类型的风险对社会保障

[①]　本节核心论证详见课题阶段成果,孙淑云、周荣:《多层次医保制度衔接问题探讨》,载《山西省委党校学报》2013 年第 1 期。

的提供方式要求不同。同样,世界各国一般针对不同收入阶层的人群以及处于不同医疗风险的状况,建立了不同保障范围和保障水平的医保制度。理论上,将这些不同保障层次的社会保障制度归纳为两大类:第一大类是由政府承担主要供给责任,保障国民基本健康权的项目,统称为基本医疗保障制度。又包括两项制度,一是由财政供款,面向低收入贫困阶层或者因紧急事件和突发状况陷入困境者,负责为符合条件者提供医疗专项救助,具有补缺特征的、提供网底医疗保障的医疗救助制度。二是建立在劳资分责、政策支持、财政担保的基础上,面对全体劳动者提供的、具有基础保障特征的基本医疗保险制度。基本医疗保障的"保基本"不具有购买全部医疗服务的功能,主要功能在于克服因病致贫,具体指低水平的待遇确定计划。① 第二大类是由市场和社会力量供给、个人自愿参加的、提供基本医疗保障项目以外的项目,以弥补基本医疗保障项目所提供的医疗保障待遇水平、内容甚至自主选择性等方面的不足。诸如商业健康保险、互助保险等,其供给主体通常为各种营利性或非营利性的保险机构或者健康组织。

由于我国的基本医疗保障制度改革采取渐进方式,从正式就业人群开始设计制度,逐步推进覆盖非正式就业人群和无就业人群,本身带有很强的阶段性和试验性,以此为基础的多层次医保制度的构建独具中国特色,即在城乡基本医疗保险制度分设基础上,分别建设了两大类多层次医保体系。一是以城镇正式就业者为参保人、劳资分担筹资的城镇职工基本医疗保险制度为主体,建立了基本医疗救助为底线,职工大额医疗费用补助、公务员医疗补助、企业补充医疗保险、职业互助医疗保险、自主参加的商业保险和慈善医疗救助为补充,同时,某种程度衔接工伤保险、生育保险等形成的多层次医保体系。二是以非正式就业和无业的城乡居民为参保人,以政府财政补助推动的城镇居民基本医疗保险和新农合保险等初级基本医疗保险制度为主体,建立了城乡居

---

① 参见杨燕绥:《社会保险法精释》,法律出版社 2011 年版,第 19 页。

民基本医疗救助为底线,再保险形式的城乡居民大病保险、自主参加的商业保险和慈善医疗救助为补充的多层次医保体系。总的来说,各层次医保制度都需要进一步提升和完善,一是基本医疗保障制度虽然基本覆盖全民,但是,还存在着基本医疗保险城乡二元体制下三项基本医保制度不统一、行政管理分立、经办机构分设、统筹层次较低、缺乏系统化政策,以及城乡居民基本医疗保险待遇维持在初级和非基本性问题。二是城乡医疗救助制度分设,与城乡基本医疗保险衔接机制还在探索构建中。三是商业健康保险、互助保险、公益慈善制度尚处于分散构建,政策支持尚不成熟阶段。可见,由于我国基本医疗保障制度本身的初级性、分散性,多层次医保制度体系也处于初级性和不成熟状态,使得多层次医保制度衔接与整合更为迫切,同时,还增加了多层次医保制度衔接的难度。

多层次医保制度角色定位不同,承担的保障功能不同,因此,多层次医保制度保障对象不同、保障范围不同、保障水平局限,"单一的医疗保障制度均有不同的优点和难以克服的缺点"①。基本医保制度保障待遇的基本性和低水平,其他多层次医保制度保障待遇的选择性和局限性,与受保障主体患重特大疾病医疗费用的高额性、健康保障需求的多样性和对生命与健康期望的无止境,以及医疗费用报销单据的单一性存在天然的矛盾。特别是我国经济社会进入新的发展阶段,工业化、城镇化、农业现代化、经济全球化进程加快,人员的广泛流动、人口的老龄化加深以及因病返贫群体的出现,不仅需要单个的基本医疗风险保障项目,和针对某个群体的补充风险保障项目,更需要由多个相对独立和互相依存的保障项目相互衔接形成综合的、可以提供"一站式"的、解决重大疾病所需要的较为充分、全面的医疗保障服务。

二、多层次医保制度要衔接和整合什么

如上所述,多层次医保制度各自保障目标、保障水平局限,面对被保障主

① 杨燕绥:《社会保险法精释》,法律出版社2011年版,第11页。

体患重特大疾病治疗所需高额医疗费用时,以及受保障主体追求健康的无止境、多样性而应付不足。因此,多层次医保制度衔接的目标就是:解决重特大疾病的保障需求。2012年国务院印发的《"十二五"期间深化医药卫生体制改革规划暨实施方案的通知》就明确要求:"充分发挥基本医保、医疗救助、商业健康保险、多种形式补充医疗保险和公益慈善的协同互补作用,切实解决重特大疾病患者因病致贫问题。"

事实上,由于覆盖医疗风险领域的一致性、保障目标的一致性、基金运转规律的一致性,特别是多层次医保制度在保障待遇支付上、保障待遇范围的动态性,使得多层次医保制度在高度关联基础上,制度衔接、功能互补、相互促进、协调发展,促使社会保障水平最大化成为可能,并且具有可行性。

多层次医保制度的性质不同,制度结构不同,基金来源、保障对象、保障范围、保障水平、运营方式、经办方式均不相同。因而,多层次医保制度相关当事人法律关系的性质,权利、义务、责任的配置均存在差异,在立法上多层次医保制度应该分属不同单行立法调整。因此,多层次医保制度衔接,实际上是不同医保法律制度的衔接。因为不同性质医保制度实施上的差异性,和为此导致的给付请求权的强弱之别,以及保障待遇的多层次和动态性,①就不可能机械地在每个医保制度上做单项衔接规范设计,需要对多层次医保制度进行统筹规划,在界分多层次医保制度的性质、给付范围、给付水平基础上,明晰多层次医保制度的关联性和衔接的顺序,构建专项的衔接法律制度。至于多层次医保专项衔接法律制度的表现形式,可以单项条例设计,也可以基本医疗保险制度为本体,在基本医疗保险条例中专设一章规范。

多层次医保专门衔接法律制度的构建,需要解决围绕什么样的"衔接点和衔接构成要素"构建具体的法律规范。首先,要明确多层次医保制度"衔接点"是医疗服务待遇。基本医疗保险制度的广覆盖和保障全民的普惠性追

---

① 参见钟秉正:《社会保险法论》,三民书局股份有限公司2005年版,第13—14页。

求,以及基本医疗保险为保障对象提供的是最基本的医疗服务待遇。世界范围内,多层次医保制度医疗服务待遇的衔接,都是以基本医疗保险待遇为基础和核心,辐射衔接其他多层次医疗保障待遇。① 其次,为了多层次医保制度待遇无缝衔接能够具有可操作性,具体衔接制度的设计还得围绕多层次医保行政主管统一、信息平台统一、经办衔接、服务待遇衔接,解决多层次医保待遇衔接的结算顺序等构成要素,具体制定操作性规范。

就中国特色的多层次医保制度的衔接,还需要解决几个问题:一是建立两类多层次医保衔接体系。我国存在两大类多层次医保体系,主要基于两类基本医疗保险制度保障对象的职业特点、收入差距、基金筹集结构和待遇水平差别,因此,围绕两大类基本医疗保险制度,要分别辐射衔接多层次医保制度形成两大差别体系。二是整合新农合和城镇居民基本医疗保险制度为城乡居民医疗保险制度。社会保险制度根据不同社会群体,建立不同实施制度,以便于实现制度全覆盖,这是国际经验。但是,社会群体的分层要适度。新农合和城镇居民医保制度将城乡非正规就业者和无业者,以二元户籍区别建立"两项"制度的做法,已不符合我国加速转型期城乡居民非正规就业者家庭结构、就业结构变化的实际。实践不断证明,在同一个医保统筹区域内,城乡居民的非正规就业和无业方式、收入水平、所处的基本医疗待遇环境基本相同或相近,新农合、城镇居民医保"两制"的性质、制度架构、筹资方式、财政资助方式、待遇水平也基本一致或类似。事实上,"两制"并轨已成学界共识,也为全国"两制"并轨自发实验所证实。② 那么,整合城乡居民医疗保险制度,就成了简化多层次医保衔接制度的前提和各项制度完善的枢纽性环节。三是基于城乡居民非正式就业收入的不稳定和脆弱性,城乡居民基本医疗保险筹资低水平,保障待遇非基本性,城

---

① 参见赵福昌、李成威:《国外医疗保险与医疗救助制度及其衔接情况与启示》,载《经济研究参考》2011年第46期。

② 参见孙淑云:《略论城市居民基本医疗保险与新农合的并轨衔接》,载《晋阳学刊》2010年第6期。

乡居民医疗保险制度还处于向基本医疗保险的"基本性"提升、过渡中。为此，以城乡居民医疗保险制度为基础的多层次医保制度衔接的任务就存在多元性，应该允许城乡居民多层次医保制度衔接的探索性、灵活性和多元化模式存在。与此对应，职工医疗保险制度基于职工正式就业收入的稳定性特征，其基本保障水平已经实现，因此，以城镇职工基本医疗保险为基础的多层次医保衔接的任务相对单一，其多层次医保制度衔接制度构建就应该定型、稳定。

三、多层次医保制度如何衔接

多层次医保制度如何衔接，就是指围绕被保障对象的保障待遇的最大化目标，设计多层次医保衔接的系列操作程序，并配置相关当事人的权责义。

（一）统一行政管理，统筹规划、统一法律政策。多层次医保制度是从一个一个保障项目干起来的，不仅性质、制度结构不同，管理机构分设也是显而易见的。导致多层次医保的法律、政策、管理、服务流程、技术支持、信息系统均不统一。但是，多层次医保制度的目标却具有同一性，即保证被保障主体患病时医疗费用风险得以分摊。因此，多层次医保待遇的衔接，医保待遇的"一站式"提供，使得构建综合性系统的行政管理体制成了多层次医保制度衔接的必要条件。"社会保障管理的意义在于，它能将社会保障法律制度细化并促使其得到贯彻实施。"[1]社会保障管理体制统一是各国社会保障管理的基本原则，它是英国完成碎片化社保制度整合，建立"三统一"[2]的社保制度的首要原则。[3]"政府是社会保障制度的最终责任承担者，因此，由政府机构对社会保障事务实行统一集中管理既是社会保障理论界公认的一项原则，也是许多国家社会保障发展实践所证实的必由之路。"[4]只有多层次医保制度行政管理

---

[1]　郑功成：《社会保障学——理念、制度、实践与思辨》，商务印书馆 2000 年版，第 416 页。

[2]　即统一管理机构，统一国民资格，统一待遇比例。

[3]　参见郑秉文：《中国社会保险"碎片化制度"危害与"碎片化冲动"探源》，载《社会保障研究》2009 年第 1 卷，第 214 页。

[4]　郑功成：《社会保障学——理念、制度、实践与思辨》，商务印书馆 2000 年版，第 420 页。

统一,才能对多层次医保制度梳理"编辑"、统筹规划,统一政策、统一法律,统一服务流程和规范,才能保证多层次医疗保障待遇衔接、兼容,为受保障主体统一支付充分的医疗保障服务。

我国多层次医保制度分门别类建设,行政管理分立,城乡基本医疗保险制度分属人社部门、卫生部门主管,医疗救助和公益慈善救助属民政部门主管,商业健康保险属保监会主管,行业互助保险又多属工会系统或其行业主管部门主管。多层次医保制度衔接迫切需要整合改革现行行政管理体制,将分管多层次医保的卫生部门、民政部门、人社部门职能整合升格为"大部制"部门及职能,把如上并列行政管理关系变成内部协调关系,将管理成本内部化,同时,也将公民健康责任主体明确到这一具体部门。

(二)统一信息管理平台、参保记录衔接、医疗待遇衔接。多层次医保制度因为区别建立,其信息管理平台区别建立成了基本特征。为此,多层次医保制度的参保记录、缴费信息、医疗待遇支付信息等保障数据的记录都存在各自信息系统。互联网的廉价以及迅速获取和快速传播信息的能力,为"多层次"医保待遇"一站式"提供了可能和技术支持。但是,现代 IT 技术一旦遇到条块分割、等级分明、业务分散的信息体系,即形成垃圾和高额成本,难以发挥其优势。因此,多层次医保衔接要实现可操作,其基础条件便是统一多层次医保制度的信息平台。

统一多层次医保制度的信息管理平台,并非是让多层次医保信息统一登记,而是指统一信息管理平台,统一信息登记口径,统一信息登记的法律和政策规范。在统一信息平台和操作规范的基础条件上,多层次医保数据各自分账建立,但是却能够在统一的信息平台上,实现多层次医保数据的信息共享,形成参保记录衔接,打通经办服务衔接通道,为多层次医疗服务待遇的衔接提供基础信息和操作条件。

(三)以基本医疗保险经办为基础,辐射衔接多层次医保经办。统一行政管理、统一信息管理平台,多层次医保经办才能实现有效衔接。多层次医保制度医疗服务待遇的衔接,是以基本医疗保险待遇经办为基础的衔接,即以经办医疗保险经办制度为主体,以基本医疗保险经办机构为"总经办",辐射衔接多层次医保经办。具体操作时,当受保障主体患病就医时,基本医疗保险经办机构首先为其提供基本医疗保险待遇报销;被保障主体支付基本医疗保险自付部分困难或者医疗花费超过基本医疗保险待遇支付最高限额时,由基本医疗保险经办机构通知医疗救助以及其他多层次医保经办机构,并由他们分别审查被保障主体享受资格和享受待遇,最后交由基本医疗保险经办机构协调差异、整合保障待遇,并统一向受保障主体支付待遇。

(四)多层次医保待遇衔接的结算顺序。多层次医保待遇衔接,为受保障主体提供了"一站式"医保服务后,最后还要解决多层次医保待遇的结算顺序。多层次医保待遇支付结算的排序,应以国家基本医疗保险待遇支付结算为先,衔接两端,低端为医疗救助待遇支付结算,高端为政策性商业保险、各种补充商业保险、自主商业保险以及公益慈善医疗待遇支付结算。

针对中国特色两大多层次医保体系制度建设的现状,具体又有两条衔接顺序:

一是城乡居民多层次医保制度待遇支付结算的顺序是:城乡居民基本医疗保险待遇支付结算为基础,衔接城乡居民医疗救助结算,救助城乡居民参保,以及医保自付不起的资金;在享受基本医保待遇基础上,衔接城乡居民大病保险待遇、公益慈善待遇以及自主商业保险待遇的结算。

二是城镇职工多层次医保制度待遇支付结算的顺序是,救助暂时成为救助对象的参保费缴纳困难和基本医疗保险自付不起的费用;在享受基本医疗保险待遇基础上,超过基本医疗保险待遇支付范围的,衔接职工大额医疗费用补助、公务员医疗补助、企业补充医疗保险、互助保险、自主商业保险以及公益慈善救助待遇的结算。

结论与讨论　整合中国基本医疗保险立法的现状、症结及其出路

　　总而言之,处于转型期的中国经济社会制度条件下,城乡三项医保制度具有渐进性"整合和统一"的过渡型特征,造成目前中国基本医保立法理念、结构、规范、体系法律不够完善和功能单一。2016 年 1 月 3 日,国务院在总结地方自发整合城乡医保制度经验教训的基础上,出台了《关于整合城乡居民基本医疗保险制度的意见》(以下简称《意见》),开始自上而下全面推进"整合"。党的十九大报告进一步部署"完善统一的城乡居民基本医疗保险制度",2018 年第十三届全国人大会议决议国务院组建"国家医疗保障局",以"大部制"医保管理体制改革深度推进城乡医保整合统一。政策是立法的先导,如何顺势而为,加快医保立法,出台基本医保实施性条例,促使基本医保制度成熟和定型已成学术界和社会共识。为此,回应实践需求,梳理审视基本医保从"区分"建立走向"整合"之现状,透析基本医保立法之现状及其症结,推进基本医保有效整合和成熟定型,尽快出台整合型基本医保实施性法规将很有裨益。

一、中国基本医疗保险立法现状

　　我国城乡基本医保建制在"渐进性"改革进程中走向"整合",但我国基本

医疗保险的基本法律及其实施性条例的制定未能跟上整合的步伐。

(一) 中国城乡基本医保建制"渐进性"走向"整合"

改革开放以来,承接计划经济体制下公费医疗、劳动保险和传统农村合作医疗的经验和教训,依据社会主义初级阶段的国情,城乡三项基本医保制度于1994年、2002年、2007年在国家政策引导下,分项建制①,并以分别管理、分开城乡、地区分割的路径"渐进性"演进,2010年城乡三项基本医保"制度覆盖"了全国。城乡三项基本医保建制及其演进近30年,以参保人的城乡户籍、社会身份(职业)为"经",以基金统筹行政层级为"纬",部门政策与地方政策条块分割,对构成城乡医保制度的"参保、筹资、待遇支付、基金经办、管理监督"等核心要素环节"区分"设计②,形成了纵横交错各具地方特色的医保制度体系。

城乡一体化体制机制加速转型期,农村和城市劳动人口跨城乡、跨地区、跨部门流动,以及自由职业群体不断扩大成为新常态,凸显医保制度的公平、经济、便捷和持续均需要进一步提升。自2000年始,深圳、佛山、东莞等地以城镇职工医保或新农合参保"扩面"、城乡医保管理经办资源"整合"为形式,开始自发探索城乡医保制度"整合式"改革。截至2015年底,9个省级地区、其他省的39个地市、42个地市的91个县(区)"自发"整合了城乡医保制度。③ 但是,局限于地方情况、地方发展、地方利益、地方知识,以及对境外整合城乡医保经验的不同汲取,地方自发整合城乡医保建制方向不一、选择型整

---

① 1994年出台了《国务院关于建立城镇职工基本医疗保险制度的决定》和《关于职工医疗制度改革的试点意见》;2002年中共中央、国务院《关于进一步加强农村卫生改革的决定》提出建立新型农村合作医疗制度;2007年国务院印发了《关于开展城镇居民基本医疗保险试点的指导意见》。

② 基本医保制度由参保、筹资、待遇支付、基金经办、管理监督等核心、关键要素构成,围绕这些核心构成要素建制,形成基本医保制度的逻辑结构。

③ 参见金维刚:《依法推进城乡居民医保整合》,载《中国劳动保障报》2016年2月5日。

合,政策各异,整合制度以多种模式呈现,有三项基本医保制度"全统一"的整合制度模式、二元制度两种基金统筹的整合制度模式、一元制度两个基金统筹的整合制度模式、二元制度三层基金统筹的整合制度模式等。① 整合城乡医保虽然使城乡医保分别建制得到一定程度的扭转。但是,"整合"因缺乏统一规范,在主动性、积极性、创造性精神下,整合仍然是封闭性、随意性、盲目性,甚至怠惰性、失范性、失效性,依然未能解决基本医保制度分离的局面。②

地方自发"整合"式改革从管理整合到制度整合,从部分环节制度整合到整体制度整合,从城乡两项制度整合到三项制度整合,从县市区域整合到省域整合,渐成不可阻挡之势,推动全国整合城乡医保国家政策不断"加码"出台。2007 年,国务院《关于开展城镇居民基本医疗保险试点的指导意见》首次提出:"鼓励有条件的地区结合城镇职工基本医疗保险和新型农村合作医疗管理的实际,进一步整合基本医疗保障管理资源"。2009 年,中共中央、国务院发布的《关于深化医药卫生体制改革的意见》重申:"有效整合基本医疗保险经办资源,逐步实现城乡基本医疗保险行政管理的统一。"2012 年,整合城乡基本医保制度及其管理经办资源成为党的十八大报告中的决策,也是"十二五"规划的主题。政策框架和基本宗旨还需要根据实践中的问题进一步加强落实落细。2013 年全国两会前后,围绕国务院进行的部委合并与职能改革,对城乡基本医保制度的城乡医保主管职能的整合,人社部门和卫生计生部门各执一端,学者们也是意见纷呈,论辩激烈,难分高下。③ 整个"十二五"规划期间,城乡基本医保管理体制不仅仍然未能理顺,而且无形中还成为阻碍城乡医保制度整合的"拦路虎"。整合城乡基本医保制度的"十二五"规划提出的

---

① 参见孙淑云:《整合城乡基本医保的立法及其变迁趋势》,载《甘肃社会科学》2014 年第5 期。

② 参见孙淑云:《顶层设计城乡医保制度:自上而下有效实施整合》,载《中国农村观察》2015 年第 3 期。

③ 参见龙玉琴、彭美:《三大医保收入 2020 年或超万亿元,人社部卫计委争夺》,见 2013 年4 月 20 南方新闻网。

整合目标未能很好实现,进一步延展成为"十三五"社会保障规划的目标任务。2016 年 1 月 3 日,国务院在总结地方自发整合城乡医保经验教训的基础上出台了《意见》,制定了"六统一"政策,①要求各省(区、市)于 2016 年 6 月底前作出规划和部署,明确时间表、路线图,并于 2016 年 12 月底前出台具体实施方案。《意见》对于整合基本医保管理和经办体制仍然未能提出明确的可操作办法,只是"鼓励有条件的地区理顺管理体制,创新经办管理,提高管理效率和服务水平",实际上是对"整合"的规则制定主体、实施主体和责任主体的"不整合"、"不统一"。② 上述政策不明朗,部门和地方仍旧维持原状,还引发学术界围绕城乡基本医保的管理和经办体制整合争论不休,并且迁延争论医保支付方式、"三医联动"改革等相关问题。至 2016 年底,人社部的数据显示,全国已有 30 个省(区、市)对建立统一的城乡居民医保制度进行了总体规划部署或已全面实现整合,人社部门和卫生计生部门分别行使医保管理权的状况得以改变,22 个省(区、市)选择将医保管理权归口人社部门。③ 陕西省将城乡医保管理归口卫生计生部门;福建省决定成立医保管理委员会,下设医保办,挂靠财政部门;还有少数地方政府在研究制定整合方案及确定归口管理部门方面处于犹豫或观望状态,整合城乡居民医保的形势仍然错综复杂。④

(二)中国基本医保立法"整合"中的矛盾与冲突

城乡三项基本医保走向"整合"近 30 年渐进性制度演进,是基本医保立法的基础和背景,整合中的矛盾和冲突贯穿于《社会保险法》的起草、出台和

---

① "六统一"具体指:统一覆盖范围、统一筹资政策、统一保障待遇、统一医保目录、统一定点管理、统一基金管理。

② 参见王东进:《管理体制回避不得也回避不了——关于整合城乡医保管理体制的深度思考》,载《中国医疗保险》2016 年第 6 期。

③ 参见人社部:《到去年底 30 个省份已部署城乡居民医保整合》,见 2017 年 1 月 23 日中国新闻网。

④ 参见郭晋晖:《城乡居民医保整合尘埃落定　人社部统管大势所趋》,载《第一财经日报》2016 年 10 月 10 日。

当下实施的始终。

其一,《社会保险法》立法草案关注的焦点问题之一:是否"整合"。《社会保险法》二审稿第24条规定:"省、自治区、直辖市人民政府根据实际情况,可以将城镇居民基本医疗保险和新型农村合作医疗统一标准,合并实施。"审议中三种观点争执交锋。"整合"论认为:"居民医保与新农合要不要并轨,这不只是简单的技术操作问题,而是关系到城乡医疗保障制度建构的理念和目标问题……目前城乡医疗保障制度的二元结构造成严重的不平等,和正义原则背道而驰,必须用正义原则来规范医疗保障制度,无论城市、农村,应该选择一体化的医疗保障制度。因此,在通过以职工医保、居民医保与新农合为框架的基本医保制度实现全民覆盖的过程中,必须要考虑不同制度之间的整合。"①持反对意见者认为:"在我国,城乡社会经济发展极不平衡、城乡居民医疗需求和医疗消费水平差异很大的社会背景下,强调统一城乡医疗保障的标准,会造成城镇居民利用水平过多而侵占农民利益,带来'穷帮富'的结果,产生明显的不公平。"②郑功成教授则以"折中"论分析:"城镇居民基本医保和新农合是两种不同的制度,统一标准需要一个渐进性过程,当务之急是尽快统一经办机构。"为此,全国人大法律委员会经同国务院法制办、卫生部、人力资源和社会保障部研究,建议《社会保险法(草案)》删去草案二审稿第24条的规定,同时增加规定"新农合管理办法,由国务院规定"。③ 这一审议结论为2010年出台的《社会保险法》所确定,为人社部门和卫生计生部门争执和分治城乡基本医保留下了法律依据。

其二,由"分割"与"整合"状况而来的基本医保法律规范。"鉴于我国在

---

① 王宝杰:《社保随人走,政府担责任,医保望统一——首都经济贸易大学社会保障研究中心副主任朱俊生谈〈社会保险法〉草案》,载《中国劳动保障报》2009年2月3日。
② 辜胜阻:《城乡医保统一步伐不宜过快》,载《中国社区医师》2009年第2期。
③ 2009年12月22日第十一届全国人民代表大会常务委员会第十二次会议上《全国人民代表大会法律委员会关于〈中华人民共和国社会保险法(草案)修改情况的汇报〉》,载《全国人民代表大会常务委员会公报》2010年第7期。

相当长时间内局限于城乡二元经济社会差异,虑及就业形式、劳动关系复杂多样性"①以及城乡医保"还处于未定型、未定性、未定局的阶段"②,《社会保险法》规范具有明显的弹性化、概括性的特征,基本维持了城乡"分割"的社会保险制度的特征,仍然以城乡户籍、职业身份、城乡管理等为要素,分别规定了城乡三项基本医保制度。同时,《社会保险法》还规定了一些"整合"城乡医保的规范,但这些整合规范"具有明确的导向性但缺乏可操作性",③相关整合城乡基本医保主要以原则性、发展性、方向性、授权性、弹性规范呈现。④"分割"与"整合"的规范混搭、相互冲突,影响了《社会保险法》规范的统一性和有效性。

其三,"分割"与"整合"现状造成基本医保实施性法规未能及时出台。由于《社会保险法》重点是原则性法律规范,对实践中千变万化的情况和需求未能给予操作层面的指导,而是由人社部门和卫生计生部门分别起草了城乡基本医保的实施性条例。2011 年,卫生计生部门将"新农合条例"(草案)上报了国务院审议;⑤2011 年 12 月,人社部也起草了"基本医疗保险条例"报送国务院。⑥ 同属基本医疗保险的城乡三项医保制度,由两个部门分别起草实施性条例,显示城乡三项基本医保制度现存的诸多争议。政府部门之间分别管理互不相让的现状,造成了基本医保实施的相关法律未能及时出台。一般来说,"社会保险制度都是劳资之间博弈的结果",世界其他国家的社会保险制度基本上是在劳资博弈中诞生。⑦

---

① 2007 年 12 月 23 日在第十届全国人民代表大会常务委员会第三十一次会议上关于《中华人民共和国社会保险法(草案)》的说明。

② 郑秉文:《〈社会保险法〉草案未定型、未定性、未定局》,载《中国报道》2009 年第 3 期。

③ 郑尚元、扈春海:《中国社会保险法立法进路之分析》,载《现代法学》2010 年第 3 期。

④ 参见孙淑云:《我国城乡基本医保的立法路径与整合逻辑》,载《河北大学学报》(哲学社会科学版)2015 年第 2 期。

⑤ 参见詹晓波:《新农合立法进程的示范效应》,载《健康报》2011 年 8 月 29 日。

⑥ 参见袁山:《法贵必行——社会保险法配套法规政策制定工作情况》,载《中国社会保障》2012 年第 7 期。

⑦ 参见郑功成:《论收入分配与社会保障》,载《黑龙江社会科学》2010 年第 5 期。

其四,各具特色的医保政策和地方立法超出了基本法律。为应对实践需求,在国家层面,人社部门和卫生计生部门不约而同地围绕城乡医保付费方式、异地就医结算、信息平台建设、医疗服务智能监控、城乡大病医疗保险、整合城乡居民基本医保等分别出台了诸多政策。特别是 2016 年 1 月国务院出台整合城乡医保政策后,从各自视角和目标出发分别出台了具体政策或规章。在地方层面,一些省、市尝试对城乡三项基本医保进行单行式或整合式立法。① 立法形式有地方行政规章、地方法规等,大多地方的立法形式、立法内容、立法程序不规范,介于地方立法与行政规范文件之间,是以政府文件形式下发的"实施办法",且大都根据上级政策和地方经济社会发展情势而变动不居。② 部门政策规章与地方立法的各行其是,造成各地基本医保制度具有强烈的地方特色。

二、管理体制:中国基本医保立法难题及原因

城乡三项基本医保制度"整合"历史和现状,造成中国基本医疗保险立法及其实施中存在较多困难,进展较慢。运用基本医保理念和基本原则检视和分析,城乡三项基本医保制度不可避免地带有转型期渐变性、阶段性、过渡性的经济社会政治宏观体制特征,三项基本医保制度的核心构成要素及其制度结构,被"渐进性"走向"整合"的城乡行政管理、城乡户籍管理、城乡公共财政等体制和机制裹挟。原有体制机制的改革,势必存在新老体制要素的不协调甚至冲突,由此构成了城乡三项医保制度走向"整合"演进的背景,事实上也决定着基本医保立法的现实状态。

---

① 2011 年江苏省制定了《新型农村合作医疗条例》,2010 年青岛市制定了《新型农村合作医疗条例》;2008 年成都将新农合和城镇居民医疗保险"两险合一"制定了《成都市城乡居民基本医疗保险暂行办法》;2012 年天津将新农合、城镇居民医保、城镇职工医保"三险合一"制定了《基本医疗保险规定》。

② 参见孙淑云:《我国城乡基本医保的立法路径与整合逻辑》,载《河北大学学报》(哲学社会科学版)2015 年第 2 期。

（一）医保管理体制纵横重叠，制定规则各具特色

基本医保制度作为国家立法保证、政府主导、永续性、体制性的基本医疗给付制度,[①]各国都要确立行政管理体制,"统一负责基本医保的发展规划、制度设计、制定政策和组织实施。"[②]由计划经济体制下公费医疗、劳动保险、传统合作医疗转型而来的城乡三项医保,制度设计由原计划经济体制下城乡二元的行政主管机构主导,因此,城乡二元的行政主管体制沿革下来。另外,还有财政部、发改委、农业部门、民政部等在各自职能范围内配合管理。两个主管部门以及几个配合部门职能不同,必然会存在不同观点。主管部门对运营巨量医保资金的经办机构人员、业务、经费的控制,以及为此衍生出来的权力及其利益,[③]两部门分别拥有行政主管权,有的将部门领地化,城乡三项基本医保政策和规章制定的方向不一致、着力点不同、各成体系,甚至将统一医保管理体制的"常识性的问题搞成尖端难题"[④],缺乏合作和协同,因此,整合城乡基本医保管理在地方上分别形成了卫生部门管理模式、人社部门管理模式、人社和卫生部门合作管理模式、财政部门管理模式、政府直接管理模式等[⑤]。这种"整合"的医保主管权和决策权,自然形成整合制度各行其是的结果。可见,城乡医保管理体制不统一、决策方向冲突、政策步调不统一以及不同利益,造成基本医保制度地方化的体制性根源。由此可见,部门之间多头管理,相互牵扯博弈,以及"渐进性"整合形成的新旧体制机制未能协调一致的现状,反映在基本医保立法领域中,就是分别起草了同质性的"基本医疗保险条例"和

---

① 参见孙淑云、郎杰燕:《社会保险经办机构法律定位析论——基于社会保险组织法之视角》,载《理论探索》2016 年第 2 期。

② 熊先军:《医保评论》,化学工业出版社 2016 年版,第 25 页。

③ 参见孙淑云:《社会保障体系"分化"与"整合"的逻辑》,载《理论探索》2015 年第 1 期。

④ 王东进:《管理体制回避不得也回避不了——关于整合城乡医保管理体制的深度思考》,载《中国医疗保险》2016 年第 6 期。

⑤ 参见孙淑云:《顶层设计城乡医保制度:自上而下有效实施整合》,载《中国农村观察》2015 年第 3 期。

"新农合管理条例",在地方立法中更是各行其道。实践中,对基本医保实施性法规制定的紧迫性和必要性,包括整合、定型城乡医保法律的路径暂时被搁置起来。

(二)医保经办体制和运行机制淡化模糊

医保经办是基本医保制度运行的载体,是独立于政府设置的、具有独立法人地位的、专门经办基本医保事务的社会保险人。我国城乡三项基本医保经办机构设置实践中,由于基本医保行政主管机构与基本医保经办服务机构未能分开,基本医保经办机构作为政府之"经办",其人事权、基金财务控制权、重大事务决策权主要受多个行政主管机构领导,"基本医保经办机构的法人地位在体制上一直没有独立"[①]。因此,医保主管部门的这种体制,必然造成城乡医保经办体制也是纵横交叉,城乡医保经办服务运作的政策措施也是各唱各的调。各个定点医疗机构的医保报销系统叠床架屋,医保管理和运营形成信息孤岛,现代IT技术难有用武之地。经办服务资源分散,无疑强化和固化了城乡医保地方化的制度体系。在地方整合城乡医保经办体制实践中,大多聚焦于城乡医保经办机构合并、城乡医保目录统一、医保统筹层级提高、参保人医药费用报销比例提高、医保支付方式增加、对医疗服务机构实施协议管理和智能监控、异地就医直接结算等初级问题的改良上。加之,相关医疗保险和医疗服务的关系没有理清,以及举足轻重的医疗服务体系行政管理、体制改革有些滞后,整合城乡医保经办体制机制改革进展缓慢,举步维艰。及至有些地方出现个别医保事件,凸显基本医保经办制衡医疗、医药服务存在的体制性、制度性问题被淡化和模糊——基本医保经办机构法人地位不独立、治理不完善、职能错位缺位、服务能力脆弱,链接医、患、保的协商谈判机制、医保支付价格形成机制和支付结算制衡机制等"纽带机制"尚未建立健全,未能有效解

---

① 孙淑云、郎杰燕:《社会保险经办机构法律定位析论——基于社会保险组织法之视角》,载《理论探索》2016年第2期。

决医疗和药品费用快速增长,以及医患道德风险对医保基金的"虹吸效应"现象,尤其对参保人基本医保权利公平实现和落地更是需要重视。

(三)户籍与居住证交叉选择,参保和筹资制度未能定型

参保人识别和认定是基本医保属地化统筹管理①的"关口"环节,筹资是核心环节。现行城乡医保按城乡户籍、职业多重标准交叉分类参保人,并进行差别化筹资,更是加剧了城乡医保制度的不同。社会医疗保险以参保人身份平等确定属地管理,以及区分职业量能负担的筹资制度原理,由于城乡二元"户籍"制度的不同而分别对待。因此,"打破参保人城乡户籍分割以适应流动性"是参保和筹资制度整合的目标。但是,基于地方利益选择,以城乡"户籍"识别参保人仍然是各种整合模式选择性标准,即便是城乡三项医保"全统一型"整合模式,继续保留城乡"户籍"识别参保人的标准,"选择排斥"外地非健康人群加入本地医保;同时,又以户籍改革后建立的"居住证"为依据,"选择欢迎"外地合同制农民工、大中小学生等健康人群加入本地医保。因此,大规模流动人口重复参保和漏保断保并存、异地医保权利转移接续难,仍然是各地整合后基本医保运行中较为普遍的现象。当下,参保和筹资制度整合构建面临多重困难在于:一是在基本医保筹资和基金属地化管理原则下,以何种识别标准构建参保等制度。二是按职业分类确定量能负担筹资制度如何与我国常态化的流动人口、大规模的自由从业人口相适应。三是在科学类分参保人职业群体基础上,如何建立量能负担、社会团结分担的筹资制度。四是公共财政对困难群体的筹资分担责任,特别是中央地方财政分担责任的划分还在探索,尚未定型,各级财政在城乡医保中分担几乎80%的筹资份额,这种泛福利化明显的倾向如何纠正。五是各种群体分担的筹资水平如何与经济社会发展水平适应,并且能够达到基本医保财务平衡。

---

① 《社会保险法》第64—66条确立了基本医保逐步实现省级统筹和基金属地化管理原则。

(四)城乡医保利益多元差别,基本医保待遇制度定位

基本医保是以保障参保人基本医疗权利为目的,参加基本医保的每个成员,不论其缴费多少,都能获得平等的基本医疗服务及其补偿待遇。三项基本医保待遇差别是整合城乡医保制度的动力,也是整合的难点。现行具有地方化特色的医保制度,按城乡户籍、职业、地区确定了不同的医保待遇水平,一些财政条件较好的地方还存在非理性福利扩张。① 加之,经济发展水平和基本医疗服务水平的地区差别,条块交错形成多元化、功利化、狭隘化的地方医保利益。因此,流动人口医保权利不便携、衔接不顺畅,导致基本医保这一调节收入分配的重要工具未能有效发挥作用,有的甚至出现了逆向调节。地方"整合"制度局限于地方利益和局部权限,未能整合城乡之间、区域之间、群体之间不同的医保利益,只能选择性地实施整合:一是选择筹资模式和待遇水平相近的新农合和城镇居民医保待遇制度先行整合统一,将来再考虑与职工医保待遇的整合统一。二是城乡居民医保待遇制度的整合统一,又简单地选择城乡医保目录、城乡居民医疗费报销比例等非关键环节实施整合。三是对基本医疗保险理应为被保险人减轻大额医疗费用风险的基本原理未能予以贯彻,却以平均主义思路在"保大"或者"保小"的待遇之间反复;有的或者偏向不同小众群体设立医保待遇政策。医保待遇制度整合在非重要领域、非关键环节上用功发力,从本质上说,模糊含混了"人人都能获得基本医疗服务"基本医保待遇定位标准,因而,针对不同医疗风险维度②的精细化、结构性、有机

---

① 如神木县对户籍内城乡居民保险缴费的"过度补贴"、保障待遇对财政的偏倚、基于政绩观盲目选择与制度本身性质不相符合的"免费医疗"名称等,违背了社会保险基本医疗权利与义务相结合、社会保险缴费与经济社会发展水平相适应原则,从而非理性地将基本医保予以福利性扩张。

② 成熟的社会医疗保险制度中,针对不同医疗风险维度设计不同的保障待遇政策。针对符合基本医保规定以及费用达到一定额度的医疗行为,设计普惠性的保障政策机制;针对产生家庭灾难性支出的重特大医疗行为,设计程序性管理办法,以申请制的家庭风险评价机制来应对。

统一、普惠平等的基本医保待遇政策体系的建立任重而道远。

三、机遇与方向:推进基本医保立法发展的环境

包括基本医保在内的社会保险制度的定型和成熟,在学理上被理解成适用于工业社会,是历史地生成和具有历史适应性的。在我国城乡二元经济社会向一体化转型条件下,基本医保立法的初步成就和局限性都是历史性的,为进一步完善立法积累了经验和制度资源。在习近平新时代中国特色社会主义思想指引下,党的十九大确立了基本医保制度建设的目标,为推进基本医保立法发展明确了方向,提供了可行的制度环境与机遇,开启了基本医保发展进程的新时代。

(一)新时代中国特色社会主义思想为推进立法发展指明了方向

理念的确立优于制度设计,合理的基本原则设计又优于制度规范的技术选择。[①] 当然,社会保障制度的理念体现国家的政治理念,社会保障理念的成熟有赖于党的和政府执政理念的认知不断充实和清晰。社会保障制度是"将国家领导和社会力量结合一起发挥作用的政治制度"[②],具有政治塑造性。从近代以来,中国共产党领导人民久经磨难迎来了从站起来、富起来到强起来的伟大飞跃,不断深化对社会主义建设规律、人类社会发展规律的认识,在"两个百年"的历史交汇期,党的十九大报告将"人的问题"、"人民平等参与、平等发展权利得到充分保障"作为检验政党和政府性质的试金石,清晰、丰满地表达了新时代中国特色社会主义党和政府的执政理念是:"坚持以人民为中心,坚持把人民对美好生活的向往作为奋斗目标,坚持在发展中保障和改善民生,

---

[①] 参见郑功成等:《中国社会保障改革与发展战略——理念、目标与行动方案》,人民出版社 2008 年版,第 17 页。

[②] [德]汉斯·察赫:《福利社会的欧洲设计——察赫社会法文集》,刘冬梅、杨一帆译,北京大学出版社 2014 年版,第 20 页。

增进民生福祉是发展的根本目的。"同时,清晰地勾勒出"更好地保障和改善民生"的社会保障建制理念。

党和政府执政理念及其社会保障理念中定位基本医保立法的理念,即"保障和改善国民基本医保权利"是立法的出发点和归宿,是立法的根本依据和基本遵循,是基本医保立法的基本任务和全部规范的目标。为此,应当摒弃初级阶段"基本医保管理法"的理念和逻辑,回归"国民医保权利保障法"的本质和使命。

"保障国民基本医保权利"的理念是基本医保立法的"方向、纲领、思路和着力点的集中体现"[1],推动着我们踏上全民医保法制建设新征程,应当构建一个"理念先进、结构优良、权责清晰、可持续的全民医保制度"[2],将医保法律规范设计落脚于国民医保的参保权利、参与基金管理权利、监督经办机构的权利上,最终要精细落实到国民基本医保待遇权利的获得上,基本医保待遇权利的确认、内容、标准、给付条件、给付方式、权利行使程序、维权渠道是基本医保立法的重点内容。

(二)新时代城乡统筹的社会政策为推进立法发展创造了适宜的制度环境和机遇

由于初级阶段基本医保立法城乡"分割"建设造成"碎片化"现象的主要症结在于城乡二元的行政管理、户籍管理和公共财政等体制性矛盾。基本医保立法面临理顺体制、创新机制、厘清责任的紧迫任务。当然,包括基本医保待遇在内的城乡社会保障待遇是收入再分配问题,是一个"政治性决定问题"[3],党的十九大报告中,明确了以实质平等为取向的系列城乡统筹社会政

---

① 孙淑云:《刍议全面整合社会保障的法律建制》,载《南京社会科学》2016 年第 4 期。

② 郑功成:《加快全民医保制度走向成熟、定型的步伐——学习十九大报告的初步体会》,载《中国医疗保险》2017 年第 11 期。

③ [德]汉斯·察赫:《福利社会的欧洲设计——察赫社会法文集》,刘冬梅、杨一帆译,北京大学出版社 2014 年版,第 22 页。

策,提出了"完善统一的城乡居民医保制度"的具体任务。

"完善统一的城乡居民医保制度",需要城乡统筹社会政策跟进。城乡统筹社会政策,即城乡差异社会政策的整合,2008 年 10 月,党的十七届三中全会报告《关于推进农村改革发展若干重大问题的决定》中勾画了"加快形成城乡经济社会发展一体化新格局"的社会政策,提出"把社会事业发展重点放在农村,建设社会主义新农村,形成城乡经济社会发展一体化新格局,必须扩大公共财政覆盖农村范围,发展农村公共事业,使广大农民学有所教、劳有所得、病有所医、老有所养、住有所居"。党的十八大以来,相关城乡统筹的收入分配改革、财税体制改革、中央与地方财政事权和支出责任划分改革等全面发力、多点突破,为覆盖全民、城乡统筹的基本医保制度运行提供了社会基础,为实施全民参保计划打好了制度基础,为建立全国统一的医保管理和公共服务平台提供了财力基础。上述配套的社会政策出台及其系统性、整体性、协同性改革,为推进基本医保立法创造了适宜的制度环境和机遇,使得基本医保立法的成熟和定型具有了制度可行性。

(三)新时代基本医保制度全方位改革为立法发展提供较为充分的理论基础和实践共识

初级阶段医保制度的立法,对基本医保制度结构的各个环节,无论是理论探讨还是实践探索是必须经历的一个过程。共识的形成本身也意味着消除对立和冲突,共识本身也是法律形成的过程。[①] 党的十八大以来,基本医保制度改革全方位拓展,制度结构不断优化,学理探讨逐步丰富,实践与理论不断达成共识,为发展基本医保立法创造了充分条件。

首先,整合和统一城乡三项医保制度是大势所趋。"整合、统一"城乡三项医保制度的双重逻辑及其矛盾贯穿于《社会保险法》起草、出台和实施中,[②]

---

① 参见张康之:《历史演进中的法治以及在当前的困难》,载《探索》2017 年第 4 期。
② 参见孙淑云:《中国基本医疗保险立法困局、症结及其出路》,载《山西大学学报》(哲学社会科学版)2017 年第 3 期。

并形成具有地方特色的立法情状,多元创新的立法模式不断竞争、碰撞、磨砺,演进了 20 余年,统一城乡三项医保的实践和理论、法律共识不断达成,此为完善和发展基本医保立法的最大制度积累。党的十九大报告进一步强调要"完善统一的城乡居民基本医疗保险制度和大病保险制度"。

其次,统一基本医保管理和经办体制是关键共识。基本医保作为立法保证、政府主导、永续性、体制性的国家给付制度,①各国成熟的医保立法都确立了统一的行政管理体制和经办体制,"统一负责基本医保的发展规划、制度设计和组织实施。"②统一行政管理体制和经办体制是我国整合和统一城乡三项医保制度牵一发动全身的关键环节,是最先达成的实践共识。截至 2020 年上半年,已经有 23 个省将医保管理统归人社部门,全国统一医保管理体制和经办体制已经基本定局。

再次,城乡统筹、权责清晰的筹资机制是基本共识。实施全民社会保险的国家,参保不看身份,只看参保人职业活动的地域范围;并在不同参保人收入差别的客观基础上,建立同等费率、合理分摊、多方筹资、财政补贴的筹资机制。③ 随着我国"全民医保"体系建成,全民参保计划不断推进,实施"有差别统一"的、城乡统筹、权责清晰、量能负担的筹资制度,在整合和统一城乡居民医保的实践中已逐步达成共识④。

最后,保障适度、可持续的医保待遇支付机制是技术共识。盖因为被保险人基本医保待遇权利的享受处于基本医保终端开放的、结构的法律关系之中,关涉基本医保、医疗专业服务和医药三个超级系统。这方面的探索从来没有

---

① 参见孙淑云、郎杰燕:《社会保险经办机构法律定位析论——基于社会保险组织法之视角》,载《理论探索》2016 年第 2 期。

② 熊先军:《医保评论》,化学工业出版社 2016 年版,第 25 页。

③ 参见孙淑云:《整合城乡基本医保的立法及其变迁趋势》,载《甘肃社会科学》2014 年第 5 期。

④ 参见孙淑云:《中国基本医疗保险立法困局、症结及其出路》,载《山西大学学报》(哲学社会科学版)2017 年第 3 期。

停歇,近五年来,"三医联动"改革、医保支付方式综合改革、家庭医生签约制度和分级诊疗探索、2017 年首次国家医保药品谈判取得成绩、跨省异地就医直接结算实现等等,医保待遇支付机制不断达成诸多共识。2019 年 7 月 22 日,国家医疗保障局发布《关于建立医疗保障待遇清单管理制度的意见(征求意见稿)》,着力于城乡医保整合的技术难题——建立制度化的城乡医保待遇动态调整机制等。

四、路径与重点:推进整合型基本医保立法发展的对策

属于再分配系统的基本医保,其法律具有构成性规则性质,"构成性规则所涉及的行为在逻辑上有赖于这些规则,即构成性规则先于由它构成的活动,没有这种规则,从事或不从事这些行为都是不可能的。"[1]因而,基本医保对立法有着天然的依赖,尤其需要通过法律对医保权利的可靠性、永续性、体制性予以法定设计和承诺。在新时代中国特色社会主义制度更加完善的宏观背景下,全民医保制度的进一步完善有赖于法律制度的建设和规范。积极推进基本医保立法发展和进一步完善,使之成为"操作得了"、"管用"的法律,[2]使之进化、细化成强规范力的法。基于我国现行"整合和统一"城乡医保制度的实践基础,依据立法原理,当在《社会保险法》之下,以制定"基本医疗保险条例"为载体,遵循"保障国民医保权利"的理念和宗旨,围绕参保和保险费筹集、医保基金管理与经办、医保待遇支付等医保核心制度环节,构建全民基本医保权利体系,并同步完善基本医保的行政管理和经办实施机制,全面定型和统一城乡基本医保制度。

(一)保障国民平等参保权利,建构量能负担的保险费筹集机制

参保和保险费筹集具有形成保险财务基础的功能,因此,参保和保险费筹

---

① 张文显:《法哲学范畴研究》(修订版),中国政法大学出版社 2001 年版,第 52 页。

② 参见郑尚元:《依法治国背景下社会保险法制之建构》,载《武汉大学学报》(哲学社会科学版)2017 年第 4 期。

集机制是包括基本医保在内的社会保险的"关口"制度,是在参保人识别、类分基础上建立的保险费责任分担机制,具体制度设计集中体现党和国家的社会政策。党的十九大报告明确"统一城乡居民医保制度"、"全面实施全民参保计划"等社会政策,明确按照"城乡统筹原则",统一现有城乡参保和保险费筹集机制。结合我国整合和统一城乡医保、财政倾斜资助城乡居民参保筹资的经验,基本医保参保和保险费筹集机制应从两方面完善。

首先,维护国民平等参保权利。在医保基金属地化管理原则下,以参保人身份平等为起点,将城乡统一的居住证作为识别参保人的唯一标准,彻底消除按职业、城乡身份双重交叉标准分类参保人所导致的重复参保和漏保并存的现象。

其次,建立量能负担的保险费筹集机制。基本医保"量能负担的筹资原则是实现财富再分配的有效手段"[1],隐含税赋负担公平性,一般按照收入划分不同种类参保人,并确定不同的筹资政策。同时,给予财务不稳定群体以财政补助支持。当下,应当摒弃按照职业、城乡身份双重标准分类保险筹资政策所导致的财政补贴受益权利交叉等现象,要以从业形式为唯一标准类分参保群体为正式从业群体、非正式从业群体、居民状态的个人群体。在此基础上,虑及城乡居民初级医保向基本医保升级的过渡性[2],强制正式从业者由雇主和雇员按工资收入分担和计算保险费;收入缺乏客观测定标准的城乡非正式从业者、居民状态的个人群体,在人均纯收入占比缴纳保费基础上,分类享受财政补助。同时,设计向低收入群体倾斜的保费补贴制度。[3]

---

① 孙淑云:《中国基本医疗保险立法困局、症结及其出路》,载《山西大学学报》(哲学社会科学版)2017 年第 3 期。

② 参见孙淑云:《中国基本医疗保险立法研究》,法律出版社 2014 年版,第 219 页。

③ 参见孙淑云:《中国基本医疗保险立法困局、症结及其出路》,载《山西大学学报》(哲学社会科学版)2017 年第 3 期。

（二）保障参保人的医保基金共有共享权利，完善医保管理和经办体制

　　通过保费筹集机制汇聚的医保基金是所有参保人享有共有权利的基金，本质上是由医疗风险密切相关的参保人根据社会化原则①和社会团结原则成立的社会互助共济基金。参保人在共建共享的基金之上升华形成了基本医保社会权利，具有独立于参保人个人权利、"独立于国家利益、独立于公权的权利结构"，②这一权利关涉基本医保基金的安全管理与公平分配，涉及参保人世代之间风险转移之承担。"人民常年将保险费投注在政府所主导的强制保险上，国家不能不对社会保险之连续性、体系性负担一定的责任。"③为此，"社会保险制度成为国家立法保证、政府主导、永续性、体制性的国家给付制度"④。各国纷纷由国家出面，建立基本医保行政管理体制，成立具有独立的公法人地位之基本医保经办机构，使其成为基本医保法律关系的独立权利义务主体，代表国家并受全体参保人之委托经办医保基金，负责向被保险人公平给付医保待遇。当下，理应从保障参保人共有共享医保基金权利的视角，完善医保管理和经办体制。

　　首先，完善基本医保管理体制。统一医保管理体制是医保事业良性运转的前提。近年来，伴随整合和统一城乡医保制度，城乡医保管理体制趋向整合和统一。尊重改革实际，立法应该引导和构建统一的医保大部制管理机制，将医保管理和医疗服务管理职能内部化，实现医保基金控费和医疗服务质量的

---

①　社会保险的社会化原则即社会保险资金来源的社会化、社会保险管理的社会化、社会保险责任的社会化。参见董保华：《社会保障的法学观》，北京大学出版社 2005 年版，第 114 页。
②　孙淑云、郎杰燕：《社会保险经办机构法律定位析论——基于社会保险组织法之视角》，载《理论探索》2016 年第 2 期。
③　钟秉正：《社会保险法论》，三民书局股份有限公司 2005 年版，第 59 页。
④　孙淑云、郎杰燕：《社会保险经办机构法律定位析论——基于社会保险组织法之视角》，载《理论探索》2016 年第 2 期。

协调管理;同时,着力建构"管办分离"的基本医保管理和经办体制机制。

其次,完善医保经办机构法人治理机制。医保经办机构的经办权力来源于全体参保人医保社会权利的委托,医保立法应该尊重参保人对医保经办机构的"投票权",赋予参保人民主参与医保经办机构治理的权利,建立民主自治的医保经办社会保险法人治理机制,推进法治化医保治理机制形成,约束和规范医保经办机构的服务行为。

(三)保障被保险人医保待遇权利,建构结构化、精细化的医保待遇机制

参保人在社会保险待遇享受环节称为"被保险人"。详言之,被保险人的医保待遇权利是指,当被保险人发生伤病保险事故后,治疗疾病所花费的基本医疗费用,得从基本医疗保险基金中予以报销。可见,被保险人基本医保待遇权利的享有处于开放的、结构的法律关系中,关联基本医保经办、定点医疗服务和医药三个超级系统——法律主体多元、法律关系多面、权利保护途径及其机制复杂。而且,基本医保待遇由经办机构委托定点医疗机构支付所形成的医、患(被保险人)之间的法律关系具有公法、私法法律关系并行交融的特征,权利和义务内容也别具特殊性,一是权利主体——被保险人的疾病风险及其对医疗保障的需求具有广泛性、个体性、多样性特征。二是义务主体——医保经办机构委托提供的基本医疗服务行为,具有难以用货币直接衡量的不确定性;而且,是需要规范的医疗服务行为,具有适应医保筹资水平的基本性和限制性,具有高度专业性、知识垄断性、经验科学性、变动性。因此,设计简单的基本医保平等待遇标准都不尽合理,需要以普惠平等为基础,将医保、医疗、医药系统整合嵌套,针对不同医疗风险维度建构统一的、结构化、精细化的医保待遇机制。

一是建构法制化的动态医保支付价格形成机制,保障被保险人享受必须之基本医保权利。基本医保的"保基本",具体是指根据经济社会发展水平,

基本医保购买的医疗服务应该覆盖公民身心健康和适应工作的基本治疗项目、药品和设备。基本医保实践中,一般通过制定"基本医疗服务目录"来框定基本医疗服务范围和标准。因此,在现有的基本医保"三个目录"基础之上,立法关键是建构法制化的动态的医保支付价格形成机制,保障被保险人因循变化的经济发展水平,享受必须之基本医保权利。吸收近年来"三医联动"改革的经验,应注重立法建构透明化、专业化、信息化的医保经办机构"第三方团购"医疗医药服务的协商谈判机制和动态的医保支付价格形成机制,要在医保支付范围和支付价格制定过程中提升被保险人以及其他医保参加者联合会和医疗、医药联合会代表的参与程度,给予被保险人、医疗、医药机构以意见表达与协商之地位和机会。立法还应当注意培育医保、医疗、医药、参保人等各方利益诉求的联合会(委员会)组织,提倡建构医疗医药科学中立的评价组织,促成政府部门公正监督、医保经办机构照章办事、(医、保)买卖双方(的联合会)平等协商、医疗医药评价组织科学中立评价的"第三方团购"机制,构成法制化的动态的医保支付价格形成机制。

二是建立被保险人结构化的共付比率机制,保障不同风险人群医保权利的实质平等。为了规制被保险人享受医保待遇的道德风险,法律设计医保基金与被保险人个人负担医疗费用的共付比率制度。在统一的共付比率基础上,适应城乡、区域发展不平衡的现实,立法应将医保待遇公平原则与社会衡平原则相结合,明确各级财政降低"弱势人群"自付比率的财政责任。同时,在普惠性基础上,建立被保险人申请制的、个人负担的"止损条款"制度,避免低筹资群体和高负担群体因高额个人负担的医疗费用而陷入经济困境①。

三是建立医患保三方医保结算的制衡机制,保障被保险人结算基本医疗费用的权利。被保险人享受基本医疗服务后,得通过定点医疗服务机构代理从医保基金中结算保险金。立法应授权医保经办机构与医疗、医药服务机构

---

① 参见董保华等:《社会保障的法学观》,北京大学出版社 2005 年版,第 117 页。

协商基本医疗服务提供和支付结算方式,立法得关注和确认定点医疗服务机构对被保险人疾病的独立专业判断和专业服务权利,以及代理被保险人从医保基金中结算基本医疗费用的权利。法律还得着重确立和保障被保险人的基本医疗服务给付请求权、医疗费用从医保基金中结算的请求权、信息知情权、意见陈述权及其保护程序,明确被保险人权利救济途径和救济机制。医保经办机构只需就医疗服务质量、医保待遇给付结算规程承担监督管理之责。

附录1 "整合城乡医保法律制度研究"的
"标准化"访谈提纲

_____,您好!

我们是国家社科基金重点项目"整合城乡基本医疗保险的法律制度研究"(项目编号:13AFX027)的课题研究者。课题研究的任务是调查和了解基层城乡三项基本医疗保险制度的建设状况,整合起因,整合现状,整合难点,整合创新,总结基层城乡三项基本医保制度建设的经验,为整合城乡三项基本医疗保险立法整理基础材料。

调研目的:

1.了解整合城乡基本医疗保险必要性和可行性

2.了解整合城乡基本医疗保险的障碍与难点

3.了解整合城乡基本医疗保险的基本目标和价值取向

4.了解整合城乡基本医疗保险地方实践的源起、进展、成就与问题

5.了解整合城乡基本医疗保险中参保人制度、筹资制度、待遇支付制度、管理制度、经办制度整合、转接、衔接等具体制度设计及其经验、教训

调研地点:

调研时间:

调研人员:

访 谈 提 纲

一、当地整合城乡基本医疗保险的基本状况

1. 当地经济社会发展状况、人口结构状况

2. 当地城乡三项基本医保发展状况

3. 当地整合城乡基本医保状况

4. 辖区内,各地整合城乡医保的管理权归属,作为上级管理部门,管理工作如何进行,难度在哪里? 为何在辖区内不能进行管理统一? 分别管理的理由? (部门领导个性? 部门工作效果? 地方财力差异?)

5. 何为"整合城乡医保制度"? 您的见解?

6. 整合的最大障碍是什么?

7. 整合制度创新过程中,最难的制度环节是什么?

8. 整合实施时,您感觉最难做的是什么?

9. 制度整合后,运行中暴露的需要完善的制度环节是什么?

二、对医保行政主管机关负责人的访谈提纲

1. 整合城乡医保的原因是什么? 如何看待"穷帮富"、"农帮城"问题?

2. 整合的最大障碍是什么?

3. 整合制度创新中最难的环节是什么?

4. 整合城乡医保制度设计的总体目标、阶段任务、地方模式(特色)?

5. 整合城乡基本医疗保险的实施难点、进展、成就与问题(经验教训)?

6. 参保人认定标准? 灵活就业人员、中小学生、异地务工人员参保情况?

7. 如何看待强制参保? 遇到哪些问题?

8. 筹资的整合情况? 区分"一档多制"、"一档一制"的原因? 实际中的效

果？遇到哪些问题？

9.医保支付制度整合设计、付费方式改革？遇到哪些问题？

10.基本医保归口人社部门管理有哪些考虑？如何与卫生部门协调？遇到哪些问题？

11.如何保障参保人和社会公众参与监督？

12.经办机构人员、设施如何整合？

13.医保信息系统统一情况？遇到哪些问题？

14.医保委托商办的模式、经验、教训？

15.基本医保统筹层次？提升难点？

16.跨区域基本医保转接情况？遇到哪些问题？

17.跨制度基本医保转接情况？遇到哪些问题？

18.基本医保与大病保险、医疗救助、商业保险的衔接？遇到哪些问题？

19.您对整合城乡医保还有其他看法或建议吗？是什么？

三、对医保经办机构负责人的访谈提纲

1.经办机构的基本服务条件、人员配备、信息化建设水平、职能、业务量、待遇情况？遇到哪些问题？

2.整合城乡医保中的人员安置、岗位设置？

3.基本医保管理信息系统的统一与衔接情况？

4.基本医保参保人的分类认定？跨制度、跨地区转接情况？

5.基本医保筹资制度设计？遇到什么问题？

6.基本医保经办机构与商业保险机构在经办基本医保中的关系、衔接？

7.医保付费方式、对定点医疗服务监督状况？

8.政府对经办机构的监管情况？如何保障参保人和社会公众的监督参与？

9.您对整合城乡医保还有其他看法或建议吗？是什么？

附录 2 "整合城乡医保法律制度研究"的
"非标准化"访谈提纲

在进行标准化访谈时,围绕如下三个层面非标准化访谈提纲对访谈对象进行深度追问:

1. 整合城乡基本医保的价值之维

(1)整合城乡医保的必要性与可行性

(2)整合城乡医保的总体目标与方案设计

(3)整合城乡医保的基本原则

2. 整合城乡基本医保的实践之维

(1)整合城乡基本医保制度建设的最大障碍

(2)整合城乡基本医保制度建设的最大难点

(3)整合城乡医保的地方模式(案例)

(4)整合城乡医保实践中的经验教训

(5)整合城乡医保制度、政策、立法

3. 整合城乡基本医保的技术之维

(1)整合城乡基本医保参保制度

(2)整合城乡基本医保筹资制度

(3)整合城乡医保的基金管理制度

（4）整合城乡基本医保支付制度

（5）整合城乡基本医保管理与监督制度

（6）整合城乡基本医保经办制度

（7）整合城乡基本医保转接制度

（8）多层次医疗保障制度整合与衔接

附录 3 访谈信息和访谈记录列表

（大致按调研时间和省域顺序列表）

访谈书面记录序号	地点	被访谈人信息	时间
1	太原	A. 太原市卫计委农村卫生处何处长、新农合经办中心负责人刘主任	2013 年 8 月 15 日下午
		B. 太原市人社局医保处沈处长	2013 年 8 月 16 日上午
		C. 太原市社会保障中心分管医保欧阳副局长、城镇职工医保科、城镇居民医保科负责人、办公室负责人集体讨论访谈	2013 年 8 月 16 日下午
2	东莞	广东省东莞市社保局张副局长、医疗保险科、定点医疗机构管理科、社会保险基金管理中心等部门负责人集体讨论访谈	2013 年 9 月 17 日一天
3	神木	陕西省神木县城乡居民合作医疗办公室张主任、新农合办公室主任甘主任、其他两个科员集体讨论访谈	2013 年 12 月 7 日下午
4	江苏	A. 江苏省苏州市社会保险基金管理中心顾副主任	2014 年 8 月 3 日晚上
		B. 江苏省人社厅医保处周处长	2014 年 8 月 4 日下午
		C. 江苏省镇江市人社局医保处周处长	2014 年 8 月 5 日上午
		D. 江苏省镇江市医保结算中心张主任	2014 年 8 月 5 日下午

访谈书面记录序号	地点	被访谈人信息	时间
4	江苏	E. 江苏省卫生厅原农卫处夏处长(卫生部新农合专家指导组成员);江苏省卫计委农卫处汤处长、省新农合中心负责人集体讨论访谈	2014 年 8 月 6 日上午
		F. 江苏省常熟市卫生局金局长、城乡医保基金中心负责人、其他两个科员集体讨论访谈	2014 年 8 月 7 日上午
5	安徽	A. 安徽省铜陵市社会保障中心杨主任、城乡居民医保科徐科长	2014 年 8 月 8 日上午
		B. 安徽省卫计委新农合管理办公室汪主任	2014 年 8 月 11 日上午
		C. 安徽省人力资源厅医保处彭副主任	2014 年 8 月 11 日下午
		D. 安徽省肥西县原卫生局局长(卫生部新农合专家指导组成员)徐主任	2014 年 8 月 12 日上午
		E. 安徽省原肥西县卫生局倪局长、新农合管理中心姚主任及其副主任集体讨论访谈	2014 年 8 月 12 日下午
6	山东	A. 山东省人社厅医保处负责城乡医保工作的姚副处长	2014 年 8 月 20 日下午
		B. 山东省潍坊市社会保险中心于主任、医保张科长	2014 年 8 月 21 日上午
		C. 山东省青州市人社局田副局长、城乡居民医保办公室(新农合办公室主任)杨主任	2014 年 8 月 21 日下午
		D. 山东省东营市社会保险管理服务中心负责人、医保科长、办公室主任集体讨论访谈	2014 年 8 月 22 日下午
7	山西	A. 山西省人社厅医保处张处长	2014 年 11 月 8 日下午
		B. 山西省卫计委新农合中心李副主任	2014 年 11 月 9 日下午
		C. 山西省兴县新农合管理中心王主任	2013 年 12 月 7 日晚上
		D. 山西省保德新农合管理中心主任、办公室主任	2013 年 12 月 8 日下午
		E. 山西省永济市新农合管理中心郭主任	2014 年 4 月 3 日
		F. 山西省高平市卫生局局长	2015 年 10 月 7 日
8	重庆	A. 重庆市人社厅医保处郑处长、处级调研员(原新农合中心主任)、城乡医保科长、医保监督科长、办公室主任集体讨论访谈	2015 年 8 月 12 日上午
		B. 重庆市九龙坡医保中心胡副主任	2015 年 8 月 12 日下午

整合城乡基本医疗保险的法律制度研究

续表

访谈书面记录序号	地点	被访谈人信息	时间
9	宁夏	A. 宁夏回族自治区人社厅医保处岳副处长、咸副处长	2015 年 8 月 21 日上午
		B. 宁夏回族自治区永宁县医保中心曹主任、卫生局郭科长	2015 年 8 月 21 日下午
		C. 宁夏回族自治区石嘴山市社保中心孔主任、陶副主任	2015 年 8 月 22 日上午
10	福建	A. 福建省卫计委基层处分管新农合副处长王副处长	2015 年 8 月 25 日上午
		B. 福建省人社厅医保处范处长	2015 年 8 月 25 日下午
		C. 福建省三明市医保管理中心徐主任、办公室主任	2015 年 8 月 26 日一天
11	上海	A. 上海市人社局医保处吴处长	2015 年 3 月 19 日上午
		B. 上海市嘉定区初级卫生保健办公室张主任	2015 年 3 月 19 日下午
12	北京	国务院法制办负责人社会保障立法彭副司长,课题负责人借全国社会法年会 2012 年(四川大学)、2014 年(江西财经大学)访谈彭副司长	2012 年 7 月 23 日;2014 年 9 月 6 日
13	北京	卫生部政策法规司陈副司长	2015 年 6 月 14 日
14	北京	参加人社部城镇居民医保政策制定讨论会访谈黄处长	2012 年 12 月 6 日上午
15	北京	参加卫生部卫生经济研究所王禄生副所长主持的"新农合与城镇居民医保衔接建制"课题组研究工作,与卫生部新农合专家指导组成员王延中研究员、蒋中一研究员等研讨	2008 年 6 月 20 日—2008 年 12 月 1 日
16	北京	参加卫生部新农合管理条例起草讨论会	2008 年 9 月 16 日

附录4　国家社科基金重点研究项目的阶段成果

1. 孙淑云:《社会保险立法的多维审视》,载《理论探索》2013 年第 6 期。

2. 孙淑云:《整合城乡基本医保的立法及其变迁趋势》,载《甘肃社会科学》2014 年第 5 期。

3. 孙淑云:《我国城乡基本医保的立法路径与整合逻辑》,载《河北大学学报》(哲学社会科学版)2015 年第 2 期。

4. 孙淑云:《顶层设计城乡医保制度:自上而下有效实施整合》,载《中国农村观察》2015 年第 3 期;《新华文摘》2015 年第 19 期全文转载;《中国人民大学报刊复印资料·体制改革》2015 年第 9 期全文转载。

5. 孙淑云:《社会保障体系"分化"与"整合"的逻辑》,载《理论探索》2015 年第 1 期。

6. 孙淑云:《基本医疗保险管理的复杂性及其管理归属》,载《中国劳动》2015 年第 20 期。

7. 孙淑云:《刍议全面整合社会保障的法律建制》,载《南京社会科学》2016 年第 4 期。

8. 孙淑云:《中国基本医疗保险立法困局、症结及其出路》,载《山西大学学报》2017 第 3 期。

9. 孙淑云:《新时代中国基本医疗保险立法的机遇与发展》,载《南京社会科学》2018 年第 6 期。

10. 孙淑云:《改革开放 40 年:中国医疗保障体系的创新与发展》,载《甘肃社会科学》2018 年第 10 期;《新华文摘》2019 年第 2 期全文转载;《中国人民大学报刊复印资料·体制改革》2019 年第 1 期全文转载;《中国人民大学报刊复印资料·社会保障制度》2019 年第 1 期全文转载;《中国人口报》2018 年 11 月 21 日第 3 版(理论版)以题为《从城乡分割走向城乡整合——中国医疗保障体系的创新与发展》约 3000 余字转载。

11. 孙淑云、郎杰燕:《中国合作医疗治理六十年变迁》,载《甘肃社会科学》2017 年第 1 期,《新华文摘》2017 年第 10 期全文转载。

12. 孙淑云、郎杰燕:《中国城乡医保建制的路径依赖及其突破之道》,载《中国行政管理》2018 年第 10 期。

13. 孙淑云、郎杰燕:《社会保险经办机构法律地位析论——基于社会保险组织法之视角》,载《理论探索》2016 年第 2 期。

14. 孙淑云、任雪娇:《中国农村合作医疗制度变迁》,载《农业经济问题》2018 年第 9 期。

——反响:《中国人口报》2018 年 12 月 17 日第 3 版(理论版)以题为《中国农村合作医疗的创新与制度变迁》约 3000 余字转载。

15. 王丽丽、孙淑云:《整合城乡基本医疗保险制度研究范畴之诠释——基于城乡一体化转型时期社会政策的变迁》,载《中国行政管理》2015 年第 9 期。

16. 王丽丽、孙淑云:《保大还是保小:新型农村合作医疗的难题与破解》,载《山西大学学报》(哲学社会科学版)2016 年第 1 期。

17. 郎杰燕、孙淑云:《中国基本医疗保险经办机构治理研究》,载《云南社会科学》2019 年第 4 期。

18. 郎杰燕:《共享发展视域下基本医疗保险制度整合研究》,载《山西农业大学学报》2016 年第 11 期。

19. 郎杰燕:《整体性治理视角下的城乡医保管理体制整合》,载《中共福建省委党校学报》2017 年第 10 期。

20. 任雪娇:《农村合作医疗制度的变迁逻辑发展趋势》,载《宏观经济管理》2019 年第 4 期。

21. 曹克奇:《论医疗保险金给付请求权之竞合》,《科学·经济·社会》2016 年第 3 期。

22. 曹克奇:《城乡居民大病保险疑难问题之法理透析》,《科学·经济·社会》2017 年第 1 期。

23. 柴志凯、孙淑云:《我国整合城乡三项基本医保制度试点分析》,《中国农村卫生事业管理》2013 年第 10 期。

参 考 文 献

一、中文著作

蔡江南:《医疗卫生体制改革的国际经验》,上海科学技术出版社 2016 年版。

蔡维音:《全民健康之给付法律关系析论》,元照出版有限公司 2014 年版。

陈金钊:《法律方法论》,中国政法大学出版社 2007 年版。

程水源、刘汉成:《城乡一体化发展理论与实践》,中国农业出版社 2010 年版。

仇雨临、翟绍果:《城乡医疗保障制度统筹发展研究》,中国经济出版社 2012 年版。

仇雨临:《医疗保险》,中国劳动社会保障出版社 2008 年版。

崔卓兰、于立深等:《地方立法实证研究》,知识产权出版社 2007 年版。

丁建定、杨凤娟:《英国社会保障制度的发展》,中国劳动社会保障出版社 2004 年版。

丁建定等:《中国社会保障制度体系完善研究》,人民出版社 2013 年版。

东莞市社会保障局:《医保改革十年,情系百姓健康——走向“人人享有基本医疗保障”的东莞医保模式》,2010 年 9 月编印。

东营市社会保险管理中心:《东营市城乡居民医疗保险文件汇编》,2014 年 1 月编印。

董保华等:《社会保障的法学观》,北京大学出版社 2005 年版。

董保华等:《社会法原论》,中国政法大学出版社 2001 年版。

董黎明:《我国城乡基本医疗保险一体化研究》,经济科学出版社 2011 年版。

董文勇:《社会法与卫生法新论》,中国方正出版社 2011 年版。

472

董文勇:《医疗费用控制法律与政策》,中国方正出版社 2011 年版。

樊小刚:《浙江省城乡社会保障一体化公共政策研究》,中国社会科学出版社 2012 年版。

公丕祥:《法理学》,复旦大学出版社 2002 年版。

龚向和:《作为人权的社会权——社会权法律问题研究》,人民出版社 2007 年版。

顾海、李佳佳:《中国城镇化进程中统筹城乡医疗保障制度研究》,中国劳动社会保障出版社 2013 年版。

国家卫生和计划生育委员会流动人口司:《中国流动人口发展报告》,中国人口出版社 2013 年版。

何毅:《全民医保:从"碎片化"到基金整合》,中国金融出版社 2014 年版。

胡晓义:《安国之策:实现人人享有基本社会保障》,中国人力资源和社会保障出版集团 2011 年版。

胡晓义:《走向和谐:中国社会保障发展 60 年》,中国劳动社会保障出版社 2009 年版。

江苏省卫生厅:《江苏农村合作医疗 50 年纪念册》(1955—2005),2005 年 11 月编印。

金维刚、武玉宁:《〈社会保险法〉实施评估研究》,中国言实出版社 2016 年版。

景天魁等:《普遍整合的福利体系》,中国社会科学出版社 2014 年版。

柯木兴:《社会保险》(第三版),三民书局股份有限公司 2013 年版。

黎宗剑、王治超、朱铭来:《台湾地区全面健康保险制度研究与借鉴》,中国金融出版社 2007 年版。

李宁:《中国农村医疗卫生保障制度研究》,知识产权出版社 2008 年版。

李文静:《医疗保险法律制度研究》,中国言实出版社 2014 年版。

李迎生:《社会保障与社会结构转型——二元社会标志体系研究》,中国人民大学出版社 2001 年版。

厉以宁:《中国经济双重转型之路》,中国人民大学出版社 2014 年版。

联合国人居署:《和谐城市:世界城市状况报告(2008—2009)》,中国建筑工业出版社 2008 年版。

梁治平主编:《法律解释问题》,法律出版社 1998 年版。

林嘉、张士诚:《社会保险立法研究》,中国劳动社会保障出版社 2011 年版。

林义:《农村社会保障的国际比较及启示研究》,中国劳动社会保障出版社 2006 年版。

林义等:《统筹城乡社会保障制度建设研究》,社会科学文献出版社 2013 年版。

刘翠霄:《天大的事——中国农民社会保障制度研究》,法律出版社 2006 年版。

卢梭:《社会契约论》,商务印书馆 2002 年版。

罗纪琼:《健康保险制度——日、德、法、荷的经验与启示》,巨流图书公司 2006 年版。

吕世伦:《现代西方法学流派(上)》,中国大百科全书出版社 2000 年版。

沈政雄:《社会保障给付之行政法学分析——给付行政论之再出发》,元照出版有限公司 2011 年版。

世界卫生组织:《2000 年世界卫生报告》,人民卫生出版社 2000 年版。

宋健敏编著:《日本社会保障制度》,上海人民出版社 2012 年版。

孙国华:《法理学》,法律出版社 1995 年版。

孙洁:《社会保险法讲座》,中国法制出版社 2011 年版。

孙淑云、柴志凯:《新型农村合作医疗制度的规范化与立法研究》,法律出版社 2009 年版。

孙淑云:《中国基本医疗保险立法研究》,法律出版社 2014 年版。

覃继红、叶志江主编:《医疗保险制度改革操作实务全书》(1),银冠电子出版社 2002 年版。

覃有土、樊启荣:《社会保障法》,法律出版社 1997 年版。

唐旭辉:《农村医疗保障制度研究》,西南财经大学出版社 2006 年版。

王保真:《医疗保障》,人民卫生出版社 2005 年版。

王东进:《回顾与前瞻:中国医疗保险制度改革》,中国社会科学出版社 2008 年版。

王国军:《中国社会保障制度一体化研究》,科学出版社 2011 年版。

王红漫:《大国卫生之难》,北京大学出版社 2004 年版。

王虎峰:《中国新医改现实与出路》,人民卫生出版社 2012 年版。

卫生部统计信息中心:《卫生改革专题调查研究——第三次国家卫生服务调查社会评估报告》,中国协和医科大学出版社 2004 年版。

乌日图:《医疗保障制度国际比较》,化学工业出版社 2003 年版。

向春华:《社会保险请求权与规则体系》,中国检察出版社 2016 年版。

谢晖:《法律的意义追问——诠释学视野中的法哲学》,商务印书馆 2004 年版。

谢晖:《法学范畴的矛盾思辨》,山东人民出版社 1999 年版。

新型农村合作医疗试点评估组:《发展中的中国新型合作医疗——新型农村合作医疗试点工作评估报告》,人民卫生出版社 2006 年版。

信春鹰:《社会保险法释义》,法律出版社 2010 年版。

熊先军:《医保评论》,化学工业出版社 2016 年版。

徐同文:《城乡一体化体制对策研究》,人民出版社 2011 年版。

许国志:《系统科学》,上海科技教育出版社 1999 年版。

杨翠迎:《中国农村社会保障研究》,中国农业出版社 2003 年版。

杨华:《中国城乡一体化进程中的社会保障法律制度研究》,中国劳动社会保障出版社 2008 年版。

杨燕绥、阎中兴等:《政府与社会保障——关于政府社会保障责任的思考》,中国劳动社会保障出版社 2007 年版。

杨燕绥:《社会保险法精释》,法律出版社 2011 年版。

叶必丰:《行政法与行政诉讼法》(第三版),中国人民大学出版社 2011 年版。

英国文书局:《贝弗里奇报告——社会保险和相关服务》,劳动和社会保障部社会保险研究所译,中国劳动社会保障出版社 2004 年版。

于德志:《2012 年中国卫生发展绿皮书——医改专题研究》,人民卫生出版社 2013 年版。

于建嵘:《漂移的社会:农民工张全收和他的事业》,中国农业出版社 2008 年版。

岳经纶:《社会政策与"社会中国"》,社会科学文献出版社 2014 年版。

詹积富:《三明市公立医院综合改革》,海峡出版发行集团、福建人民出版社 2014 年版。

张文显:《法哲学范畴研究》(修订版),中国政法大学出版社 2001 年版。

赵震江:《法律社会学》,北京大学出版社 1998 年版。

郑功成、黄黎若:《中国农民工问题与社会保护》(下),人民出版社 2007 年版。

郑功成:《论中国特色的社会保障道路》,武汉大学出版社 1997 年版。

郑功成:《社会保障学》,商务印书馆 2000 年版。

郑功成:《社会保障学——理念、制度、实践与思辨》,商务印书馆 2000 年版。

郑功成:《中国社会保障改革与发展战略》(医疗保障卷),人民出版社 2011 年版。

郑功成:《中国社会保障改革与发展战略——理念、目标与行动方案》,人民出版社 2008 年版。

郑尚元、李海明、扈春海:《劳动和社会保障法学》,中国政法大学出版社 2008 年版。

中国医疗保险研究会:《完善中国特色医疗保障体系研究报告》,中国劳动社会保障出版社 2015 年版。

钟秉正：《社会保险法论》（修订三版），三民书局股份有限公司 2014 年版。

重庆市医改领导小组：《重庆市医改文件汇编（2011—2013 年）》，2013 年 7 月汇编。

周宝妹：《社会保障法主体研究》，北京大学出版社 2005 年版。

周怡君、钟秉正：《社会政策与社会立法》，洪叶文化事业有限公司 2006 年版。

二、中文译著

［德］霍尔斯特·杰格尔：《社会保险入门》，刘翠霄译，中国法制出版社 2000 年版。

［德］考夫曼：《法律哲学》，刘幸义译，法律出版社 2004 年版。

［德］萨维尼：《法律冲突与法律规则的地域和时间范围》，李双元等译，法律出版社 1999 年版。

［美］E.博登海默：《法理学——法律哲学与法律方法》，邓正来译，中国政法大学出版社 2004 年版。

［美］安东尼·奥勒姆：《政治社会学导论》，张明德等译，译林出版社 2003 年版。

［美］庞德：《通过法律的社会控制法律的任务》，沈宗灵、董供忠译，商务印书馆 1984 年版。

［日］吉原健二、和田胜：《日本医疗保险制度史》，东洋经济新报社 2001 年版。

［日］马渡纯一郎：《劳动市场法的改革》，田思路译，清华大学出版社 2006 年版。

［日］棚濑孝雄：《纠纷的解决与审判制度》，王亚新译，中国政法大学出版社 1994 年版。

［台］谢荣堂：《社会法治国基础问题与权利救济》，元照出版有限公司 2008 年版。

［英］贝弗里奇：《贝弗里奇报告——社会保险和相关服务》，中国劳动社会保障出版社 2008 年版。

三、中外论文

［德］埃森布莱特：《德国：新医改实行强制医疗保险》，《中国发展观察》2007 年第 4 期。

［德］彼得·弗里德里希：《社会保险改革中的立法与利益平衡：2007 年德国医疗卫生改革》，郭小沙译，《社会保障研究》2007 年第 1 期。

[日]广井良典:《日本社会保障的经验——以不发达国家的社会保障制度整备过程为视角》,张君译,《社会保障研究》2005 年第 1 期。

本刊讯:《全国将取消农业非农业户口界限》,《农家之友》2006 年第 1 期。

曹克奇:《部门利益与法律控制:我国城乡医保管理统筹的路径选择》,《社会保障研究》2013 年第 1 卷(总第 17 卷)。

曹克奇:《新型农村合作医疗参保人的身份认定:从参合农民到参合居民》,《晋阳学刊》2012 年第 6 期。

曾凡军、定明捷:《迈向整体性治理的我国公共服务型财政研究》,《经济研究参考》2010 年第 65 期。

曾凡军:《政府组织功能碎片化与整体性治理》,《武汉理工大学学报》(社会科学版)2013 年第 2 期。

陈金钊等:《关于"法理分析"和"法律分析"的断思》,《河南省政法管理干部学院学报》2004 年第 1 期。

陈明星:《"十二五"时期统筹推进城乡一体化的路径思考》,《城市发展研究》2011 年第 2 期。

仇雨临:《中国医疗保障制度的评价与展望》,载中国社会保险学会医疗保险分会编:《医疗保险优秀论文集》,中国劳动社会保障出版社 2004 年版。

单大圣:《卫生服务与医疗保障管理体制改革的基本思路》,《发展研究》2013 年第 8 期。

单大圣:《中国医疗保障管理体制研究综述》,《卫生经济研究》2013 年第 1 期。

丁纯:《德国医疗保障制度:现状、问题与改革》,《欧洲研究》2007 年第 6 期。

丁易:《德国社会保障制度及其改革》,《中国工业经济》1998 年第 6 期。

董建锴:《论我国一级立法中的政府参与》,《行政法学研究》1998 年第 3 期。

樊路宏、平其能:《统筹城乡医疗保障管理体制的探索——以苏州经验为例》,《学海》2012 年第 2 期。

府采芹、韩卫等:《苏州市新型农村合作医疗运行效果研究》,《中国初级卫生保健》2004 年第 10 期。

高和荣、夏会琴:《去身份化和去地域化:中国社会保障制度的双重整合》,《哈尔滨工业大学学报》(社会科学版)2013 年第 1 期。

高和荣:《论整合型社会保障制度建设》,《上海行政学院学报》2013 年第 2 期。

公安部:《公安部称已有 13 个省市区取消农业户口》,《农村财政与财务》2009 年第 1 期。

辜胜阻:《城乡医保统一步伐不宜过快》,《中国社区医师》2009 年第 2 期。

辜胜阻:《农村医保的国情选择》,《瞭望新闻周刊》2009 年 2 月 24 日。

辜胜阻:《社会保险法不宜过快统一城乡医保》,《今日中国论坛》2010 年第 1 期。

顾海、李佳佳:《城乡医疗保障制度的统筹模式分析——基于福利效应视角》,《南京农业大学学报》(社会科学版)2012 年第 1 期。

顾海:《大病医保,太仓提供了什么经验?》,《社会观察》2012 年第 11 期。

顾海:《中国统筹城乡医疗保障制度模式与路径选择》,《学海》2014 年第 1 期。

顾昕、方黎明:《自愿性与强制性之间:中国农村合作医疗的制度嵌入性与可持续性发展分析》,《社会学研究》2004 年第 5 期。

关信平:《论我国社会保障制度一体化建设的意义及相关政策》,《东岳论丛》2011年第 5 期。

郭晋晖:《城乡居民医保整合尘埃落定 人社部统管大势所趋》,《第一财经日报》2016 年 10 月 10 日。

郭小沙:《德国医疗卫生体制改革及欧美医疗保障体制比较——对中国建立全面医疗保障体制的借鉴意义》,《德国研究》2007 年第 3 期。

国务院发展研究中心农村部课题组:《从城乡二元到城乡一体——我国城乡二元体制的突出矛盾与未来走向》,《管理世界》2014 年第 9 期。

韩桂君、沈大力:《〈社会保险法〉制度创新及其完善研究》,《财经政法资讯》2011年第 4 期。

郝春彭:《发挥医疗保险基础性作用 助力医药卫生体制深化改革》,《中国医疗保险》2016 年第 9 期。

贺东航、孔繁斌:《公共政策执行的中国经验》,《中国社会科学》2011 年第 5 期。

侯合银:《整合理论若干问题研究》,《系统科学学报》2009 年第 1 期。

胡川宁:《社会保险经办机构法律规制的重构——基于团结原则和补充性原则的视角》,中国社会法学研究会 2015 年年会论文汇编:《全面推进依法治国背景下社会法的发展》。

胡大洋:《全民医保目标下的制度选择》,《中国卫生资源》2008 年第 1 期。

胡继晔:《社会保险法亟待"添翼"》,《中国社会保障》2011 年第 2 期。

胡庆慧、陈新中:《对居民基本医疗保险筹资标准问题的思考》,《卫生经济研究》2011 年第 1 期。

胡善联:《全国农村新型合作医疗制度的筹资运行状况》,《中国卫生经济》2004 年第 9 期。

胡象明、唐波勇:《整体性治理:公共管理的新范式》,《华中师范大学学报》(人文社会科学版)2010 年第 1 期。

金瑛:《韩国健康保险法律制度简析》,《延边党校学报》2007 年第 6 期。

玖文:《医保费率与待遇调整关键得有一把尺子》,《中国医疗保险》2016 年第 5 期。

柯卉兵、李静:《〈社会保险法〉的实施困境》,《社会保障研究》2013 年第 1 卷(总第 17 卷)。

匡莉、曾益新、张露文等:《家庭医师整合型服务及其医保支付制度:台湾地区的经验与启示》,《中国卫生政策研究》2015 年第 7 期。

李莲花:《医疗保障制度发展的"东亚道路":中日韩全民医保政策比较》,《河南师范大学学报》2010 年第 1 期。

李瑞昌:《公共治理的转型:整体主义的复兴》,《江苏行政学院学报》2009 年第 4 期。

李长远:《我国农村社会养老保险制度路径依赖与对策》,《重庆工商大学学报》(社会科学版)2011 年第 5 期。

李珍、赵青:《德国社会医疗保险治理体制机制的经验与启示》,《德国研究》2015 年第 2 期。

梁文永:《一场静悄悄的革命:从部门法学到领域法学》,《政法论丛》2017 年第 1 期。

林红:《建立合理的社会保险转移机制》,《劳动保障世界》2008 年第 2 期。

刘洪清:《劳务工合作医疗:钢丝绳上的舞蹈》,《中国社会保障》2005 年第 8 期。

刘继同、陈育德:《"一个制度、多种标准"与全民性经办医疗保险制度框架》,《人文杂志》2006 年第 3 期。

刘晓梅、楚廷勇:《日本社会医疗保险全覆盖的经验——简评我国的医改方案》,《探索与争鸣》2010 年第 7 期。

柳清瑞、宋丽敏:《基于制度稳定性的日本医疗保险制度改革分析》,《日本研究》2006 年第 4 期。

娄宇:《"管办分离"与"有序竞争"——德国社会保险经办机构法律改革述评与对中国的借鉴意义》,《比较法研究》2013 年第 5 期。

吕建华、高娜:《整体性治理对我国海洋环境管理体制改革的启示》,《中国行政管理》2012 年第 5 期。

马斌、汤晓茹:《关于城乡社会保障一体化的理论综述》,《人口与经济》2008 年第

3 期。

毛正中:《谁来管医保》,《医药经济报》2013 年 5 月 22 日。

苗艳青、王禄生:《城乡居民基本医疗保障制度案例研究:试点实践和主要发现》,《中国卫生政策研究》2010 年第 3 期。

彭高建:《对基本医疗保险立法问题的几点思考》,《中国医疗保险》2012 年第 9 期。

彭高建:《解析社会保险立法及其成就》,2010 年 11 月 23 日,见中国民商法律网。

彭宅文:《多元与自治:德国社会医疗保险体系的组织特征》,《中国医疗保险》2010 年第 12 期。

彭宅文:《分权、地方政府竞争与中国社会保障制度改革》,《公共行政评论》2011 年第 1 期。

清华大学经济管理学院课题组:《以"医疗保险券"模式构建全民医保》,《中国医疗前沿》2007 年第 9 期。

曲雅萍、米红:《农民工医疗保险制度模式研究》,《卫生经济研究》2006 年第 9 期。

人社部农保处:《2011 年地方医疗保险城乡统筹管理整合情况》,《中国社会保障》2012 年第 3 期。

任保平:《城乡经济社会一体化:界定、机制、条件及其度量》,《贵州财经学院学报》2011 年第 1 期。

芮立新:《浅谈社会保险法的原则性和授权性规定》,《中国社会保障》2010 年第 12 期。

邵海亚:《对新型农村合作医疗属性、目标及评价的思考》,《卫生软科学》2006 年第 4 期。

申曙光、侯小娟:《我国社会医疗保险制度的"碎片化"与制度整合目标》,《广东社会科学》2012 年第 3 期。

申曙光、李亚青、侯小娟:《医保制度整合与全民医保的发展》,《学术研究》2012 年第 12 期。

申曙光、彭浩然:《全民医保的实现路径——基于公平视角的思考》,《中国人民大学学报》2009 年第 2 期。

申曙光:《全民基本医疗保险制度整合的理论思考与路径构想》,《学海》2014 年第 1 期。

宋大平:《医疗保障与医疗服务统筹管理:国际经验与中国现状》,《中国卫生政策研究》2012 年第 8 期。

宋亚娟:《我国养老保险制度的碎片化治理——基于"整体性治理"的视角》,《郑州航空管理学院学报》(社会科学版)2010 年第 10 期。

孙翎:《中国社会医疗保险制度整合的研究综述》,《华东经济管理》2013 年第 2 期。

孙淑云、周荣:《多层次医保制度衔接问题探讨》,《山西省委党校学报》2013 年第 1 期。

孙淑云、郎杰燕:《社会保险经办机构法律定位析论——基于社会保险组织法之视角》,《理论探索》2016 年第 2 期。

孙淑云:《"新型农村合作医疗管理条例"制定的战略取向——基于城乡一体化发展的视角》,《山西大学学报》(哲学社会科学版)2014 年第 1 期。

孙淑云:《刍议全面整合社会保障的法律建制》,《南京社会科学》2016 年第 4 期。

孙淑云:《顶层设计城乡医保制度:自上而下有效实施整合》,《中国农村观察》2015 年第 3 期。

孙淑云:《基本医疗保险管理的复杂性及其管理归属》,《中国劳动》2015 年第 20 期。

孙淑云:《论"新农合管理条例"的制定》,《理论探索》2012 年第 6 期。

孙淑云:《略论城市居民基本医疗保险与新农合的并轨研究》,《晋阳学刊》2010 年第 6 期。

孙淑云:《我国城乡基本医保的立法路径与整合逻辑》,《河北大学学报》(哲学社会科学版)2015 年第 2 期。

孙淑云:《整合城乡基本医保立法及其变迁趋势》,《甘肃社会科学》2014 年第 5 期。

孙淑云:《中国基本医疗保险立法困局、症结及其出路》,《山西大学学报》(哲学社会科学版)2017 年第 3 期。

王宝杰:《社保随人走,政府担责任,医保望统一——首都经济贸易大学社会保障研究中心副主任朱俊生谈〈社会保险法〉草案》,《中国劳动保障报》2009 年 2 月 3 日。

王东进:《从"三可"视角看三明医改》,《中国医疗保险》2014 年第 12 期。

王东进:《管理体制回避不得也回避不了——关于整合城乡居民医保制度的深度思考》,《中国医疗保险》2016 年第 6 期。

王东进:《基本医疗保障制度建设的城乡统筹》,《中国医疗保险》2010 年第 2 期。

王东进:《切实加快医疗保险城乡统筹的步伐》,《中国医疗保险》2010 年第 8 期。

王东进:《全民医保隐忧待解》,《医药经济报》2013 年 7 月 3 日。

王东进:《全民医保在健康中国战略中的制度性功能和基础性作用》(上),《中国医疗保险》2016年第11期。

王东进:《整合城乡居民医保刻不容缓》,《中国医疗保险》2014年第3期。

王东进:《走进陕西神木,静观"免费医疗"》,《中国医疗保险》2010年第9期。

王虎峰:《中国社会医疗保险统筹层次提升的模式选择——基于国际经验借鉴的视角》,《借鉴社会体制比较》2009年第6期。

王桦宇:《领域法学研究的三个核心问题》,《法学论坛》2018年第4期。

王俊华:《基于差异的正义:我国全民基本医疗保险制度理论与思路研究》,《政治学研究》2012年第5期。

王禄生、苗艳青:《城乡居民基本医疗保障制度案例研究:试点实践、主要发现》,卫生部农村卫生管理司、中国卫生经济学会2011年刊发资料:《基本医疗卫生制度建设与城乡居民基本医疗保障制度研讨会会议资料汇编》。

王延中、单大圣、丁怡:《深化医疗保障与卫生服务管理体制改革的思考》,《黑龙江社会科学》2011年第5期。

王延中:《卫生服务与医疗保障管理的国际趋势及启示》,卫生部农村卫生管理司、中国卫生经济学会:《基本医疗卫生制度建设与城乡居民基本医疗保障制度研讨会会议资料汇编》,2011年编印。

卫生部"卫生经济培训与研究网络"师资考察学习组:《我国经济发达地区农村合作医疗的现状与走势——苏南及上海郊县农村合作医疗考察印象记》,《中国卫生经济》1997年第9期。

卫生部国外贷款办公室:《卫生八项目合作医疗总结评估报告与秦巴卫生项目急救转诊评价与经验总结报告》,2007年编印。

卫生部新农合研究中心:《国际社会保障制度及其管理概述政策报告》,2007年印制。

魏哲铭:《我国基本医疗保险管理体制改革若干理论与实践问题思考——以陕西为例》,《西北大学学报》(哲学社会科学版)2015年第5期。

乌里奇·贝克尔:《德国社会保障制度最新改革》,戴蓓蕊译,《社会保障研究》2005年第2辑。

吴连霞、赵媛、管卫华:《江苏省人口城乡结构差异的多尺度研究》,《长江流域资源与环境》2016年第1期。

吴显华:《国内外农村医疗保障的政府规制比较分析》,《医学与哲学》2008年第1期。

吴晓林:《社会整合理论的起源与发展:国外研究的考察》,《国外理论动态》2013年第2期。

夏波光:《统筹城乡:社会保障的历史性跨越》,《中国社会保障》2012年第11期。

向春华:《统筹城乡医保的法制路径》,《中国社会保障》2014年第5期。

邢伟:《城镇化进程中加快推进社会保障制度衔接与整合》,《中国发展观察》2013年第5期。

熊菲:《日本医疗保险制度对我国的启示》,硕士学位论文,武汉科技大学2009年。

熊先军、高星星:《规制大病政策,回归制度本位》,《中国医疗保险》2016年第3期。

熊先军、孟伟等:《医保城乡统筹的路径走势——统筹城乡基本医疗保险制度与管理系列之一》,《中国社会保障》2011年第6期。

熊先军:《公立医院改革首先应从体制外做起》,《中国医疗保险》2010年第9期。

熊先军:《山东整合城乡居民医保:示范效应和启示作用》,2014年5月13日,见中国劳动保障新闻网。

熊先军:《医保城乡统筹势在必行——统筹城乡基本医疗保险制度与管理系列之三》,《中国社会保障》2011年第8期。

徐梓:《探寻医疗保险城乡统筹之路——全国政协社法委"医疗保险城乡统筹与制度完善"调研综述》,《人民政协报》2010年6月14日。

许汝言、叶露:《我国基本医疗保险整合模式比较分析》,《中国卫生资源》2015年第11期。

杨翠迎等:《建立农村社会养老年金保险计划的经济社会条件的实证分析》,《中国农村观察》1997年第5期。

杨善华、苏红:《从代理型政权经营者到谋利型政权经营者》,《社会学研究》2002年第1期。

杨兆敏、陈敏娜:《人口结构变化:决定社会保障制度改革最终方向》,《工人日报》2007年11月21日。

叶静漪、肖京:《社会保险经办机构的法律定位》,《法学杂志》2012年第5期。

叶竹盛:《"三明模式":"改革孤岛"的困境》,《南风窗》2015年第7期。

易云霓:《国外社会医疗保险制度管理体制比较研究》,《中国卫生经济》1995年第2期。

于广军、乔荟、马强:《德国医疗保险制度改革及趋势分析》,《卫生经济研究》2007年第3期。

袁山:《法贵必行——社会保险法配套法规政策制定工作情况》,《中国社会保障》2012 年第 7 期。

岳经纶:《社会政策学视野下的中国社会保障制度建设》,《公共行政评论》2008 年第 4 期。

岳宗福:《新中国 60 年社会保险立法的回顾与展望——兼评〈社会保险法(草案)〉的立法模式》,《山东理工大学学报》(社会科学版)2009 年第 4 期。

翟绍果、仇雨临:《城乡医疗保障制度的统筹衔接机制研究》,《天府新论》2010 年第 1 期。

张锟盛:《行政法学另一种典范之期待:法律关系理论》,《月旦法学杂志》2005 年第 121 期。

张新宝:《侵权责任法立法的利益衡量》,《中国法学》2009 年第 4 期。

张秀兰、徐月宾、方黎明:《改革开放 30 年:在应急中建立的中国社会保障制度》,《北京师范大学学报》(社会科学版)2009 年第 2 期。

张亚林、叶春玲、郝佳:《东莞市统筹城乡医疗保障制度的现状与启示》,《中国卫生政策研究》2009 年第 12 期。

赵福昌、李成威:《国外医疗保险与医疗救助制度及其衔接情况与启示》,《经济研究参考》2011 年第 46 期。

赵曼、刘鑫宏:《中国农民工养老保险转移的制度安排》,《经济管理》2009 年第 8 期。

郑秉文:《〈社会保险法〉草案未定型、未定性、未定局》,《中国报道》2009 年第 3 期。

郑秉文:《中国社保"碎片化制度"危害与"碎片化冲动"探源》,《甘肃社会科学》2009 年第 3 期。

郑秉文:《中国社会保险经办服务体系的现状、问题及改革思路》,《中国人口科学》2013 年第 6 期。

郑功成:《城乡医保整合态势分析与思考》,《中国医疗保险》2014 年第 2 期。

郑功成:《从城乡分割走向城乡一体化——中国社会保障制度变革挑战》(上),《人民论坛》2014 年第 1 期。

郑功成:《从整合城乡制度入手建设公平普惠的全民医保》,《中国医疗保险》2013 年第 2 期。

郑功成:《从政府集权管理到多元自治管理——中国社会保险组织管理模式的未来发展》,《中国人民大学学报》2004 年第 5 期。

郑功成:《坚持走中国特色的社会保障道路》,《求是》2012 年第 13 期。

郑功成:《理性促使医保制度走向成熟——中国医保发展历程及"十三五"战略》,《中国医疗保险》2015 年第 12 期。

郑功成:《论收入分配与社会保障》,《黑龙江社会科学》2010 年第 5 期。

郑功成:《让社会保险运行在法制轨道上》,《中国社会保障》2015 年第 11 期。

郑功成:《中国社会保障改革:机遇、挑战与取向》,《国家行政学院学报》2014 年第 6 期。

郑庆华、李淑春:《德国医疗保险跨境就医管理》,《中国社会保障》2009 年第 11 期。

郑尚元、扈春海:《中国社会保险法立法进路之分析》,《现代法学》2010 年第 3 期。

郑尚元:《德国社会保险法制之形成与发展——历史沉思与现实启示》,《社会科学战线》2012 年第 7 期。

郑尚元:《社会保险法颁布的时代价值与未来期待》,《中国社会保障》2011 年第 1 期。

郑尚元:《社会法的存在与社会法理论探索》,《法律科学》2003 年第 3 期。

郑尚元:《我国社会保险制度历史回眸与法制形成之展望》,《当代法学》2013 年第 2 期。

郑尚元:《依法治国背景下社会保险法制之构建》,《武汉大学学报》(哲学社会科学版)2017 年第 4 期。

周刚志、陈艳:《实现社会公平的宪政之道——我国宪法文本中农民概念分析》,《福建师范大学学报》(哲学社会科学版)2008 年第 2 期。

周弘:《福利国家向何处去》,《中国社会科学》2001 年第 3 期。

周弘:《西方社会保障制度的经验及其对文明的启示》,《中国社会科学》1996 年第 1 期。

周黎安:《中国地方官员的晋升锦标赛模式研究》,《经济研究》2007 年第 7 期。

周志忍:《整体政府与跨部门协同》,《中国行政管理》2008 年第 9 期。

朱光喜:《"嵌入型"富裕地区政策创新:空间限制与行动策略——以神木"免费医疗"政策为例》,《公共管理学报》2013 年第 2 期。

朱恒鹏等:《医疗价格形成机制和医疗保险支付方式的历史演变》,《国际经济评论》2018 年第 1 期。

朱俊生:《"扩面"与"整合"并行:统筹城乡医疗保障制度的路径选择》,《中国卫生政策研究》2009 年第 2 期。

朱俊生：《医保筹资要重申精算平衡与经济政治适应性》，《中国医疗保险》2016 年第 5 期。

朱玲：《政府与农村基本医疗保健保障制度选择》，《中国社会科学》2000 年第 4 期。

朱明君、潘玮：《德国法定医疗保险的现状》，《中国医疗保险》2012 年第 2 期。

四、报纸和网络文章

《城镇合作医疗破冰》，2007 年 5 月 11 日，山西视听网：http://news.sxrtv.com/content.jsp？CatalogNumber＝SXWS17&ProgramID＝227211。

《解读政府工作报告：人人享有医保不再遥远》，2007 年 3 月 5 日，新华网：http://news.sina.com.cn/c/。

《中国医疗保险筹资水平差异悬殊 保险待遇差距巨大》，2013 年 12 月 22 日，http://society.people.com.cn/n/2013/0225/c1008-20592385.html？_fin。

董宇、李建广：《言出必行！深改组 1000 天，看看习近平的改革成绩单》，《人民日报》2016 年 9 月 24 日。

杜宇：《全国城镇居民医保参保人数过亿》，《健康报》2008 年 12 月 23 日。

顾昕：《三年全民医保，难在城市不在乡村》，《新京报》2009 年 4 月 9 日。

韩璐：《福建突围：杀出医改"第三条路"》，《健康报》2016 年 11 月 4 日。

韩璐：《国家卫生计生委"三定"规定公布》，《健康报》2013 年 6 月 19 日。

何平：《建立统筹城乡的医疗保障体系》，2008 年 4 月 25 日，见 http://www.mib.com.cn。

胡静林：《在新的历史起点推进医疗保障改革发展》，2019 年 7 月 26 日，见中国医疗保险网。

胡晓义：《全国 6 个省级地区和 30 多个地市已实行城乡居民基本医疗保险的一体化》，2013 年 3 月 14 日，新华网。

胡晓义：《我国基本医保制度的现状与发展趋势》，2010 年 6 月 22 日，人民网。

黄哲雯：《"全民免费医疗"也许"超前"了些》，《工人日报》2009 年 5 月 19 日。

金春林：《政策制定力避碎片化》，《健康报》2014 年 2 月 17 日。

金维刚：《依法推进城乡居民医保整合》，《中国劳动保障报》2016 年 2 月 5 日。

孔令敏：《今起社会保险法实施，医保条例正制定》，《健康报》2011 年 7 月 1 日。

李爱青：《关于新型农村合作医疗与城镇居民医疗保险两制合并的建议》，2013 年 12 月 22 日，见 http://lianghui.people.com.cn/2012npc/GB/17378755.html。

李芃：《卫生社保部门竞逐万亿医保　中编办开会吵得厉害》，《21 世纪经济报道》 2013 年 5 月 16 日。

李唐宁：《16 省明确整合城乡居民医保》，《经济参考报》2016 年 6 月 24 日。

李唐宁：《七省份完成城乡医保并轨，三保合一仍有障碍》，《经济参考报》2014 年 5 月 13 日。

梁春武、王泳：《三明医改启示录》，《人民政协报》2016 年 6 月 28 日。

刘进业：《社会转型需要一定的保守主义》，《南方周末》2014 年 5 月 22 日。

刘军：《德国的医疗保险制度》，《政策瞭望》2006 年第 7 期。

刘军强：《资源、激励与部门利益：中国社会保险征缴体制的纵贯研究（1999— 2008）》，《中国社会科学》2011 年第 3 期。

刘梦羽：《医保："城乡难下一盘棋"》，《中国报道》2009 年第 3 期。

刘平安：《医保"农帮城"现象需警惕》，《健康报》2013 年 4 月 28 日。

刘涌：《卫生计生委"三定"，国务院医改办职责划入卫计委》，《21 世纪经济报道》 2013 年 6 月 19 日。

刘涌：《重复参保率超 10%：医保城乡统筹迫在眉睫》，《21 世纪经济报道》2012 年 2 月 15 日。

龙玉琴、彭美：《三大医保收入 2020 年或超万亿元，人社部卫计委争夺》，2013 年 4 月 20 日，南方新闻网。

龙玉琴：《三大医保整合迟延 1 年仍没谱，或由第三方机构管理》，《南方都市报》 2014 年 8 月 20 日。

陆铁琳、钱峰：《新农合试点工作成效明显》，《健康报》2006 年 7 月 11 日。

邱玥：《中国政府获国际社会保障协会社会保障杰出成就奖》，《光明日报》2016 年 11 月 19 日。

人社部：《到 2019 年底 30 个省份已部署城乡居民医保整合》，2017 年 1 月 23 日， http://www.chinanews.com。

人社部：《社会保障卡统一标准，号码采用公民身份号码》，2012 年 2 月 20 日， http://finance.people.com.cn/insurance/GB/15543207.html。

沈念祖、赵燕红：《好榜样三明医改：何时不再是孤岛？》，《经济观察报》2015 年 4 月 20 日。

施世俊：《社会保障的地域化：中国社会公民权的空间政治转型》，2014 年 3 月 21

日,http://www.doc88.com/p586798957063.html。

施育晓:《合作医疗:世界发展与中国经验》,2006年12月4日,http://www.hzyl.org/bbs/showpost.asp? threadid=807。

世界银行:《中国卫生政策报告系列三——通向综合的医疗保险之路》2010年12月16日,http://www.worldbank.org。

世界银行:《中国医改政策建议》,2010年12月16日,http://www.worldbank.org。

王禄生、苗艳青:《城乡居民基本医疗保障制度需并轨》,《健康报》2010年5月13日。

王宇:《福建三明医改获认可:"三保合一"能否走活全国医改大棋?》,《21世纪经济报道》2016年9月20日。

乌日图:《"定点医疗机构管理暂行规定"答记者问》,1999年12月28日,见http://www.law-lib.com/fzdt/newshtml/21/20050709142329.htm。

薛春生、葛蕃:《神木免费医疗变奏曲》,《榆林日报》2010年1月19日。

闫龑、孔令敏:《医保待解的难题真不少》,《健康报》2009年3月11日。

言冰:《理解医疗保障待遇清单管理制度建设亮点》,2019年8月6日,见中国医疗保险网。

杨景宇:《关于站在新的历史起点上做好立法工作的几点思考》,2016年12月6日,见中国法评论网。

余晓洁、邹伟:《用户籍制度改革筑牢公平公正之基》,2014年7月31日,新华网。

袁端端:《罗尔事件背后:越穷的地方报销越少,看病越难》,《南方周末》2016年12月8日。

詹晓波:《新农合立法进程的示范效应》,《健康报》2011年8月29日。

张红亮:《国家医保局大事记》,2018年8月7日,中国医疗保险网。

张翼:《保险基金管理权归谁?》,《经济导报》2013年4月15日。

赵超、刘铮:《关注社会保险法草案:城镇居民医保和新农合不合并实施》,《健康报》2009年12月23日。

赵鹏:《我国1亿城乡居民重复参保财政重复补贴120亿元》,《京华时报》2010年9月17日。

郑功成:《从形式普惠走向实质公平》,《人民日报》2012年5月15日。

郑功成:《医改最大阻力是部门利益,寄立法保障》,2012年3月10日,见http://news.china.com.cn/2012lianghui/2012-03/06/content_24824144.htm。

周寿祺:《城乡医保制度能否衔接》,《健康报》2010年7月16日。

朱恒鹏:《"医保总额预付",还能掰回正轨吗》,2016年9月8日,中国社科院公共政策中心网。

朱恒鹏:《"中国引入医保总额预付"为何玩不转?》,2016年9月7日,中国社科院公共政策中心网。

五、外文文献

Carrin. G. & James. C., Social health insurance : Key factors affecting the transition towards universal coverage[J]. International Social Security Review, 2005, 58(1), 45-46.

Dinna Leat, Kimberly Seltzer, Gerry Stoker. Towards Holistic Governance : The New Reform Agenda[M]. New York : Palgrave, 2002. 53.

http://www.issa.int/engl/homef.htm 2008-1-15. Gijsbert Vonk, Migration, Social Security and The Law : Some European DilemmasEuropean Journal of Social Security, Volume3/4, 315-332, 2002.

Hyman Levy. A Philosophy for a Modern Man[M]. New York : 1983, 309.

Joos P. A. Van Vugt, Jan M. Peet, Social Security and Solidarity in the European Union : Facts, Evaluations, and Perspectives, Physics-Verlag, 2000 : 2.

Kenneth G. Lieberthal, David M. Lampton. Bureaucracy, Politics and Decision Making in Post-Mao China[M]. Berkeley : University of California Press, 1992 : 78.

Lisac, Melanie. Health Care Reform in Germany[J]. Journal of Risk and Insurance, 2006, (3) : 14-16.

后　记

从 2003 年开始研究中国医疗保障法律制度，到本书付梓出版，我有幸获得三项国家社科基金和两项教育部项目持续的资金支持，从研究新型农村合作医疗起步，研究主题不断深入到城乡"分割"的医疗保险立法、"整合"城乡基本医疗保险的法律制度、衔接多层次医疗保险的法律制度等。18 年的潜心研究，艰难的医保领域法研究"炉灶"的垒砌，每个论文"小鲜"的"烹调"；吸取多法域、多学科营养，努力开拓研究的"宽度"，不时尝试法理提升攀爬学术"高度"，研究逐步达至一定"深度"。18 年弹指一挥间，学术研讨已然成为我的生活习惯，积淀了一定的学术"厚度"。徜徉在医保法学研究领域 18 年，心怀理想，一路困惑，一路荆棘，一路收获。

2002 年，我离开银行法律顾问岗位，来到山西大学法学院任教商法学，中年改行，直面中国商法学研究突飞猛进，我苦苦探寻自己的学术突破路径之时——适逢我国城乡"二元"社会解冻之际，在深化改革开放的背景下，开始构建农民医疗保障制度——新型农村合作医疗制度，这种中国特色农民医疗保障制度的名称和政策内容深深吸引我，我欣然从商事保险法研究"交叉"跨入社会保险法研究——一个学术研究的冷僻领域。当时，相关新型农村合作医疗立法的研究处于几乎空白状态，我像发现"新大陆"一样兴奋，2004 年从第一篇论文《刍议新型农村合作医疗的立法》起步，艰难求索，

490

至今发表相关医保法、社会保险法、卫生法等领域的学术论文 60 余篇。可惜,社会法学界在法治中国建设的滚滚洪流中,是那样的"小众",这一领域的学者大多如我一样,是跨法域"兼顾",钻研医保法的研究者更是"稀有","倒逼"我跨学科吸取营养,走向社会,走向田野,去主管城乡医保的卫生部门、社保部门调研,向开创城乡医保政策制度、地方立法的实践者们访谈求教,如实跟踪观察中国城乡医保制度建设的试点、试错、总结、完善,获取基本医保的第一手研究资料,积累了城乡医保制度建设的几个系列访谈记录七百万余字,建立了"特色研究资料库"。在追踪研究中国城乡基本医疗保障制度过程中,我有幸访谈了主导和参与新型农村医疗制度、城镇居民医疗保险制度建制的原卫生部农村卫生司的李长明司长、聂春雷副司长、原人社部门的黄华波司长、国务院原法制办彭高健副司长,以及参与起草城乡医保政策的卫生发展研究中心的张振忠、王禄生所长、国家医保专家应亚珍教授、农村卫生老专家徐杰先生等。他们都是智库研究者兼有学者风范的官员,对他们的访谈调研,让我体会到政策制度设计者们的艰辛和睿智。我还有幸结识了奋斗在医保管理一线的山西、广东、江苏、浙江、福建、宁夏、江西、山东、内蒙古、青海、重庆、四川等省、市、县卫生部门、人社部门的医保的行政管理者、医保经办服务者,他们为我们的研究提供了实践前沿资料。最难忘浙江省卫生厅徐润龙副厅长、广东东莞市社会保障局张亚林副局长、福建三明市医保中心徐志銮主任、江苏省卫生厅农村卫生处夏迎秋处长、贵州省医保局待遇支付处刘均处长、成都医保中心综合调研处孙逢兴处长等,他们不厌其烦接受我们的访谈,与我们细致研讨医保政策和法律建制的疑难,激情澎湃地介绍创新公平医保制度建设的每一步进程,以及超前构想和理念,他们的谦和与激情、尽责与创新、使命与睿见,让我们深刻感受到了中国特色基本医疗保障制度建设中的理性和创新。

改革开放以来,特别是城乡"二元"向"一体化"体制机制转型,在经济社会制度转型时期,中国城乡三项医保制度——城镇职工基本医疗保险制度、新型农村合作医疗制度、城镇居民大病医疗保险制度建设,以党和政府的"红头文件"为主导"渐进性"探索,立法初步展开。立法的主要任务就是推动公费医疗、劳动保险和传统农村合作医疗制度向社会化的基本医保制度转型,并初步建成了"全民医保"法制体系。初级阶段的基本医保立法在助推"全民医保"法制体系形成的同时,由于转型期中国经济社会制度的探索性,局限于城乡三项医保制度渐进性从"分割"到"整合和统一"的过渡性,中国初级阶段的基本医保立法理念、结构、规范、规则、法律功能等存在较多不足。与此相适应,相关基本医保立法的研究初兴,学术争辩和讨论尚未展开,内涵式研究和法理奠基者寥寥可数,不注意提供充分和理性的立法智识支持。但是,这却给我们提供了一个巨型学术"富矿",我们的研究不拘泥于传统部门法的套路,基于医疗保障领域法的特点,将社科法学研究方法与部门法学"教义学"规范分析法结合起来,以基本医疗保险法律规范为核心,综合吸收经济学、社会学、政治学等跨学科知识;综合运用多法域知识,从外部研究基本医疗保险制度与经济社会体制之间的关联,在经济社会政治体制变革中透析城乡医保法制变革的逻辑理路、价值理念,并从经验维度认识复杂的城乡医保法律现象,探寻微观设计整合型基本医疗保险法律规范的依据,并在全面整合城乡基本医疗保险法律的研究中,丰富和完善社会保险法学体系。

18年跟踪研究基本医保法,在全国社会保障法学研究中,渐进形成并带领了一支富有活力、开拓创新的跨法域、跨学科的研究团队。感谢多年来与我合作研究亦生亦友的曹克奇博士,在过去的研究中,我们经常一起调研,一起讨论问题。2014年,克奇去中国人民大学攻读社会保障法博士学位,非常繁忙,主要辅佐人大导师的研究,他的研究单独"亮相",就没有进入这项国家社科基金研究的最终专著中。2015年,我得到山西大学支持,跨学科招收政治学博士生郎杰燕、任雪娇,与他们之间的讨论,激发我不断从政治经济社会宏观视角研究基本医保制度,他们也与我合作发表了一些合作医疗制度建设方面的论文,因为学科差异,不能列入本专著一起出版。感谢我跨学科招收的行政管理学硕士生薛鹏、刘燕、于晨、李贝贝、张琴艳、董海宁、祁晓娜;法学硕士生郭倩、赵悦、薛洋,硕士生们为我记录整理调研的第一手资料。感谢我的爱人柴志凯,他是我调查研究的领路人,是团队实证调研的指挥者和联系人,为团队研究攻克了调研的重重难关。感谢重庆智飞生物制品股份有限公司的大力支持的资助,也感谢本书责编张伟珍老师的倾心编辑,为本书后期修改完善提出了许多中肯的建议。

忙乎18年,最重要的问题,借用苏力先生的发问——什么是你的贡献?在法学知识上的贡献?坦白地说,尽管我的研究深耕当代中国基本医保法制建设中方方面面的理论和实践问题,但是,基本上都是初步探索。面临着中国城乡医保立法理性及实现难题,以及与现实的不甘妥协的局面,我运用吉尔茨关于"任何法律都是一种地方知识的观点",运用苏力先生关于"一个民族的生活创造它的法制,而法学家创造的仅仅是关于法制的理论"的法理观点,在医保法西方学者和前辈学者提供的理论、概念、模式视角之下,更多地关注"中国特色"的医保法制——中国特色社会主义初级阶段的条件下,特别是处于"多重转型"期、变革时代的中国,在宏观经济、社会、政治、社会结构、财政税收"渐进性"改革和发展中的"中国特色医保"法制——为此,我总结论证了"初级医疗保险"理论——这是"分割"与"整合"中城乡居民医保立法的"逻辑点"和"着力点"——在此理论基础上,我尝试论证了"整合型基本医疗保险条例"的主要内容及其规范设计的要点。

中国基本医保领域法学的发展还有很漫长的道路,本书只是研究"整合"进程中的中国城乡医保法律建制之作,仅仅展现了中国"一个时段"基本医疗保险法律建制的实践、问题、症结与突破路径,不可能回答基本医保的全部法律问题,希望本书能够为进一步完善和发展中国基本医保法律体系提供学术资源。同时,尚有许多亟待解决的医保法律问题,引人思考有时候比给出答案更重要,就如许多他人的研究和思想启发我的思考一样,如果本书能够为关注中国基本医疗保险立法的读者提供一些启示,我的努力也就得到了最好的肯定。

孙淑云

2021 年 8 月 27 日

责任编辑：张伟珍
封面设计：石笑梦
版式设计：胡欣欣
责任校对：张　莉

图书在版编目（CIP）数据

整合城乡基本医疗保险的法律制度研究/孙淑云 著. —北京：人民出版社，
　2022.5
ISBN 978－7－01－022718－4

Ⅰ.①整…　Ⅱ.①孙…　Ⅲ.①医疗保险-保险法-研究-中国
　Ⅳ.①D922.284.4

中国版本图书馆 CIP 数据核字（2020）第 239050 号

整合城乡基本医疗保险的法律制度研究
ZHENGHE CHENGXIANG JIBEN YILIAO BAOXIAN DE FALÜ ZHIDU YANJIU

孙淑云　著

人民出版社 出版发行
（100706　北京市东城区隆福寺街 99 号）

北京九州迅驰传媒文化有限公司印刷　新华书店经销

2022 年 5 月第 1 版　2022 年 5 月北京第 1 次印刷
开本：710 毫米×1000 毫米 1/16　印张：31.75
字数：440 千字

ISBN 978－7－01－022718－4　定价：142.00 元

邮购地址 100706　北京市东城区隆福寺街 99 号
人民东方图书销售中心　电话（010）65250042　65289539